# 临泽黄家湾滩
## 汉晋墓发掘报告

甘肃省文物考古研究所
南 京 师 范 大 学 编著
复旦大学文物与博物馆学系

文物出版社

图书在版编目（CIP）数据

临泽黄家湾滩汉晋墓发掘报告 / 甘肃省文物考古研究所，南京师范大学，复旦大学文物与博物馆学系编著. -- 北京：文物出版社, 2023.7

ISBN 978-7-5010-8060-1

Ⅰ.①临… Ⅱ.①甘… ②南… ③复… Ⅲ.①汉墓—墓葬(考古)—发掘报告—临泽县 ②墓葬(考古)—发掘报告—临泽县—晋代 Ⅳ.①K878.84

中国版本图书馆CIP数据核字(2023)第094694号

# 临泽黄家湾滩汉晋墓发掘报告

编　　著：甘肃省文物考古研究所
　　　　　南　京　师　范　大　学
　　　　　复旦大学文物与博物馆学系

封面设计：李　红
责任编辑：张晓雯　杨新改
责任印制：张　丽

出版发行：文物出版社
社　　址：北京市东城区东直门内北小街2号楼
邮　　编：100007
网　　址：http：//www.wenwu.com
经　　销：新华书店
印　　刷：天津图文方嘉印刷有限公司
开　　本：889mm×1194mm　1/16
印　　张：21
插　　页：1
版　　次：2023年7月第1版
印　　次：2023年7月第1次印刷
书　　号：ISBN 978-7-5010-8060-1
定　　价：450.00元

# The Excavation Report of Tombs from Han to Jin Dynasty at Huangjiawantan, Linze County

*Compiled by*

Gansu Provincial Institute of Cultural Relics and Archaeology

Nanjing Normal University

Department of Cultural Heritage and Museology,Fudan University

Cultural Relics Press

# 目　录

# 插图目录

# 彩版目录

# 第一章 概 述

## 第一节 地理位置与历史沿革

### 一 地理位置

临泽县位于甘肃省河西走廊中部，是张掖盆地的重要组成部分，地处北纬 38°57′~39°42′、东经 99°51′~100°30′ 之间。东邻张掖市甘州区，西接高台县，南依祁连山与肃南裕固族自治县接壤，北毗内蒙古自治区阿拉善右旗。自县城东至张掖城 40 千米，至省会兰州 580 千米；西至高台县城 53 千米；南至肃南县城 86 千米；东北至阿拉善右旗政府驻地 150 千米。

临泽县地形特征是"两山夹一川"。南屏祁连峻峰，北蔽合黎峰峦，中部是平坦的走廊平原。地势南北高、中间低，由东南向西北逐渐倾斜，分三个类型：南部是祁连山区，中部是黑河水系冲积形成的走廊平原区，北部是合黎山剥蚀残山区。海拔 1380~2278 米，海拔最高点位于新凤阳山（2278 米），最低点在蓼泉（1380 米）。县境内分布祁连山脉的浅山区，四周山峰环绕，中间为一小盆地，覆盖有厚层黄土，黑河最大支流黎园河从中流经，河流南、北阶地为耕地，山坡为牧场。北部合黎山又名北大山，属天山余脉，山势不高，地势平缓，山峰海拔在 1500~2000 米之间，相对高差只有 200~300 米，是干旱剥蚀的低山区，植被稀少，属荒漠草原。中部走廊平原地势呈东、南、北三面高，西北低，海拔在 1380~1600 米之间。南北山前戈壁和荒漠相拥，沃野绿洲像一块绿宝石镶嵌于其中，地势平坦，土地肥沃，水草茂盛，物产丰富，是临泽人口最为集中的地带。

黄家湾滩墓群位于临泽县沙河镇西寨、共和两村与倪家营镇黄家湾村之间的戈壁荒漠区，中心地理坐标为北纬 39°07′51″、东经 100°07′35″，海拔 1473 米。墓群东西绵延 3000 米，南北 200 米，为县级文物保护单位（图一）。

### 二 历史沿革

临泽县历史悠久，地处河西走廊中部，是古丝绸之路要塞。南出梨园口，可达青藏高原；北

图一　黄家湾滩墓群地理位置示意图

越合黎，可抵蒙古大漠；西过嘉峪关通新疆；东经武威、兰州，与陕西、中原相连。地理位置十分重要，为历代兵家必争、商旅必经之地。现为张掖市辖县。

张掖，《禹贡》中雍州之域。周、秦时期，戎、狄、月氏居焉。西汉初为匈奴右地，武帝元狩二年（公元前121年），匈奴昆邪王降，河西始归汉。元鼎六年（公元前111年），汉使将军赵破奴出令居，乃分武威、酒泉地置张掖、敦煌郡，断匈奴之右臂，自张其掖，因以为名。十六国时期，初属前凉，继属前秦、北凉。北魏太延五年（439年），太武帝平北凉，实行军事管制，改郡为军，设张掖军；孝明帝正光五年（524年），复为郡，属西凉州，并为州治。西魏废帝三年（554年），改西凉州为甘州，张掖郡属之，并为郡治。隋文帝开皇三年（583年），罢张掖郡入甘州，大业三年（607年）罢州置张掖郡。唐武德二年（619年），改置甘州。永泰二年（766年），陷于西蕃[1]。

临泽，周、秦时期县境为乌孙、月氏驻牧之地。西汉武帝元狩二年（公元前121年）始归汉，元鼎六年（公元前111年）设张掖郡，境内置昭武县隶张掖郡。始建国元年（9年），新莽改昭武县为渠武县，隶属关系不变。东汉光武帝建武元年（29年），令各郡县恢复旧名，渠武县复名昭武县。三国属魏。西晋武帝泰始元年（265年），避司马昭讳，改昭武县为临泽县，县名始。元帝建武元年（317年），张骏为凉州刺史、凉王，史称前凉，据有河西诸郡。东晋，孝武帝宁康三年（375年），苻坚将姚苌陷凉州，翌年，前凉灭，其境隶于前秦。太元十一年（386年），吕光据姑臧，自称凉州牧，史称后凉，县境属后凉。安帝隆安元年（397年），后凉建康太守段

---

[1]李吉甫：《元和郡县图志》，中华书局，1983年，第1020页。

业自称凉州牧，建康公，史称北凉。县境属北凉，以临泽县置临池郡。隆安五年（401 年），北凉临池侯沮渠蒙逊杀段业自立，废临池郡。南北朝时期，北魏太武帝太延五年（439 年）八月，北魏灭北凉。太平真君十年（449 年），县境并入永平临泽县置撤销。西魏大统十二年（546 年），置西凉州，张掖郡属之。唐代宗广德二年（764 年），吐蕃据甘州，县境属吐蕃。宣宗大中五年（851 年），归唐。懿宗咸通十三年（872 年），回鹘据甘州。县境属回鹘。宋仁宗天圣六年（1028 年），西夏取甘州；景祐三年（1036 年），置镇夷郡，立宣化府，县境属西夏。元置甘州路。明洪武五年（1372 年），置甘肃卫；二十三年（1390 年），改甘肃卫为甘州卫；二十五年（1392 年），分甘州卫为甘州左、中、右三卫；二十九年（1396 年），又置甘州前、后卫。时，永济、名麦（明麦）、永安、暖泉、广屯、沙河、平房、平川、四坝隶属于甘州中卫；明沙、板桥、抚彝、三工、新添、双泉李淑仪甘州后卫；委的堡（威狄堡）隶于甘州右卫；梨园堡隶于甘州左卫；柳树堡隶于甘州前卫。清顺治七年（1650 年），罢甘州前、后卫；十六年（1659 年），以抚彝等十八堡为甘州右卫。康熙十四年（1675 年），罢甘州中卫。雍正三年（1725 年），罢卫所，置甘州府，甘州左右卫为张掖县。乾隆十五年（1750 年），以原甘州右卫地置甘州府抚彝分府，以通判署理，后通称抚彝厅。

1913 年 2 月 7 日，改抚彝厅为抚彝县。1929 年年初，改抚彝县为临泽县。1936 年，置第六行政督察区，临泽县隶之。1949 年 9 月 26 日，临泽县人民政府成立，隶于张掖分区。1950 年 5 月，撤销张掖分区，分置武威、酒泉两分区，临泽县隶于酒泉分区（后改成专署）。1955 年 10 月 10 日，武威、酒泉两区并为张掖专区，临泽县属之。1958 年撤县。1962 年复设临泽县[1]，隶属张掖地区。2002 年，张掖撤区设市，临泽隶属张掖市。

## 第二节 墓群考古概况

黄家湾滩墓群于 20 世纪 70 年代遭到严重破坏，当地农民在该墓群掘墓取砖，挖毁墓葬 60 多座，所见墓葬的墓室有单室、前后室和三室等不同结构，出土器物有陶壶、陶罐、铜镜、木质车马器及五铢钱等。其中一座墓葬的墓室砖面上刻有"初平元年（190 年）动工，五月三十日完工，共用钱二千二百□文"；另一墓葬墓砖上刻"青龙三年"（235 年）字样。在一墓室中出土木质衣物疏一块，长 20、宽 10 厘米，上列随葬衣物共 54 件，下款书"云门亭长于丘丞"。还有一墓葬，墓室门侧葬一小孩。墓内棺椁多为柏木，长方形，无彩绘[2]。从墓葬形制和出土器物初步判断，该墓群的时代大致为东汉晚期至魏晋时期。

2009 年 11 月，国家西部大开发重点工程之一"兰新铁路第二线双线工程"建设项目启动，

［1］临泽县县志编纂委员会：《临泽县志》，甘肃人民出版社，2001 年，第 38 页。
［2］林少雄：《古冢丹青：河西走廊魏晋墓葬画》，甘肃教育出版社，1999 年，第 531 页。

为配合国家重点工程建设，甘肃省文物考古研究所在 2009 年 3 月、2010 年 4 月及 5 月先后三次详细调查了该工程（甘肃段）沿线涉及的黄家湾滩墓群，确定了墓群的范围及墓葬分布、保存状况等。因"兰新铁路第二线双线工程"经张掖市过临泽县东西向穿越该墓群遗迹，并拟在其上建临泽县火车南站，工程路线穿越区和车站占地范围东西约 3000 米，南北 200 米，面积约 60 万平方米，黄家湾滩墓群基本被覆盖。根据《中华人民共和国文物保护法》《中华人民共和国文物保护法实施细则》《国务院关于西部大开发中加强文物保护管理工作的通知》《关于加强基本建设工程中考古工作的指导意见》及《甘肃省建设工程文物保护管理办法》等文件精神，本着既有利于文物保护，又有利于基本建设的原则，为保护该区域的地下文物免遭破坏，甘肃省文物考古研究所向国家文物局申请对该墓地进行抢救性发掘，并获批。因铁路沿线抢救性考古发掘点多，工作任务繁重，甘肃省文物考古研究所邀请南京师范大学文博系联合发掘该墓群。此次发掘领队为王辉和汤惠生，参加发掘人员有叶康宁、杨国誉、马海真、宋清、杨瑞、杨智毅、任岁芳。发掘工作从 2010 年 6 月 20 日开始，至 8 月底结束，历时两个月。

此次发掘共清理墓葬 90 座，出土各类随葬器物 216 件（组），墓葬时代集中在东汉晚期至前凉中期（附表）。该墓群墓葬地表多见封土，其中墓室正上方封土多呈丘状或为长方形沙土台，墓道上方封土为长条垄状。多数墓葬 2~5 个一组，成排或斜向错位并列分布，方向基本一致，应为族葬墓（图二）。墓葬多数已遭盗掘和严重破坏，封土上多见有盗洞。墓葬形制较简单，多为带斜坡墓道的沙土洞室墓（86 座），另有少量竖穴墓道洞室墓（2 座）和带长斜坡墓道的砖室墓（2 座）。墓室多单室，少量为双室。墓葬出土部分随葬品形制及其组合与河西走廊其他地区乃至中原地区同时期墓葬相近，为一批汉文化墓葬。但该墓群出土的一批木器包括人俑、动物俑、墓券、衣物疏、名刺、墨绘梳形或人形木片、棺板画以及钻孔陶器、模印花纹砖等又与其他地区不同，具有明显的地方特色，其涉及的相关葬制、葬俗等与道教、萨满教等有密切的关系，是研究张掖地区乃至河西走廊地区宗教文化发展与传播的重要资料。另外，M23 出土木简 27 枚，上墨书文字达九百余字，内容为西晋愍帝建兴元年（313 年）十二月张掖郡临泽县地方政府对一起"兄弟争田"民事案件的审理记录，对研究西晋土地制度、诉讼中的"占物入官"制、河西宗族关系及家庭居住制度等，具有重要研究价值。

# 第三节　报告编写

## 一　报告体例

本报告的编纂采用近年来较为流行的一种形式，即在对发掘材料介绍和描述时不进行类型学研究，而是将墓葬和随葬品放在一起，按出土器物的材质逐一介绍，在对发掘材料进行客观完整介绍和描述后，在之后章节中再进行类型学、墓葬分期与年代及相关研究等。这种编纂方式，主

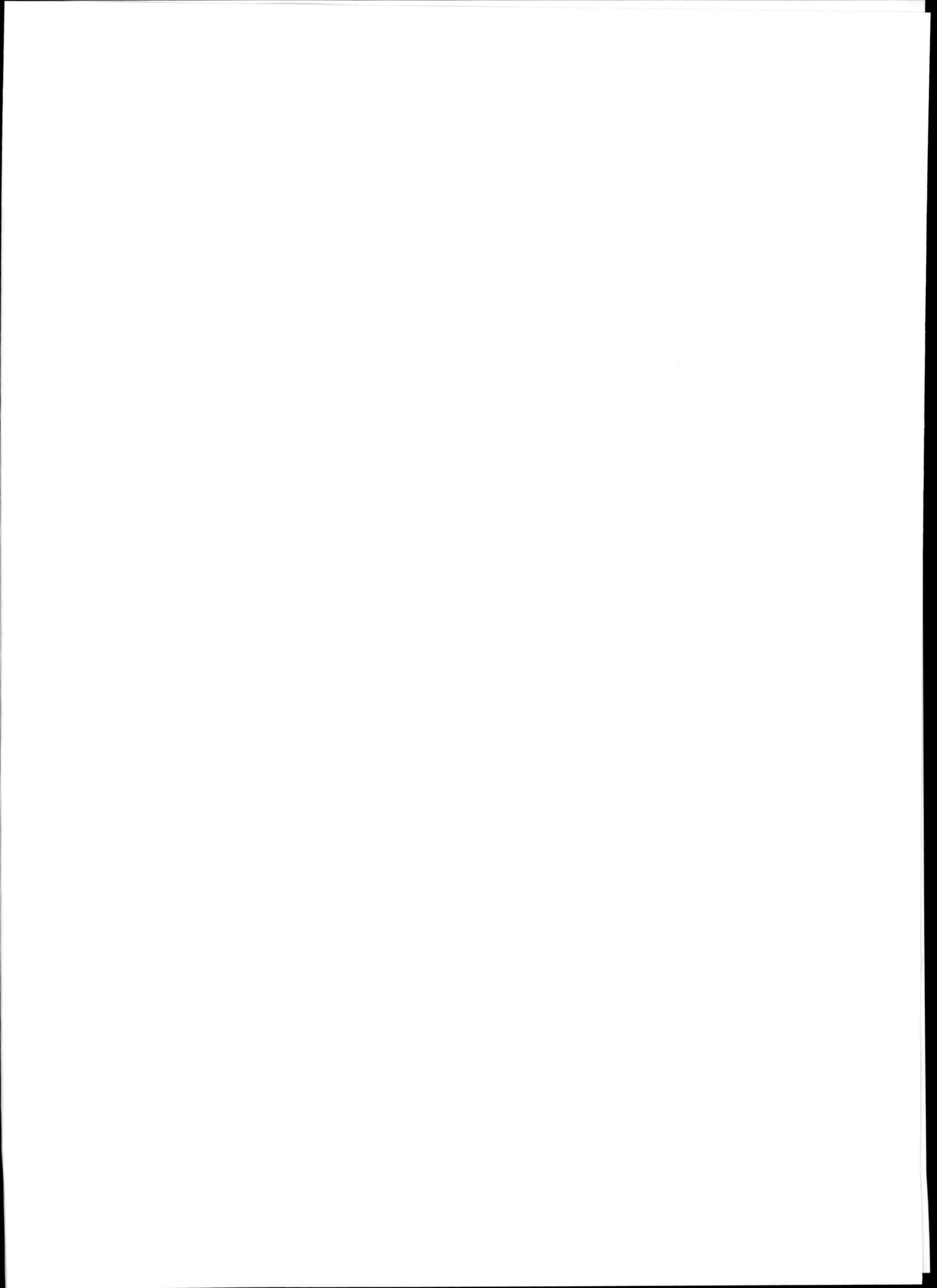

要是为尽可能保持墓葬发掘资料的客观性和完整性，便于读者阅读和研究时能直观和快速地了解每座墓葬的信息。这批墓葬虽然被盗严重，但部分墓葬形制保存较好，或随葬器物位置明确、组合完整，且有纪年材料出土，墓葬的时代特征十分明显，随葬器物形制及组合亦具较明显的序列演变特征，可使我们较全面的认识该墓群的墓葬特征及文化内涵。

## 二　报告说明

### 1. 墓葬及随葬器物编号说明

该墓群发掘之前进行了考古调查，并依次对墓葬进行了编号。因调查结果与发掘情况存在一定的差异，发掘时依实际情况对墓葬进行了重新编号，本报告中所有墓葬编号均以发掘编号为准。墓葬编号表述为：发掘年代（2010）+地名L（临泽县）+墓群名称H（黄家湾滩）+墓号M（墓葬的发掘序号），编号范围为2010LHM1~2010LHM90。墓葬内出土随葬品的编号，单件基本按照出土顺序编号；成套器物一般按顺序只给一个总编号，其中的单件器物在总编号的基础上按分号逐一编号，例如2010LHM1随葬的陶灶，其上放有一甑一釜一小盆，故统一编号2010LHM1：4，灶、甑、釜、小盆依次编号为2010LHM1：4-1、2010LHM1：4-2、2010LHM1：4-3和2010LHM1：4-4。

为了行文方便，在说明相关编号后，以下将直接简化墓号及器物号的全称，例如2010LHM1简化为M1，2010LHM1：1简化为M1：1，2010LHM1：4-1简化为M1：4-1，特此说明。

### 2. 插图说明

本报告的图片主要包括黄家湾滩墓群地理位置图、发掘墓葬总平面图，以及单个墓葬平剖面图、出土器物图及墓葬照片、器物照片等。需要说明的是：（1）发掘墓葬总平面图只表示墓葬轮廓线；（2）每个墓葬都有平面图和纵剖面图，部分墓葬的局部绘制了纵或横剖面图以充分表现墓室结构；（3）器物形状保存较好或可复原的一般都绘制线图，但某些形制相同的器物，如墨绘梳形木片等，仅选择绘代表性的器物1~2件。因墓葬群遭盗扰、破坏严重以及出土环境影响，少量器物保存很差，几近呈粉末或小残块状，无法复原，对于此类器物无法绘制线图，仅附照片。

### 3. 附表说明

本报告表格主要包括合葬墓器物分组与墓葬形制关系表、典型器物组合与墓葬分期表，随正文置于相应章节中；另有墓葬登记表附于正文最后。

由于编者水平和学识有限，对于报告中的纰漏及不妥之处，请学者同仁批评指正！

# 第二章　墓葬资料

此次共发掘墓葬 90 座，墓葬所在地为戈壁滩，墓葬是直接下挖戈壁砂砾土而形成的，其所在戈壁砂砾堆积情况如下。

①层：红土砂砾层，厚约 0.6 米。含土量大，包含大量河卵石。

②层：红褐淤泥层，厚约 0.5 米，距地表深 0.6~1.1 米，淤泥中含较多的砾石。

③层：砾石层，厚约 2.1 米，距地表深 1.1~3.2 米，含大量河卵石。

④层：细砂砾层，厚约 0.5 米，距地表深 3.2~3.7 米，含大量细卵石。

⑤层：灰色淤沙层，厚约 0.4 米，距地表深 3.7~4.1 米，含沙量大，夹杂少量砾石。

⑥层：砾石层，距地表 4.1 米以下，含大量河卵石及大砾石（图三）。

该墓群墓葬基本由封土、墓道、甬道和墓室等几部分组成。绝大多数被盗，被盗墓葬的封土

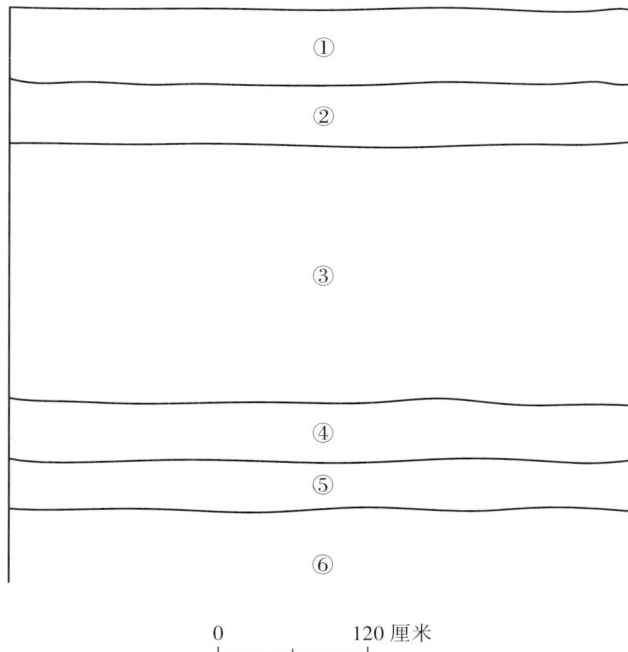

0 ———— 120 厘米

图三　黄家湾滩墓群地层剖面图

上均有 1~2 个盗洞，盗洞分布有一定的规律，一般位于墓室正上方与墓道正上方封土相接处或墓室正上方封土的顶部。盗洞口多数为圆形或椭圆形，少数为长方形。盗洞皆竖直向下，多数直达墓门，由墓门处转入墓室内。

90 座墓葬中，88 座墓葬为带斜坡或竖穴墓道的洞室墓，其营建方法为：在选定的地点依照一定的方向先挖出斜坡或竖穴墓道，然后在墓道底端顺向掏挖甬道、洞室（有的还分前室、后室），形成砂砾土洞室墓。少量墓葬在洞室内使用条砖铺底和砌筑甬道、封门等，局部形成洞室砖室结构；2 座墓葬为竖穴斜坡墓道土圹或砖室墓，其营建方法为：在戈壁滩上直接下挖形成长方形竖穴土圹及其斜坡墓道，再在竖穴土圹内沿圹壁用青砖砌筑砖墙、券顶等，形成砖室结构。墓葬相关信息依墓葬序列编号，详述如下。

## 一 M1

位于墓群北部，南距 M2 约 20 米。该墓为戈壁砂砾土上开挖的斜坡墓道双室洞室墓，由封土、墓道、前甬道、封门、前室、后甬道及后室组成。墓向 160°。

### 1. 形制与结构

封土为开挖墓葬产生的沙石堆砌而成，其中墓室正上方封土近长方形沙土台状，长 5.5、宽 4.4、高 0.9 米；墓道上方封土呈长垄状，长 6.8、宽 1.9、高 0.3~0.4 米。墓葬被盗，盗洞位于墓室和墓道连接处，盗洞呈漏斗状，口径约 1.7、深 3.3 米，未及墓底。

墓道平面呈长条形，口大底小，斜坡底。墓道开口长 8.6、宽 1~1.1 米，坡长 10.6 米，底宽 1 米。墓道北端底部近墓门处与墓室地面平齐，距地表深 6.2 米。

墓室由墓门、前甬道、封门、前室、后甬道及后室组成。前甬道位于前室南侧，为砖券结构，平面呈长方形，进深 0.64、宽 1.2、高 1~1.6 米，其中东、西壁用条砖错缝平砌 19 层，第 20 层开始起券，为重券顶。砖砌甬道边缘与砾岩之间的缝隙亦用条砖残块填实。甬道内使用条砖封门，封门底部先横立一层条砖，其上为错缝平砌（彩版一，1）。封门砖为长方形，模制，呈暗红色，长 42、宽 21、厚 5 厘米。前室平面近横长方形，东、西壁外弧，穹隆顶，底部用条砖横向平铺，进深 1.3、宽 2.46、高 1.96 米。后室位于前室北端，平面呈圆角长方形，穹隆顶，底部用条砖横向平铺，较前室高 0.2 厘米，进深 3、宽 2.5、高 1.76 米。前、后室之间用过洞式的后甬道相连，底用砖平铺一层，与后室平齐，进深 0.45、宽 1.2、高 1 米（图四）。

### 2. 葬具、葬式及埋藏状况

后室西侧东西并排放置棺木两具（彩版一，2）。棺前高后低，棺盖板呈拱形，前宽后窄。棺板间嵌以蝴蝶榫固定，侧板与底板、挡板以榫卯套合，与棺盖板间以方形木钉加固。两棺间距 18 厘米。Ⅰ号棺位于后室中部，棺前高 0.96、后高 0.87、棺盖长 2.3 米，棺身长 2、前宽 0.6、后宽 0.54、侧板厚 0.06 米。棺盖前侧边沿面上墨绘锯齿状三角纹，内侧用墨线勾绘出以伏羲和女娲蛇身缠绕、阴阳交合为主体的图案，其中头端勾绘伏羲图，伏羲身首处勾绘一太阳，太阳圈内画

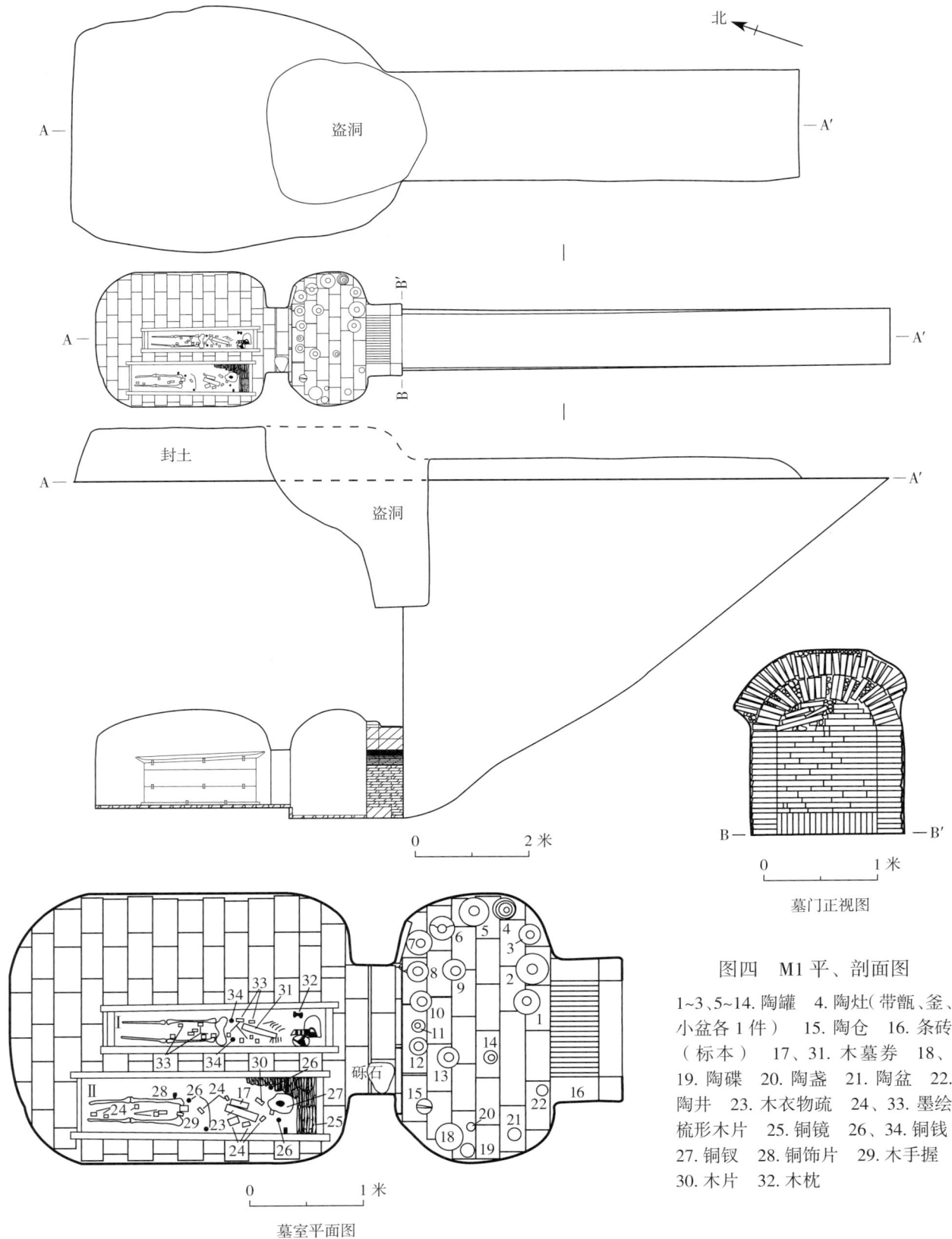

图四 M1 平、剖面图

1~3、5~14.陶罐 4.陶灶（带甑、釜、小盆各1件） 15.陶仓 16.条砖（标本） 17、31.木墓券 18、19.陶碟 20.陶盏 21.陶盆 22.陶井 23.木衣物疏 24、33.墨绘梳形木片 25.铜镜 26、34.铜钱 27.铜钗 28.铜饰片 29.木手握 30.木片 32.木枕

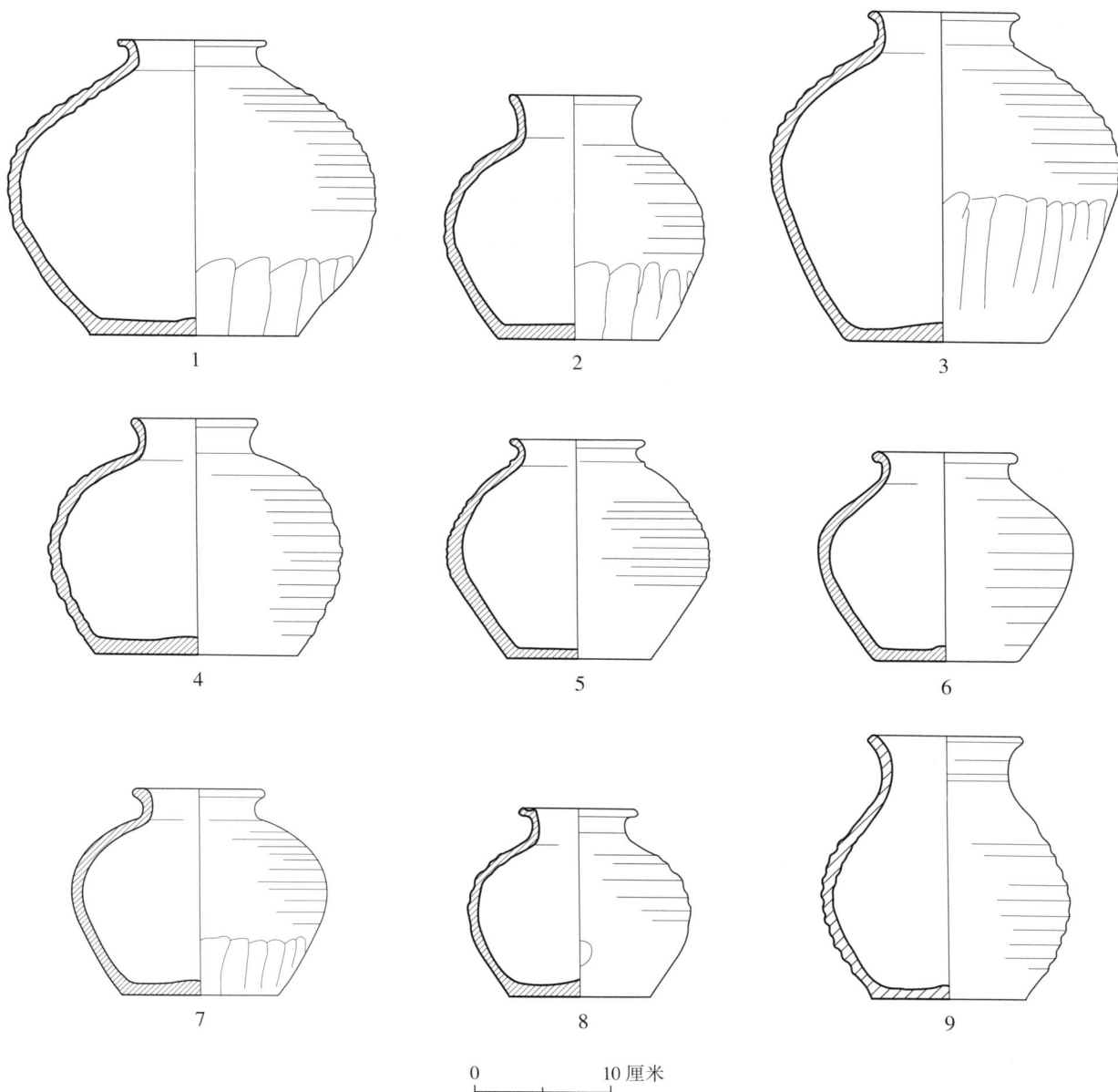

图六　M1 出土器物（二）

1~9. 陶罐（M1：1、M1：3、M1：5、M1：6、M1：7、M1：8、M1：10、M1：12、M1：14）

彩版三，6）。

　　M1：10，泥质灰陶。侈口，折沿，方唇，束颈，圆肩，鼓腹，平底。肩至腹部有轮制痕迹，下腹刮削修整。口径 9.8、腹径 18.6、底径 11.5、高 15.5 厘米（图六，7；彩版四，1）。

　　M1：12，泥质灰陶。侈口，折沿，圆唇，束颈，圆肩，鼓腹，下腹斜收，平底。肩至腹部有数道凹弦纹，下腹刮削修整，下腹有一人为的圆形穿孔。口径 8.6、腹径 16.5、底径 10、高 14 厘米（图六，8；彩版四，2、3）。

**陶灶（带甑、釜、小盆）**　1组。均为泥质灰陶。

M1：4，平面呈圆形，顶部中间有一圆形孔，前有灶门，后有烟囱，其上放有一釜一甑一小盆。

M1：4-1，陶灶。口径10、底径17、高11厘米（图七，1；彩版四，4、5）。M1：4-2，陶甑。口微敛，折沿，弧腹，平底，底上有箅孔。口径10.4、底径5.2、高6.4厘米（图七，1；彩版四，6）。M1：4-3，陶釜。口微侈，圆唇，鼓腹，平底。底有轮切痕迹。口径6.5、腹径9.6、底径6、高6.2厘米（图七，1；彩版四，4）。M1：4-4，小陶盆。口微敛，折沿，沿微略凹，鼓腹，平底。口径13.8、底径7、高6.4厘米（图七，1；彩版五，1）。

**陶碟**　2件。

M1：19，泥质灰陶。敞口，圆唇，浅腹，饼足底。口径12、底径7、高3.2厘米（图七，2；

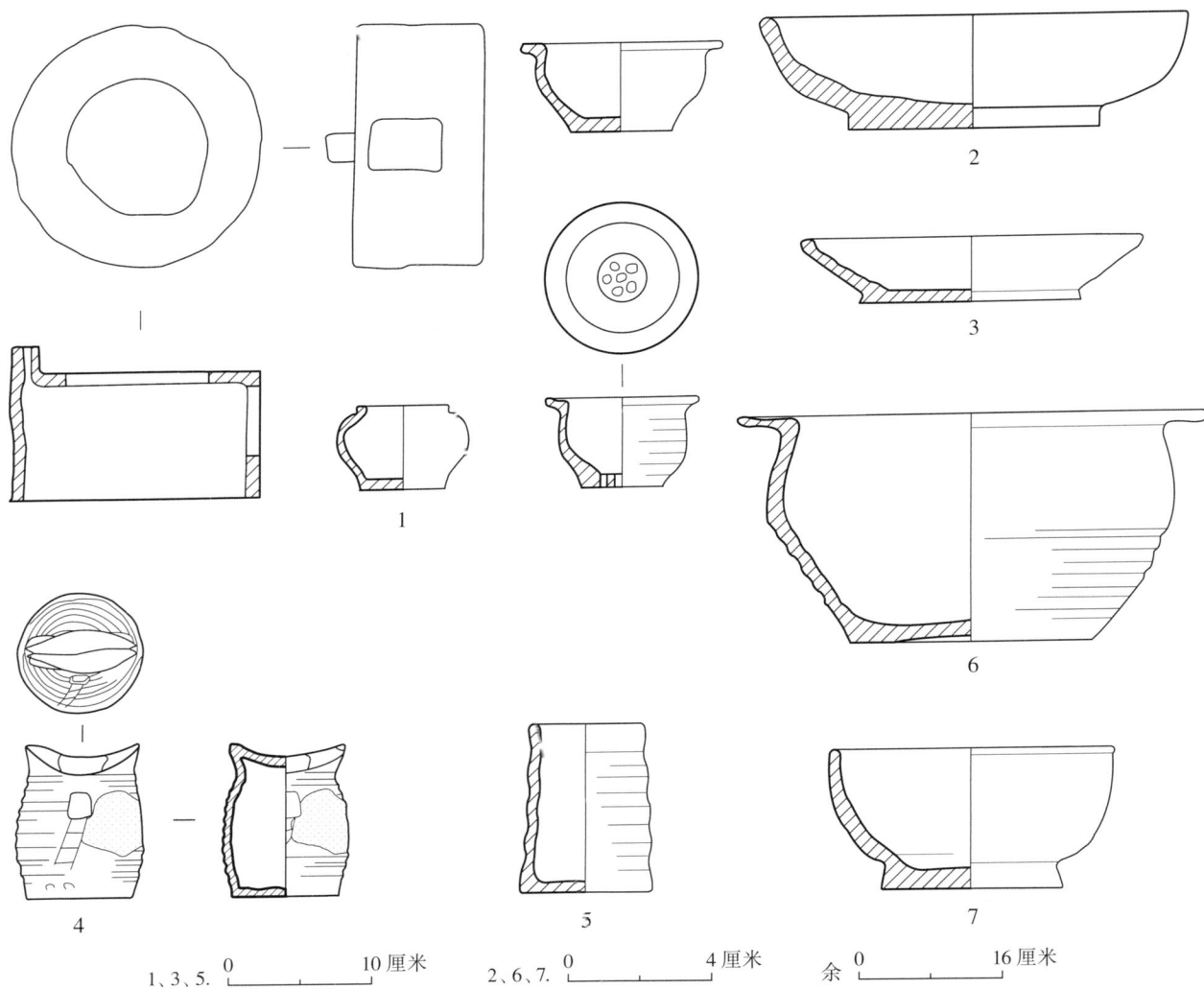

图七　M1 出土器物（三）

1. 陶灶（M1：4）　2、3. 陶碟（M1：19、M1：18）　4. 陶仓（M1：15）　5. 陶井（M1：22）　6. 陶盆（M1：21）　7. 陶盏（M1：20）

彩版五，3）。

M1：18，泥质灰陶。敞口，圆唇，浅腹，假圈足，盘内底略凹。口径 24、底径 15.5、高 4.6 厘米（图七，3；彩版五，4）。

**陶仓**　1件。

M1：15，泥质灰陶。整体呈筒形，仓顶内凹，两角微翘，平底，器身上开一窗口，窗口外下侧刻有梯状刻划纹，周身有凸弦纹，窗口外向下刻有梯状刻划纹。顶端开口径 4.8~12、腹径 14、底径 12、高 17.5 厘米（图七，4；彩版五，2）。

**陶井**　1件。

M1：22，泥质灰陶。敛口，圆唇，直腹，平底。腹部有数道轮制时形成的凸弦纹。口径 8、底径 9.5、高 12 厘米（图七，5；彩版五，5）。

**陶盆**　1件。

M1：21，泥质灰陶。微敛口，宽沿外折，沿面中间略内凹，弧腹，腹下部斜收，平底内凹。腹部有数道轮制形成的凹弦纹。口径 13、腹径 11.5、底径 6.5、高 6.5 厘米（图七，6；彩版五，6）。

**陶盏**　1件。

M1：20，泥质灰陶。微敛口，圆唇，弧腹，假圈足。口径 8、底径 5、高 4 厘米（图七，7；彩版五，7）。

（2）木器

8件（组）。

**木衣物疏**　1件。

M1：23，长方形薄木块，右侧边沿腐朽残失。长 26、残宽 7、厚 0.5 厘米。正、背面均墨书文字，其中正面字数较多，上下分四栏竖行从右至左记录埋葬的物品，字迹多模糊不清。背面木板腐朽较严重，面板书写文字多已模糊不清，残存字迹判断，其应竖行从左至右书写，木板上书写内容释文如下（彩版六、七）：

正面上栏：

故□□□一领，

故小袴一领、小裈一量，

故绣绿黄□一领，

故□□□一量，

故小紫裈一领，

故白幺□一具，

故□□袴□一量，

故练绣白练裙一量，

故□银钗三□，

故□一枚。

正面中上栏：

　　　故□□一领，

　　　故白□一□，

　　　故银当一具，

　　　故练绣大襦一领，

　　　故练□裙一量，

　　　故练丝革□领，

　　　故□□□□□，

　　　故□□□□，

　　　故□□一量，

　　　故□□一量，

　　　故□□一领。

正面中下栏：

　　　故……

　　　故紫□□□一□，

　　　故紫□练□□□一枚，

　　　故□缕□囊一枚，

　　　故□□粉囊一枚，

　　　故铜钱一枚，

　　　故紫□衣一枚，

　　　故紫□□□一枚，

　　　故□□□□□一枚，

　　　故□□□□一枚，

　　　故□□□□一枚，

　　　故□一□。

正面下栏：

　　　故□□□□，

　　　故银一百□，

　　　故□二百□，

　　　故紫□百□，

　　　故绦□百□，

　　　故□□□二百□，

故□囊一枚，

故□囊一枚，

故□青被一领。

背面：

吉，故以物上□䤷三种□□生时衣物□

□□□□□□□□□。

**木墓券** 2件。

M1：17，为长方形薄木块，保存较好。长27、宽5、厚0.5厘米。正面墨书文字，分上、下两栏，竖行从右至左书写内容，书写格式不十分规范，释文如下（彩版八，1）：

上栏：

送得柏棺木，复徭役十年，利生人；

送天上衣，得衣之，利生人，大吉；

送铅丹上海君给尚方大匠，治复役，利生人；

赍铜刀长三尺五寸上海君给尚方，复九十年，吉；

赍生黍二斛内木，复七十年，利生人；

贯送葵子一斛，复卅年，利生人，宜子孙钱财。

下栏：

送得好簪女子得好叉□，复十年，利生人；

贯时多与五采绳须两把，复，生者得用悬命；

赍兔豪一束上海君河伯给尚方，复百年，利生；

赍弩机樟骑□□□□左持右者，复八十年，利生人，富；

贯用盐二斛生□，复七十年，利生人；赍黄卷一斛，复六十年，利生者，□□□□；

送生系五斤，复卅年，□□生用悬命；送朱丹一两上海君给尚方，利生人，富。

M1：31，为长方形薄木块，保存较好。长27、宽5厘米。正面墨书文字，分上、下两栏，竖行从右至左书写内容，释文如下（彩版八，2）：

上栏：

送曾青一两上海君给尚方，利生人，富；

当被盐醋曲竹度交背下，得复，利生人；

贷（代）者上海君给大匠，得复官，利生人；

多送亿巳（祀）以作银，得复，利生人；

送黍粟当钱，得复，利生人，吉；

送无孔执箸两披（腋）下，以渡梁，利生人。

建始元年二月廿四日。

下栏：

送搔□以为玉，得，利生人，

送竹□以当椽，顾适作，得，利生人，

送□上海君给尚方，得复，利生人，

送□黄上海君给尚方大匠，得复，利生人，

多送钱，复十年，生人富，有财，

送小赤豆，复得富，利生人，

生时所有右物廿五种杂，阿春所持经用物。

**墨绘梳形木片**　2组。

M1：24，1组14件。平面呈长方形。器表用墨线勾绘有梳子状图案。M1：24-1，长8.2、宽5、厚0.4~1.2厘米（图八，1；彩版九，1）。

M1：33，1组12件。形制相同，均呈梯形。木片两面均用墨线勾绘有梳子状图案。M1：33-1，长4.2~4.6、宽4 2、厚0.35厘米（图八，2；彩版九，2）。

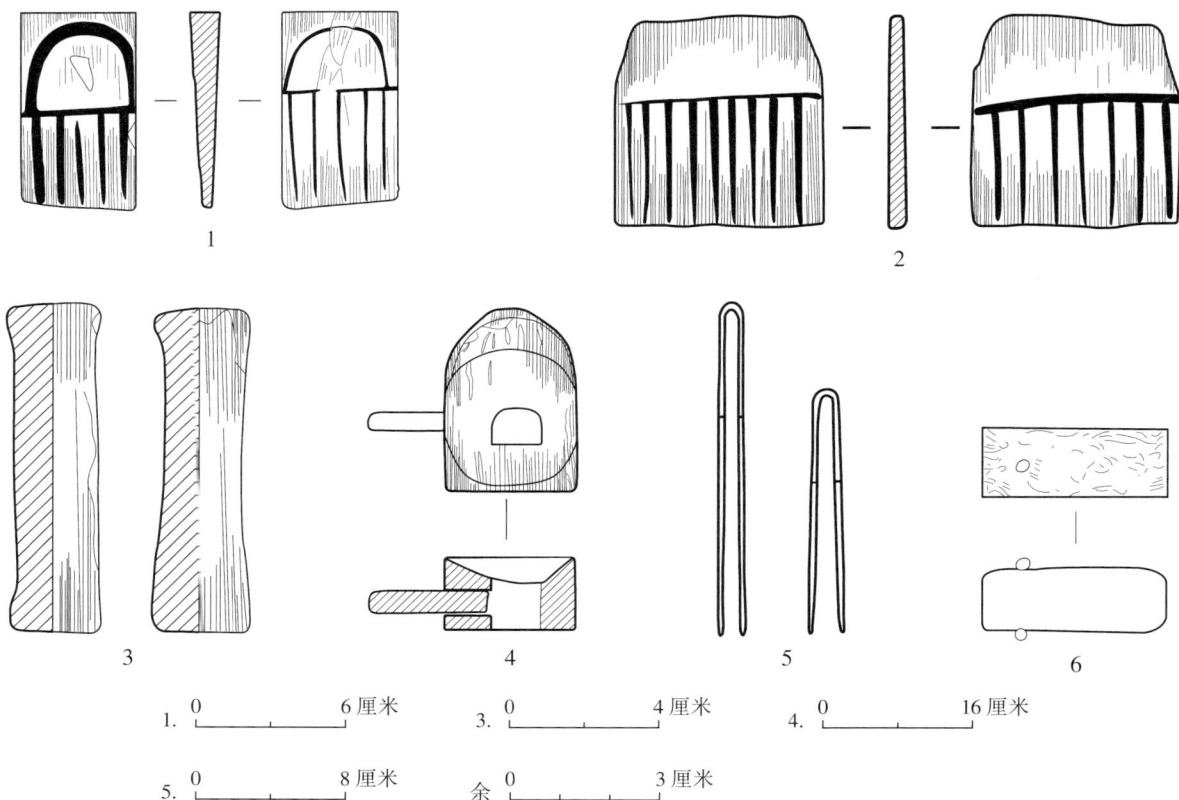

图八　M1出土器物（四）

1、2. 墨绘梳形木片（M1：24-1、M1：33-1）　3. 木手握（M1：29）　4. 木枕（M1：32）　5. 铜钗（M1：27-1、M1：27-2）　6. 铜饰片（M1：28）

**木手握** 1组。

M1：29，1组2件。形制相同，均为中间经刮削修整略凹的圆形木棒。长9、直径2.2厘米（图八，3；彩版九，3）。

**木片** 1件。

M1：30，为长方形薄木片。素面。长9.5、宽5.2厘米。

**木枕** 1件。

M1：32，为一端圆突一端平整的长方形木块，木块中间被掏空，并在枕面刮削成窝状，以固定头部，背侧穿一木柄起支撑作用。长20、宽14、厚8厘米（图八，4；彩版九，4）。

（3）铜器

5件。

**铜镜** 1件。

M1：25，镜体厚重，镜面略鼓。镜背中心一半球形钮，圆形穿孔，八瓣内向连弧纹一周。连弧与镜缘间形成一周凹槽，镜缘宽素稍内斜。直径8.2厘米（彩版一〇，1、2）。

**铜钗** 1组。

M1：27，1组4件。形制基本相同，整器均呈"U"形。顶端宽扁，钗身圆柱形，末端收尖。长13.5~18厘米（图八，5；彩版一〇，5）。

**铜饰片** 1件。

M1：28，平面呈圆角长方形，薄片环形，侧壁对穿两孔。长4、宽1.6、壁厚0.2厘米（图八，6）。

**铜钱** 2组。

M1：26，1组5枚。皆为五铢钱，锈蚀严重。其中4枚大小相同，钱径2.5、穿宽1、肉厚0.15厘米；1枚较小，钱径2.3、穿宽1、肉厚0.1厘米（彩版一〇，3）。

M1：34，1组2枚。均为五铢钱，圆形方孔，钱体轻薄，锈蚀较严重。大小相同，钱径2.5、穿宽1、肉厚0.1厘米（彩版一〇，4）。

另墓中有若干条砖，选取1件做标本。M1：16，青灰色。长方体。素面。长42、宽21、厚5厘米。

## 二 M2

位于墓群北部，北邻M1约20米。该墓为带斜坡墓道的单室洞室墓，由封土、墓道、甬道、封门和墓室组成。墓向180°。

### 1. 形制与结构

封土位于墓室和墓道口正上方，其中墓室正上方封土呈丘状，底径4.75~5.4、高0.9米；墓道上封土覆盖墓道北段，呈长垄状，长3.4、宽1.9、高0~0.25米。两段封土相接处见一椭圆形盗洞，口径 1.95~2.65 米。盗洞竖直向下，直至墓门，由墓门处转入甬道及墓室内。墓道位于墓室南端，平面呈长条形，壁竖直，斜坡底，开口长 10.4、宽 1 米，坡长 11.3 米，底宽 1 米。墓道北端底部近墓门处与甬道底平齐，距地表深 4.2 米。甬道、墓室为依墓道北端向北掏挖形成的洞室，甬道位于墓室南侧，平面呈长方形，拱形顶，其南部遭破坏，进深（残）0.6、宽 1、高 1.2 米。甬道内使用石块封门。封门墙遭破坏，残存 3 层，厚 0.4、宽 1、残高 0.75 米。墓室平面呈弧角长方形，四壁竖直，拱形顶，底较平整，进深 3、宽 2.7、高 2.06 米。墓室内填满从盗洞涌入的细沙土（图九）。

### 2. 葬具、葬式及埋藏状况

墓室内遭严重盗扰，未发现葬具、人骨及随葬品。

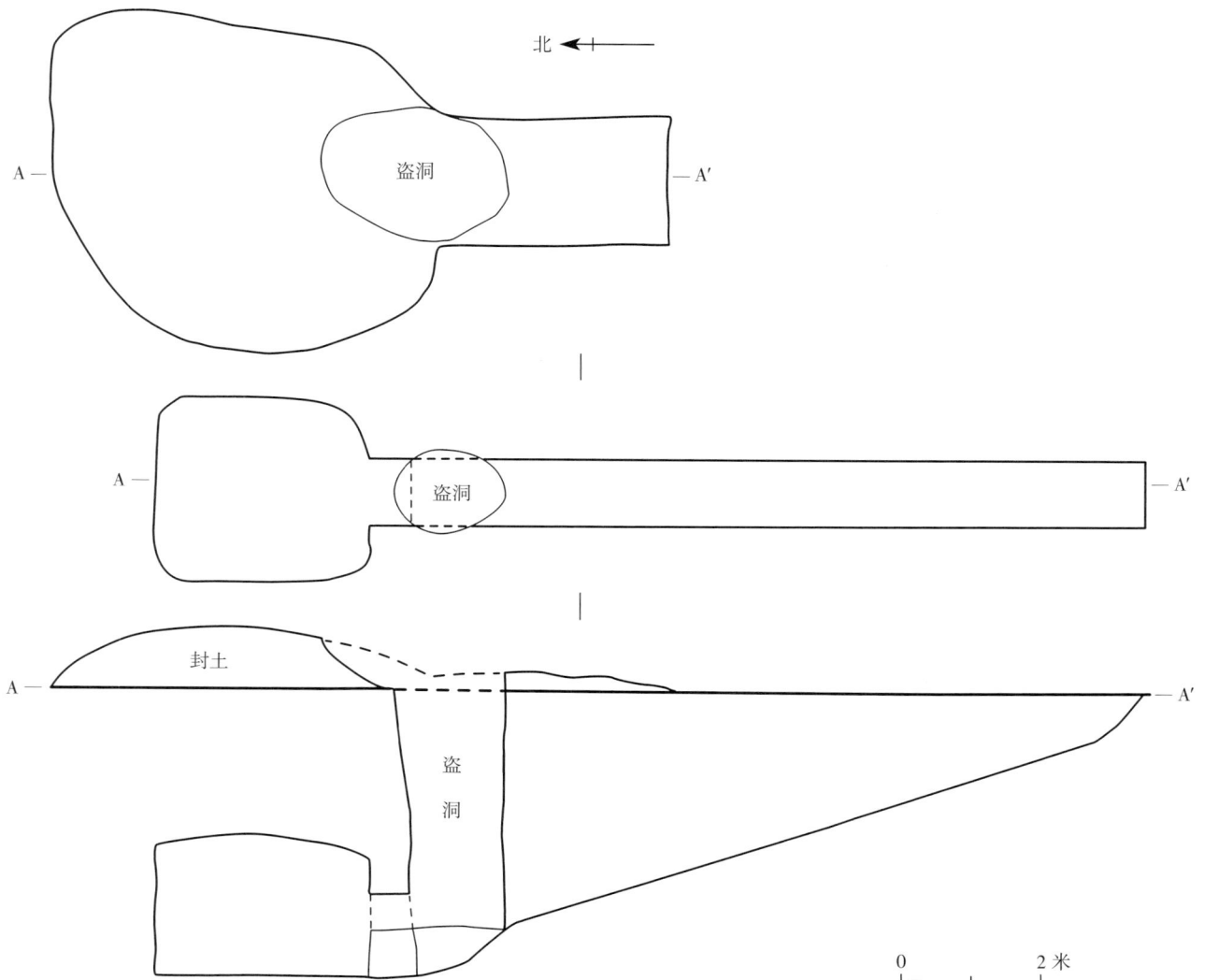

图九　M2 平、剖面图

## 三　M3

位于墓群北部，西邻 M4。该墓为带斜坡墓道的单室洞室墓，由封土、墓道、甬道和墓室组成。墓向 109°。

### 1. 形制与结构

封土位于墓室及墓道正上方，其中墓室正上方封土呈丘状，底径 5.85~8.2、高 0.6 米；墓道上封土呈长垄状，长 7.5、宽 1.85、高 0.6 米。两段封土相接处见一椭圆形盗洞，口径 3~3.8 米，盗洞竖直向下，直至墓门，由墓门处转入甬道及墓室内。墓道位于墓室东端，开口平面呈长条形，壁面斜直，上宽下窄，斜坡底，开口长 8.25、宽 1.3~1.37 米，坡长 9.1 米，底宽 0.8~1.2 米，底部

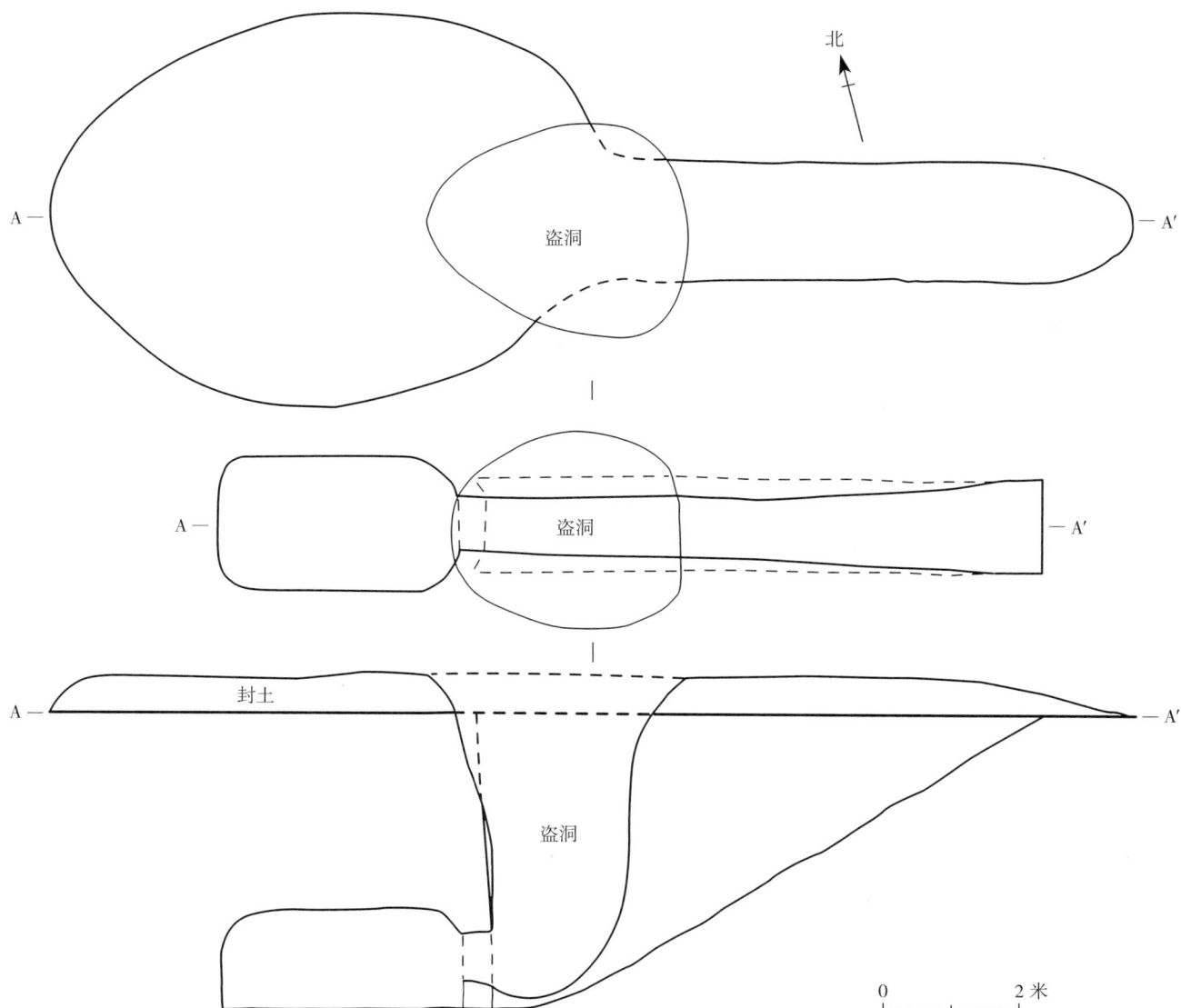

图一〇　M3 平、剖面图

至甬道处距地表深 4.4 米。甬道、墓室为依墓道西端向西掏挖形成的洞室。甬道位于墓室东侧，平面呈长方形，顶弧拱，其东侧墓门处因盗掘遭到破坏，残存墓门口未见封门痕迹。甬道进深 0.4（残）、宽 0.85、高 1.15 米。墓室为砂砾土上开凿的洞室，内填满从盗洞进入的细沙土。墓室平面呈圆角长方形，四壁略直，上部稍收，顶呈拱形，底较平整，进深 3.5、宽 2、高 1.5 米（图一〇）。

### 2. 葬具、葬式及埋藏状况

墓内遭严重盗扰，未发现葬具、人骨及随葬品。

## 四　M4

位于墓群北部，东邻 M3，西邻 M5。该墓为带斜坡墓道的单室洞室墓，由封土、墓道和墓室组成。墓向 170°。

### 1. 形制与结构

封土为开挖墓葬形成的沙石堆砌而成，其中墓室正上方封土呈丘状，底径 4.4~4.85、高 0.5 米；

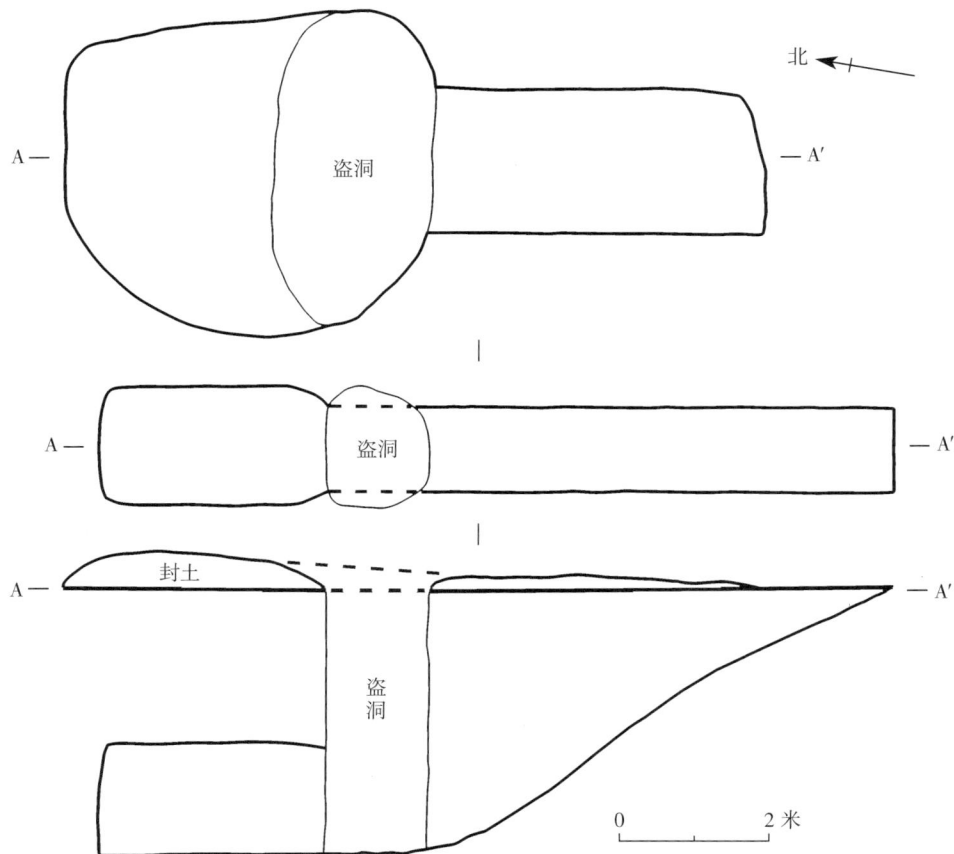

图一一　M4 平、剖面图

墓道上封土呈长垄状，长 4.45、宽 2、高 0~0.2 米。两段封土相接处见一椭圆形盗洞，口径 2~4.38 米，盗洞竖直向下，直达墓门，由墓门处转入墓室内。墓道位于墓室以南，开口平面呈长条形，斜坡底，开口长 7.5、宽 1.15 米，坡长 8.3 米，底宽 1.15 米，底距地表深 3.55 米。墓道末端即北端向北掏挖洞室，形成墓室。墓室平面呈弧角长方形，周壁上部稍收，顶呈拱形。进深 3、宽 1.6、高 1.5 米（图一一；彩版一一，1）。

**2. 葬具、葬式及埋藏状况**

墓葬遭严重盗扰，墓室内填满自盗洞渗入的细沙土。棺木已腐朽，仅存少量木板。沙土中见有少量人骨，十分凌乱，葬式不明。墓室内仅存少量随葬品，均为陶器，扰乱严重。

**3. 随葬器物**

3 件。均为陶器。

**陶罐**　1 件。

M4∶1，泥质灰陶。肩下残失，盘口，圆唇，束颈，圆肩，肩腹结合处较鼓。肩上饰有两周凹弦纹。口径 8.6、残高 6.7 厘米（图一二，1）。

**陶灯**　1 件。

M4∶2，泥质灰陶。灯盘较浅，盘壁斜直，口部微敛，唇面内斜，喇叭状座，座侧壁外斜，座底平齐。口径 7、底径 6.5、高 7 厘米（图一二，2；彩版一一，2）。

**陶盏**　1 件。

M4∶3，泥质灰陶。器物部分残失，浅腹，腹壁斜弧，圆唇，平底，外底微呈不规则的假圈足状。高 3.5 厘米（图一二，3）。

## 五　M5

位于墓群北部，东邻 M4，南邻 M6。该墓为带斜坡墓道的单室洞室墓，由封土、墓道、甬道、

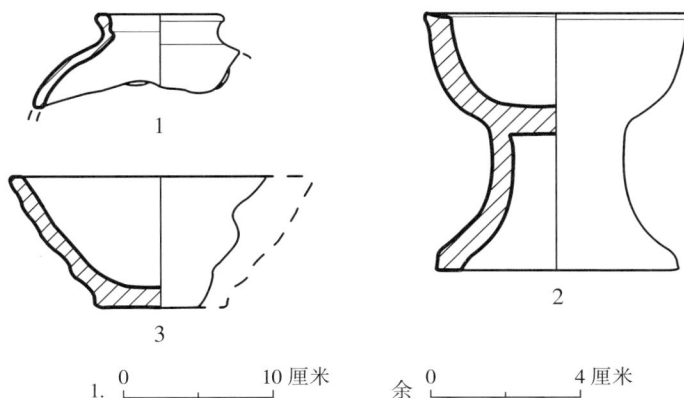

图一二　M4 出土器物

1. 陶罐（M4∶1）　2. 陶灯（M4∶2）　3. 陶盏（M4∶3）

封门、墓室组成。墓向 174°。

### 1. 形制与结构

封土为开挖墓葬形成的沙石堆砌而成，其中墓室正上方封土呈丘状，底径 5.2~8、高 0.6 米；墓道上封土呈长垄状，长 5.5、宽 2.3、高 0.5 米。两段封土相接处见一椭圆形盗洞，口径 2.6~3.8 米，盗洞竖直向下，直达墓门，由墓门处转入墓室内。盗洞至墓门处直径 1.35、距封土表面深 5.0 米。墓道位于墓室南端，平面呈长条形，上宽下窄，斜坡底，开口长 6.25、宽 1.1 米，坡长 7.75 米，底宽 0.8 米。墓道北端底部近墓门处与甬道齐平，距地表深 4.6 米。甬道、墓室为依墓道末端即北端向北掏挖形成的洞室。甬道位于墓室南侧，平面呈长方形，拱形顶，其南部遭破坏，进深（残）0.4、宽 0.75、高 1 米。甬道口使用大石块封堵，现残存两层，封门厚 0.4、宽 1.1 米。墓室平面呈圆角长方形，四壁略直，上部稍收，顶呈拱形，底较平整，进深 3.2、宽 1.75、高 1.5 米。墓室内填满从盗洞进入的细沙土（图一三）。

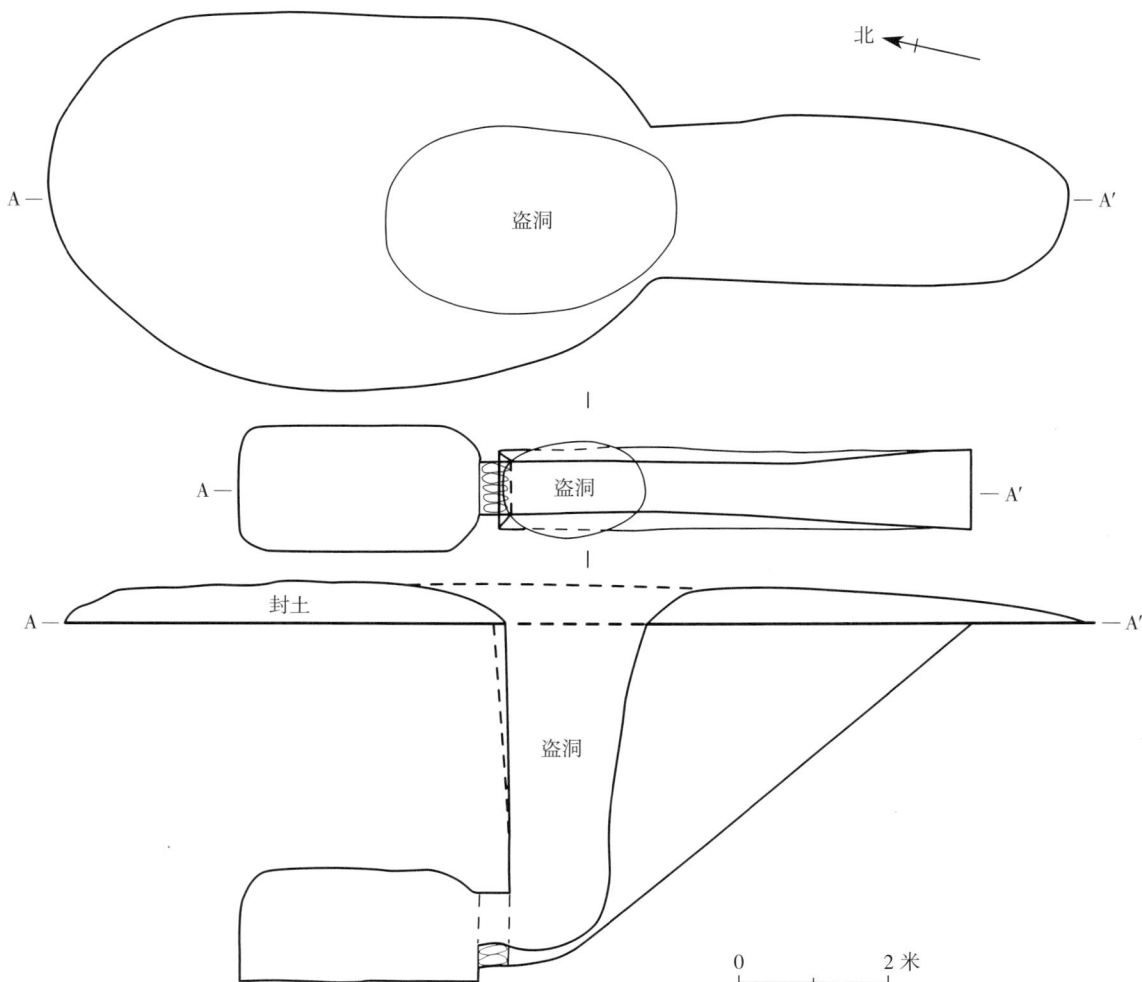

图一三　M5 平、剖面图

### 2. 葬具、葬式及埋藏状况

墓内遭严重盗扰，未发现葬具、人骨及随葬品。

## 六 M6

位于墓群北部，东邻 M3 和 M4，北邻 M5。该墓为带斜坡墓道的单室洞室墓，由封土、墓道、甬道和墓室组成。墓向 160°。

### 1. 形制与结构

封土为开挖墓葬后在墓室及墓道上端堆砌而形成的沙石堆，其中墓室顶部封土近丘状，底径 5~7.7、高 1.25 米；墓道上封土呈长垄状，长 5.8、宽 2.25、高 0.5 米。两段封土相接处见一椭圆形盗洞，口径 1.9~3.3 米，盗洞近漏斗状，向下直达墓门，由墓门处转入墓室内。墓道位于墓室以南，平面呈长条形，口大底略窄，斜坡底，开口长 6.25、宽 1.2 米，坡长 7.5 米，底宽 1 米，底距地表深 4.8 米。甬道、墓室为依墓道末端向北掏挖形成的洞室。甬道较短，平顶，进深 0.65、宽 1.25、

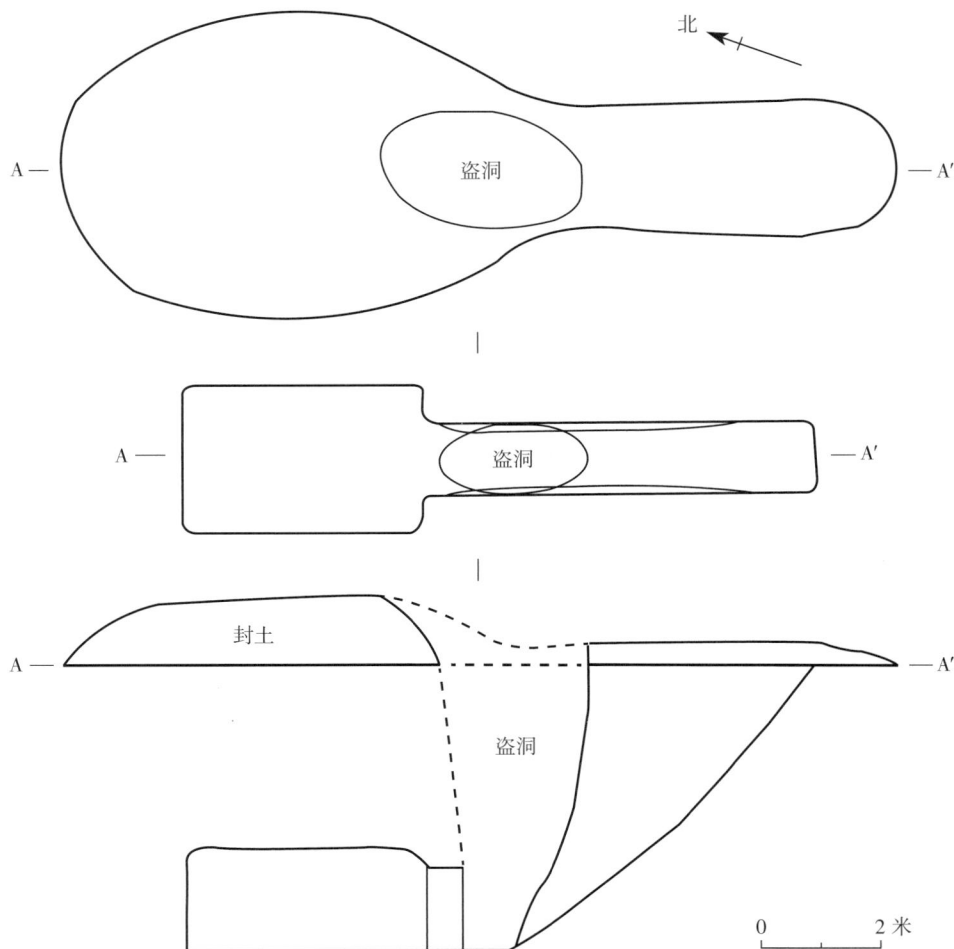

图一四　M6 平、剖面图

高 1.4 米，甬道内填满砂砾。墓室平面呈圆角长方形，四角略弧，拱形顶，进深 4、宽 2.5、高 1.8 米（图一四）。

**2. 葬具、葬式及埋藏状况**

墓内遭严重盗扰，未见葬具及人骨，随葬品散乱置于墓室扰土中。

**3. 随葬器物**

5 件。均为陶器。

**陶盘**　1 件。

M6：2，泥质灰陶。平面呈圆形，浅盘，边缘凸起圆厚唇，圆锥状矮足，盘胎外厚内薄。器表灰黑相间，盘面有凹弦纹。口径 22、底径 20、高 4.5 厘米（图一五，3）。

**陶仓**　1 件。

M6：1，泥质灰陶。由仓顶和仓身分制后粘接于一起。其中仓顶模制，呈"人"字坡形，坡面模印有成排瓦垄。仓身系先轮制成上小下大的筒状后，再用手挤捏成扁圆形，制作较粗糙。仓身一侧中间开一方形小孔，以示仓门。仓身外壁面留有轮制时形成的凹凸相间的宽弦纹，仓门下刻划格梯纹。底径 10.6、通高 11 厘米（图一五，1；彩版一一，3）。

**陶盆**　1 件。

M6：4，泥质灰陶。侈口，卷沿，弧腹，平底。腹上有轮制痕迹，下腹近底处刮削修整。口径 11.4、底径 6、高 6.8 厘米（图一五，2；彩版一一，4）。

**陶熏炉**　1 件。

M6：5，泥质灰陶。上身为釜状，敛口，鼓腹，亚腰形底座。底径 6.4、残高 8 厘米（图一五，5；

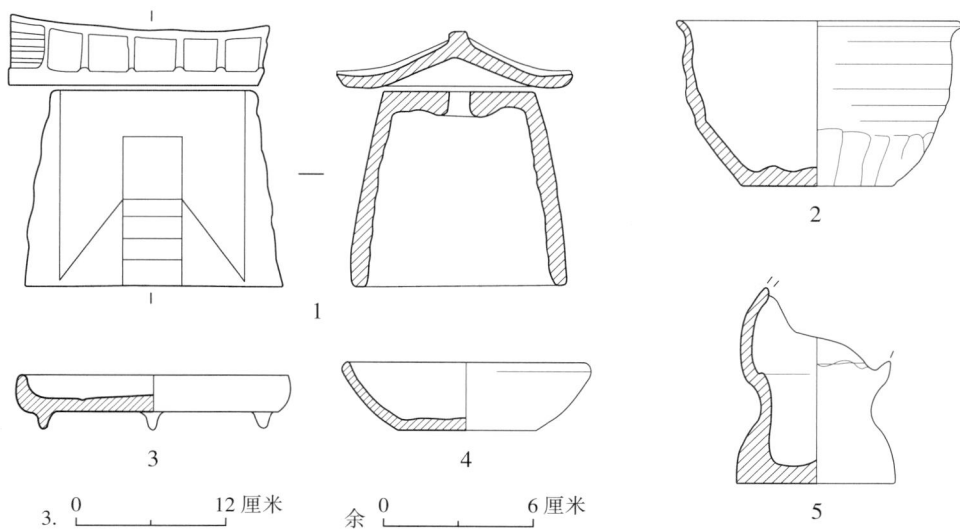

图一五　M6 出土器物

1. 陶仓（M6：1）　2. 陶盆（M6：4）　3. 陶盘（M6：2）　4. 陶盏（M6：3）　5. 陶熏炉（M6：5）

彩版一一，5）。

**陶盏** 1件。

M6：3，泥质灰陶。敞口，圆唇，浅弧腹，平底。器近底处刮削修整。口径10、底径5.5、高2.8厘米（图一五，4）。

## 七 M7

位于墓群中部，西南邻M15。该墓为带斜坡墓道的单室洞室墓，由封土、墓道、甬道、封门和墓室组成。墓向105°（彩版一二，1）。

### 1. 形制与结构

封土为开挖墓葬形成的沙石堆砌而成，其中墓室正上方封土呈椭圆形沙土台状，底径长6.7~9、高1.5米。墓道上封土呈长垄状，长10.7、宽2.1、高0.5~1米。两段封土相接处见一椭圆形盗洞（盗洞2），洞口径2~3.4米，盗洞近漏斗状，直达墓门，由墓门处转入墓室内，洞内填有较多的细沙土。盗洞至墓门处直径0.65、距地表深6.2米。墓室上方封土上见有另一处盗洞（盗洞1），洞口大致呈椭圆形，口径1.9~3米，盗洞近漏斗状，直达墓室顶部（至墓顶处直径0.65米），穿墓顶进入墓室内。墓道位于墓室东端，平面呈长条形，上宽下窄，斜坡底，上部略缓下部趋陡。墓道开口长11.7、宽1.2米，坡长12.5米，底宽1米。墓道西端底部近墓门处与墓室齐平，距地表深5米。甬道、墓室为依墓道西端向西掏挖形成的洞室。甬道位于墓室东侧，平面呈长方形，拱形顶，洞内贴壁砌砖，为砖券结构，其中墓门东部遭破坏，南壁残存砌砖2层，北壁残存15层，部分砌砖与砾岩之间的缝隙皆用条砖残块填实。现存砖券结构进深（残）0.45、宽1.7、券高1.4米。券内使用双层条砖封门，封门墙遭破坏，底部残存两层，其中最下层横向平铺，第二层呈"人"字形纵向斜砌。封门墙厚0.42、宽1.05、残高0.21米。条砖长40、宽21、厚5厘米。墓室平面呈圆角长方形，四壁略直，上部稍收，顶部呈拱形，底较平整，进深3.6、宽2.45、高1.8米。墓室内填满从盗洞进入的细沙土（图一六）。

### 2. 葬具、葬式及埋藏状况

墓内遭严重盗扰，未发现葬具、人骨及随葬品。

## 八 M8

位于墓群中部，东邻M9~M15，南邻M16~M18。该墓为带斜坡墓道的单室洞室墓，由封土、墓道、甬道、封门和墓室组成。墓向97°。

### 1. 形制与结构

封土为开挖墓葬形成的沙石堆砌而成，其中墓室正上方封土呈长方形沙土台状，长5.6、宽2.5~2.9、高0.95米；墓道上封土呈长垄状，长5、宽1.45、高0.15~0.3米。两段封土相接处见一口径长1.2~1.4米的椭圆形盗洞，盗洞竖直向下，直达墓门，由墓门处转入墓室内。盗洞至墓门

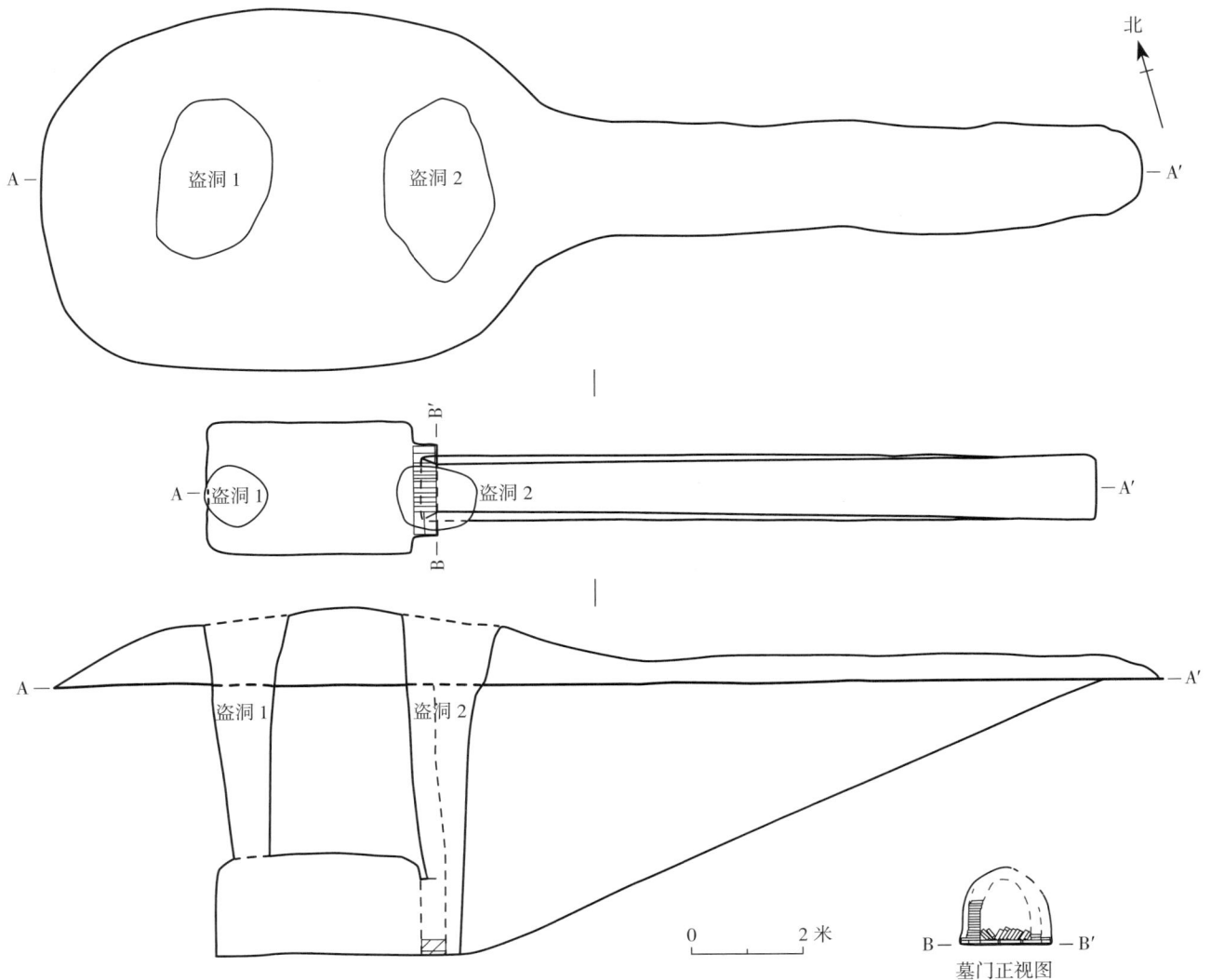

图一六　M7平、剖面图

处直径 0.5、距封土表面深 4.7 米。墓道位于墓室东端，平面呈长条形，上宽下窄，斜坡底，开口长 6.6、宽 1.25 米，坡长 7.5 米，底宽 0.8 米，底距地表深 5 米。墓室为依墓道西端向西掏挖形成的洞室。甬道平面呈长方形，进深 0.6、宽 0.8、高 1.2 米。甬道内使用石块封门，现残存 3 层，厚 0.4、宽 0.75、残高 0.75 米。墓室平面呈圆角方形，四壁略直，顶弧拱，底较平整，进深 3、宽 2.5、高 1.65 米。墓室内填满从盗洞进入的细沙土（图一七）。

**2. 葬具、葬式及埋藏状况**

墓内遭严重盗扰，未发现葬具、人骨及随葬品。

## 九　M9

位于墓群中部，南邻 M10，西邻 M8。该墓为带斜坡墓道的单室洞室墓，由封土、墓道、甬道、

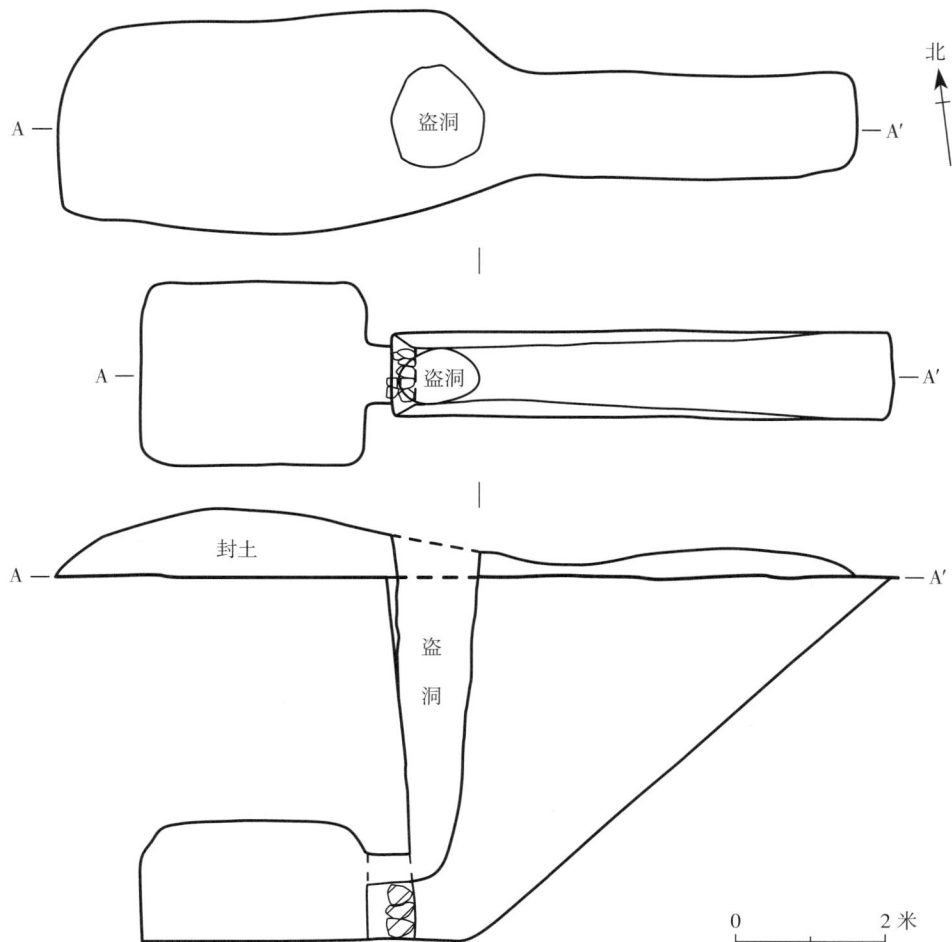

图一七 M8 平、剖面图

封门和墓室组成。墓向 55°。

**1. 形制与结构**

　　封土为开挖墓葬形成的沙石堆砌而成，其中墓室正上方封土呈丘状，直径 5.7、高 1.5 米。封土堆正中有一直径为 1.6~1.9 米的近圆形盗洞，盗洞呈漏斗状，深 2.5 米，未及墓室。墓道上封土堆呈长垄状，断面呈半圆形，长 6.5、宽 1.9、高 0.3~0.4 米。墓道位于墓室以东，平面呈圆角长方形，口略大、底稍小，斜坡底，开口长 9.1、宽 1.2 米，坡长 10.3 米，底宽 0.8 米。墓道西端底部近墓门处与墓室地面平齐，距地表深 5.1 米。甬道、墓室为依墓道西端向西掏挖形成的洞室。甬道位于墓道与墓室之间，为砖券结构，平面呈长方形，进深 0.45、宽 1.1、高 0.9 米。甬道左、右壁用条砖平砌，第 6 层起券，顶为重券结构。甬道周围与砂砾岩层之间的缝隙亦用条砖残块填实。甬道口用条砖封堵，封门底部横立一层条砖，其上为条砖侧立斜向封门，封门砖为长方形，模制，呈红色。墓室平面呈圆角长方形，拱形顶，底部地面为条砖横向错缝平铺，进深 3.9、宽 2、高 1.8 米（图一八；彩版一二，2、3）。

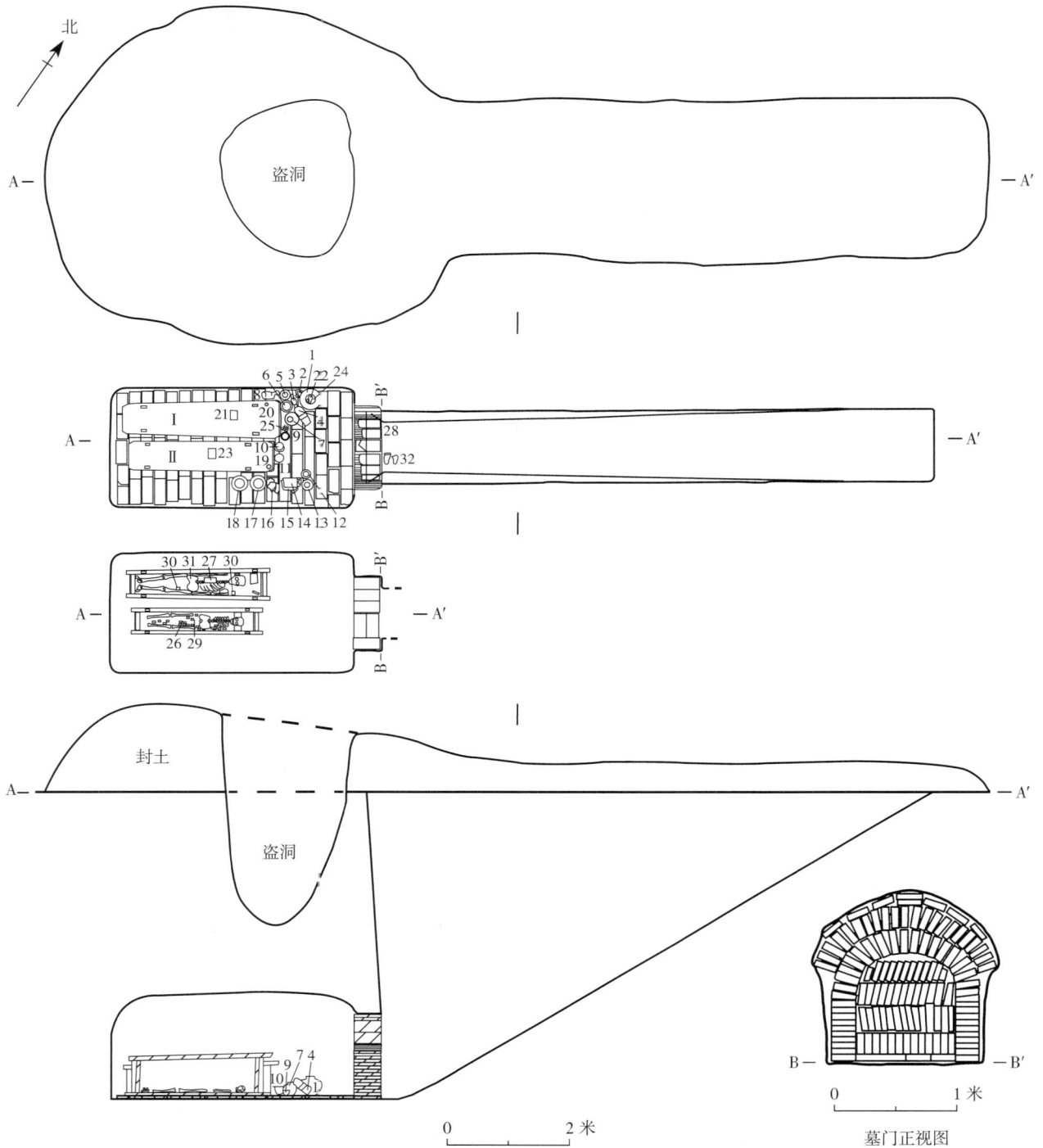

图一八　M9 平、剖面图

1、5、7、12、13、17、18、32.陶罐　2.木耳杯　3.木马　4.木人俑　6、10.陶盆　8、14.木牛　9、11、16.陶钵　15.木车　19.陶盏　20.泥井　21、23.木镇　22.木勺　24.陶井　25.苇席（残片）　26、30.墨绘梳形木片　27.木衣物疏　28.条砖（标本）　29、31.木手握

### 2. 葬具、葬式及埋藏状况

墓室内摆放两具棺木，由北向南分别为Ⅰ号、Ⅱ号棺，两棺棺木下均铺有苇席，前方近墓室口摆放随葬品。棺整体前高后低，前宽后窄，由盖板、左右侧板、前后挡板和底板组成，盖板、侧板为数块长条板中间以蝴蝶榫扣连接而成，挡板、底板以条板两端穿榫连接而成，各部分之间再以榫卯套合（图一九）。盖板前宽后窄，两端内收，纵向呈直背刀形。Ⅰ号棺位于Ⅱ号棺北侧，两棺相距 0.24 米。Ⅰ号棺盖板及侧板略向北倾，有人为向北挪动迹象。

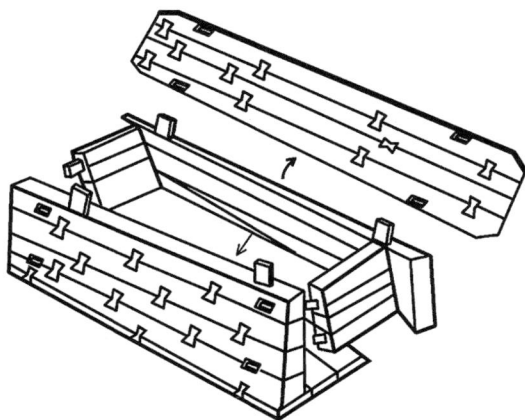

图一九　M9 木棺结构示意图

棺前高 0.56、后高 0.5 米，盖板通长 2.54、前宽 0.52、后宽 0.46 米，侧板长 2.3 米，棺板均厚 0.06 米。棺内女性人骨 1 具，仰身直肢，头向东，面向南，人骨上残留有丝质衣物，面部残留丝质覆面，胸口置 1 件木质衣物疏，人骨下铺有芦苇席。Ⅱ号棺前高 0.7、后高 0.66 米，盖板通长 2.3、前宽 0.44、后宽 0.4 米，侧板通长 2.1 米，棺板均厚 0.06米。前挡外侧近底墨绘梳形图案，内侧近上沿处墨绘垂幛纹图案。棺内见男性人骨 1 具，仰身直肢，头向东，面向上，人骨周围残存丝质衣物，面部残存丝质覆面。头骨下有一木枕，骨架上散置方形木片（部分有墨绘梳形图案）、碎陶片（彩版一三，1、2）。

随葬品主要有陶器、木器。陶器置放在墓室前方近墓室口处及棺木内，器类有罐、钵、盆、盏等。均为夹砂灰陶，陶胎灰色或红色，器表大都可见轮制形成的凹凸相间的宽弦纹（彩版一三，3）。Ⅰ号棺棺盖上随葬泥质井和木镇，棺内随葬木衣物疏、墨绘梳形木片、木手握等。Ⅱ号棺棺盖上随葬陶盏和木镇，棺内随葬墨绘梳形木片、木手握等。

### 3. 随葬器物

32 件（组）。有陶器、泥器、木器等。

（1）陶器

16 件。

**陶罐**　8 件。

M9：1，泥质灰陶。侈口，圆唇，束颈，圆肩，鼓腹，平底。肩部施有暗纹，腹部凹弦纹间有刻划垂幛纹。下腹刮削修整。口径 16.4、腹径 36.8、底径 20.4、高 30.8 厘米（图二〇，1；彩版一四，1）。

M9：5，泥质灰陶。侈口，折沿，束颈，圆肩，鼓腹，平底。肩至腹部有轮制形成的凹弦纹。下腹刮削修整。口径 8.4、腹径 18.5、底径 10、高 16.2 厘米（图二〇，6；彩版一四，2）。

M9：7，泥质灰陶。小口微侈，平沿，尖唇，短束颈，斜肩，鼓腹，平底。鼓腹上有轮制形成的凹凸相间的弦纹。下腹刮削修整。口径 10、腹径 24.2、底径 16.5、高 20 厘米（图二〇，4；

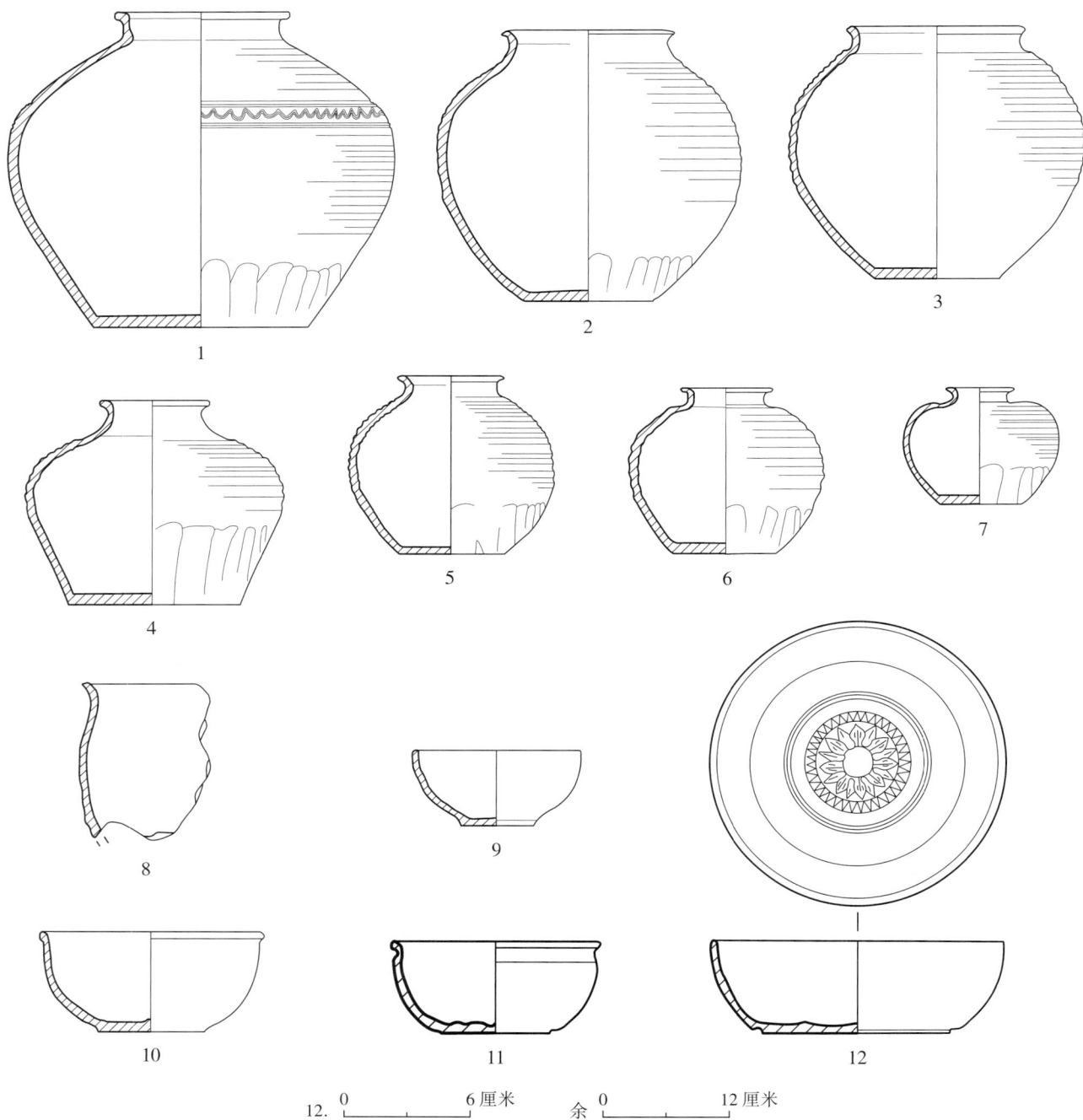

图二○　M9 出土器物（一）

1~8. 陶罐（M9：1、M9：17、M9：18、M9：7、M9：13、M9：5、M9：12、M9：32）　9~12. 陶钵（M9：11、M9：16-1、M9：16-2、M9：9）

彩版一四，3）。

M9：12，泥质灰陶。侈口，折沿，束颈，鼓腹，平底。肩至腹部有数道凹弦纹。下腹刮削修整。口径 6.5、腹径 15、底径 7.8、高 11.4 厘米（图二○，7；彩版一四，4）。

M9：13，泥质灰陶。侈口，折沿，束颈，鼓腹，平底。肩至腹上部有轮制痕迹，下腹刮削修整。口径 10、腹径 19.5、底径 10、高 17.5 厘米（图二○，5；彩版一四，5）。

M9：17，泥质灰陶。侈口，方唇，束颈，圆肩，鼓腹，平底。肩至腹部有轮制形成的凹弦纹。下腹刮削修整。口径 16.4、腹径 28.8、底径 12、高 26 厘米（图二○，2；彩版一五，1）。

M9：18，泥质灰陶。侈口，方唇，束颈，圆肩，鼓腹，平底。肩部有轮制形成的凹弦纹，肩上钻有一小圆孔。腹部刮削修整。口径 17、腹径 28、底径 12、高 24.5 厘米（图二○，3；彩版一五，2）。

M9：32，夹砂黑褐陶，仅残存口沿及部分腹部。侈口，卷沿，方唇，垂腹，下腹部残失。器表上有一层烟炱。残高 15 厘米（图二○，8）。

**陶钵**　4 件。

M9：9，泥质灰陶。口微敛，圆唇，弧腹，平底。内底有模印莲花纹及锯齿纹，外饰黑色陶衣。口径 14、底径 9、高 4.5 厘米（图二○，12；彩版一五，3、4）。

M9：11，泥质灰陶。口微敛，圆唇，弧腹，平底。器表内外饰黑衣。腹下端有刮削痕迹。口径 16、底径 7、高 7.4 厘米（图二○，9；彩版一五，5）。

M9：16-1，泥质灰陶。口微敞，圆唇，沿外有一凹槽，弧腹，平底。下腹刮削修整。口径 21.5、底径 10、高 9.5 厘米（图二○，10）。

M9：16-2，泥质灰陶。深腹，口微敞，圆唇，平底。口沿下外侧壁上有一周凹弦带，内底上有三周高凸的涡状旋痕。口径 20、底径 10、高 9 厘米（图二○，11；彩版一五，6）。

**陶井**　1 件。

M9：24，泥质灰陶。整器呈臼状，平底。素面。体小，捏制粗糙。口径 4.5、底径 4.72、高 5 厘米（图二一，1；彩版一六，4）。

**陶盆**　2 件。

M9：6，泥质灰陶。口微敛，宽折沿，鼓腹，平底。上腹轮制痕迹明显，下腹刮削修整。口径 18.6、腹径 17.4、底径 9、高 11.6 厘米（图二一，2；彩版一六，1）。

M9：10，泥质灰陶。口微敛，宽沿外折，沿面内凹，鼓腹，腹下部斜收，小平底。腹上部有数周凹弦纹。下腹有刮削痕。口径 18、腹径 17、底径 7.4、高 13 厘米（图二一，3；彩版一六，2）。

**陶盏**　1 件。

M9：19，泥质灰陶。口微敛，圆唇，弧腹，饼足。口径 9、底径 4.7、高 4 厘米（图二一，4；彩版一六，3）。

（2）泥器

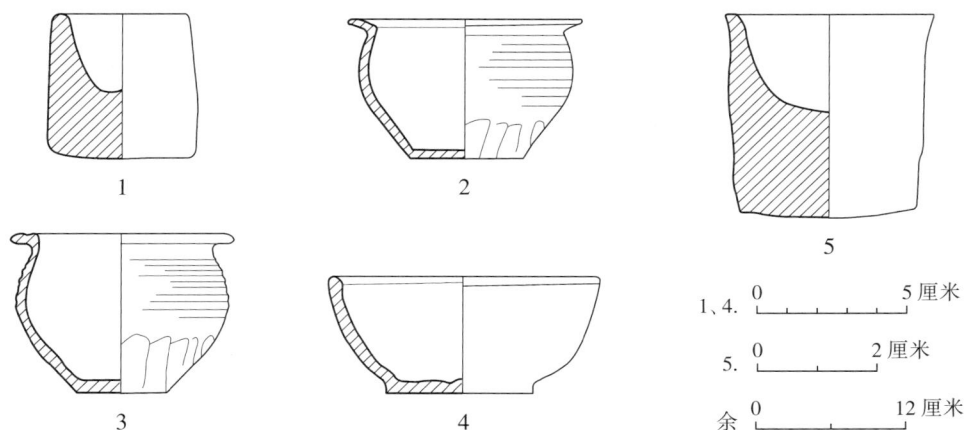

图二一　M9 出土器物（二）

1. 陶井（M9：24）　2、3. 陶盆（M9：6、M9：10）　4. 陶盏（M9：19）　5. 泥井（M9：20）

1 件。为泥井。

M9：20，手捏为筒状，制作粗糙，未经烧制，底较厚。口径 3.5、底径 3、高 3.5 厘米（图二一，5；彩版一六，5）。

（3）木器

14 件（组）。

**木人俑**　1 件。

M9：4，朽蚀严重，仅看出其人形。宽 4.4、高 26、厚 2.4 厘米（图二二，1；彩版一七，1）。

**木马**　1 件。

M9：3，以马头、身、腿、尾及身上的马鞍分别使用木块雕刻成各自的模型后套接而成。残存马身、尾及前左腿，余皆腐朽不存。残长 39、宽 12、残高 32.4 厘米（图二二，2；彩版一七，4）。

**木牛**　2 件。

M9：8，采用木棒修刻而成，腿与身分离，腿已残。头部用墨线勾绘出牛眼。长 20、宽 4.9、高 12 厘米（图二二，5；彩版一七，2）。

M9：14，采用木棒修刻而成，腿与身分离，腿已残。头部用墨线勾绘出牛眼。长 21.5、宽 6.9、高 10.5 厘米（图二二，3；彩版一七，3）。

**木车**　1 件。

M9：15，为模型，残。侧板和辕使用一块木板整体修刻而成，通长 30.5 厘米，其中侧板呈长方形，长 14.6、宽 7.4、厚 1.2 厘米。辕在侧板下及侧板前 6.8 厘米处截面呈方形，面宽 1.2、厚 1.5 厘米，前端部分逐渐变细，截面呈圆形，首端直径 1.2 厘米。车轮用木块修刻成圆环形，牙面上均匀地雕刻出六支辐条。轮直径 13.3、牙面宽 2.1、厚 0.7 厘米（图二二，4；彩版一八）。

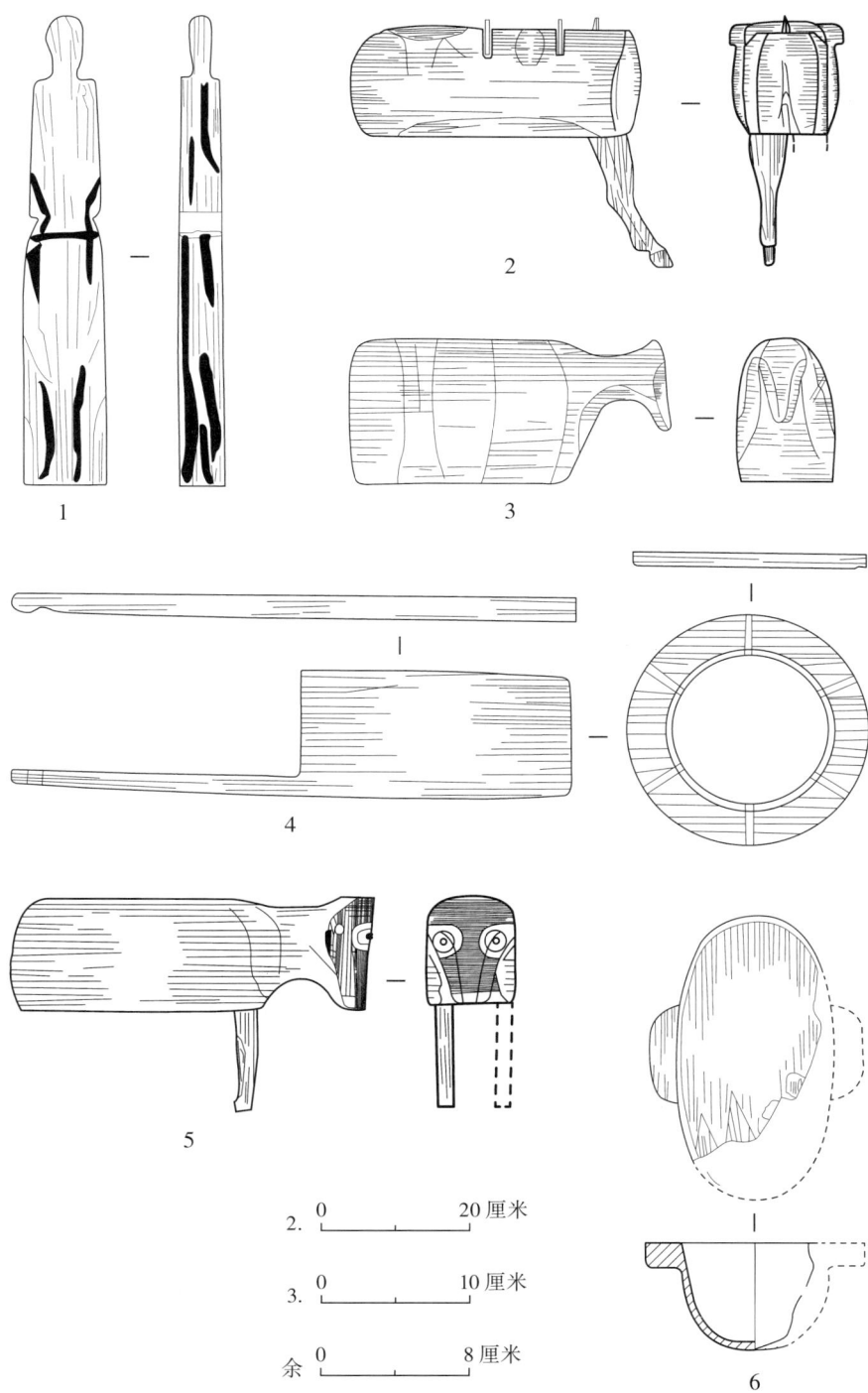

图二二　M9 出土器物（三）

1. 木人俑（M9：4）　　2. 木马（M9：3）　　3、5. 木牛（M9：14、M9：8）　　4. 木车（M9：15）　　6. 木耳杯（M9：2）

**木耳杯**　1件。

M9：2，利用木块掏挖而成，朽残严重。杯口呈椭圆形，长边口两侧各有一弧状耳，一耳朽残。杯口长径残长13、短径8.6、杯耳长5.6、宽1.4、高6厘米（图二二，6）。

**木勺**　1件。

M9：22，柄上残，勺面较平。残长21厘米（图二三，1；彩版一九，6）。

**木手握**　2组。

M9：29，1组2件。形制相同。均为一段经刮削修整中间略凹的短圆木棒。长10、直径2.2~2.6厘米（图二三，2；彩版一九，4）。

M9：31，1组2件。形制相同。均为经刮削修整中间略凹的短圆木棒。长11、直径2.2~4厘米（图二三，3；彩版一九，5）。

**木镇**　2件。

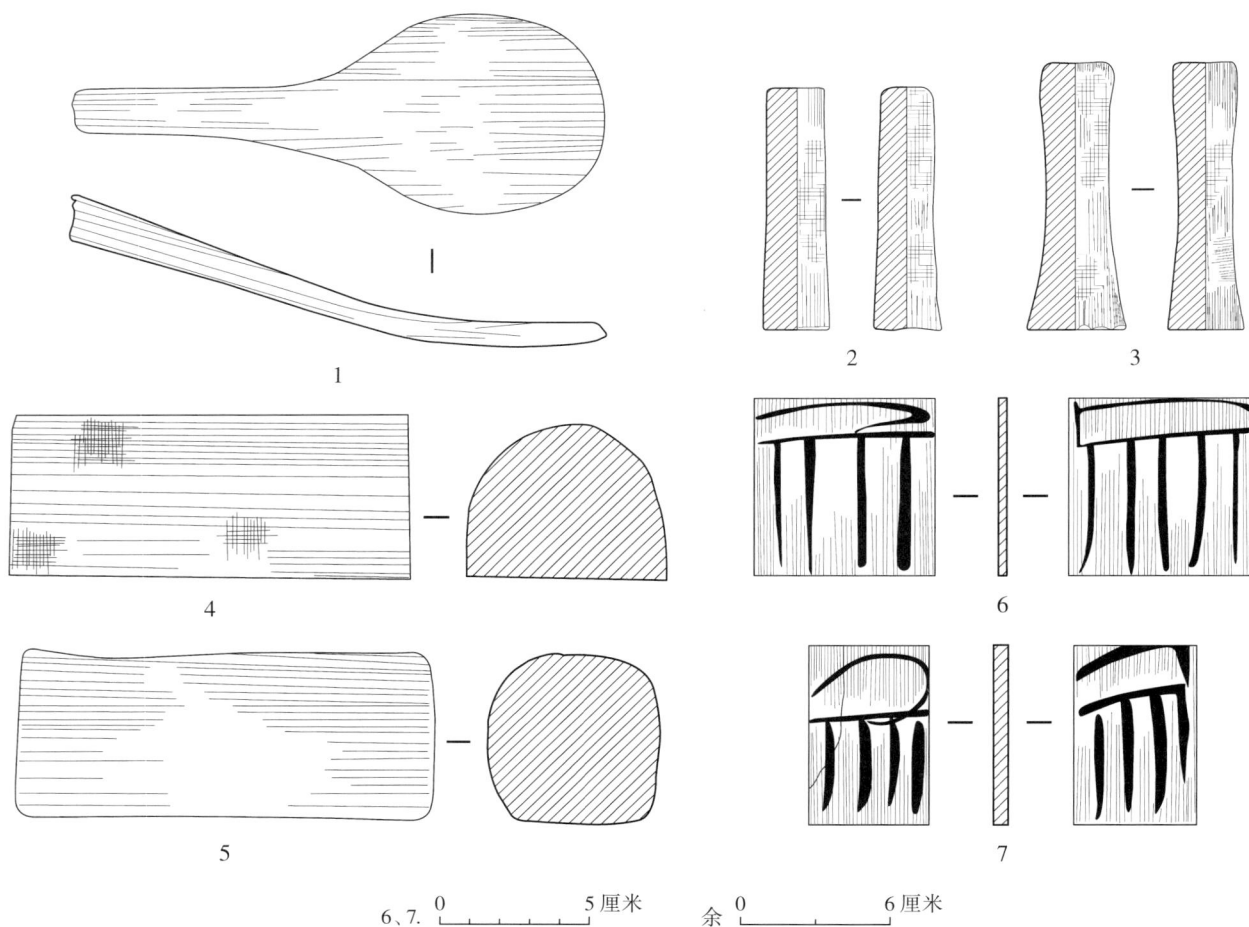

图二三　M9出土器物（四）

1. 木勺（M9：22）　2、3. 木手握（M9：29-1、M9：31-1）　4、5. 木镇（M9：21、M9：23）　6、7. 墨绘梳形木片（M9：26-1、M9：30）

M9：21，以圆木修成半圆形，表面经过修整，较光滑，底较平。器表局部粘有丝织器残块。长16、宽8、高6.5厘米（图二三，4；彩版一九，2）。

M9：23，以圆木修成半圆形，表面经过修整，较光滑，底较平。长16.6、宽7.6、高7厘米（图二三，5；彩版一九，3）。

**墨绘梳形木片**　2件（组）。

M9：26，1组3件。形制大致相同。松木质。方形。部分素面，多数正反两侧用墨线画有"卅"形符号。M9：26-1，长6.2、宽6、厚0.3厘米（图二三，6；彩版一九，1）。

M9：30，为方形木片。器表两侧画有"卅"形符号。长6、宽4、厚0.5厘米（图二三，7）。

**木衣物疏**　1件。

M9：27，为一长方形薄木板。长26、宽7厘米。正面墨书文字，上下共分四栏，竖行从左至右记录随葬品及数量。最后一行从中上栏开始，竖向记时间及衣物疏种数等，一直延伸至下栏（彩版二〇）。释文如下：

上栏：

　　故缇结□一枚，

　　故结簪一枚，

　　故裲头一枚，

　　故帢一枚，

　　故帻簪一枚，

　　故尖一枚，

　　故黑帻一枚，

　　故贞（真）珠二枚，

　　故金叶一枚，

　　故覆面练二尺，

中上栏：

　　故□枕一枚□□，

　　故□□一枚□□，

　　故单衫一领，□□一领，

　　故绣□一领，

　　故襦一领，

　　故白练襦一领，

　　故疏单衣一领，

　　故裈一匹，

　　故袴一匹，

中下栏:

　　　　故□一□,

　　　　故□□二枚,

　　　　故□□二枚,

　　　　故□□□,

　　　　故袜一量,

　　　　故□袜一量,

　　　　故棺中帷一枚,

　　　　故绵杂□一量,

　　　　故□钱一□,

下栏:

　　　　故□□一枚,

　　　　故□□□□,

　　　　故□□一只,

　　　　故铜书尺□枚,

　　　　故弩机椁一只,

　　　　故黄卷□□□一□,

　　　　故柏练□一枚,

　　　　故书□一具,

　　　　故□□□□□,

　　　　故□□一枚,

　　　　故柏棺一口,

　　　　故□□□□,

最后一竖行:

　　　　建兴十六年九月廿九(日)孙□□衣诸杂物凡卅三种疏。

(4)苇席

1件。

M9:25,苇席残片。铺于棺木下,用芦苇条纵横编制成方格状。

另墓中有若干条砖,选取1件做标本。M9:28,为墓葬用砖。长方形。长28、宽11.8、厚5.2厘米。

## 一〇　M10

位于墓群中部,北邻M9,南邻M11。该墓为带斜坡墓道的单室洞室墓,由封土、墓道、甬

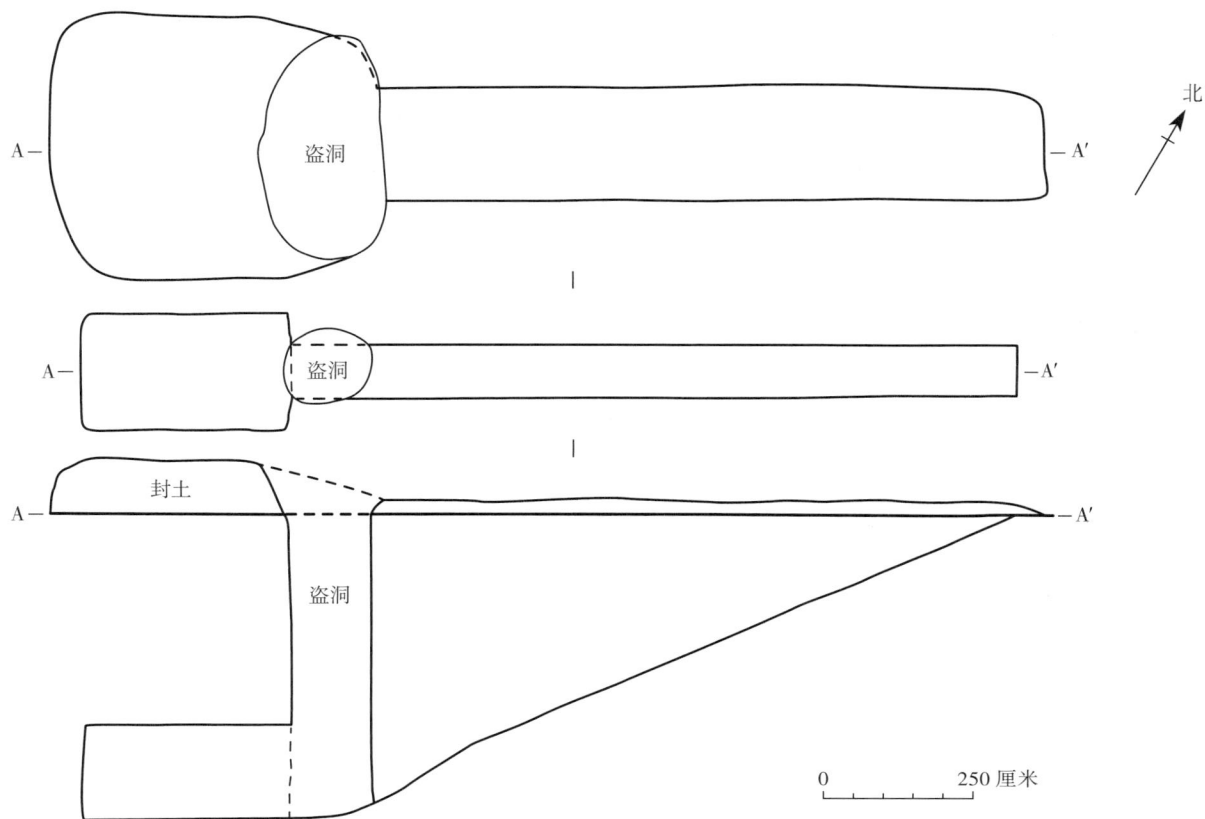

图二四 M10 平、剖面图

道和墓室组成。墓向 63°。

**1. 形制与结构**

封土为开挖墓葬形成的沙石堆砌而成，其中墓室正上方封土近方形沙土台状，长 5.5、宽 4.5、高约 0.95 米；墓道上封土呈长垄状，长 11、宽 1.95、高 0.25 米。两段封土相接处见一椭圆形盗洞，口径 2~3.8 米，盗洞竖直向下，直达墓门，由墓门处转入墓室内。盗洞下至墓门处直径 1.35、距封土表面深 6 米。墓道位于墓室东端，平面呈长条形，直壁，斜坡底，开口长 12、宽 0.9 米，坡长 13 米，底宽 0.9 米。墓道西端底部近墓门处与墓室齐平，距地表深 5.2 米。甬道、墓室为依墓道西端向西掏挖形成的洞室，甬道遭严重破坏，结构不详。墓室平面呈圆角长方形，四壁略直，拱形顶，底较平整，进深 3.5、宽 2、高 1.63 米。墓室内见较多从盗洞涌入的细沙土（图二四）。

**2. 葬具、葬式及埋藏状况**

墓内遭严重盗扰，未发现葬具、人骨及随葬品。

**一一 M11**

位于墓群中部，北邻 M10。该墓为带斜坡墓道的单室洞室墓，由封土、墓道、甬道、封门和墓室组成。墓向 52°。

### 1. 形制与结构

封土为开挖墓葬形成的沙石堆砌而成，其中墓室正上方封土近丘状，底径 5.2~6.1、高 0.95 米；墓道上封土呈长垄状，长 11、宽 1.7、高 0.25 米。两段封土相接处见一椭圆形盗洞，口径 2.8~5.3 米，盗洞竖直向下，直达墓门，由墓门处转入墓室内。盗洞下至墓门处直径 1.5、距封土表面深 6.25 米。墓道位于墓室东端，平面呈长条形，直壁，斜坡底，开口长 12.5、宽 0.9 米，坡长 13.6 米，底宽 0.9 米，底部距地表深 5.7 米。甬道位于墓室东侧，平面呈长方形，弧顶，其东部遭破坏，进深（残）0.35、宽 0.9、高 1.5 米。甬道内使用土坯封门，封门遭破坏，残存 1 层，厚 0.25、宽 0.9、高 0.1 米。墓室为依墓道西端向西掏挖形成的洞室，平面呈圆角长方形，南北壁较直，后壁略外凸，拱形顶，底较平整，进深 3.75、宽 1.63、高 1.75 米。墓室内见较多从盗洞涌入的细沙土（图二五）。

### 2. 葬具、葬式及埋藏状况

墓内遭严重盗扰，未发现葬具、人骨及随葬品。

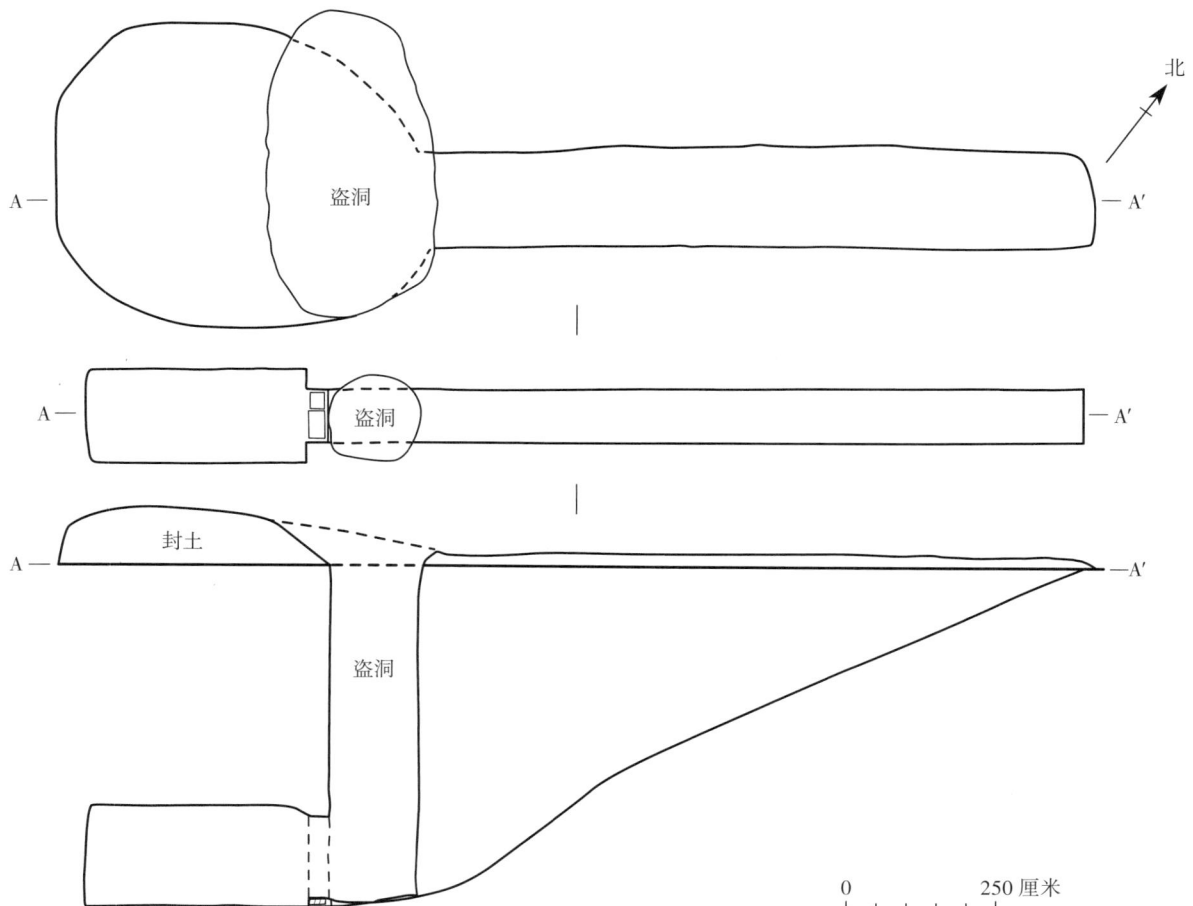

图二五　M11 平、剖面图

## 一二　M12

位于墓群中部，南邻 M13。该墓为带斜坡墓道的单室洞室墓，由封土、墓道和墓室组成。墓向 67°。

### 1. 形制与结构

封土为开挖墓葬形成的沙石堆砌而成，其中墓室正上方封土近方形沙土台状，长 5.6、宽 4.25、高 0.7 米；墓道上封土呈长垄状，长 7.6、宽 2.1、高 0.25 米。两段封土相接处见一椭圆形盗洞，口径 2.85~4.7 米，盗洞竖直向下，直达墓门，由墓门处转入墓室内。盗洞下至墓门处直径 1.7、距封土表面深 4.3 米。墓道位于墓室东端，平面呈长条形，直壁，斜坡底，开口长 8.3、宽 0.95 米，坡长 9 米，底宽 0.95 米，底距地表深 3.7 米。墓室为依墓道西端向西掏挖形成的洞室，平面呈长方形，四壁略直，平顶，底较平整，进深 3.5、宽 2、高 1.5 米。墓室内见较多从盗洞涌入的细沙（图二六）。

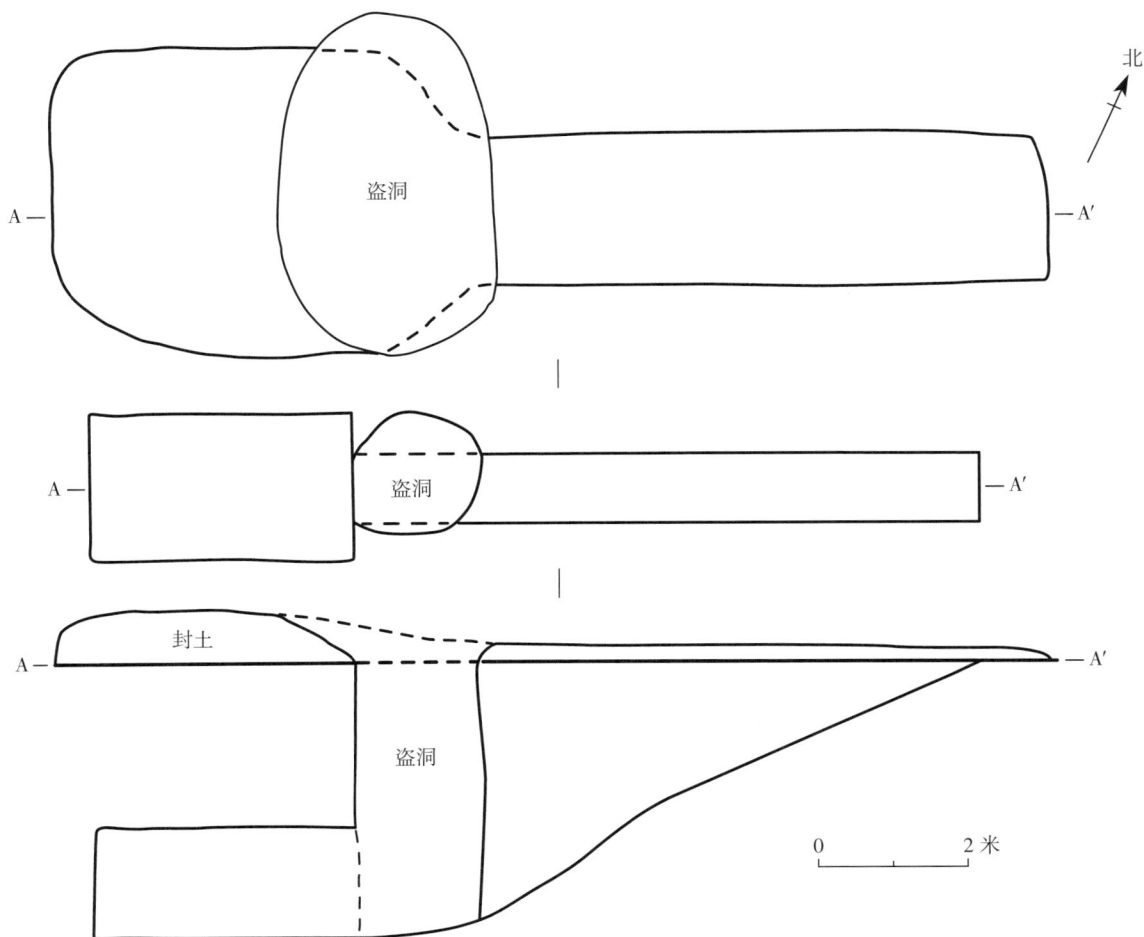

图二六　M12 平、剖面图

## 2. 葬具、葬式及埋藏状况

墓内遭严重盗扰，未发现葬具、人骨及随葬品。

## 一三 M13

位于墓群中部，北邻 M12，南邻 M14。该墓为带竖穴墓道的单室洞室墓，由封土、墓道、甬道和墓室组成。墓向 62°。

### 1. 形制与结构

封土为开挖墓葬形成的沙石堆砌而成，其中墓室正上方封土近丘状，底径 4.1~4.2、高 0.75 米；墓道上封土呈长垄状，长 3.6、宽 1.75、高 0.2 米。两段封土相接处见一椭圆形盗洞，口径 2.1~3 米，盗洞竖直向下，直达墓门，由墓门处转入墓室内。盗洞下至墓门处直径 1.2、距封土表面深 3.7 米。墓道位于墓室东端，平面呈长条形，口大底小，壁略斜，平底，开口长 4.2、宽 1.1 米，底长 4.2 米，底宽 0.9 米，底距地表深 3.25 米。甬道、墓室为依墓道西端向西掏挖形成的洞室。甬道位于墓室东侧，平面呈长方形，顶部略拱，东部遭破坏，未发现墓门、封门，进深（残）0.35、宽 1.1、高 1.25 米。墓室平面呈圆角长方形，四壁略直，顶微拱，底较平整，进深 3、宽 1.6、高 1.25 米。墓室内见较多从盗洞涌入的淤泥和细沙（图二七）。

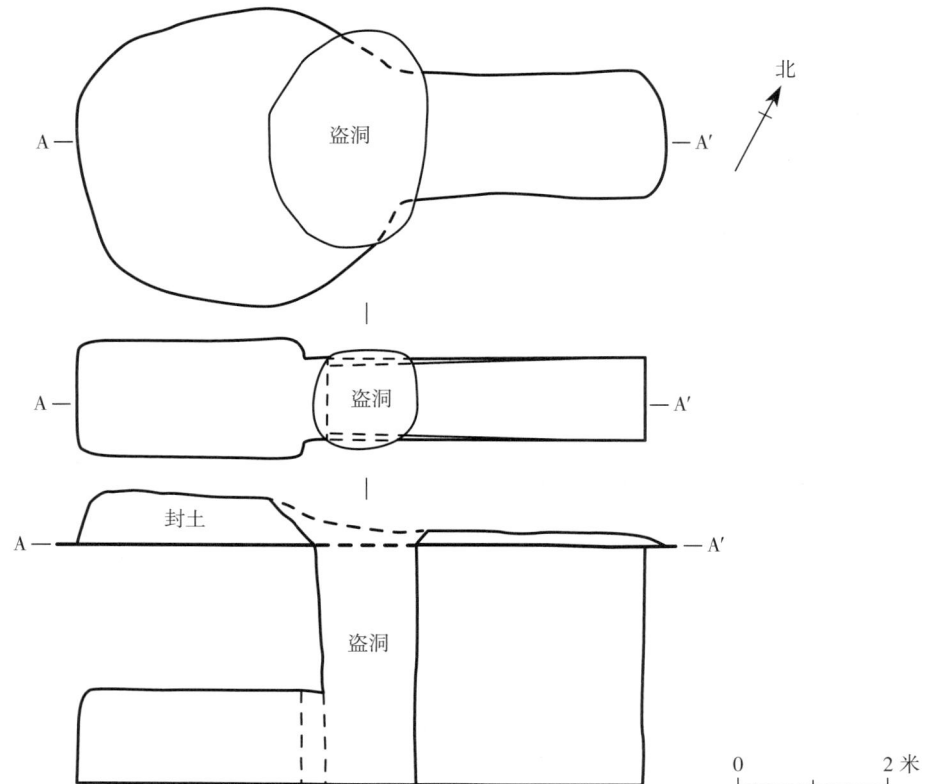

图二七　M13 平、剖面图

## 2. 葬具、葬式及埋藏状况

墓内遭严重盗扰，未发现葬具、人骨及随葬品。

## 一四 M14

位于墓群中部，北邻 M13。该墓为带斜坡墓道的单室洞室墓，由封土、墓道和墓室组成。墓向 69°。

### 1. 形制与结构

封土为开挖墓葬形成的沙石堆砌而成，其中墓室正上方封土近圆形丘状，底径 4~5、高 0.85 米；墓道上封土呈长垄状，长 6.6、宽 1.8、高 0.3 米。两段封土相接处见一椭圆形盗洞，口径 2~3.3 米，盗洞竖直向下，直达墓门，由墓门处转入墓室内。盗洞下至墓门处直径 1.5、距封土表面深 4 米。墓道位于墓室东端，平面呈长条形，直壁，斜坡底，开口长 7.5、宽 0.9 米，坡长 8.25 米，底宽 0.9 米，距地表深 3.5 米。墓室为依墓道西端向西掘挖形成的洞室，因遭严重破坏，未发现墓门、封门。墓室平面呈长方形，四壁略直，顶微拱，底较平整，进深 3、宽 1.5、高 1.5 米。墓室内见较多从盗洞涌入的淤泥和细沙土（图二八）。

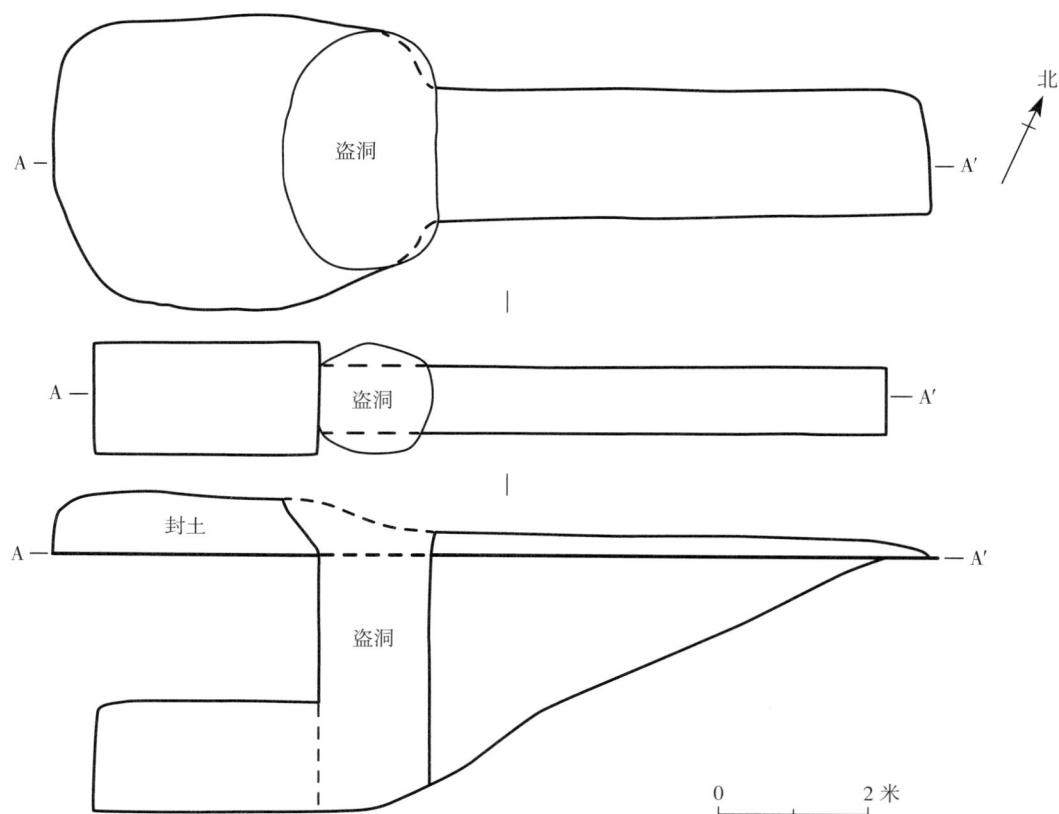

图二八 M14 平、剖面图

## 2. 葬具、葬式及埋藏状况

墓内遭严重盗扰，未发现葬具、人骨及随葬品。

# 一五　M15

位于墓群中部，东邻 M7。该墓为带斜坡墓道的单室洞室墓，由封土、墓道、甬道、封门和墓室组成。墓向 61°。

## 1. 形制与结构

封土为开挖墓葬形成的沙石堆砌而成，其中墓室正上方封土近方形沙土台状，长 5.5、宽 4.5、高 0.95 米；墓道上封土呈长垄状，长 8.3、宽 2.15、高 0.2 米。两段封土相接处见一椭圆形盗洞，口径 2.3~4 米，盗洞竖直向下，至墓门上方转向西，穿墓室拱顶进入墓室内。墓道位于墓室东端，平面呈长条形，直壁，斜坡底，开口长 9.1、宽 1.2 米，坡长 11.1 米，底宽 1.2 米。

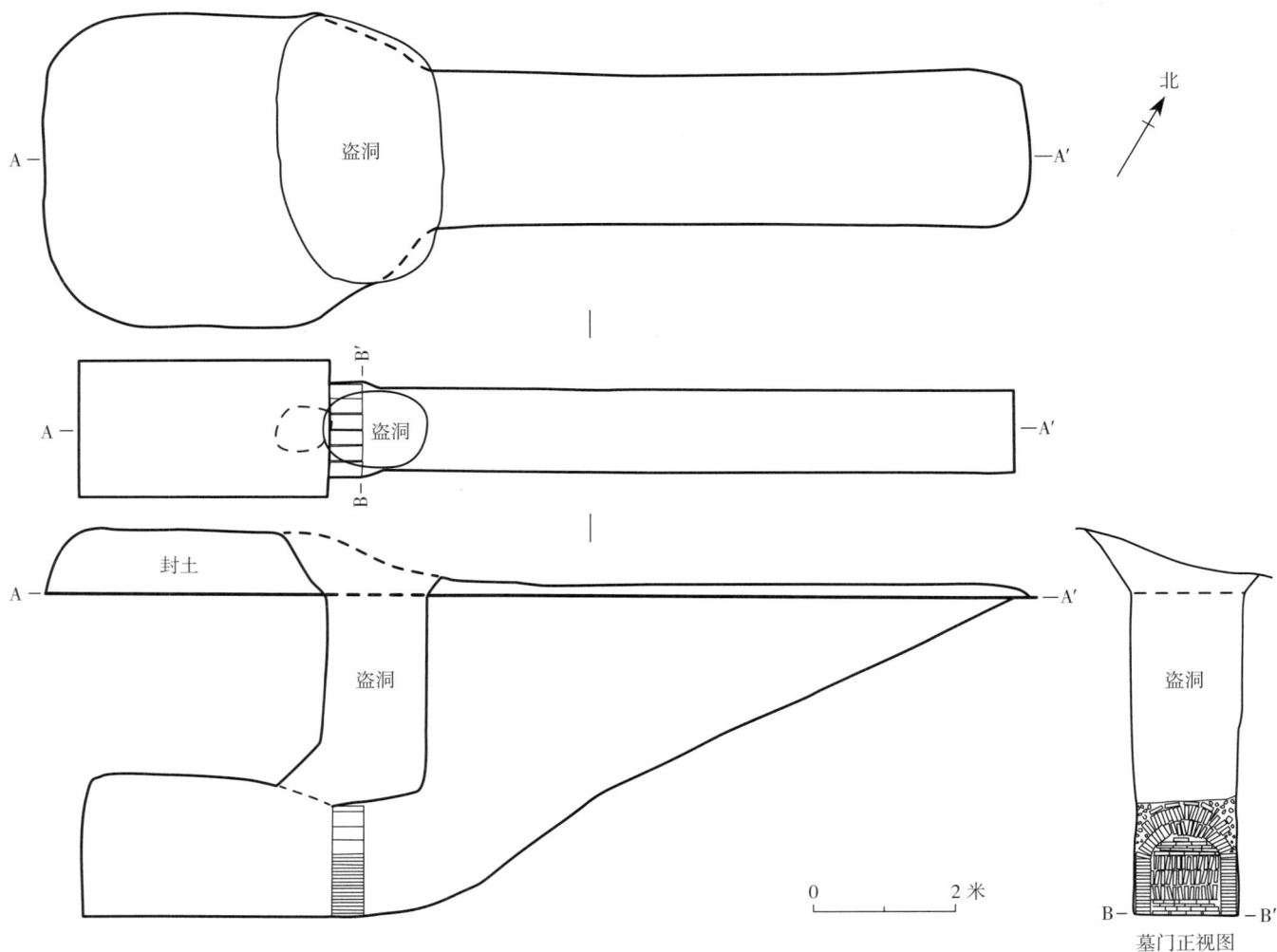

图二九　M15 平、剖面图

墓道西端底部与墓室地面齐平，距地表深 4.6 米。甬道、墓室为依墓道西端向西掏挖形成的洞室。甬道位于墓室东端，平面呈长方形，贴墓壁砌砖，形成砖券结构，进深 0.45、宽 1.4、高 1.6 米。其中左右两壁用条砖一平一丁竖砌 16 层，从第 17 层开始起券，为双层券。砖砌甬道周围与砾石之间的缝隙用条砖残块填实。券内使用条砖封门，共 12 层，由下及上第 1~4、8~12 层为条砖错缝平砌，中间 5~7 层为条砖丁立垒砌。封门砖为长方形，模制，长 45、宽 21、厚 5 厘米。墓室平面呈圆角长方形，四壁较直，顶微拱，底较平整，进深 3.5、宽 2、高 2.05 米（图二九）。

**2. 葬具、葬式及埋藏状况**

墓内遭严重盗扰，未发现葬具、人骨及随葬品。

## 一六 M16

位于墓群中部，东邻 M9、M10、M11。该墓为带斜坡墓道的单室洞室墓，由封土、墓道、甬道、封门和墓室组成。墓向 56°。

**1. 形制与结构**

封土为开挖墓葬形成的沙石堆砌而成，其中墓室正上方封土近方形沙土台状，长 5.2、宽 4.4、高 1 米；墓道上封土呈长垄状，长 8.75、宽 2.2、高 0.25 米。两段封土相接处见一圆形盗洞，口径 1.8~3.8 米，盗洞竖直向下，至墓门上方转向西，穿墓室拱顶进入墓室内。墓道位于墓室东端，平面呈长条形，直壁，斜坡底，开口长 9.05、宽 0.8 米，坡长 10 米，底宽 0.8 米。墓道西端底部与墓室地面齐平，距地表深 4.5 米。甬道、墓室为依墓道西端向西掏挖形成的洞室。甬道位于墓室东端，平面呈长方形，贴墓壁砌砖，形成砖券结构，进深 0.45、宽 1.28、高 1.3 米。其中左右两壁用条砖丁平垒砌 11 层而成，第 12 层开始起券，为双层券。砖砌甬道周围与砾岩之间的缝隙亦用条砖残块填实。券内使用条砖封门，共 8 层，下 1~3 层为条砖错缝平砌，4~8 层为条砖丁平垒砌。封门砖为长方形，模制，长 45、宽 21、厚 5 厘米。墓室平面呈长方形，四壁较直，顶微拱，底较平整，进深 3.5、宽 2.1、高 1.55 米。墓室内见较多从盗洞涌入的淤泥和细沙土（图三〇）。

**2. 葬具、葬式及埋藏状况**

墓内遭严重盗扰，未发现葬具、人骨及随葬品。

## 一七 M17

位于墓群中部，南邻 M18。该墓为带斜坡墓道的单室洞室墓，由封土、墓道、甬道和墓室组成。墓向 79°。

**1. 形制与结构**

封土为开挖墓葬形成的沙石堆砌而成，其中墓室正上方封土呈丘状，底径 4.1~4.7、高 0.55

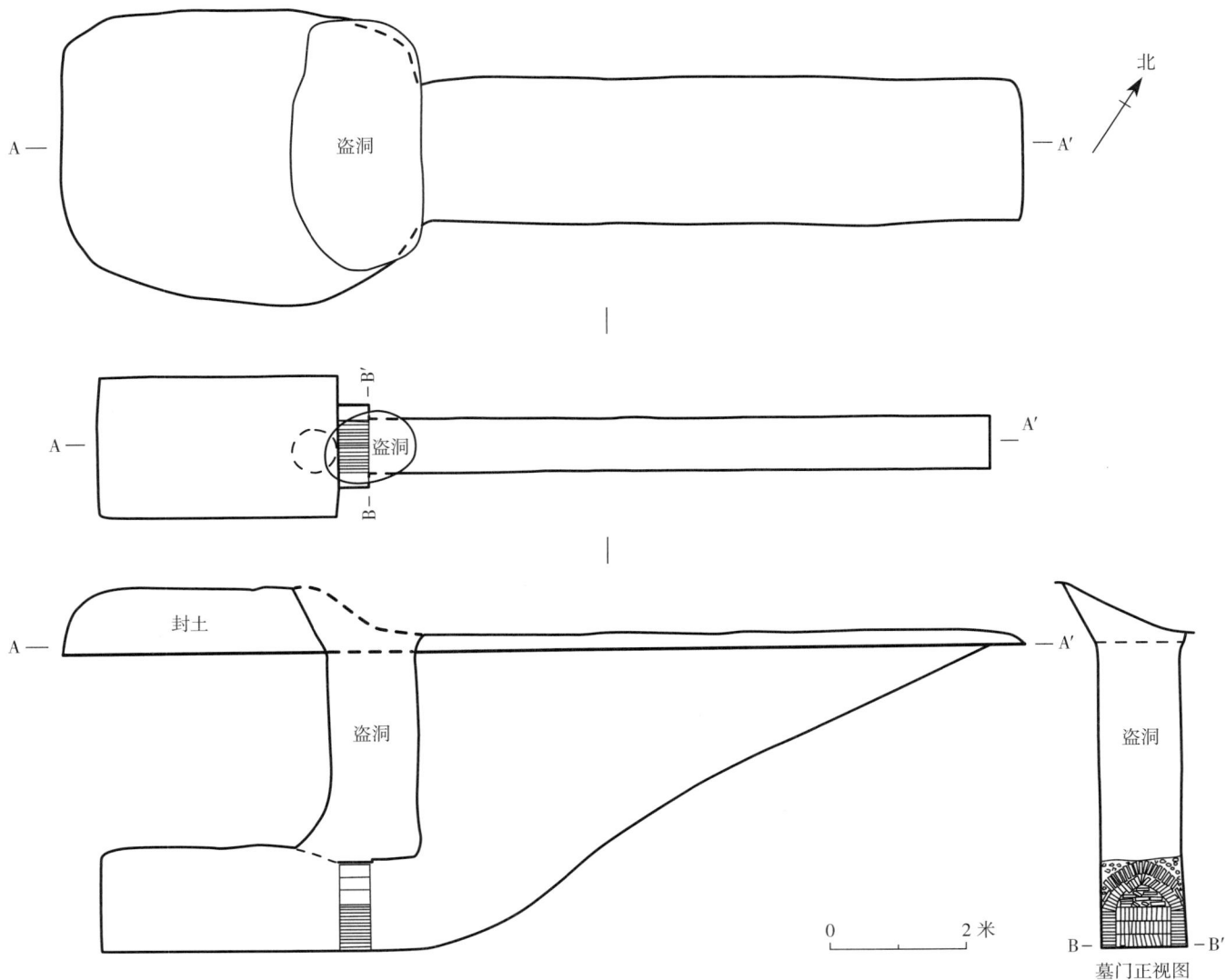

图三〇　M16 平、剖面图

米；墓道上封土呈长垄状，长 7.65、宽 1.5、高 0.3 米。两段封土相接处见一椭圆形盗洞，口径
1.5~2.9 米，盗洞竖直向下，破坏部分甬道及墓门后转入墓室内，至墓门处直径 1.2、距封土表面
深 3.7 米。墓道位于墓室东端，平面呈长条形，直壁，斜坡底。墓道开口长 9、宽 1 米，坡长 8.8 米，
底宽 1 米。墓道西端底部与墓室地面齐平，距地表深 3 米。甬道、墓室为依墓道西端向西掏挖形
成的洞室。甬道位于墓室东端，平面呈长方形，顶弧拱，进深（残）0.35、宽 1、高 1.1 米。墓室
平面近梯形，前端略窄、后端略宽，四壁略直，顶微拱，底较平整，进深 2.75、宽 1.5、高 1.8 米
（图三一）。

**2. 葬具、葬式及埋藏状况**

墓内遭严重盗扰，未发现葬具、人骨及随葬品。

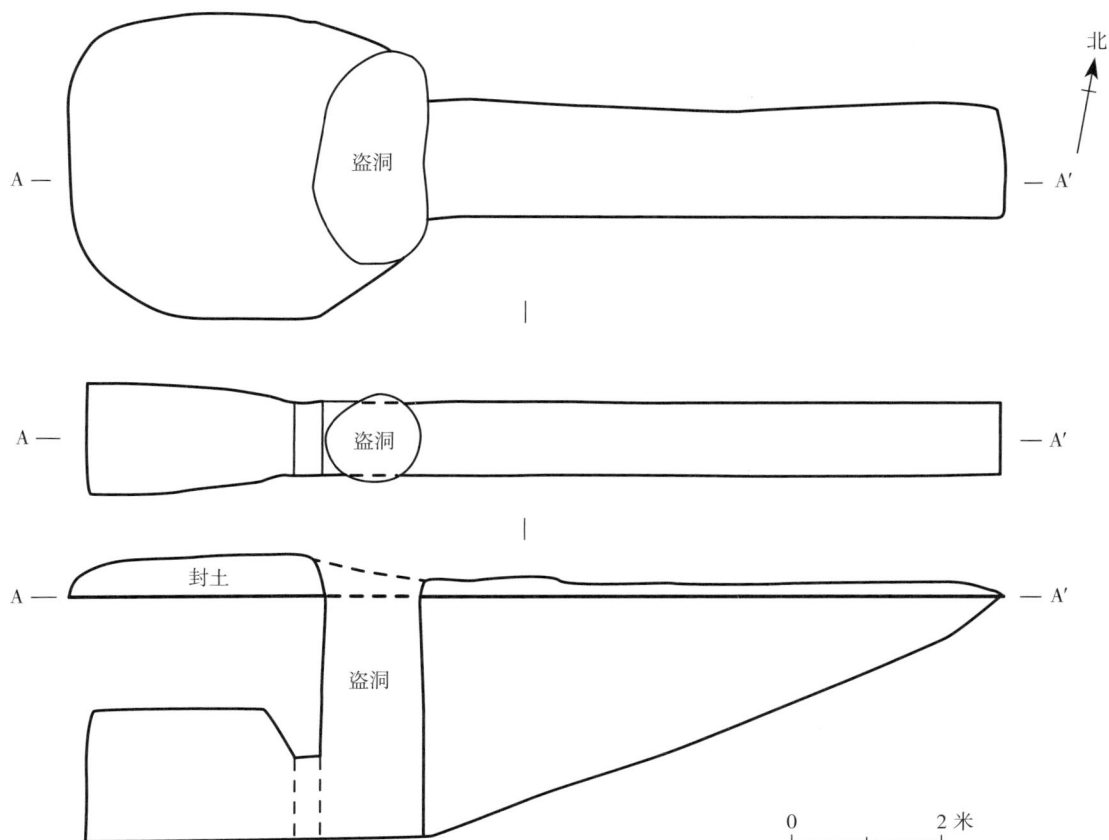

图三一　M17 平、剖面图

## 一八　M18

位于墓群中部，北邻 M17。该墓为带斜坡墓道的单室洞室墓，由封土、墓道、甬道和墓室组成。墓向 79°。

### 1. 形制与结构

封土为开挖墓葬形成的沙石堆砌而成，其中墓室正上方封土呈近方形沙土台状，长 4.75、宽 4.25、高 0.5 米；墓道上封土呈长垄状，长 8.1、宽 1.7、高 0.1 米。两段封土相接处见一椭圆形盗洞，口径 1.9~3.7 米，盗洞竖直向下，直至墓道底部，并对部分甬道和墓门造成破坏，由墓门处转入墓室内。盗洞至墓门处直径 1.2、距封土表面深 3 米。墓道位于墓室东端，平面呈长条形，直壁，斜坡底，开口长 9、宽 0.9 米，坡长 9.5 米，底宽 0.9 米。墓道西端底部与墓室地面齐平，距地表深 2.7 米。甬道、墓室为依墓道西端向西掏挖形成的洞室。甬道位于墓室东端，平面呈长方形，顶部微拱，东端遭破坏，进深（残）0.3、宽 0.9、高 0.9 米。墓室平面呈圆角长方形，四壁较直，顶微拱，底较平整，进深 3、宽 1.5、高 1.4 米（图三二）。

### 2. 葬具、葬式及埋藏状况

墓内遭严重盗扰，未发现葬具、人骨及随葬品。

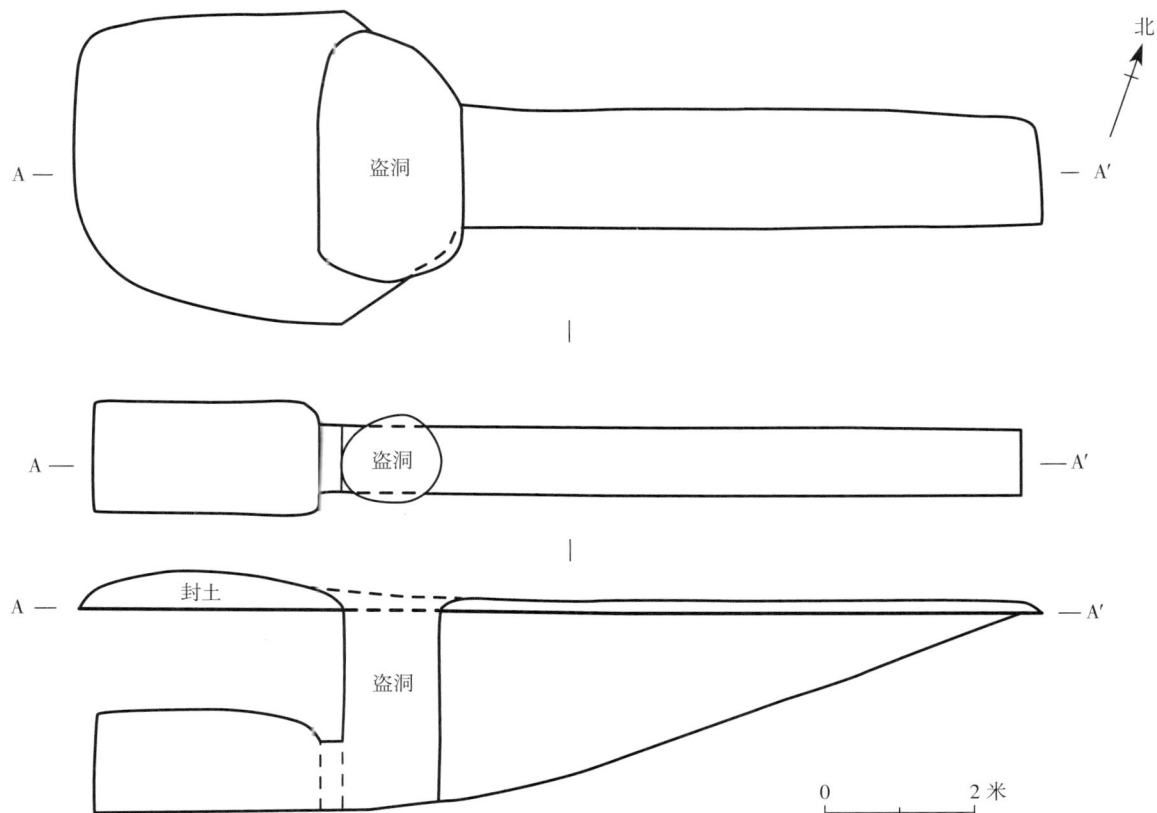

图三二　M18 平、剖面图

# 一九　M19

位于墓群中部，北邻 M62。该墓为带斜坡墓道的单室洞室墓，由封土、墓道、甬道和墓室组成。墓向 87°。

### 1. 形制与结构

封土为开挖墓葬形成的沙石堆砌而成，其中墓室正上方封土近方形沙土台状，长 5.5、宽 4.7、高 0.8 米；墓道上封土呈长垄状，长 12、宽 2.1、高 0.5 米。两段封土相接处见一椭圆形盗洞，口径 3.4~4.6 米，盗洞竖直向下，直至墓道底部，对部分甬道和墓门造成破坏，并由墓门处转入墓室内。盗洞至墓门处直径 2.4 米。墓道位于墓室东端，平面呈长条形，直壁，斜坡底，开口长 12、宽 0.95 米，坡长 14.5 米，底宽 0.95 米。墓道西端底部与墓室地面齐平，距地表深 7.5 米。甬道、墓室为依墓道西端向西掏挖形成的洞室。甬道位于墓室东端，平面呈长方形，顶微拱，东部遭破坏，进深（残）0.4、宽 0.8、高 0.9 米。墓室平面呈圆角长方形，四壁略直，拱形顶，底较平整，进深 4.65、宽 2.4、高 1.9 米（图三三）。

### 2. 葬具、葬式及埋藏状况

墓内遭严重盗扰，未发现葬具、人骨及随葬品。

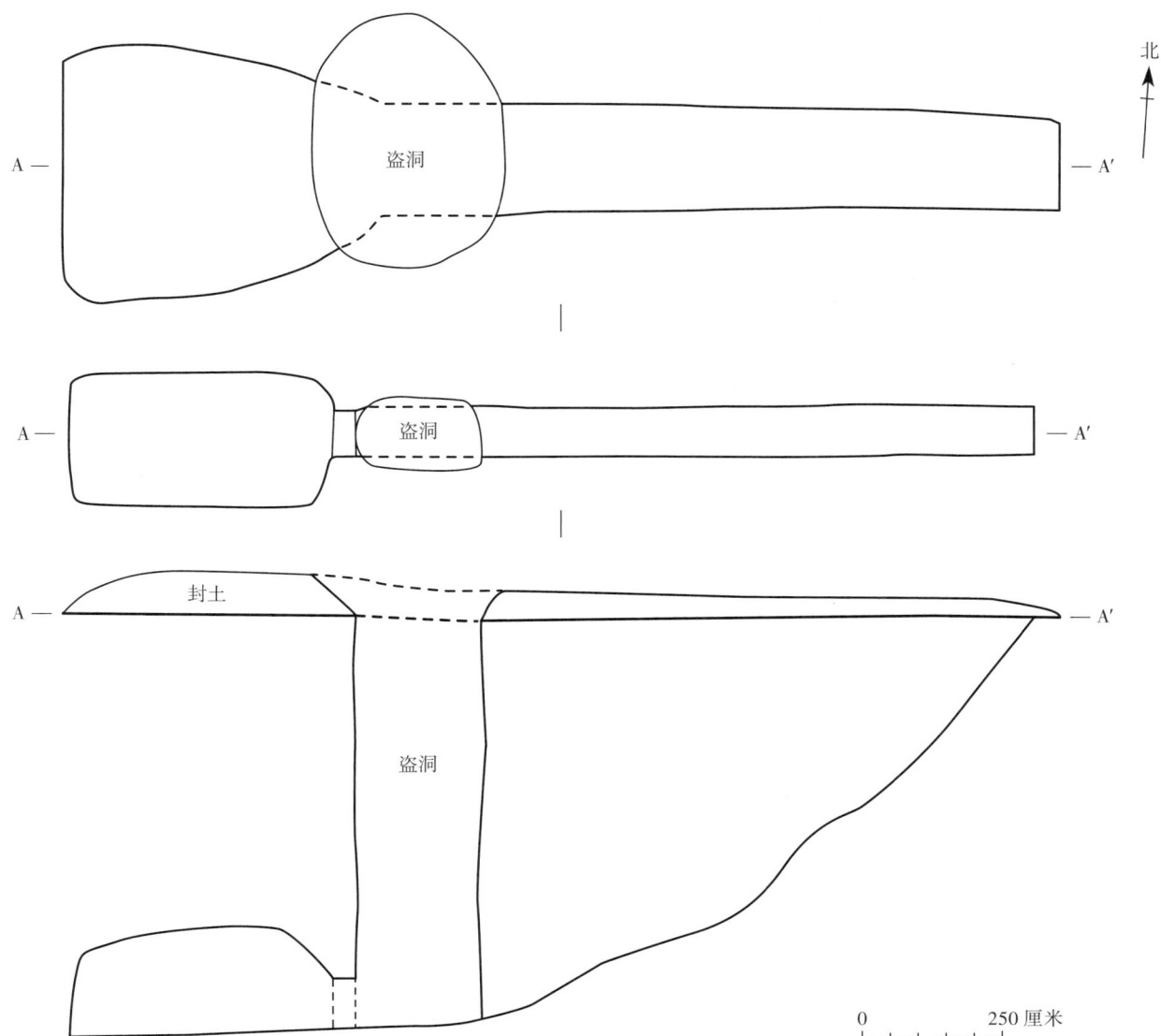

图三三　M19 平、剖面图

## 二〇　M20

位于墓群中部，北邻 M21。该墓为带斜坡墓道的单室洞室墓，由封土、墓道和墓室组成。墓向 55°。

### 1. 形制与结构

封土为开挖墓葬形成的沙石堆砌而成，其中墓室正上方封土呈丘状，底径 5.1~5.8、高 0.8 米；墓道上封土呈长垄状，长 8.5、宽 1.85、高 0.2 米。两段封土相接处见一椭圆形盗洞，口径 2.2~4.8 米，盗洞竖直向下，直至墓门，由墓门处转入墓室内。盗洞下至墓门处直径 1.75 米。墓道位于墓室东端，平面呈长条形，直壁，斜坡底，开口长 10、宽 0.85 米，坡长 10.8 米，底宽 0.85 米，底距地表深 3.75 米。墓室为依墓道西端向西掏挖形成的洞室，平面呈长方形，四壁略直，顶微拱，底较平整，进深 3.5、

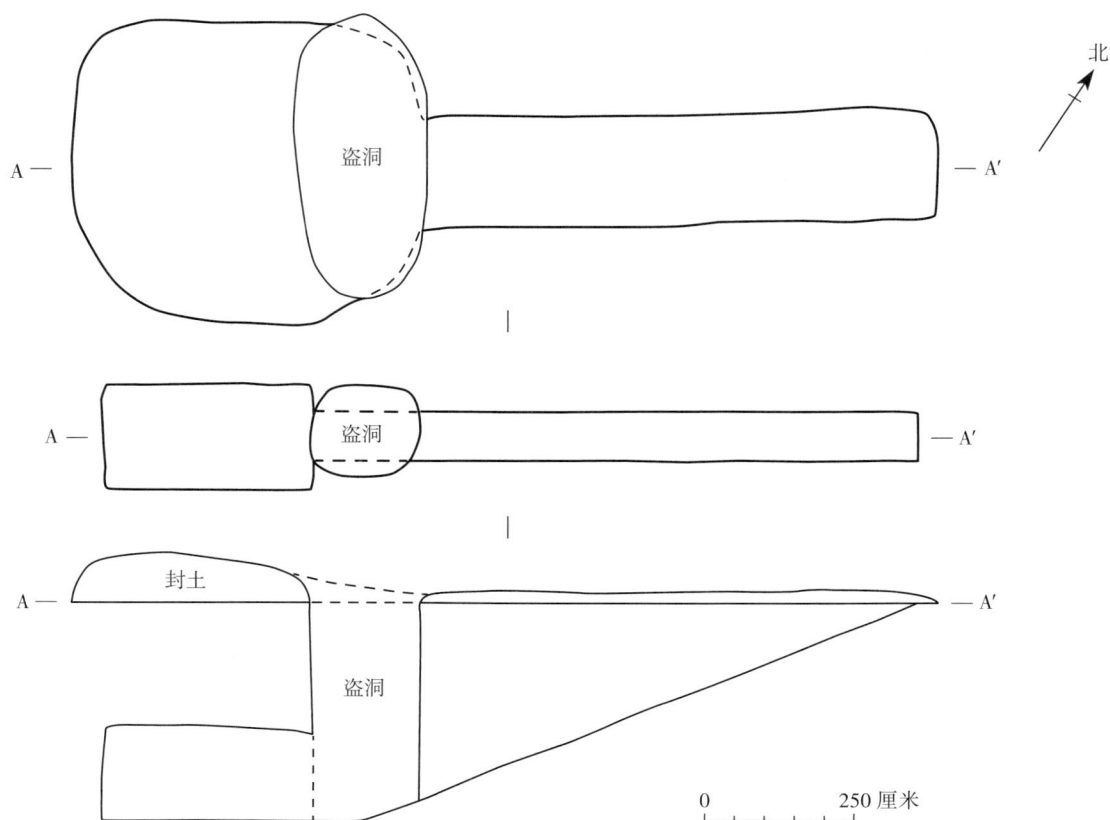

图三四　M20 平、剖面图

宽 1.8、高 1.65 米。墓室内见较多从盗洞涌入的细沙土及少量砾石（图三四）。

**2. 葬具、葬式及埋藏状况**

墓内遭严重盗扰，未发现葬具、人骨及随葬品。

## 二一　M21

位于墓群中部，北邻 M22。该墓为带斜坡墓道的单室洞室墓，由封土、墓道、封门和墓室组成。墓向 73°。

**1. 形制与结构**

封土为开挖墓葬形成的沙石堆砌而成，其中墓室正上方封土近方形沙土台状，长 4.8、宽 3.8、高 0.76 米；墓道上封土呈长垄状，长 7.3、宽 2.15、高 0.1~0.3 米。两段封土相接处见一椭圆形盗洞，口径 2.15~4.15 米，盗洞竖直向下，至距封土表面深 3.2 米处的墓门上端转向西入墓室内。墓道位于墓室东侧，平面呈长条形，直壁，斜坡底，开口长 8.1、宽 1.35 米，坡长 9.25 米，底宽 1.35 米。墓道西端底部近墓门处与墓室齐平，距地表深 3.7 米。墓室为依墓道西端向西掏挖形成的洞室，用条砖前后双层横向平砌封门，封门墙上端遭破坏，残存 18 层，厚 0.46、宽 1.8、残高 1.1 米。

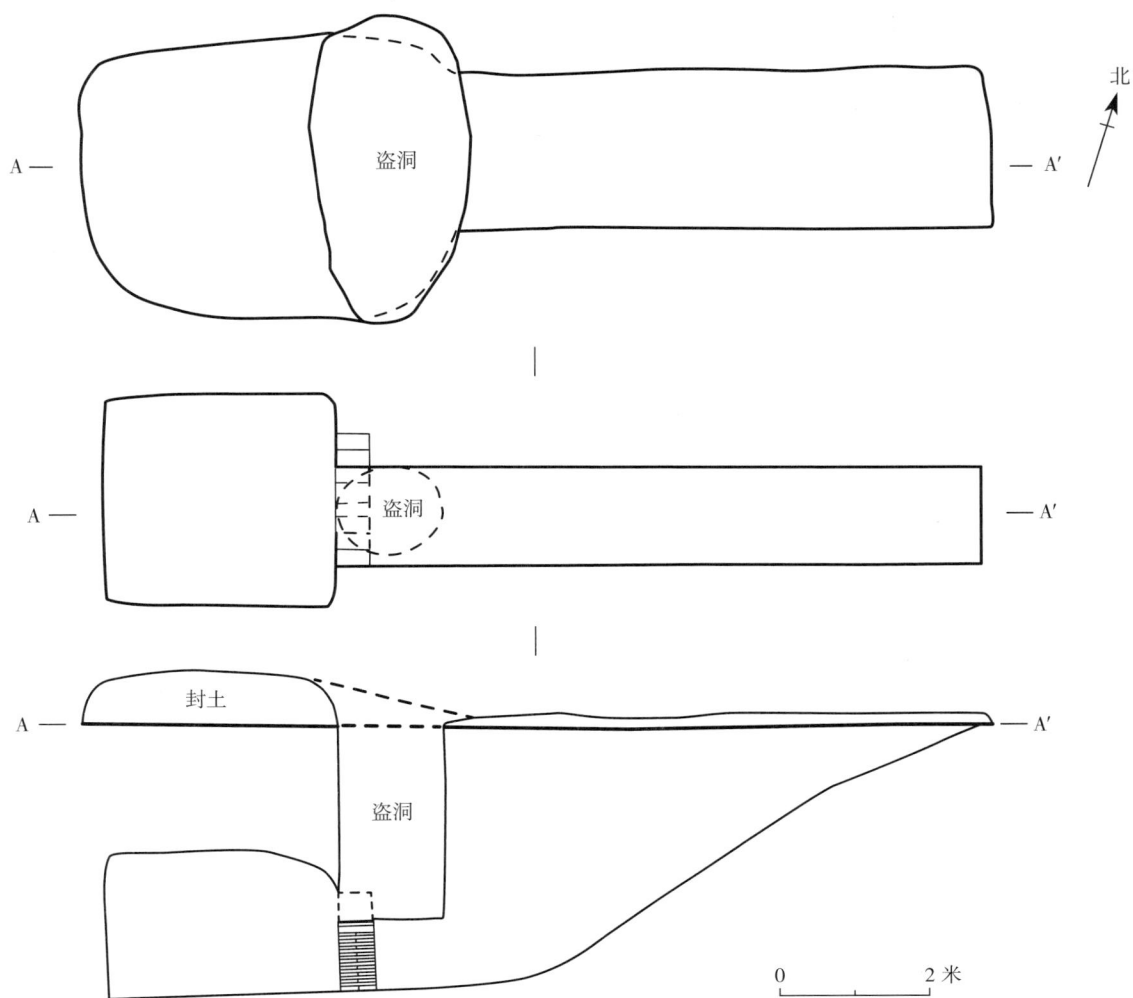

图三五　M21 平、剖面图

墓室平面近方形，四壁较直，拱形顶，底较平整，进深 3.1、宽 2.9、高 2 米。墓室内见较多从盗洞涌入的细沙土（图三五）。

**2. 葬具、葬式及埋藏状况**

墓内遭严重盗扰，未发现葬具、人骨及随葬品。

## 二二　M22

位于墓群中部，南邻 M21。该墓为带斜坡墓道的单室洞室墓，由封土、墓道和墓室组成。墓向 55°。

**1. 形制与结构**

封土为开挖墓葬形成的沙石堆砌而成，其中墓室正上方封土近丘状，长 4.5~5.1、高 0.5 米；墓道上封土呈长垄状，长 7.2、宽 1.6、高 0.2 米。两段封土相接处见一椭圆形盗洞，口径 2.05~3.6 米，

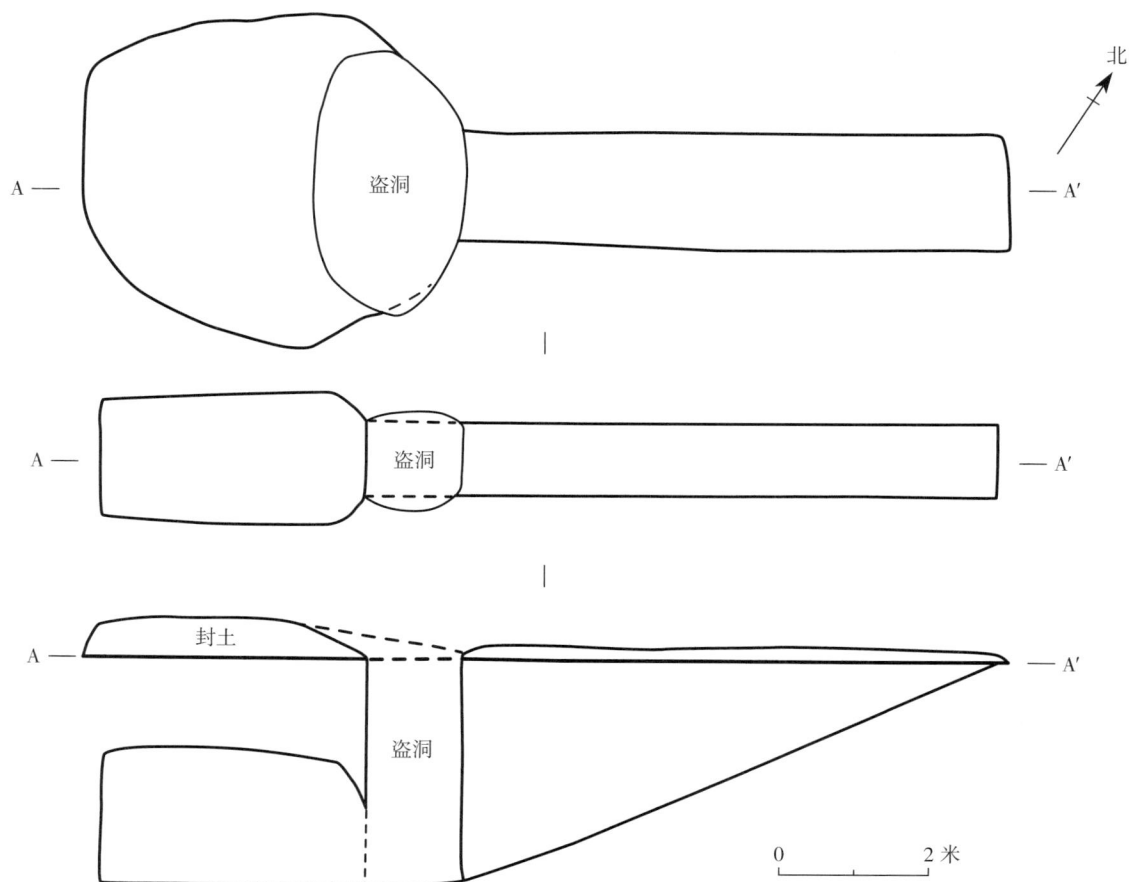

图三六　M22平、剖面图

盗洞竖直向下，直至墓门，由墓门处进入墓室。墓道位于墓室东端，平面呈长条形，直壁，斜坡底，上部底呈缓坡状至下部趋陡，开口长8.35、宽1米，坡长9米，底宽1米。墓道西端底部近墓门处与墓室齐平，距地表深3.1米。甬道、墓室为依墓道西端向西掏挖形成的洞室，甬道遭破坏，结构不详。平面近梯形，墓门处略宽，里侧略窄，四壁略直，顶微拱，底较平整，进深3.5、宽1.6~1.8、高1.9米。墓室内见较多从盗洞涌入的细沙土（图三六）。

**2. 葬具、葬式及埋藏状况**

墓内遭严重盗扰，未发现葬具、人骨及随葬品。

## 二三　M23

位于墓群中部，南邻M22。该墓为带斜坡墓道的双室洞室墓，由封土、墓道、前甬道、封门、前室、后甬道和后室组成。墓向85°。

**1. 形制与结构**

封土为开挖墓葬形成的沙石堆砌而成，其中墓室正上方封土呈丘状，底径4.1~7、高1.2米。

丘状封土东端近墓道处有一口径 2.2 米左右的圆形盗洞，盗洞竖直向下，深 2.9 米，未及墓室。墓道上封土呈长垄状，长 11.8、宽 1.8、高 0.3 米。墓道位于墓室东端，平面呈长条形，口略大、底稍小，斜坡底，开口长 12、宽 1.2 米，坡长 13 米，底宽 1 米。墓道西端底部近墓门处与墓室地面基本平齐，距地表深 5.5 米。墓道西端向西掏挖形成墓门、前甬道、前室、后甬道和后室。前甬道位于墓道与前室之间，平面呈长方形，拱形顶，进深 0.3、宽 1、高 1.1 米。甬道用大石块与土坯堆砌封门（彩版二一，1）。前室平面呈方形，穹隆顶，进深 2.5、宽 2.4、高 1.8 米。后室位于前室西端，高出前室 0.18 米，平面呈弧角长方形，周壁向上微收，顶弧拱，墓底较平，进深 3.3、宽 1.9、高 1.7 米。前、后室间用过洞即后甬道相连通。过洞较短，顶微拱，底与后室平齐，进深 0.5、宽 0.8、高 1 米（图三七）。

**2. 葬具、葬式及埋藏状况**

前室近北壁下东西向放置木棺 1 具，为 I 号棺，棺木保存较好，棺木东部与南部放置随葬品，主要为陶器和木器。后室南侧东西向并列置放棺木 2 具，由北向南分别为 II、III 号棺（彩版二一，2）。木棺形制及加固方法均相近，整体前高后低，棺盖板前宽后窄，纵向呈直背刀形。棺板以蝴蝶榫扣连接数块长条板而成，侧板与底板以穿木榫扣连接，侧板与前后挡板以榫卯套合，侧板与盖板使用木钉加固。其中 I 号棺、III 号棺前挡外侧用墨线绘"五星"图案，III 号棺内侧壁近口上用红、墨线绘垂幛纹（彩版二一，3；彩版二二，2）。I 号棺前高 0.56、后高 0.4、（侧板）长 1.9 米，棺盖板前宽 0.5、后宽 0.4、长 2.3 米，棺板厚 0.1 米。棺内见女性人骨 1 具，保存较好，头向东，面向上，仰身直肢（彩版二二，3）。人骨周围残存丝质衣物，周身散布较多的墨绘梳形木片及碎陶片。人骨下铺有一层芦苇席，头东侧有木簪、铜镜各 1 件，胸口处放有木衣物疏 1 件，保存较好，其上有墨书文字。头部和盆骨外侧有零散的铜钱（彩版二二，1、4；彩版二三，1）。II 号棺前高 0.63、后高 0.6、长 2 米。棺盖板塌陷，棺内杂乱。棺侧板长 1.8、前宽 0.6、后宽 0.5 米，棺木板均厚 0.06 米左右。棺内葬女性人骨 1 具，头向东，面向上，仰身直肢。人骨周围残存丝质衣物，头处随葬铜钗 1 件。III 号棺前高 0.73、后高 0.68、（侧板）长 2.1 米，棺盖前宽 0.6、后宽 0.5、长 2.3 米，棺木板厚 0.06 米左右。棺内葬男性人骨 1 具，头向东，面向上，仰身直肢。头下有 1 件木枕，头左侧随葬木质墓券 1 件，肩右侧随葬木简 1 组，均保存较好。头部残存棉帽，身体周围见衣物残片，胸口处亦随葬 1 件木衣物疏（彩版二三，2）。

随葬品主要有陶器、木器、铜器等，分别置放于前室、后室及棺内。陶器有罐、钵，置放于前室、后室木棺处。木器主要置放于棺外，有马、勺、耳杯、盘、木人俑、牛车。棺内随葬有墨绘梳形木片、簪、衣物疏、简等。铜器只见于棺内，有铜镜、铜钗及钱币等。I 号棺随葬铜镜、铜钗、铜钱、木簪、木质衣物疏、木片等。II 号棺随葬铜钗。III 号棺随葬木枕、木衣物疏、木简、铜钱及墨绘梳形木片等。

**3. 随葬器物**

36 件（组）。有陶器、木器、铜器。

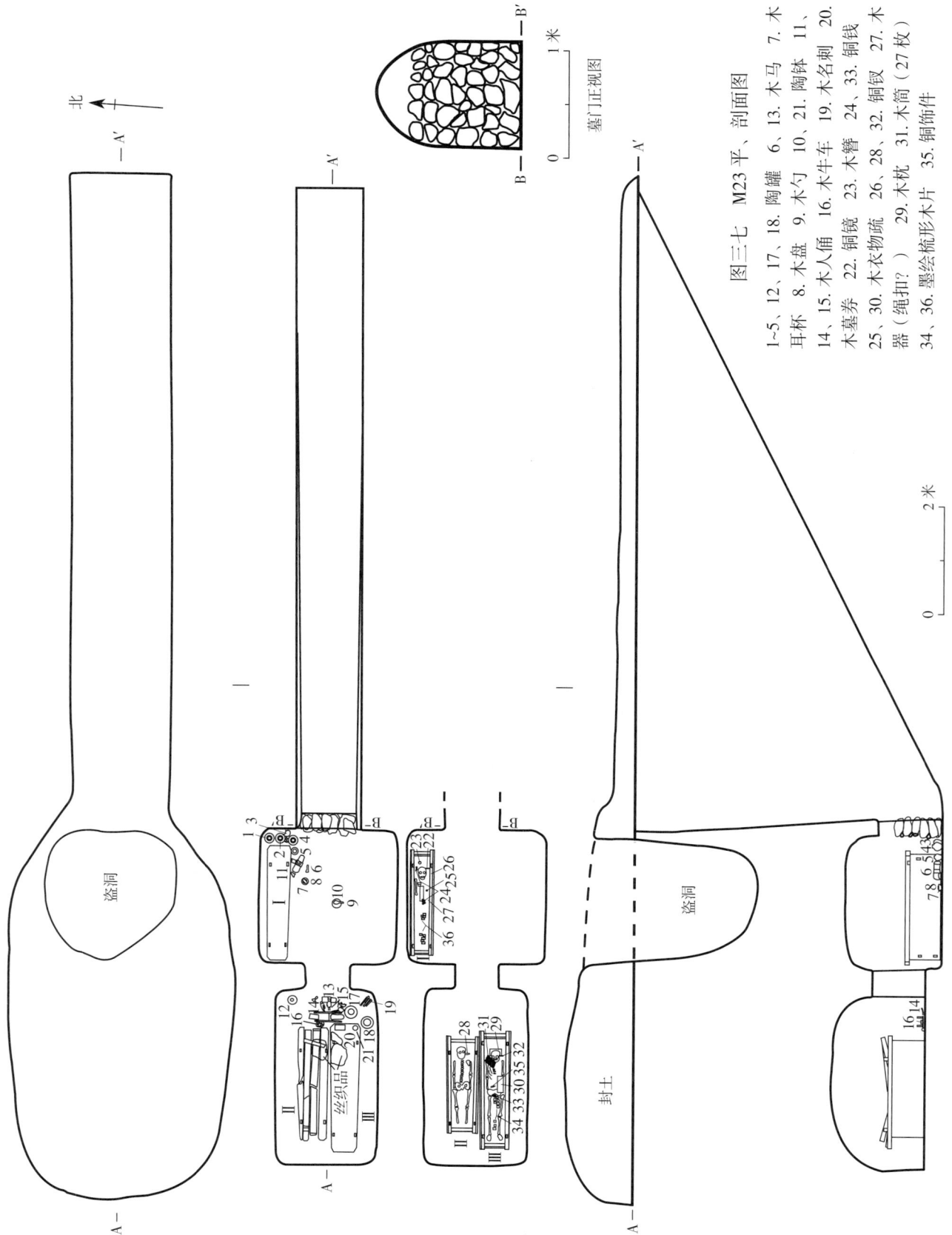

图三七　M23 平、剖面图

1~5、12、17、18. 陶罐　6、13. 木马　7. 木耳杯　8. 木盘　9. 木勺　10、21. 陶钵　11、14、15. 木人俑　16. 木牛车　19. 木名刺　20. 木墓券　22. 铜镜　23. 木簪　24、33. 铜钱　25、30. 木衣物疏　26、28、32. 铜钗　27. 木器（绳扣？）　29. 木衣物疏　31. 木枕　34、36. 墨绘梳形木片　35. 铜饰件

（1）陶器

10 件。

**陶罐**　8 件。

M23：1，泥质灰陶。侈口，折沿，方唇，束颈，圆肩，鼓腹，平底。肩上有轮制痕迹，近底处刮削修整。口径 10、腹径 18.8、底径 10、高 17.6 厘米（图三八，1；彩版二四，1）。

M23：2，泥质灰陶。侈口，折沿，方唇，束颈，圆肩，鼓腹，平底。下腹近底处刮削修整。

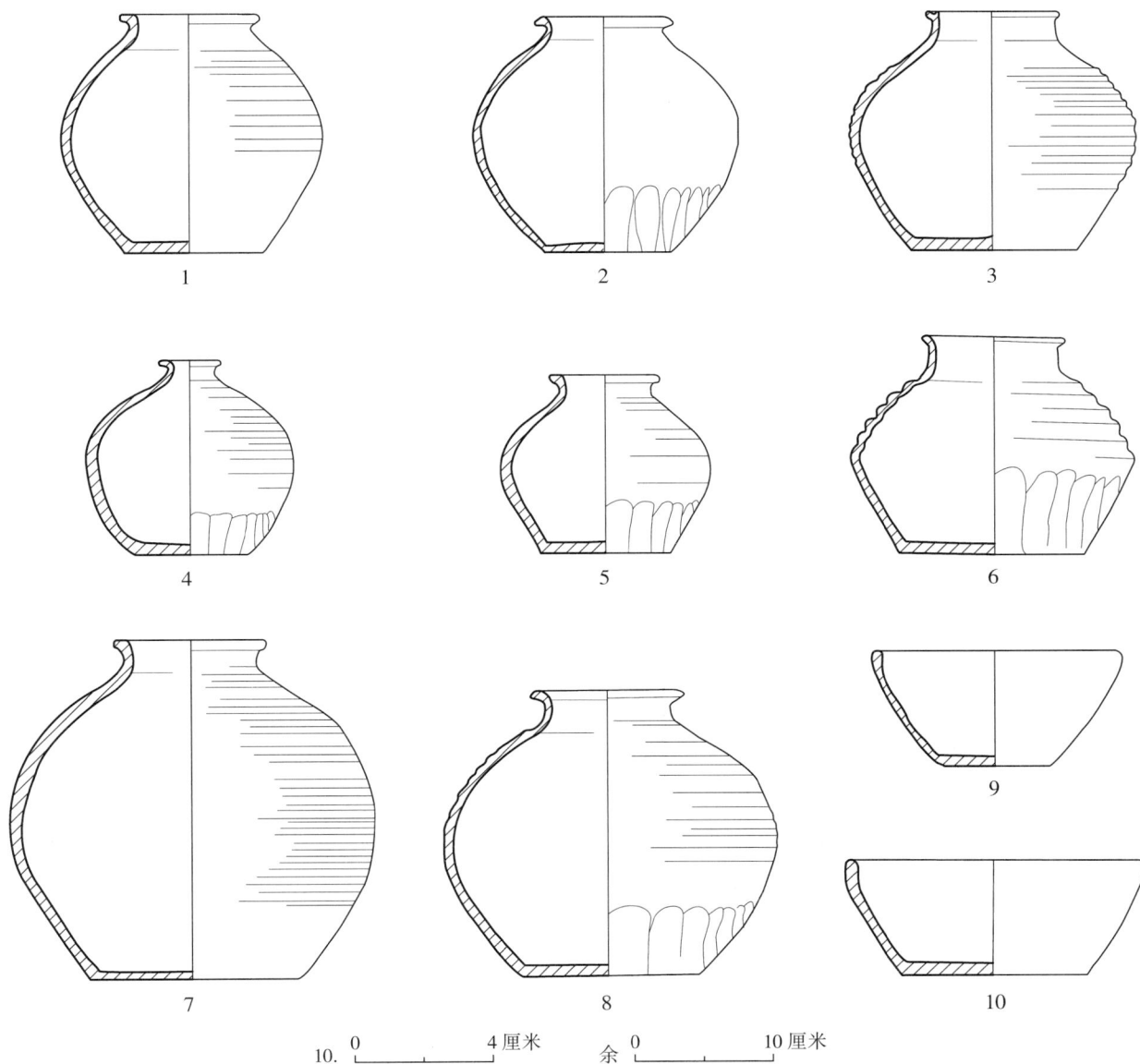

图三八　M23 出土器物（一）

1~8.陶罐（M23：1、M23：2、M23：4、M23：3、M23：5、M23：12、M23：17、M23：18）　9、10.陶钵（M23：10、M23：21）

口径 10、腹径 19、底径 9、高 17.5 厘米（图三八，2；彩版二四，2）。

M23：3，泥质灰陶。侈口，微卷沿，束颈，圆肩，鼓腹，平底。肩至腹部有轮制痕迹，下腹近底处刮削修整。口径 4.2、腹径 15、底径 8、高 14.5 厘米（图三八，4；彩版二四，3）。

M23：4，泥质灰陶。侈口，凹唇，束颈，圆肩，鼓腹，平底。肩上有暗纹，腹部向下有轮制形成的弦纹。下腹刮削修整。口径 9.5、腹径 20.5、底径 12、高 17.8 厘米（图三八，3；彩版二四，4）。

M23：5，泥质灰陶。侈口，折沿，方唇，束颈，圆肩，鼓腹，平底。上腹表面有轮制痕迹，下腹刮削修整。口径 8、腹径 15、底径 9.5、高 13.4 厘米（图三八，5；彩版二四，5）。

M23：12，泥质灰陶。侈口，卷沿，圆唇，束颈，鼓腹，平底。肩至腹部有轮制形成的弦纹。下腹刮削修整。口径 10.2、腹径 20.2、底径 13.5、高 16.2 厘米（图三八，6；彩版二五，1）。

M23：17，泥质灰陶。侈口，折沿，方唇，束颈，圆肩，鼓腹，平底。肩至腹部有暗弦纹。下腹刮削修整。口径 11、腹径 26.4、底径 15.4、高 25.2 厘米（图三八，7；彩版二五，2）。

M23：18，泥质灰陶。侈口，卷沿，圆唇，束颈，圆肩，鼓腹。下腹刮削修整。口径 11、腹径 24、底径 12.8、高 21 厘米（图三八，8；彩版二五，3）。

**陶钵**　2 件。

M23：10，泥质灰陶。口微敛，圆唇，弧腹，平底。近底处刮削修整。口径 17.4、底径 8、高 8.5 厘米（图三八，9；彩版二五，4）。

M23：21，泥质灰陶。口微敛，圆唇，弧腹，平底。口径 8.5、底径 5.4、高 3.4 厘米（图三八，10；彩版二五，5）。

（2）木器

19 件（组）。

**木人俑**　3 件。

M23：11，采用木块修刻成人形。朽蚀严重，部分已残。宽 4.8、高 18、厚 2 厘米（图三九，1；彩版二六，1、2）。

M23：14，利用整块木头修刻出头、身及两腿而成人形，保存较差，一腿已朽残，头上用墨线勾绘发饰及五官，较模糊。宽 4.6、高 21、厚 2.6 厘米（图三九，2；彩版二六，3、4）。

M23：15，形制及制法与 M23：14 相同。身上用墨线勾绘衣纹和手。宽 5、高 22、厚 2.8 厘米（彩版二七，1、2）。

**木马**　2 件。

M23：6，保存较差，由头、颈、身三部分组成。马头整木雕刻，栩栩如生，面朝前，嘴微张，头上有缨。马身圆木雕刻，素面，背上雕有鞍，马身下部朽蚀严重。残长 40、宽 13.4、残高 33.2 厘米（图四〇，1；彩版二八）。

M23：13，保存较差，由头、颈、身三部分组成。马头栩栩如生，身上有鞍，马身下部朽蚀严重，

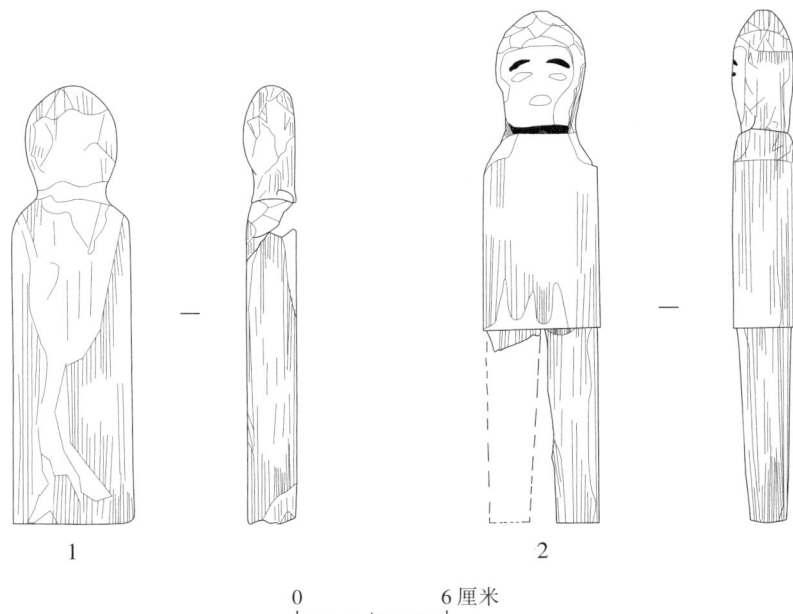

图三九　M23 出土器物（二）

1、2. 木人俑（M23：11、M23：14）

仅存一腿。腿以整木雕刻，呈直立状，上端用榫卯套接于马身下。残长 29、宽 9.5、高 28 厘米（图四〇，2；彩版二七，3）。

**木牛车**　1 件。

M23：16，部分已残，由 1 件木牛和 1 辆木车组成。木牛腐朽较严重，头、颈、身、腿分别雕刻后粘接或榫卯套合而成，现仅存牛身，以圆木雕刻而成，表面涂黑，长 24、宽 7.2、高 10.2 厘米。木车为双轮双辕车，由辕、轴、轮毂、舆、荐板等构件组成，各构件之间以榫卯套合。通长 57.6、宽 38、高 17.7 厘米。其中车舆平面近长方形，由左、右侧板及后挡板组成，长 27.6、宽 22.3、高 10.4 厘米，侧板和挡板均由整木雕刻而成，大体呈长方形。辕为整木雕制，中间部分（舆侧板下）截面近方形，辕面上凿卯槽与车舆侧板套合，并使用木榫加固。辕出舆后截面近圆形。轴以一根圆木雕制，中间（舆下）较粗，截面呈方形，出舆后贯轮毂部分变细，截面呈圆形。轮圆形，直径 12.3 厘米，八辐，辐长 3.8 厘米。毂大体呈梭形，贤端较短粗，轵端较细长，通体涂黑，通长 6.5、轵端径 2.6、贤端径 3.5、轵径（栽辐处）3.8 厘米（图四一，1；彩版二九）。

**木耳杯**　1 件。

M23：7，以木块掏挖修整而成。保存较差，朽蚀严重。长 10.8、宽 7.5、高 3.2 厘米（图四二，3；彩版三〇，1）。

**木盘**　1 件。

M23：8，敞口，圆唇，弧腹，平底，底部分已朽残。口径 11.5、底径 8.5、高 2 厘米（彩版

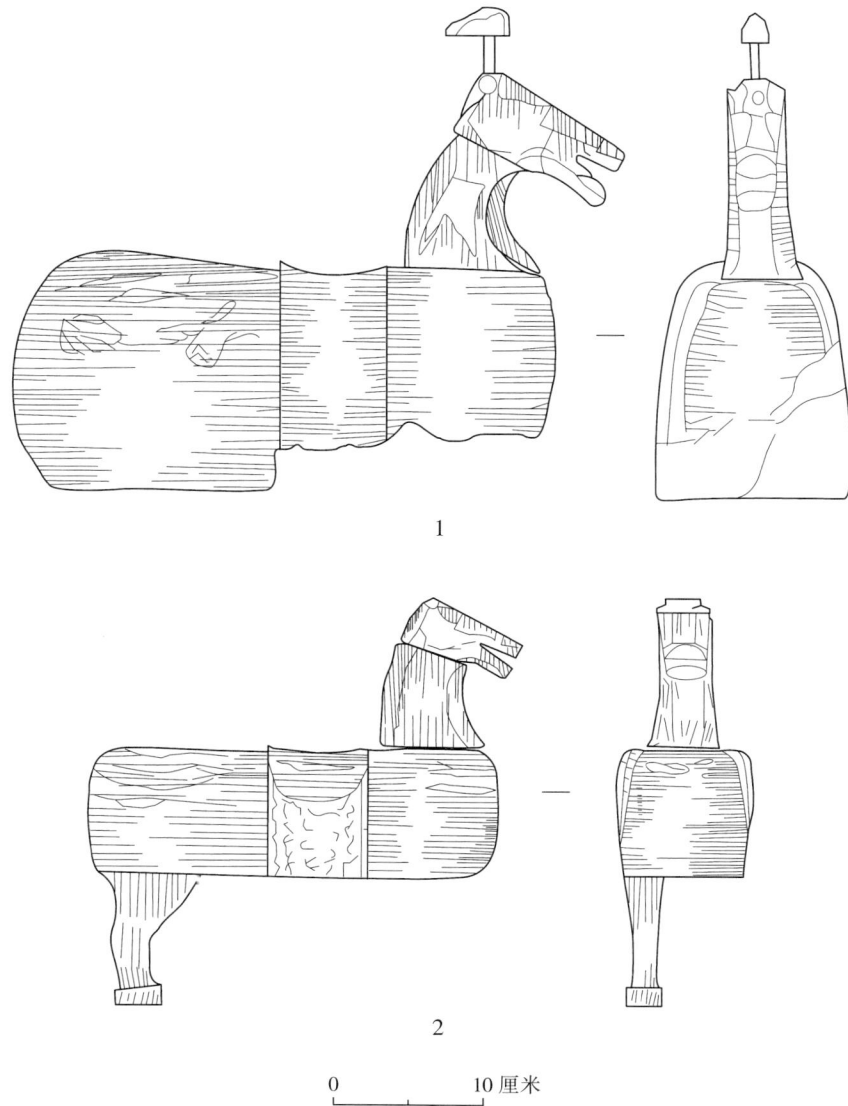

图四〇　M23 出土器物（三）

1、2.木马（M23：6、M23：13）

三〇，2）。

**木勺**　1件。

M23：9，以一段木头整体雕刻而成。勺柄略弯，勺身较深。长 16.5、高 12 厘米（图四二，2；彩版三〇，3）。

**木簪**　1件。

M23：23，器身较长，簪头部较尖，尾部已朽残。残长 14.7、宽 1.5 厘米（图四一，2；彩版三〇，4）。

**木枕**　1件。

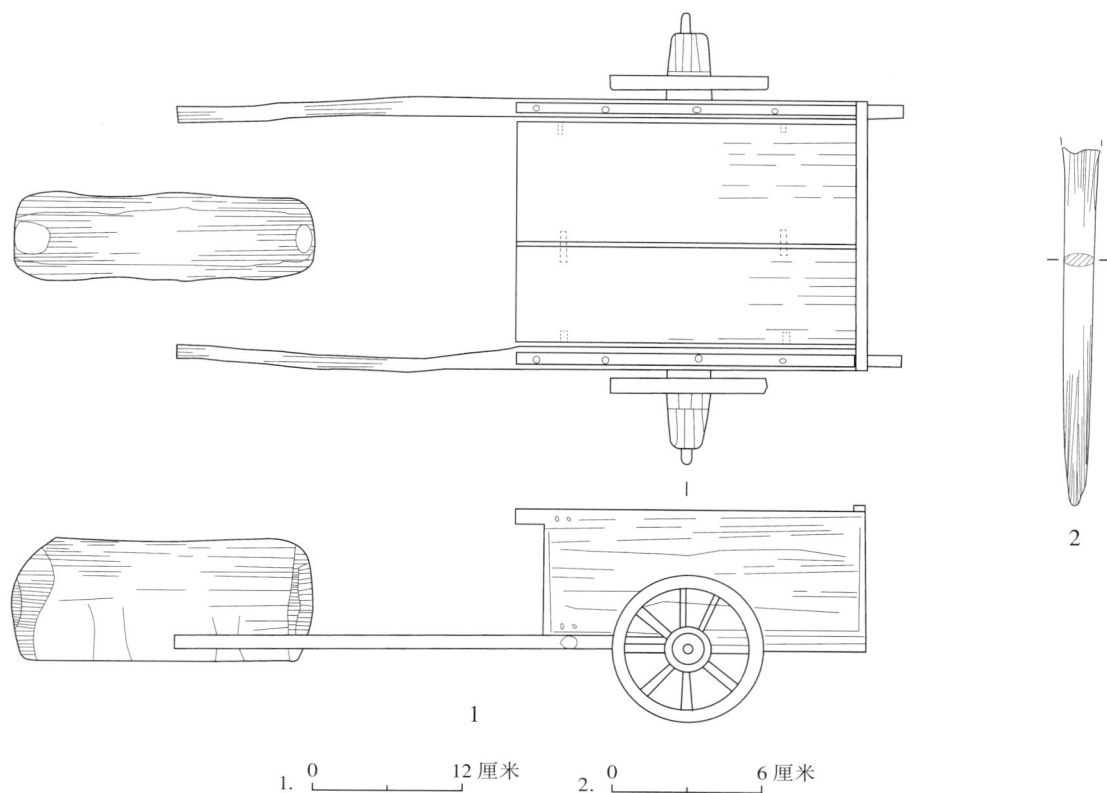

图四一　M23 出土器物（四）

1. 木牛车（M23：16）　2. 木簪（M23：23）

　　M23：29，以木块修整成方形。做工简单粗糙。长 17、宽 14、高 7 厘米（图四二，7；彩版三〇，6、7）。

**木器（绳扣？）**　1 件。

　　M23：27，以木块削制成水滴状。上小下大，上部刻有凹槽，以便系绳所用。底径 3、高 6.6 厘米（图四二，1；彩版三〇，5）。

**墨绘梳形木片**　2 组。

　　M23：34，1 组 3 件。为薄木片，两面用墨线勾绘梳子状图案（彩版三一，1）。M23：34-1，长方形薄片，器物表面粘有纺织品痕迹。长 4.5、宽 3.8、厚 0.4 厘米（图四二，4）。M23：34-2，近梯形。长 5.8、宽 1.9~2.8、厚 0.4~0.6 厘米（图四二，5）。M23：34-3，近长方形，一角残。长 4、宽 2.9、厚 0.5 厘米。

　　M23：36，1 组 2 件。形制相同。为近方形薄木片，刃部两面均有墨线勾绘短竖线（彩版三一，2）。M23：36-1，长 7.5、宽 3.7、厚 0.6 厘米。M23：36-2，长 4.5、宽 3.7、厚 0.4 厘米（图四二，6）。

**木墓券**　1 件。

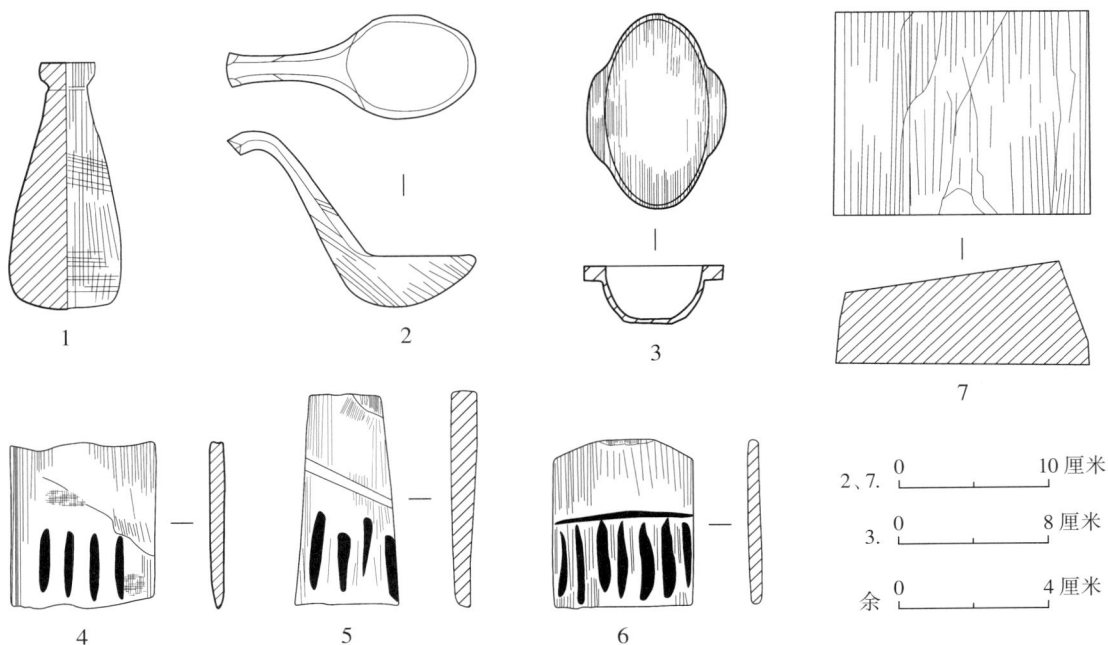

图四二　M23 出土器物（五）

1. 木器（绳扣?）（M23：27）　2. 木勺（M23：9）　3. 木耳杯（M23：7）　4~6. 墨绘梳形木片（M23：34-1、M23：34-2、M23：36-2）　7. 木枕（M23：29）

　　M23：20，为一长方形红柳木板，下端残。正面墨书文字，从左至右共五竖行，字体潦草。残长 16.5、宽 6.4、厚 0.4 厘米（彩版三二）。释文如下：

　　　　请白道君某甲：以数往来东西南北，逢死人字……

　　　　视心，目下观，恐污（注）道君、恐污（注）其地、恐污（注）南山，恐污（注）……

　　　　请解东方之污（注），星属甲乙，顾见雍□白□□□……

　　　　女子目见不鲜，●请解西方之污（注），星属庚辛……

　　　　之污（注），星属壬癸，□船度水恐见溺……

**木衣物疏**　2 件。

　　M23：25，为一长条形木板，松木质。正面墨书文字，分上中下三栏分列随葬器物及数量。长 26.8、宽 4.3、厚 0.7 厘米（彩版三三）。释文如下：

　　上栏：

　　　　故麻履一量，

　　　　故缇袜一量，

　　　　故牧繲衫各一领，

　　　　故襦绔各一领，

　　　　故两当一领，

中栏：

　　　　故牧颐面一领，

　　　　故牧单衣各一领，

　　　　故早爪□一枚，

　　　　故早头一枚，

　　　　故面衣一具，

下栏：

　　　　故墨绢巾一枚，

　　　　□具中物皆具，

　　　　绢廿匹，条白卅匹，绵廿斤。

　　M23∶30，为一长方形木板。正面墨书文字，分左右两部分，右侧上下分五栏竖行从左至右书写随葬品名称和数量，左侧为一竖行，记录书写日期等。长31.6、宽8.6、厚0.7厘米（彩版三四）。释文如下：

右侧部分：

上栏：

　　　　故缇结□一枚，

　　　　故结簪一枚，

　　　　故□□头一枚，

　　　　故绢巾一枚，

　　　　故恰一枚，

　　　　故□□□，

　　　　故单□一领，

　　　　故紫缯一领，

中上栏：

　　　　故褕一领，

　　　　故袴一枚，

　　　　故练一枚，

　　　　故单一枚，

　　　　故襜褕一领，

　　　　故□□一领，

　　　　故□□七斤，

　　　　故□具一具，

中栏：

故书具一具，

故衿一领，

故被一领，

故履一量，

故袜一量，

故杂绵二匹，

故□一枚，

中下栏：

故官（棺）中帷一枚，

故丝□一枚，

故罗一□，

故□一匹，

故□兔毫各五斤，

故柏椁一口，

故□□一枚，

下栏：

故官（棺）中□三斛，

故铜刀尺弩机郭各一枚，

故□二枚，

故黄□□子各二升，

故手板一枚，

故官中□一领。

左侧部分：

建兴四年八月十七日，□（晋）故民□（孙）义□（娆）不幸醉酒身亡，诸衣物杂□疏。

**木名刺**　1组。

M23：19，1组7枚。均为窄长条形薄木板，每枚正面上下墨书一行文字，多数上端保存较好，下端腐朽残失，残长10.9~18、宽0.9~3.2厘米（彩版三五）。释文分别如下：

M23：19-1：……纪令朱　再拜……

M23：19-2：弟子高宗再拜　问……

M23：19-3：弟子蔡汉再拜　……

M23：19-4：弟子□□再拜　问……

M23：19-5：弟子高□再拜　问……

M23：19-6：弟子□□……

M23：19-7：□民之冢□□南山□□□□

**木简**　1组。

M23：31，1组27枚。正面上下单行或双行墨书文字，共计900余字。内容大致为一起争讼田产的民事纠纷案件的审理记录。长23~25、宽1.8~2.5厘米（彩版三六至四四）。释文及相关研究见本报告第五章第六节"黄家湾滩新出西晋简册的释读"。

（3）铜器

7件（组）。

**铜镜**　1件。

M23：22，镜体较小，壁薄，中部微凹，凹陷处有两孔。器表锈蚀严重，上粘附布纹残片。直径5、厚0.2厘米（图四三，1；彩版四五，1、2）。

**铜钗**　3件。形制相近，整器呈"U"形，顶端宽扁弯折，两股体圆，末端收尖。

M23：26，长11.6、股断面直径0.2厘米（图四三，2；彩版四五，3）。

M23：28，长16、断面直径0.2厘米（图四三，5；彩版四五，4）。

M23：32，残长6、断面直径0.2厘米（图四三，3；彩版四五，5）。

**铜饰件**　1件。

M23：35，扁条形，两端均残，素面。残长2.6、宽0.7厘米（图四三，4）。

**铜钱**　2组。均为五铢钱。圆形方穿，正面穿左右篆文"五铢"二字。

M23：24，1组9枚。形制相同。面有周郭无内郭，背肉好周郭。"五铢"字体笔画较粗。M23：24-1，钱径2.35、穿径0.9、肉厚0.06厘米（图四四，1；彩版四五，6）。

M23：33，1组4枚。面有周郭无内郭，背肉好周郭。M23：33-1，"铢"字"金"字头呈三角形，四点较长。"朱"字略高，上部方折，下部圆折。钱径2.6、穿径0.95、肉厚0.15厘米（图四四，2；

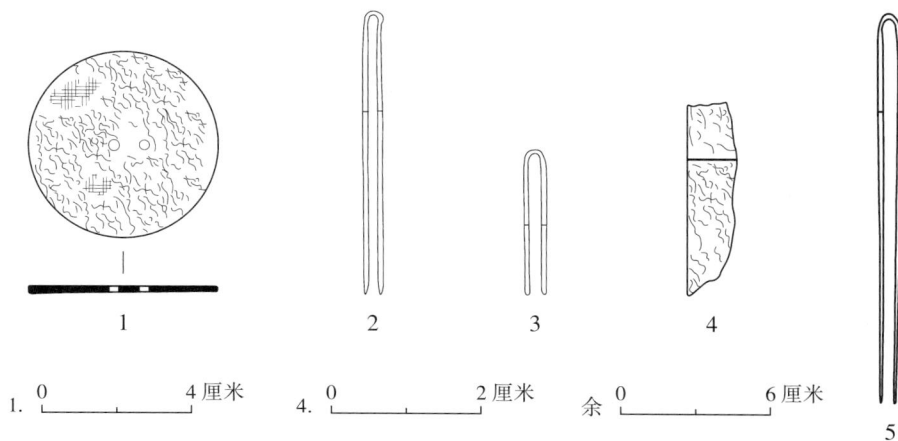

1. 　　0　　　　4厘米　　　　4. 　　0　　　　2厘米　　　余　0　　　　6厘米

图四三　M23出土器物（六）

1.铜镜（M23：22）　2、3、5.铜钗（M23：26、M23：32、M23：28）　4.铜饰件（M23：35）

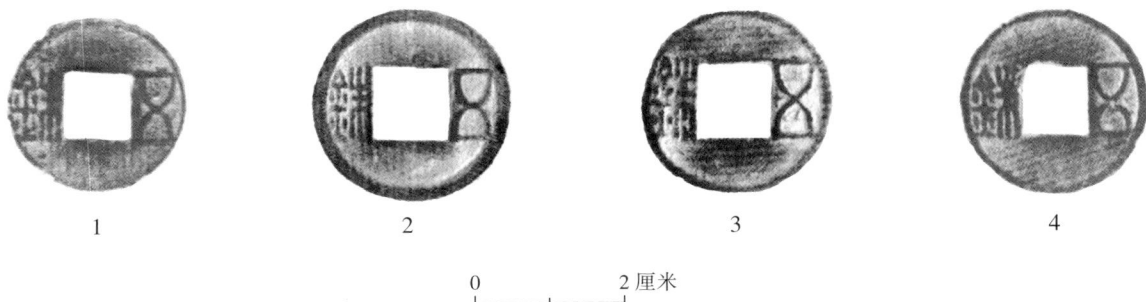

图四四　M23 出土铜钱拓片

1. M23：24　2. M23：33-1　3. M23：33-2　4. M23：33-3

彩版四五，7）。M23：33-2，"铢"字"金"字头呈箭镞状，四点较短。"朱"字上部方折，下部圆折。钱径 2.55、穿径 0.95、肉厚 0.05 厘米（图四四，3；彩版四五，7）。M23：33-3，穿背面浅平。"铢"字"金"字头呈三角形，四点较长。"朱"字上下均圆折，上部开口略向外撇。钱径 2.5、穿径 0.9、肉厚 0.08 厘米（图四四，4；彩版四五，7）。

## 二四　M24

位于墓群中部，北邻 M61。该墓为带竖穴墓道的单室洞室墓，由封土、墓道、甬道、封门和墓室组成。墓向 58°。

### 1. 形制与结构

封土为开挖墓葬形成的沙石堆砌而成，其中墓室正上方封土呈丘状，底径 5.9~8.2、高 1.15 米。墓道上封土呈长垄状，长 4.2、宽 1.7、高 0.2~0.55 米。两段封土相接处见一椭圆形盗洞，口径 2.2~2.6 米。盗洞近漏斗状，直至墓门顶部，并穿封门转入墓室内。墓道位于墓室东端，平面呈长条形，为口略宽底略窄的竖穴土坑，开口长 4.4、宽 1.2 米，底较平，宽 1 米，距地表深 5.5 米。甬道、墓室为依墓道西端向西掏挖形成的洞室。甬道位于墓室东端，平面呈长方形，顶微拱，进深 0.6、宽 1.2、高 1.15 米。封门用大石块垒砌，封门墙上端已遭破坏，残存 6 层，厚 0.3、宽 1、残高 0.85 米。墓室平面呈长方形，四壁略直，顶微拱，底较平整，进深 3.1、宽 2.1、高 1.5 米（图四五）。

### 2. 葬具、葬式及埋藏状况

墓内遭严重盗扰，未发现葬具、人骨及随葬品。

## 二五　M25

位于墓群西北部，东邻 M26，南邻 M27。该墓为带斜坡墓道的单室洞室墓，由封土、墓道、甬道、封门和墓室组成。墓向 130°。

### 1. 形制与结构

封土为开挖墓葬形成的沙石堆砌而成，其中墓室正上方封土呈丘状，底径 4.3~7.1、高 0.95 米；

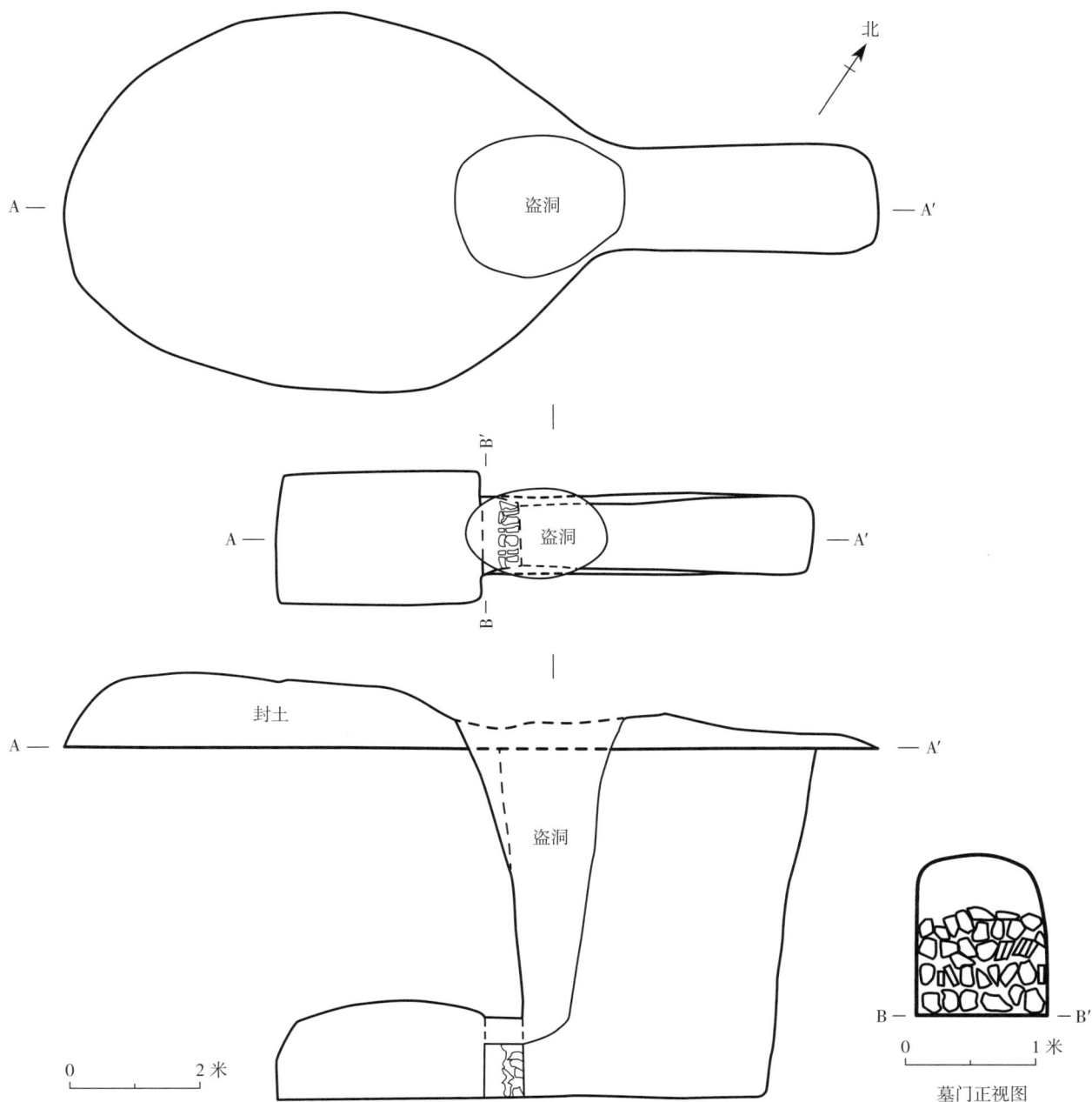

图四五　M24 平、剖面图

墓道上封土呈长垄状，长 6、宽 1.75、高 0.3~0.5 米。丘状封土上近墓道处有一椭圆形盗洞，口径 1.3~2 米，盗洞竖直向下，直至墓门，由封门上端进入墓室。墓道位于墓室以南，开口平面呈长条形，斜坡底，开口长 5、宽 1.2 米，坡长 6.5 米，底宽 1 米，底距地表深 4.6 米。甬道、墓室为依墓道末端向西北掏挖形成的洞室。甬道进深 0.4、宽 0.9、高 1 米。甬道口采用大石块垒砌封门，封门石块之间的缝隙用砂砾土填充。封门上端遭破坏，残高 0.65、宽 1.05 米。墓室平面呈长方形，顶

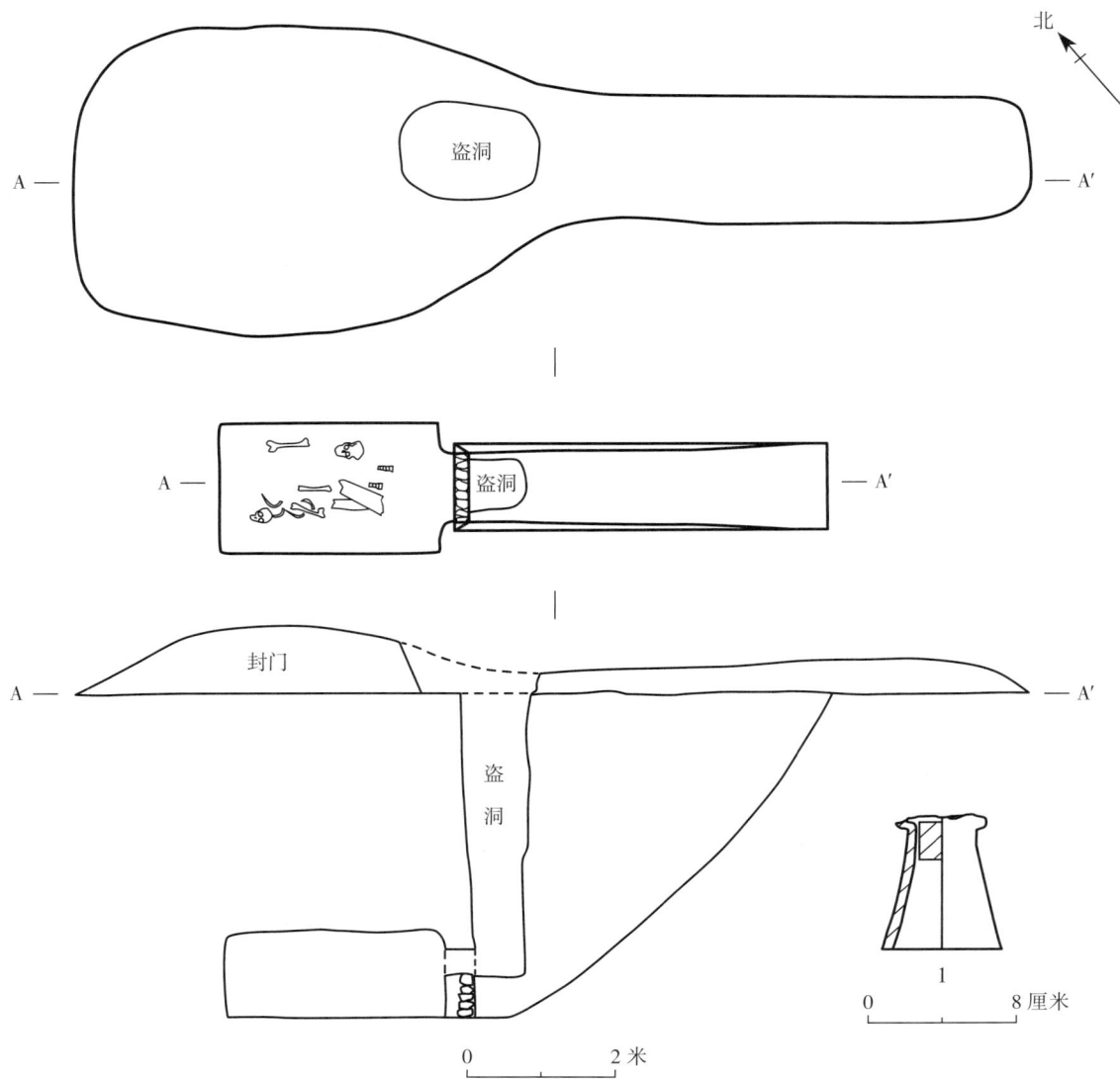

图四六　M25 平、剖面图及出土器物

1. 陶仓（M25：1）

近平，进深 2.9、宽 1.8、高 1.2 米（图四六）。

### 2. 葬具、葬式及埋藏状况

墓内遭严重盗扰，仅见少量棺木板。人骨凌乱，葬式不明，仅见有 2 个头骨及少量肢骨、肋骨等。随葬品被盗殆尽，仅在扰土中发现 1 件残陶仓。

### 3. 随葬器物

1 件。为陶仓。

M25：1，泥质灰陶。仅存仓身，近喇叭形，上部有一长方形仓眼。底径 6.4、残高 8 厘米（图四六，1）。

## 二六 M26

位于墓群西北部，西邻 M25。该墓为带斜坡墓道的单室洞室墓，由封土、墓道、甬道、封门和墓室组成。墓向 153°。

### 1. 形制与结构

封土为开挖墓葬形成的沙石堆砌而成，其中墓室正上方封土呈丘状，底径 5.8~7.6、高 1.35 米；墓道上封土呈长垄状，长 7.75、宽 1.7、高 0.55 米。两段封土相接处有一椭圆形盗洞，口径 2.5~2.85 米，盗洞近漏斗状，直至墓门，由封门上端进入墓室。墓道位于墓室南端，平面呈长条形，口大底小，壁稍斜，斜坡底，开口长 8.7、宽 1.1 米，坡长 9.7 米，底宽 0.8 米。墓道北端底部与墓室齐平，距地表深 4.6 米。甬道、墓室为依墓道末端向北掏挖形成的洞室。甬道位于墓室南端，平面呈长方形，顶弧拱，进深 0.5、宽 0.8、高 1.3 米。甬道口用大石垒砌封门。封门墙上端遭破坏，残存 9 层，厚 0.35、宽 0.9、残高 0.7 米。墓室平面呈圆角长方形，四壁略直，拱形顶，底较平整，进深 2.65、宽 2、高 1.8 米。墓室内填满从盗洞进入的细沙土（图四七）。

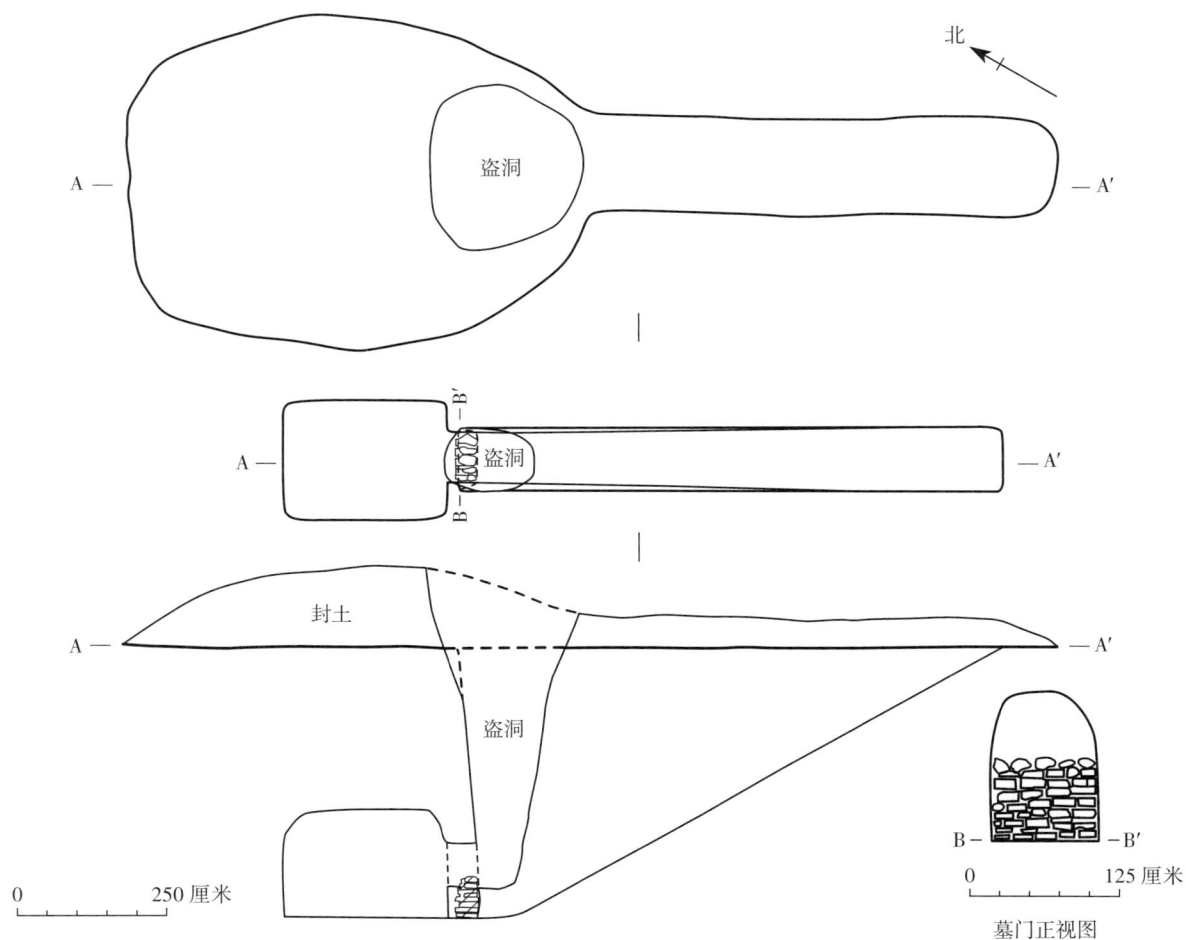

图四七 M26 平、剖面图

### 2. 葬具、葬式及埋藏状况

墓内遭严重盗扰，未发现葬具、人骨及随葬品。

## 二七　M27

位于墓群西北部。该墓为带斜坡墓道的单室洞室墓，由封土、墓道、封门和墓室组成。墓向175°。

### 1. 形制与结构

封土为开挖墓葬形成的沙石堆砌而成，其中墓室正上方封土呈丘状，底径 4.3~5.2、高 0.8 米；墓道上封土呈长垄状，长 9.95、宽 1.75、高 0.25 米。两段封土相接处见一椭圆形盗洞，口径 2.7~3.7 米，盗洞竖直向下，直至墓门，由墓门处进入墓室。墓道位于墓室南端，平面呈长条形，口大底小，壁稍斜，斜坡底，开口长 10.95、宽 1.05 米，坡长 11.8 米，底宽 0.9 米。墓道北端底部与墓室齐平，距地表深 4.5 米。墓室南部正中开方形墓门，墓门宽 1.1、高 1.2 米。墓门用条砖砌墙封堵，封门墙遭严重破坏，门口处残存较多的残砖，保存较好者仅存一层，横铺，墙厚 0.2、宽 1.1、残高 0.05 米。墓室为依墓道末端向北掏挖形成的洞室，平面呈圆角长方形，四壁略直，顶微拱，底较平整，进深 3、宽 1.9、高 1.45 米。墓室内填较多从盗洞涌入的细沙土（图四八）。

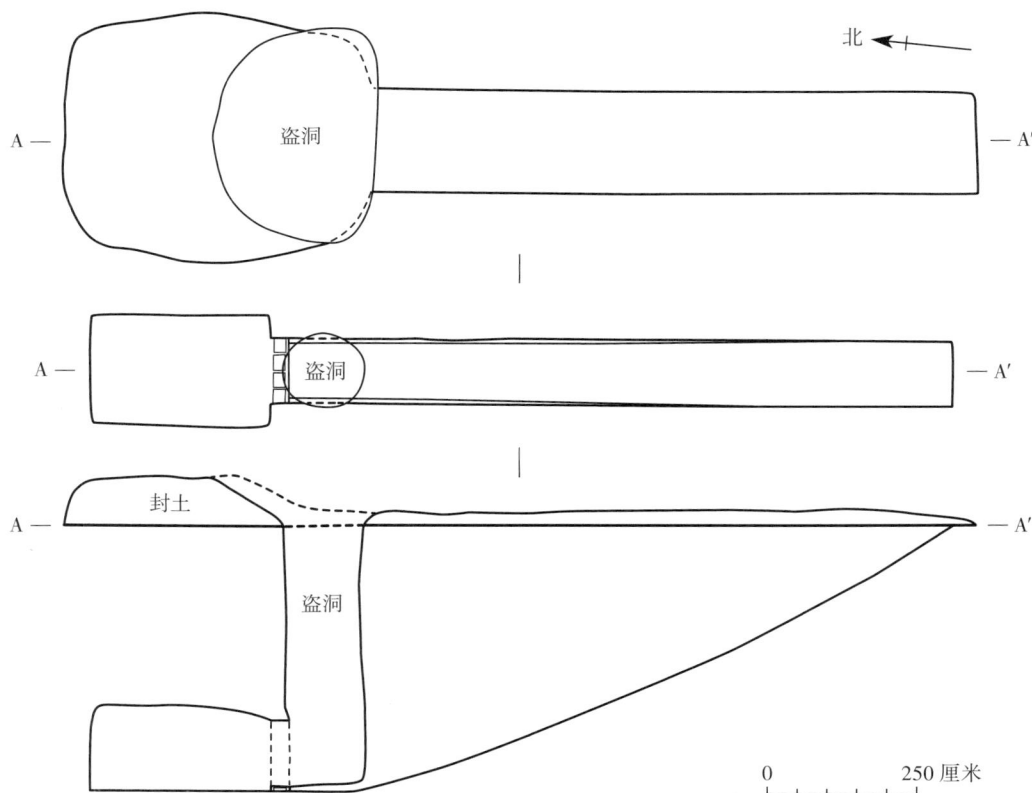

图四八　M27 平、剖面图

**2. 葬具、葬式及埋藏状况**

墓内遭严重盗扰，未发现葬具、人骨及随葬品。

## 二八　M28

位于墓群西北部，东邻 M29。该墓为带斜坡墓道的单室洞室墓，由封土、墓道、甬道、封门和墓室组成。墓向 142°。

**1. 形制与结构**

封土为开挖墓葬形成的沙石堆砌而成，其中墓室正上方封土近丘状，底径 6.1~9.8、高 1.5 米；墓道上封土呈长垄状，长 10.1、宽 1.8、高 0.75 米。两段封土相接处见一椭圆形盗洞，口径 2.9~3.2 米，盗洞竖直向下，直至墓门，由墓门进入墓室。墓道位于墓室南端，平面呈长条形，口大底小，壁稍斜，斜坡底，开口长 12、宽 1.2 米，坡长 12.8 米，底宽 0.9 米，底部距地表深 6.3 米。甬道、墓室为依墓道北端向北掏挖形成的洞室。甬道位于墓室南端，平面呈长方形，为砖券结构，保存完好，下部为条砖丁平砌筑 15 层，16 层起开始起券，进深 0.5、宽 1.4、高 1.6 米。甬道口用条砖和大石块封门，破坏较严重，残存底部 2 层，下层为条砖丁立而上，上层为大石块，厚 0.35、宽 0.9、残高 0.35 米。墓室平面呈圆角长方形，四壁略直，顶弧拱，底较平整，进深 3.75、宽 2.1、高 1.9 米。墓室内填较多从盗洞涌入的细沙土（图四九）。

**2. 葬具、葬式及埋藏状况**

墓内遭严重盗扰，未发现葬具、人骨及随葬品。

## 二九　M29

位于墓群西北部，北邻 M46，南邻 M30。该墓为带斜坡墓道的单室洞室墓，由封土、墓道、甬道、封门和墓室组成。墓向 170°。

**1. 形制与结构**

封土为开挖墓葬形成的沙石堆砌而成，其中墓室正上方封土近圆形沙土台状，底径 3.65~4.5、高 0.7 米；墓道上封土呈长垄状，长 8.75、宽 1.5、高 0.25 米。两段封土相接处见一椭圆形盗洞，口径 2.8~3.4 米，盗洞近竖直向下，至墓门上方转向北，穿墓室拱顶进入墓室内。盗洞于墓门上方处直径 1.4、距封土表面深 3.8 米。墓道位于墓室南端，平面呈长条形，直壁，斜坡底，开口长 10.15、宽 0.8 米，坡长 10.5 米，底宽 0.8 米。墓道北端底部与墓室齐平，距地表深 4 米。甬道、墓室为依墓道末端向北掏挖形成的洞室。甬道位于墓室南端，保存较好，平面呈长方形，顶弧拱。甬道口大多用残半的条砖平砌封门，保存较好，砌筑方法一平一丁，共 16 层，封门墙厚 0.35、宽 0.75、高 0.82 米。墓室平面呈圆角长方形，四壁略直，顶弧拱，底较平整，进深 3.1、宽 1.5、高 1.2 米。墓室内填较多从盗洞涌入的细沙土（图五〇）。

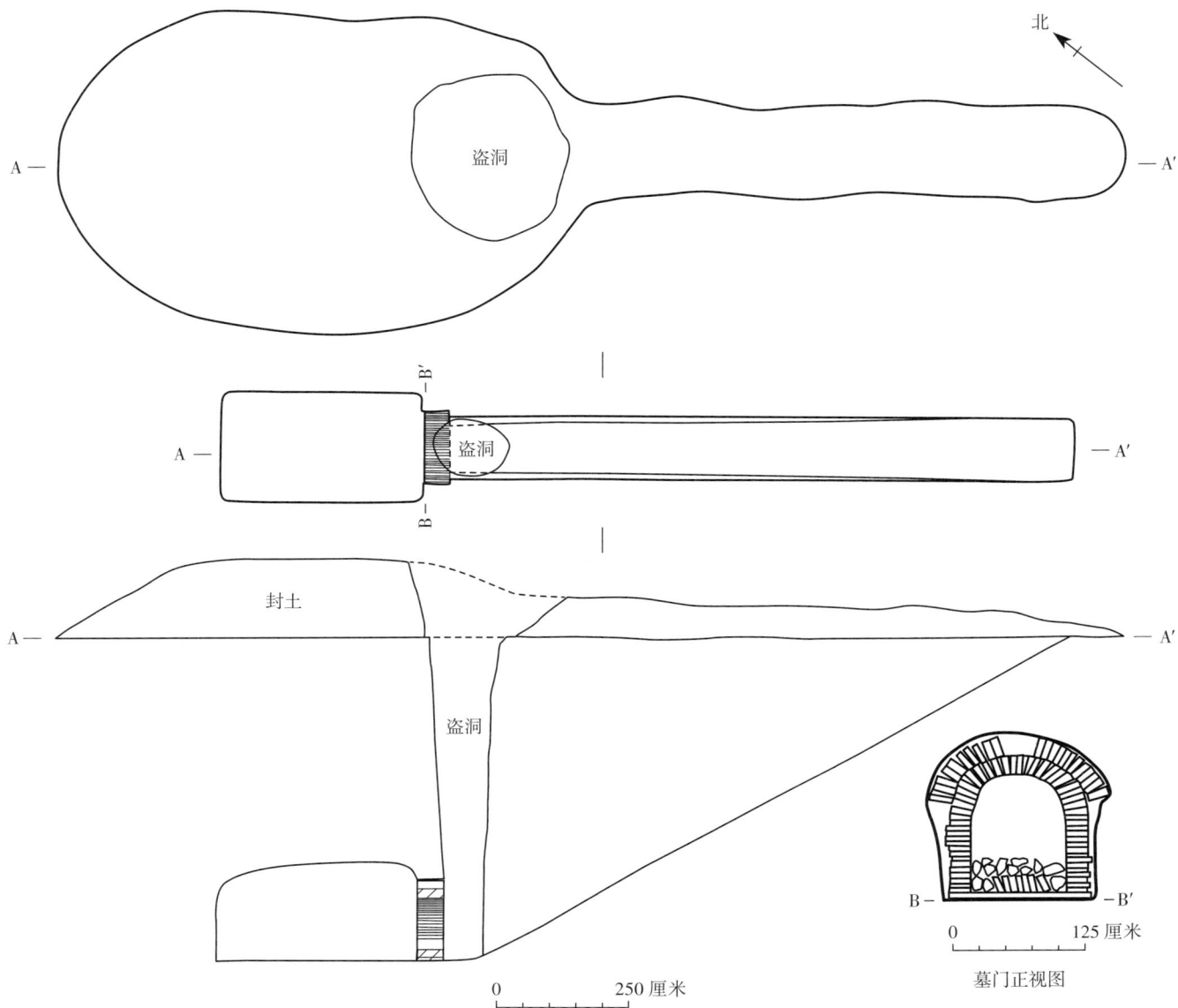

图四九　M28 平、剖面图

## 2. 葬具、葬式及埋藏状况

墓内遭严重盗扰，未发现葬具、人骨及随葬品。

## 三〇　M30

位于墓群西北部，东临 M31，北邻 M29。该墓为带斜坡墓道的单室洞室墓，由封土、墓道、封门和墓室组成。墓向 155°。

### 1. 形制与结构

封土为开挖墓葬形成的沙石堆砌而成，其中墓室正上方封土呈椭圆形沙土台状，底径 4.3~

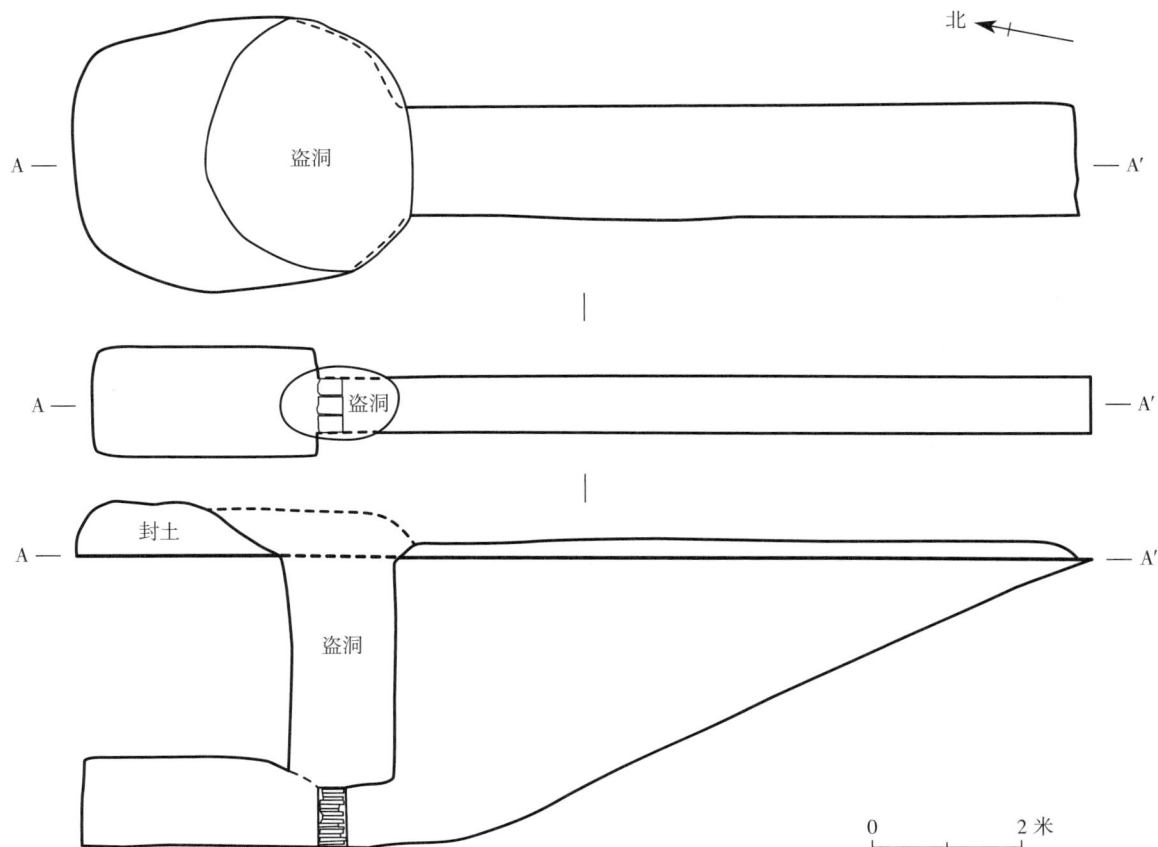

图五〇 M29 平、剖面图

5.05、高 0.95 米；墓道上封土呈长垄状，长 11.6、宽 1.7、高 0.3 米。两段封土相接处见一椭圆形盗洞，口径 2.3~3.7 米，盗洞近竖直向下，至墓门封门上方转向北，穿墓室拱顶进入墓室内。盗洞于墓门上方处直径 1、距封土表面深 5.1 米。墓道位于墓室南端，平面呈长条形，直壁，斜坡底，开口长 12.7、宽 0.9 米，坡长 14 米，底宽 0.9 米。墓道北端底部与墓室齐平，距地表深 5.3 米。墓门位于墓室南端正中，用条砖和子母砖错缝平砌封门。封门墙砌筑较规整，保存完整，共 16 层，厚 0.25、宽 0.9、高 0.9 米。条砖长 47、宽 23、厚 5 厘米，子母砖长 35.5、宽 17、厚 5 厘米。墓室为依墓道末端向北掏挖形成的洞室，平面呈圆角长方形，四壁略直，顶弧拱，底较平整，进深 3、宽 1.6、高 2 米。墓室内填较多从盗洞涌入的细沙土（图五一）。

**2. 葬具、葬式及埋藏状况**

墓内遭严重盗扰，未发现葬具、人骨及随葬品。

## 三一 M31

位于墓群西北部，西邻 M30，南邻 M32。该墓为带斜坡墓道的单室洞室墓，由封土、墓道和

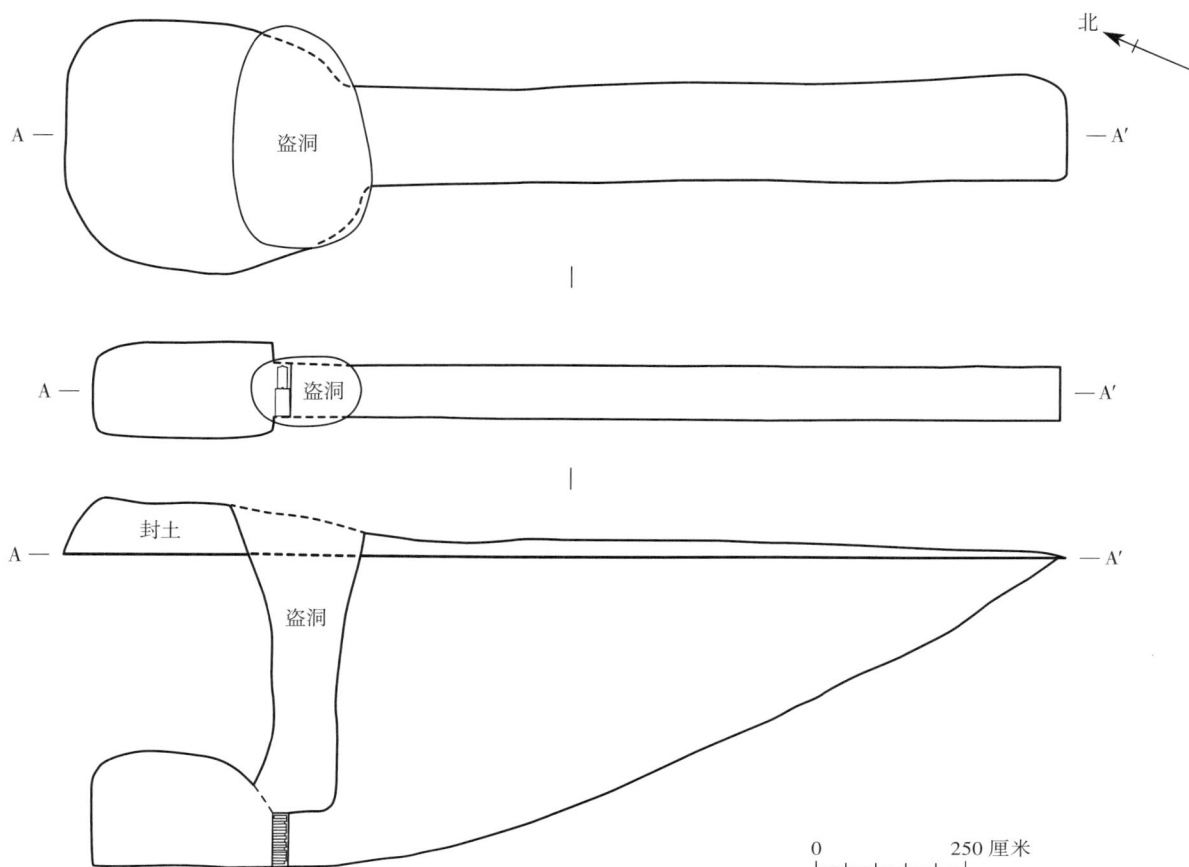

图五一　M30 平、剖面图

墓室组成。墓向 150°。

**1. 形制与结构**

封土为开挖墓葬形成的沙石堆砌而成，其中墓室正上方封土呈丘状，底径 4.3~5.1、高 0.75 米；墓道上封土呈长垄状，长 11.7、宽 1.85、高 0.25 米。两段封土相接处见一椭圆形盗洞，口径 2.55~3.75 米，盗洞近漏斗状，向下直达墓门，由墓门进入墓室。墓道位于墓室南端，平面呈长条形，直壁，斜坡底，开口长 12.5、宽 0.75 米，坡长 13 米，底宽 0.75 米。墓道北端底部与墓室齐平，距地表深 3.5 米。墓室为依墓道末端向北掏挖形成的洞室，平面呈圆角长方形，四壁略直，顶弧拱，底较平整，进深 3、宽 1.6、高 1.25 米。墓室内填较多从盗洞进入的细沙土（图五二）。

**2. 葬具、葬式及埋藏状况**

墓内遭严重盗扰，未发现葬具、人骨及随葬品。

## 三二　M32

位于墓群西北部，东邻 M33，西邻 M34。该墓为带斜坡墓道的单室洞室墓，由封土、墓道、

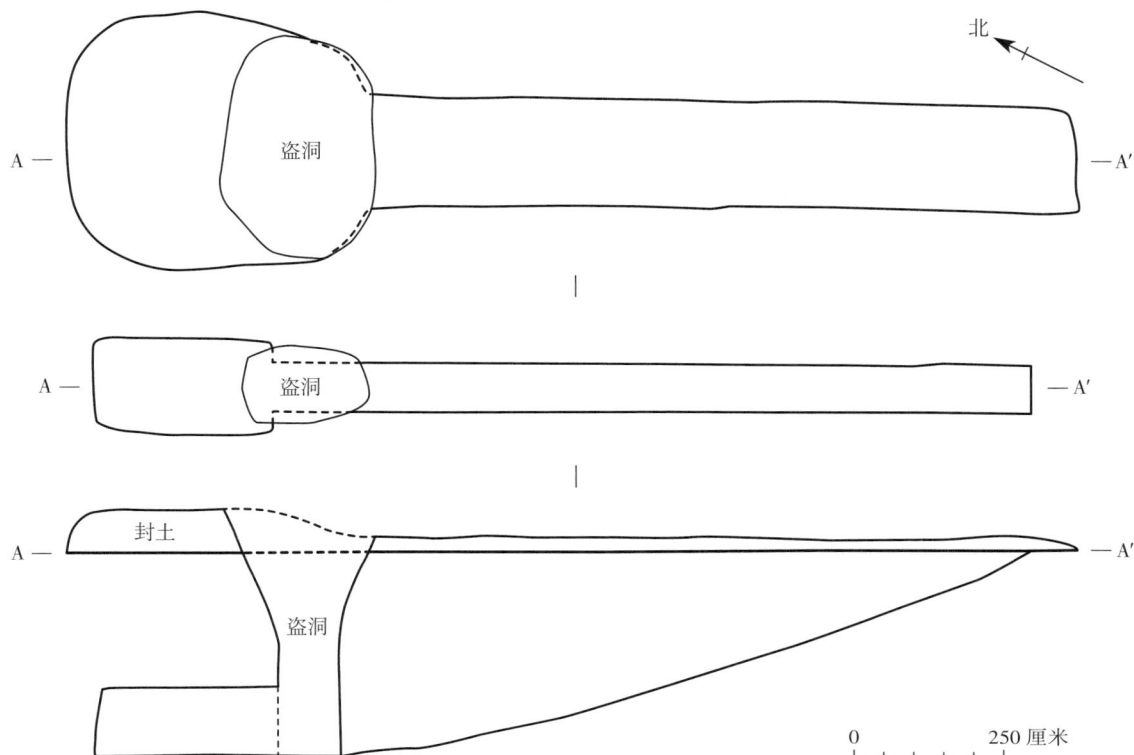

图五二  M31 平、剖面图

甬道和墓室组成。墓向 170°。

### 1. 形制与结构

封土为开挖墓葬形成的沙石堆砌而成，其中墓室正上方封土呈椭圆形沙土台状，底径 3.5~4.55、高 0.6 米；墓道上封土呈长垄状，长 5.3、宽 1.6、高 0.2 米。两段封土相接处见一椭圆形盗洞，口径 1.55~2.85 米，盗洞竖直向下，直至墓门，由墓门处进入墓室内，盗洞至墓门处直径 1 米。墓道位于墓室南端，平面呈长条形，直壁，斜坡底，开口长 6、宽 0.8 米，坡长 6.5 米，底宽 0.8 米。墓道北端底部与墓室齐平，距地表深 2.6 米。甬道、墓室为依墓道北端向北掏挖形成的洞室。甬道位于墓室南端，平面呈长方形，顶微弧，进深 0.4、宽 1、高 1.4 米。墓室平面呈长方形，四壁略直，顶弧拱，底较平整，进深 3.1、宽 1.8、高 1.6 米。墓室内填满从盗洞进入的细沙土（图五三）。

### 2. 葬具、葬式及埋藏状况

墓内遭严重盗扰，未发现葬具、人骨及随葬品。

## 三三  M33

位于墓群北部，南邻 M37，西邻 M32。该墓为带斜坡墓道的单室洞室墓，由封土、墓道、甬道、

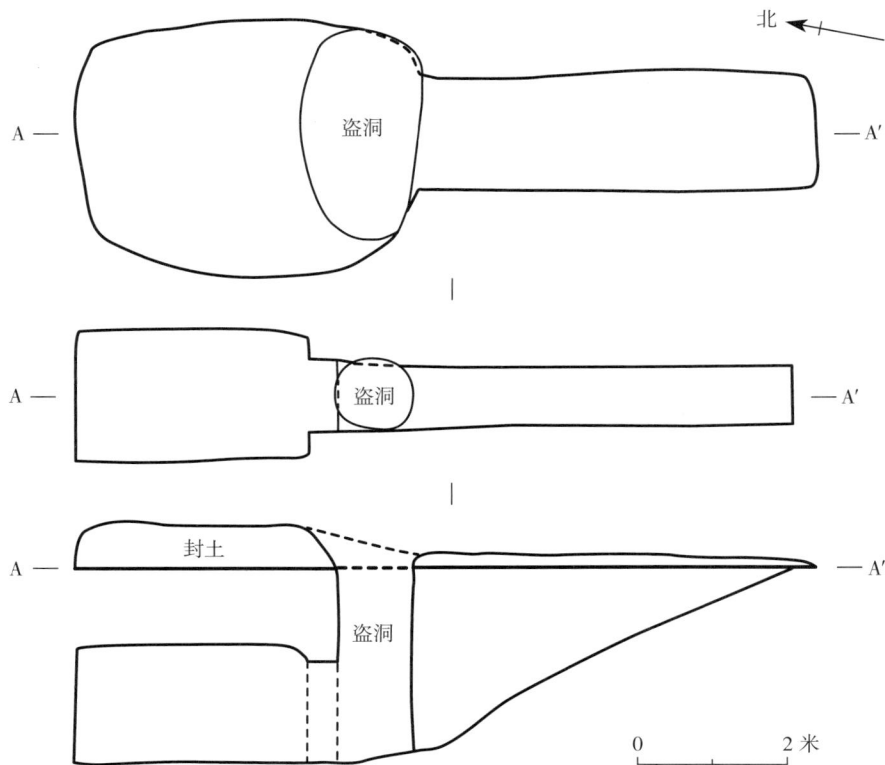

图五三　M32 平、剖面图

封门和墓室组成。墓向 170°。

### 1. 形制与结构

封土为开挖墓葬形成的沙石堆砌而成，其中墓室正上方封土呈椭圆形沙土台状，底径 3.9~5、高 0.7 米；墓道上封土呈长垄状，长 4.7、宽 1.65、高 0.2 米。两段封土相接处见一椭圆形盗洞，口径 2.15~3.05 米。盗洞大致呈漏斗状，竖直向下，直至封门顶部，穿封门顶部进入墓室，盗洞至封门处直径 1.4 米，距封土表面深 2.2 米。墓道位于墓室南端，平面呈长条形，直壁，斜坡底，开口长 5.65、宽 0.8 米，坡长 6.25 米，底宽 0.8 米。墓道北端底部与墓室齐平，距地表深 2.5 米。封门上部用残破条砖垒砌而成，下部用大石块垒砌，厚 0.3、宽 0.9、高 0.8 米。墓室为依墓道末端向北掏挖形成的洞室，平面呈圆角长方形，四壁略直，顶弧拱，底较平整，进深 3、宽 1.7、高 1.7 米。墓室内填满从盗洞进入的细沙土（图五四）。

### 2. 葬具、葬式及埋藏状况

墓内遭严重盗扰，未发现葬具、人骨及随葬品。

## 三四　M34

位于墓群西北部，东邻 M32。该墓为带斜坡墓道的单室洞室墓，由封土、墓道、甬道、封门和墓室组成。墓向 170°。

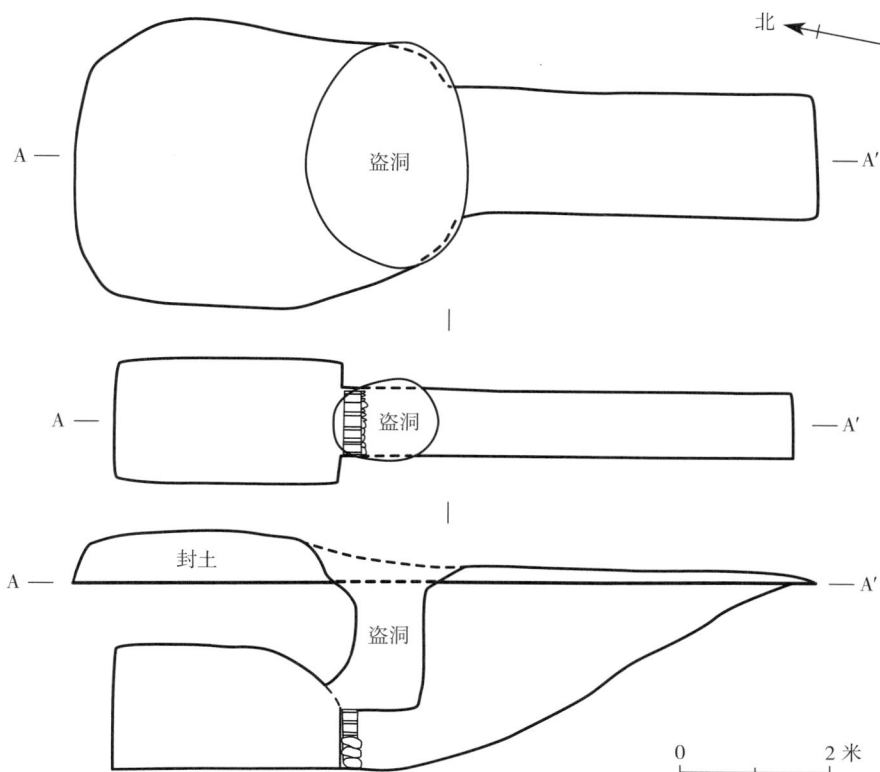

图五四　M33 平、剖面图

### 1. 形制与结构

封土为开挖墓葬形成的沙石堆砌而成，其中墓室正上方封土呈丘状，底径 3.5~4.5、高 0.8 米；墓道上封土呈长垄状，长 9.1、宽 1.55、高 0.2 米。两段封土相接处见一椭圆形盗洞，口径 2~4.1 米，盗洞近漏斗状，向下直达墓门，由墓门处进入墓室，洞内填较多细黄沙土。墓道位于墓室以南，平面呈长条形，斜坡底，前段较陡，后段较平缓，开口长 9.5、宽 0.75 米，坡长 10 米，底宽 0.75 米，底距地表深 3.3 米。墓道末端向北掏挖形成甬道和墓室。甬道位于墓室与墓道间，拱形顶，进深 0.55、宽 0.8、高 1.5 米。甬道内使用条砖封门，条砖间隙使用砂砾填堵。墓室平面呈长方形，四角略弧，拱形顶，底较平整，进深 3.35、宽 1.55、高 1.5 米。墓室内填满从盗洞进入的细沙土（图五五）。

### 2. 葬具、葬式及埋藏状况

墓内遭严重盗扰，葬具、葬式不明；随葬品被盗殆尽，仅扰土中残存 1 件陶罐。

### 3. 随葬器物

1 件。为陶罐。

M34：1，泥质灰陶。盘口，折沿，方唇，圆肩，鼓腹，下腹至底残。上腹有轮痕。残高 16.4 厘米（图五五，1）。

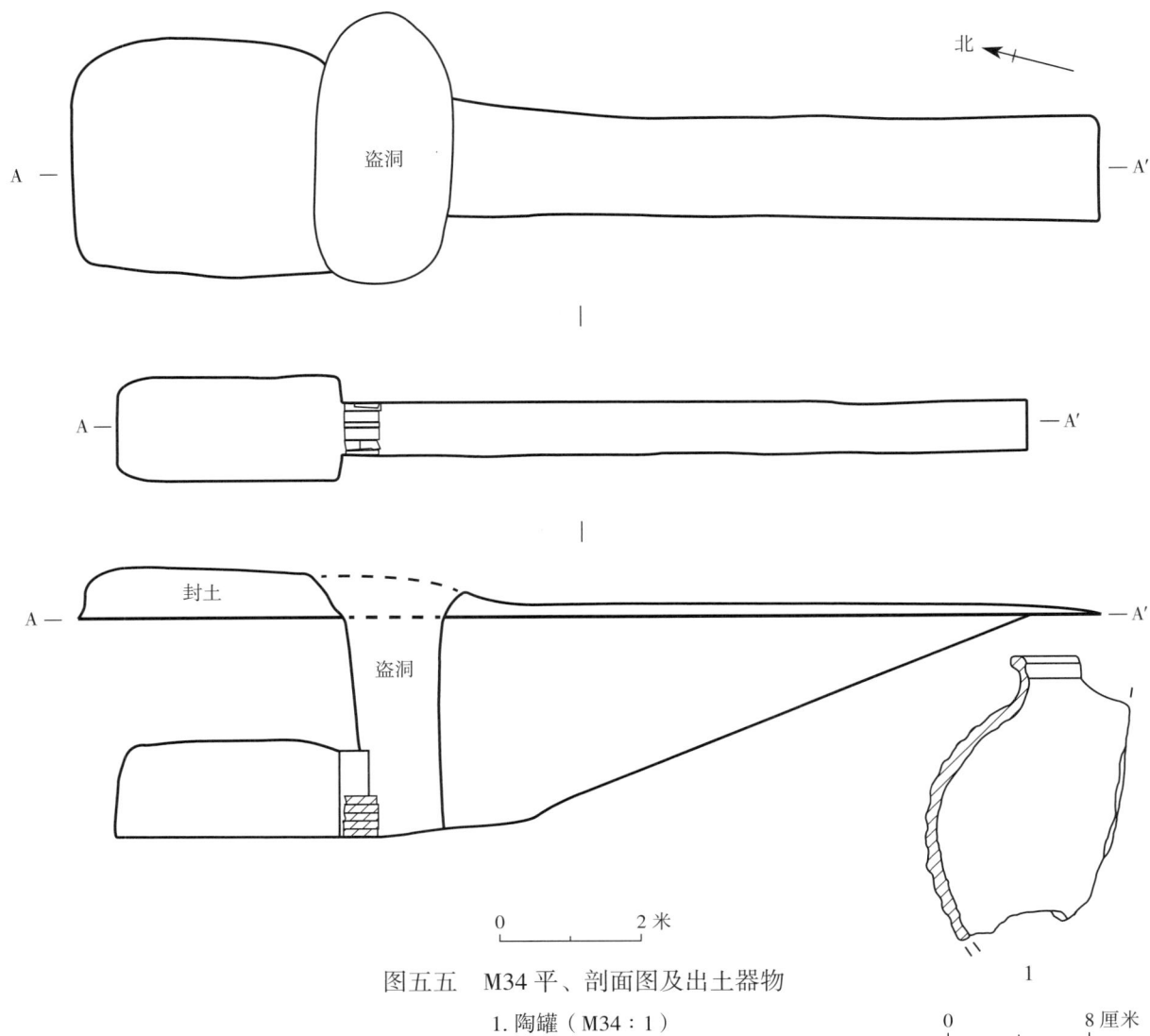

图五五　M34 平、剖面图及出土器物

1. 陶罐（M34∶1）

## 三五　M35

位于墓群西北部，东邻 M36。该墓为带斜坡墓道的单室洞室墓，由封土、墓道、封门和墓室组成。墓向 165°。

### 1. 形制与结构

封土为开挖墓葬形成的沙石堆砌而成，其中墓室正上方封土呈椭圆形沙土台状，底径 4.3~6、高 0.7 米；墓道上封土呈长垄状，长 10.05、宽 1.9、高 0.3 米。两段封土相接处见一椭圆形盗洞，口径 2.5~4.1 米，盗洞竖直向下，直至墓门，由墓门处转入墓室内，至墓门处直径 1.1、距封土表面深 5 米。墓道位于墓室南端，平面呈长条形，斜坡底，开口长 11.5、宽 1.1 米，坡长 12.7 米，底宽 1.1 米，距地表深 4.5 米。墓室为依墓道北端向北掏挖形成的洞室。墓室南部正中开墓门，用大石垒砌封门，封门墙遭严重破坏，仅残存底部数块大石块，厚 0.2、宽 1.1、残高 0.2 米。墓

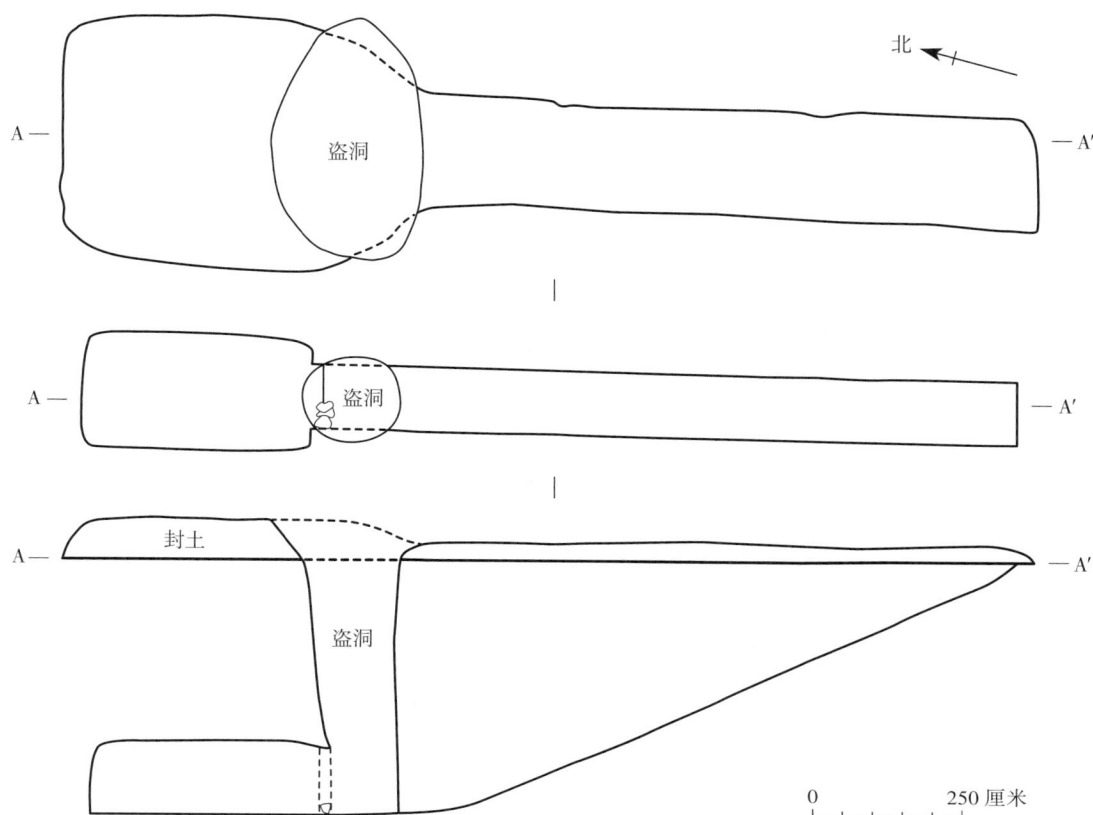

图五六　M35 平、剖面图

室平面呈圆角长方形，四壁略直，顶弧拱，底较平整，进深 3.8、宽 2、高 1.3 米。墓室内填大量从盗洞进入的细沙土（图五六）。

**2. 葬具、葬式及埋藏状况**

墓内遭严重盗扰，未发现葬具、人骨及随葬品。

## 三六　M36

位于墓群西北部，东邻 M37，西邻 M35。该墓为带斜坡墓道的单室洞室墓，由封土、墓道、封门和墓室组成。墓向 170°。

**1. 形制与结构**

封土为开挖墓葬形成的沙石堆砌而成，其中墓室正上方封土呈椭圆形沙土台状，底径 4.05~4.25、高 0.7 米；墓道上封土呈长垄状，长 7.15、宽 1.8、高 0.25 米。两段封土相接处见一椭圆形盗洞，口径 1.75~4.35 米，盗洞竖直向下，直至墓门，由墓门处进入墓室，至墓门处直径 0.9、距封土表面深 3 米。墓道位于墓室南端，平面呈长条形，直壁，斜坡底，开口长 8、宽 0.8 米，坡长 8.3 米，底宽 0.8 米，距地表深 2.5 米。墓室为依墓道末端向北掏挖形成的洞室，南部正中开墓门，

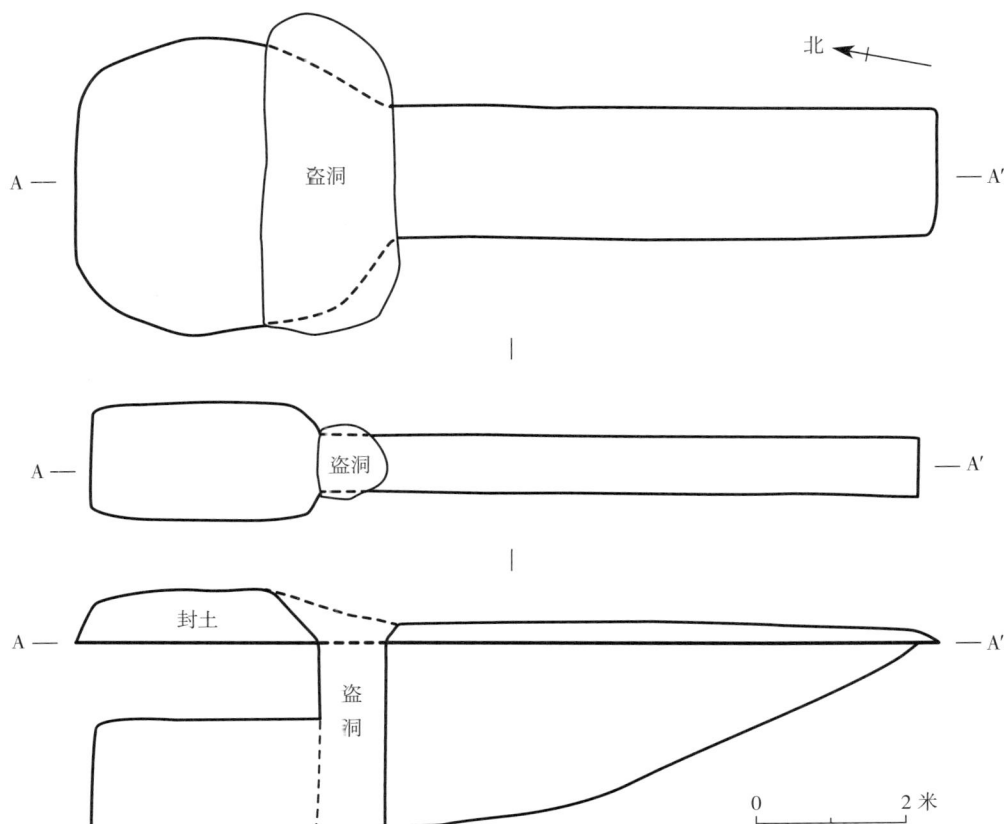

图五七　M36 平、剖面图

封门墙遭严重破坏，情况不明。墓室平面呈圆角长方形，四壁略直，顶弧拱，底较平整，进深 3、宽 1.6、高 1.5 米。墓室内填满从盗洞进入的细沙土（图五七）。

**2. 葬具、葬式及埋藏状况**

墓内遭严重盗扰，未发现葬具、人骨及随葬品。

## 三七　M37

位于墓群北部，东邻 M38，西邻 M36。该墓为带斜坡墓道的单室洞室墓，由封土、墓道、封门和墓室组成。墓向 172°。

**1. 形制与结构**

封土为开挖墓葬形成的沙石堆砌而成，其中墓室正上方封土呈椭圆形沙土台状，底径 2.9~3.5、高 0.55 米；墓道上封土呈长垄状，长 7.3、宽 1.5、高 0.2 米。两段封土相接处见一椭圆形盗洞，口径 2.55~3.5 米，盗洞近漏斗状，向下直达墓门，由墓门处转入墓室，至墓门处直径 0.65 米。盗洞内填较细的黄沙土。墓道位于墓室南端，平面呈长条形，直壁，斜坡底，开口长 8、宽 0.8 米，坡长 8.5 米，底宽 0.8 米。墓道北端底部与墓室齐平，距地表深 3 米。墓室为依墓道末端向

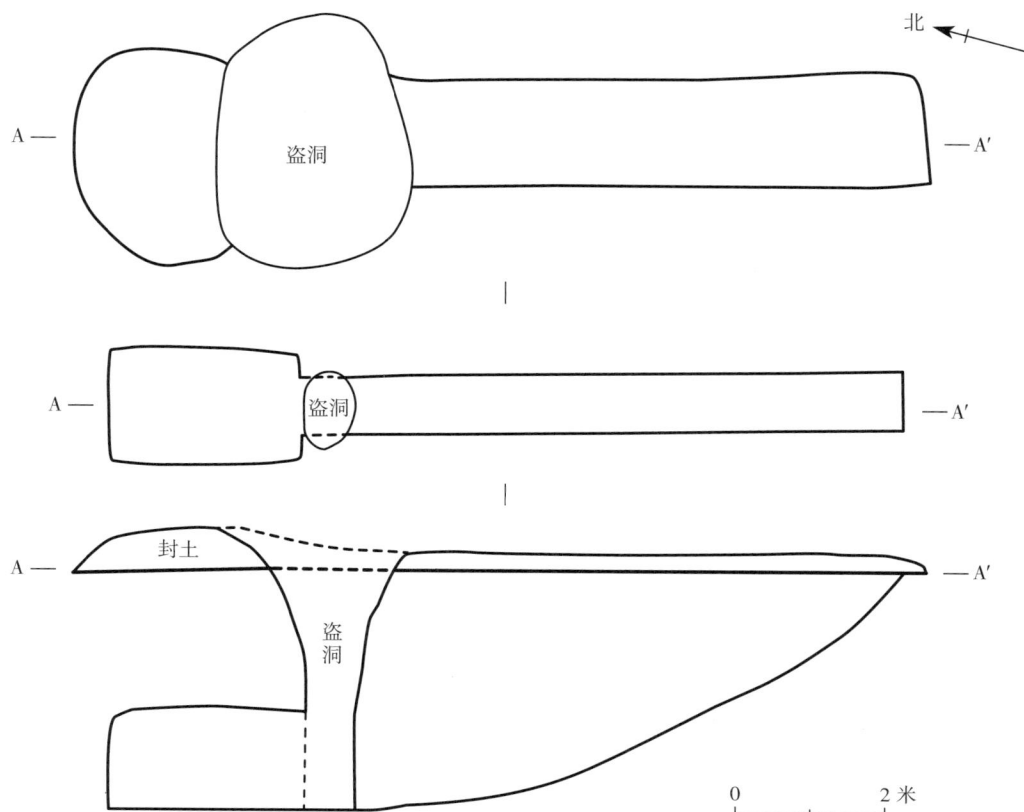

图五八　M37 平、剖面图

北掏挖形成的洞室，南部正中开墓门，封门墙遭严重破坏，情况不明。墓室平面呈长方形，四壁略直，顶弧拱，底较平整，进深 2.5、宽 1.6、高 1.45 米。墓室内填大量从盗洞进入的细沙土（图五八）。

### 2. 葬具、葬式及埋藏状况

墓内遭严重盗扰，未发现葬具、人骨及随葬品。

## 三八　M38

位于墓群北部，东邻 M39，西邻 M37。该墓为带斜坡墓道的单室洞室墓，由封土、墓道、封门和墓室组成。墓向 173°。

### 1. 形制与结构

封土为开挖墓葬形成的沙石堆砌而成，其中墓室正上方封土为椭圆形沙土台状，底径 3.5~4.5、高 0.5 米；墓道上封土呈长垄状，长 7.5、宽 1.45、高 0.35 米。两段封土相接处见一椭圆形盗洞，口径 1.9~3.2 米，盗洞近漏斗状，向下直达墓门，由墓门处转入墓室，至墓门处直径 1.05 米，盗洞内填较细的黄沙土。墓道位于墓室南端，平面呈长条形，直壁，斜坡底，开口长 8、宽 0.8 米，

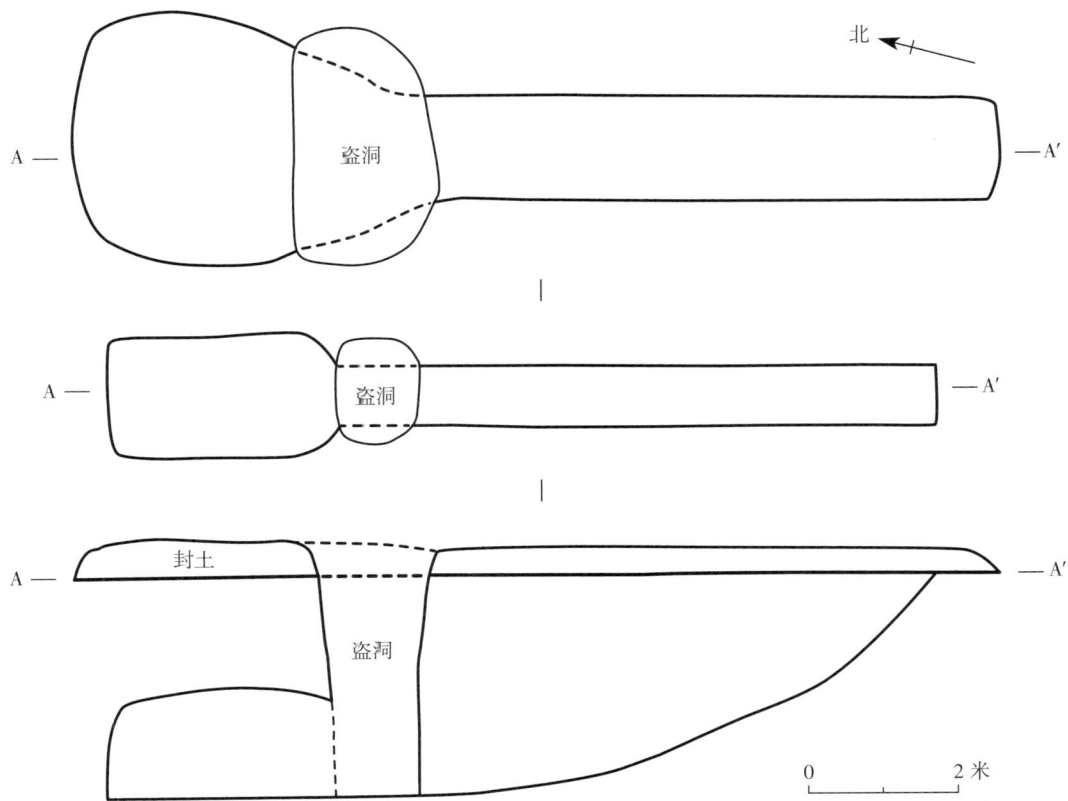

图五九　M38 平、剖面图

坡长 8.5 米，底宽 0.8 米。墓道北端辰部与墓室齐平，距地表深 3 米。墓室为依墓道末端向北掏挖形成的洞室，南部正中开墓门，封门墙遭严重破坏，情况不明，墓室平面呈长方形，四壁略直，顶弧拱，底较平整，进深 3、宽 1.6、高 1.5 米。墓室内填大量从盗洞进入的细沙土（图五九）。

**2. 葬具、葬式及埋藏状况**

墓内遭严重盗扰，未发现葬具、人骨及随葬品。

## 三九　M39

位于墓群北部，西邻 M38。该墓为带斜坡墓道的单室洞室墓，由封土、墓道、甬道、封门和墓室组成。墓向 80°。

**1. 形制与结构**

封土为开挖墓葬形成的沙石堆砌而成，其中墓室正上方封土呈丘状，底径 6.5、高 0.7 米。墓道上封土呈长垄状，长 8.6、宽 1.75、高 0.4 米。两段封土相接处见一椭圆形盗洞，口径 2.7~3 米，盗洞近漏斗状，向下直达墓门，由墓门处转入墓室。盗洞内填较细的黄沙土。墓道位于墓室东端，平面呈长条形，直壁，斜坡底，开口长 10.5、宽 0.8 米，坡长 11.85 米，底宽 0.8 米，底距地表深 5 米。

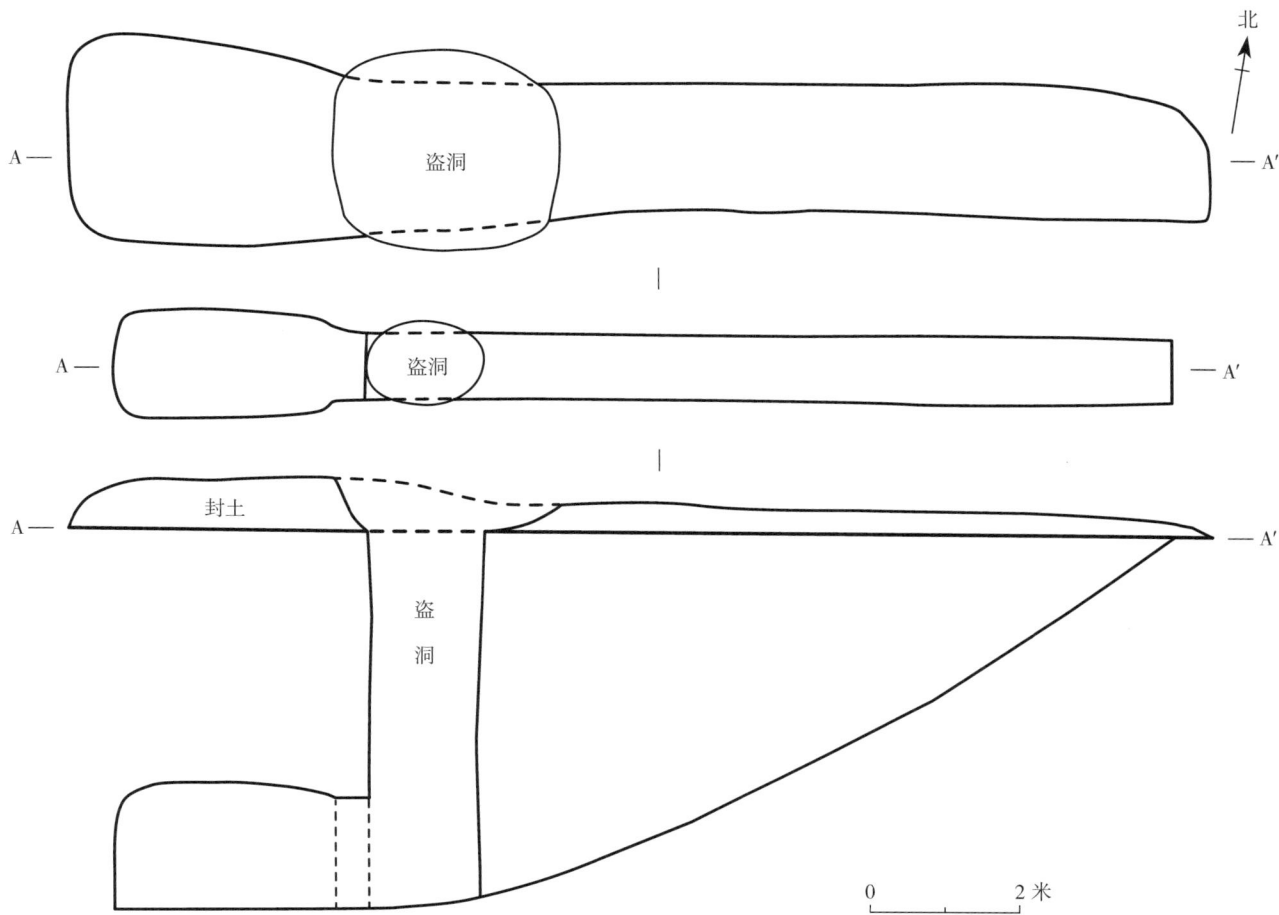

图六〇　M39 平、剖面图

甬道、墓室为依墓道末端向西掏挖形成的洞室。甬道位于墓室东侧，平面呈长方形，顶部略拱，进深 0.45、宽 0.85、高 1.5 米。甬道口遭破坏，封门情况不详。墓室平面呈圆角长方形，四壁略直，顶弧拱，底较平整，进深 3、宽 1.5、高 1.7 米。墓室内填较多从盗洞进入的细沙土（图六〇）。

**2. 葬具、葬式及埋藏状况**

墓内遭严重盗扰，未发现葬具、人骨及随葬品。

## 四〇　M40

位于墓群北部，东邻 M41，北邻 M38。该墓为带斜坡墓道的单室洞室墓，由封土、墓道、封门和墓室组成。墓向 170°。

**1. 形制与结构**

封土为开挖墓葬形成的沙石堆砌而成，其中墓室正上方封土呈椭圆形沙土台状，底径 4~4.5、高 0.8 米；墓道上封土呈长垄状，长 9.55、宽 1.8、高 0.25 米。两段封土相接处见一椭圆形盗洞，

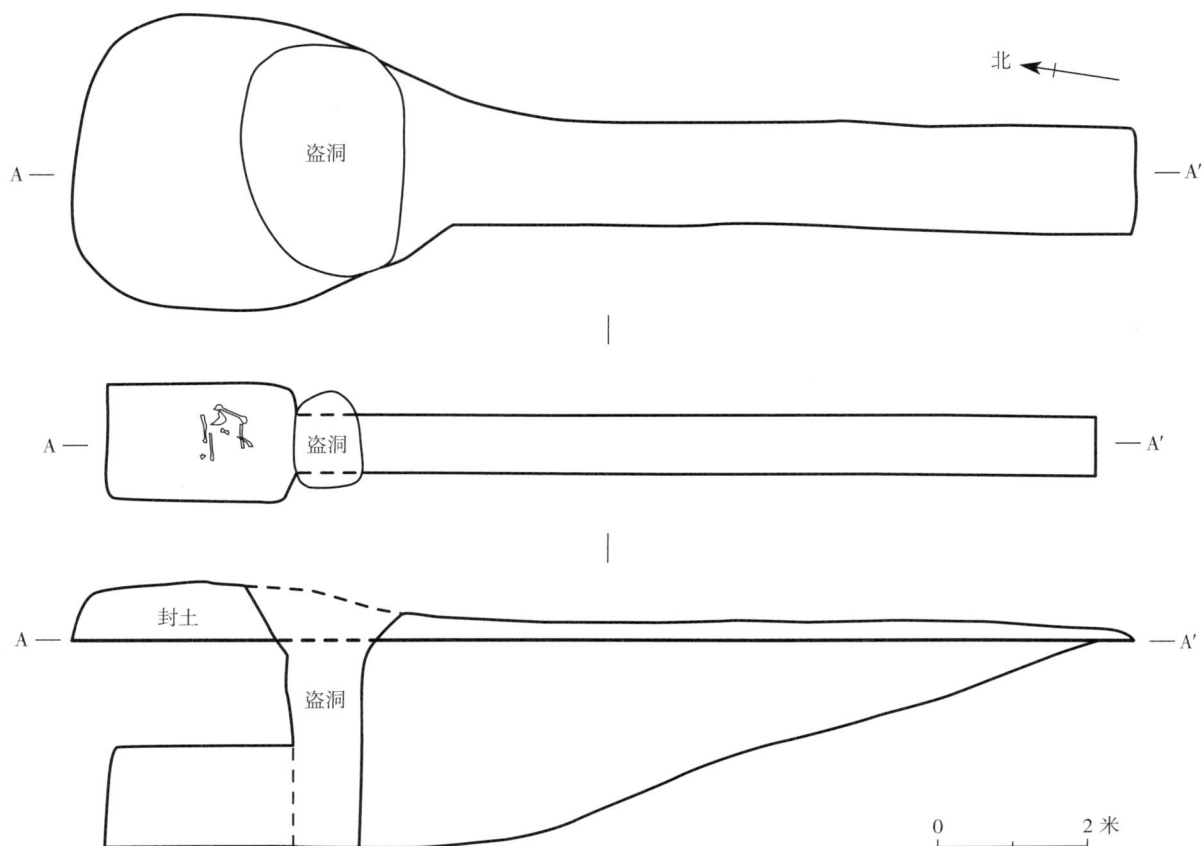

图六一　M40 平、剖面图

口径 2.15~3.1 米，盗洞近漏斗状，向下直达墓门，由墓门处转入墓室。洞内填较细的黄沙土。墓道位于墓室南端，平面呈长条形，直壁，斜坡底，开口长 10.6、宽 0.8 米，坡长 11 米，底宽 0.8 米，底距地表深 2.8 米。墓室为依墓道末端向北掏挖形成的洞室，墓室南部正中开墓门，封门墙遭严重破坏，情况不明。墓室平面呈长方形，四壁略直，顶弧拱，底较平整，进深 2.5、宽 1.6、高 1.4 米。墓室内填满从盗洞进入的细沙土（图六一；彩版四六，1）。

**2. 葬具、葬式及埋藏状况**

墓内遭严重盗扰，未发现葬具，仅于墓室内发现少量散乱人骨。

## 四一　M41

位于墓群西北部，西邻 M40。该墓为带斜坡墓道的单室洞室墓，由封土、墓道、甬道、封门和墓室组成。墓向 170°。

**1. 形制与结构**

封土为开挖墓葬形成的沙石堆砌而成，其中墓室正上方封土呈丘状，底径 5.3~6、高 1 米；

墓道上封土呈长垄状，长 10.3、宽 1.7~2、高 0.15~0.25 米。两段封土相接处见一椭圆形盗洞，口径 2.7~3.9 米，盗洞近漏斗状，向下直达墓门，由封门上方转入墓室，洞内填较细的黄沙土。墓道位于墓室以南，平面呈长条形，斜坡底，开口长 10.8、宽 0.9 米，坡长 11.4 米，底宽 0.9 米，底距地表深 3.8 米。甬道、墓室为依墓道北端向北掏挖形成的洞室。甬道拱顶，进深 0.5、宽 0.9、高 1.2 米。甬道内使用砂砾及石块封堵，上半部分已被破坏，残高 0.6 米。墓室平面呈长方形，四角弧转，顶微拱，底较平整，进深 3.9、宽 2、高 1.6 米（图六二）。

### 2. 葬具、葬式及埋藏状况

墓内遭严重盗扰，墓室内仅残存数块木板，应为棺木的侧板及挡板残块。人骨零乱，葬式不明，

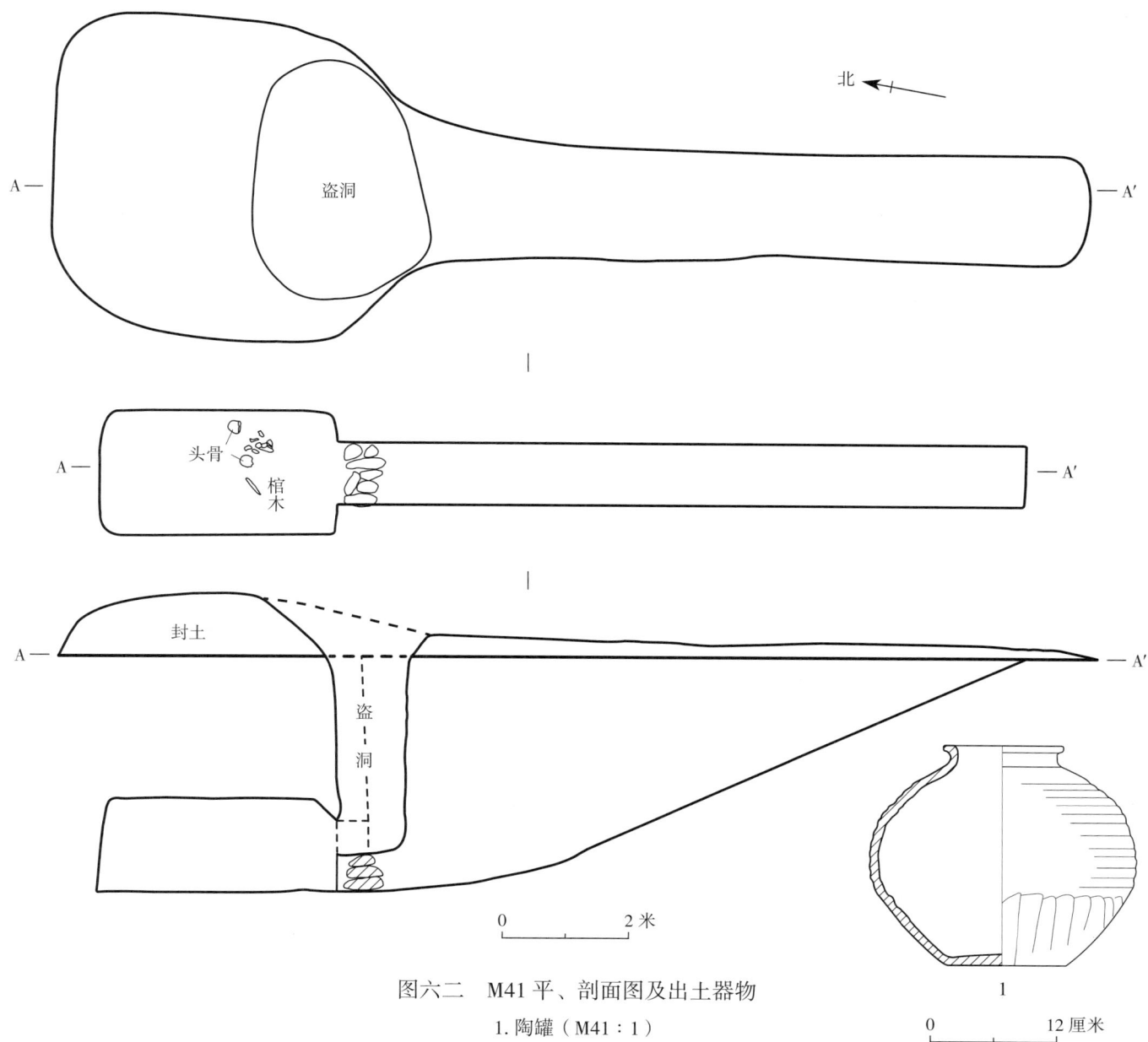

图六二　M41 平、剖面图及出土器物

1. 陶罐（M41：1）

人骨中散见两个头骨。随葬品因盗扰严重，情况不明，仅在扰土中出土残陶罐 1 件。

### 3. 随葬器物

1 件。为陶罐。

M41：1，泥质灰陶。口、腹部部分残。侈口，平沿内斜，圆方唇，束颈，斜肩，鼓腹，下腹斜收，平底。鼓腹处有数周凹凸相间的凹弦纹。下腹刮削修整，底内处均有轮旋痕。口径 11.8、腹径 25.6、底径 11、高 21.6 厘米（图六二，1）。

## 四二　M42

位于墓群西北部，东邻 M43。该墓为带斜坡墓道的单室洞室墓，由封土、墓道、甬道、封门和墓室组成。墓向 163°。

### 1. 形制与结构

封土为开挖墓葬形成的沙石堆砌而成，其中墓室正上方封土呈椭圆形沙土台状，底径 6~7.7、高 0.3 米；墓道上封土呈长垄状，长 6.75、宽 1.75、高 0.25 米。两段封土相接处见一椭圆形盗洞，口径 2.95~3.05 米，盗洞近漏斗状，向下直达墓门，由墓门处转入墓室内。洞内填较细的黄沙土。墓道位于墓室南端，平面呈长条形，口大底小，斜壁，斜坡底，开口长 8.6、宽 1.1 米，坡长 10 米，底宽 0.9 米，底距地表深 5.5 米。甬道、墓室为依墓道末端向北掏挖形成的洞室。甬道位于墓室南端，平面呈长方形，顶弧拱，进深 0.3、宽 0.8、高 1.35 米。甬道口遭破坏，封门情况不详。墓室平面呈圆角长方形，四壁略直，顶微拱，底较平整，进深 3.75、宽 1.75、高 1.5 米。墓室内填满从盗洞进入的细沙土（图六三）。

### 2. 葬具、葬式及埋藏状况

墓内遭严重盗扰，未发现葬具、人骨及随葬品。

## 四三　M43

位于墓群西北部，东邻 M44，西邻 M42。该墓为带斜坡墓道的单室洞室墓，由封土、墓道、甬道、封门和墓室组成。墓向 180°。

### 1. 形制与结构

封土为开挖墓葬形成的沙石堆砌而成，其中墓室正上方封土呈丘状，底径 3.85~5.65、高 0.75 米；墓道上封土呈长垄状，长 11.7、宽 1.65、高 0.3 米。两段封土相接处见一椭圆形盗洞，口径 3~4.15 米，盗洞近漏斗状，向下直达封门，洞内填较细的黄沙土。墓道位于墓室南端，平面呈长条形，直壁，斜坡底，开口长 13.1、宽 0.9 米，坡长 15 米，底宽 0.9 米，底距地表深 7 米。甬道、墓室为依墓道北端向北掏挖形成的洞室。甬道平面呈长方形，顶较弧，进深 0.5、宽 0.9、高 1.3 米。墓室平面呈圆角长方形，四壁略直，顶弧拱，底较平整，进深 2.9、宽 2、高 1.5 米。墓室内填大量从盗洞进入的细沙土（图六四）。

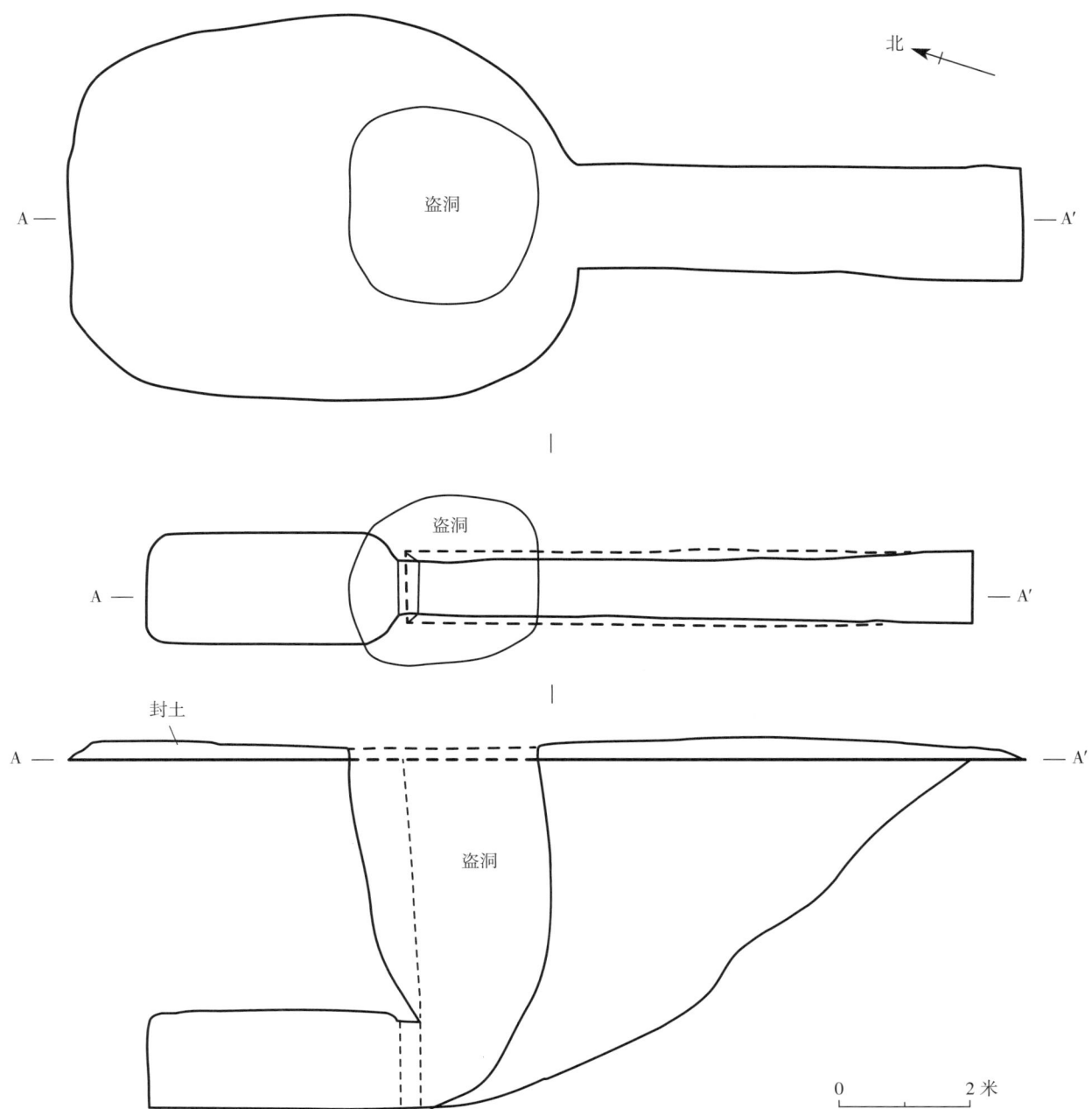

图六三　M42 平、剖面图

## 2. 葬具、葬式及埋藏状况

墓内遭严重盗扰，仅于墓室内发现数块残棺木板和少量散乱人骨。

## 四四　M44

位于墓群北部，西邻 M43。该墓为带斜坡墓道的单室洞室墓，由封土、墓道、甬道、墓室组成。

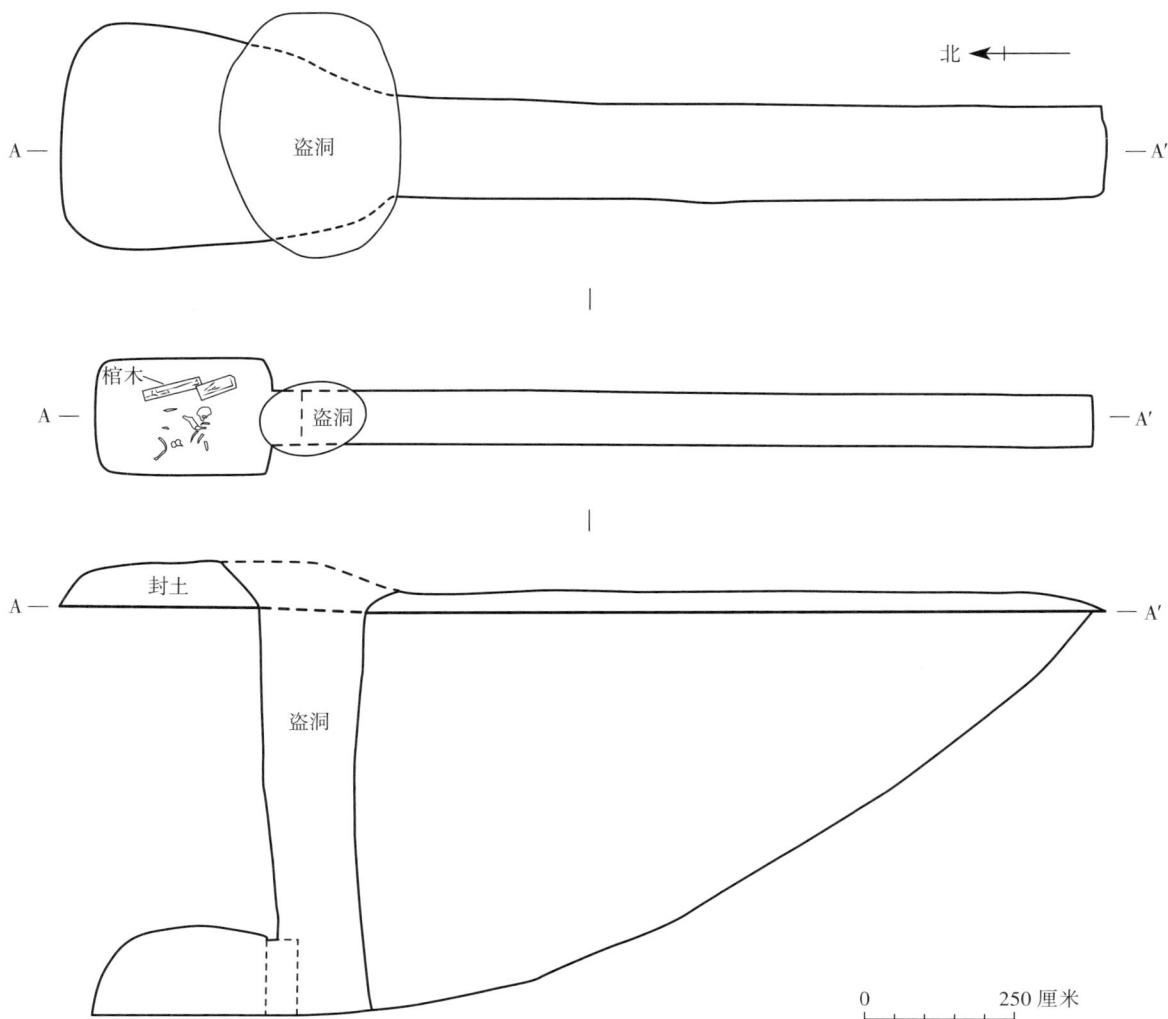

图六四　M43 平、剖面图

墓向 175°。

### 1. 形制与结构

封土为开挖墓葬形成的沙石堆砌而成，其中墓室正上方封土呈丘状，底径 6.15~7.95、高 0.4 米；墓道上封土呈长垄状，长 7.8、宽 1.7、高 0.2 米。两段封土相接处见一椭圆形盗洞，口径 3.1~3.6 米，盗洞近漏斗状，向下直达墓门，由墓门处转入墓室。洞内填较细的黄沙土。墓道位于墓室南端，平面呈长条形，直壁，斜坡底，开口长 9.3、宽 1.2 米，坡长 10.5 米，底宽 1 米，底距地表深 5 米。甬道、墓室为依墓道末端向北掏挖形成的洞室。甬道平面呈长方形，顶部较弧，进深 0.4、宽 1、高 1.4 米。墓室平面呈圆角长方形，四壁略直，顶弧拱，底较平整，进深 3.55、宽 2.3、高 1.7 米。墓室内填大量从盗洞进入的细沙土（图六五）。

### 2. 葬具、葬式及埋藏状况

墓内遭严重盗扰，未发现葬具、人骨及随葬品。

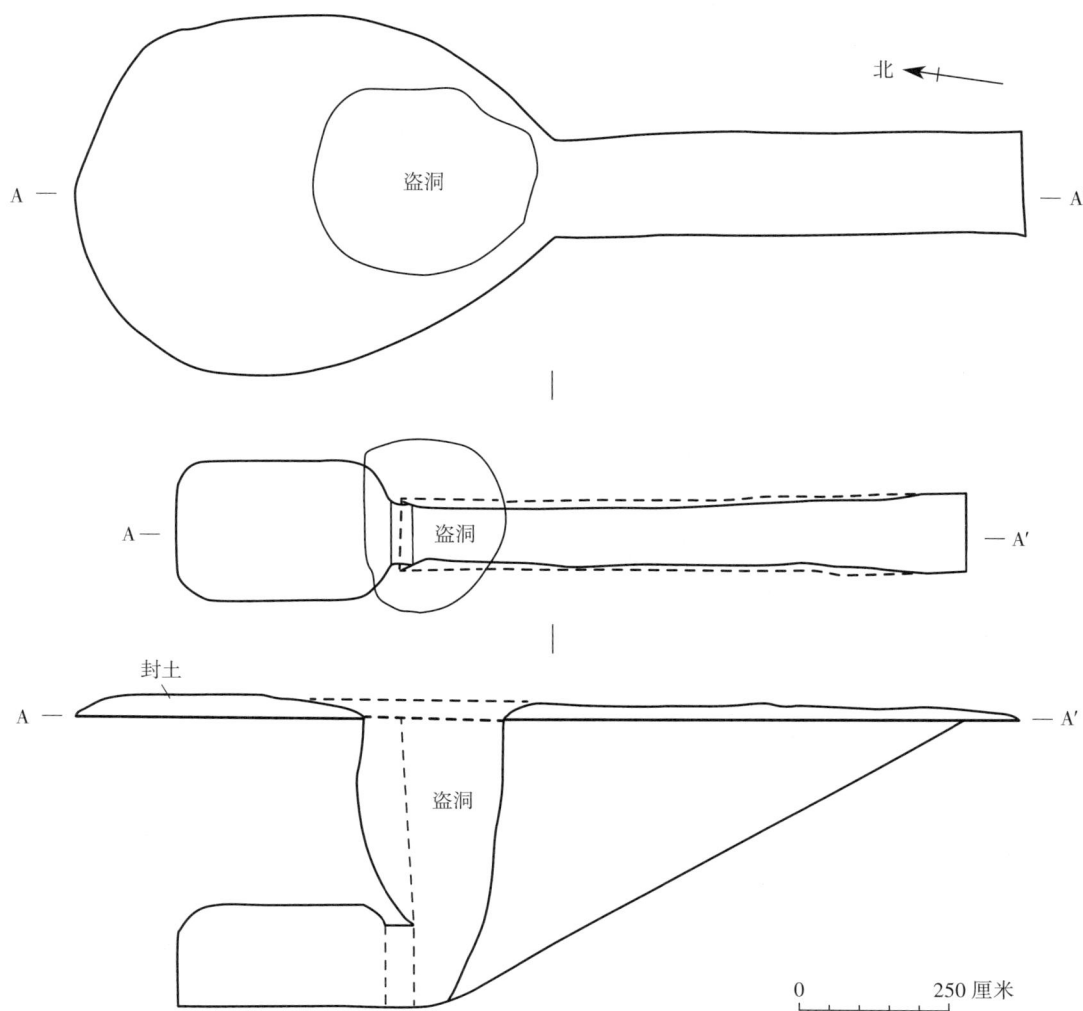

图六五　M44 平、剖面图

## 四五　M45

位于墓群西北部，东邻 M48，南邻 M47。该墓为带斜坡墓道的单室洞室墓，由封土、墓道、甬道、封门和墓室组成。墓向 180°。

### 1. 形制与结构

封土为开挖墓葬形成的沙石堆砌而成，其中墓室正上方封土呈丘状，底径 5~6.6、高 1.2 米；墓道上封土呈长垄状，长 5.6、宽 1.7~1.9、高 0.6 米。封土顶见一近圆形盗洞，口径 1.7 米，盗洞近漏斗状，向下直达墓室正顶，穿墓室正中顶进入墓室，洞内填较细的黄沙土。墓道位于墓室南端，平面呈长条形，口略宽、底略窄，斜坡底，开口长 6.6、宽 1.1 米，坡长 7.6 米，底宽 1 米，底距地表深 3.8 米。墓道北端向北掏挖形成甬道和墓室。甬道平面呈长方形，拱形顶，进深 0.4、宽 0.9、高 1.2 米，于 0.8 米处开始弧拱。甬道内使用条砖斜向垒砌封门，封门宽 0.9、高 1.2 米。

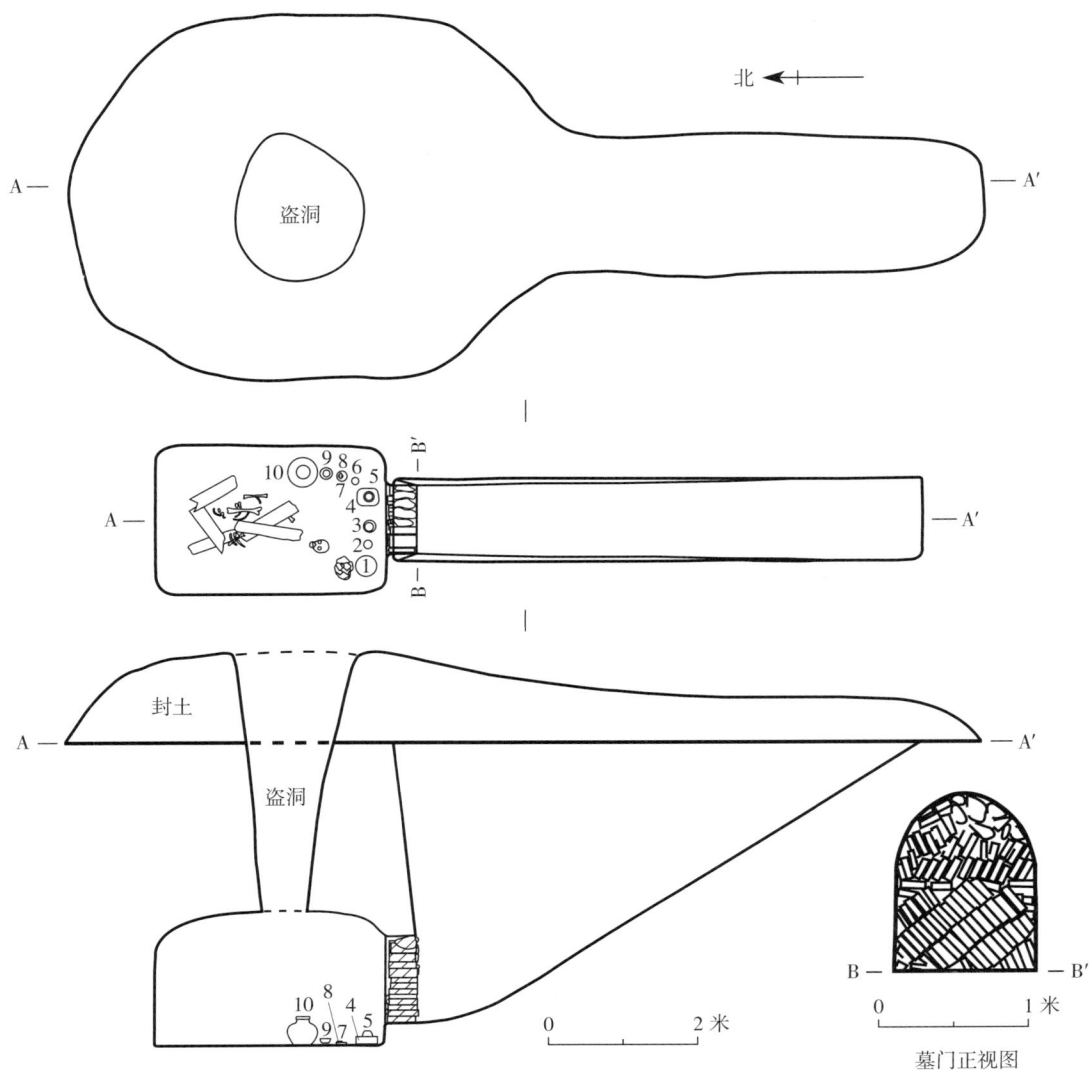

图六六　M45 平、剖面图

1、8. 陶碟　2、6. 陶井　3. 小陶盆　4. 陶釜　5. 陶灶　7. 陶耳杯　9. 陶钵　10. 陶罐

墓室平面呈弧角长方形，顶弧拱，进深 3、宽 2、高 1.8 米。墓室底较甬道底低 0.3 米。墓室内填从盗洞涌入的黄沙土（图六六）。

**2. 葬具、葬式及埋藏状况**

墓内遭严重盗扰，棺木被毁，仅残存数块木板；墓室内见较完整的头骨 1 个，其他骨骼与棺木散乱堆放在一起，葬式不明；随葬品置于墓室前端，有陶罐、钵、小盆、灶、耳杯等。

**3. 随葬器物**

10 件。均为陶器。

**陶罐**　1 件。

M45：10，泥质灰陶。盘口，束颈，广肩，鼓腹，平底。肩上施刻划垂幛纹及凹弦纹、绳纹的组合纹。上腹有一穿孔。口径 19.5、腹径 41、底径 20、高 36 厘米（图六七，1）。

**陶灶** 1 件。

M45：5，泥质灰陶。灶面圆形，灶底圆角方形，灶身有一孔，灶前有火门。口径 13、腹径 15、高 6 厘米（图六七，2；彩版四七，1）。

**陶釜** 1 件。

M45：4，泥质灰陶。体小，敛口，方唇，唇面上有一周凹槽，鼓腹，假圈足，平底，内底中部凸起一圆形台面。外底有数周轮旋痕。口径 7.5、底径 5.5、高 4.5 厘米（图六七，3；彩版四七，2）。

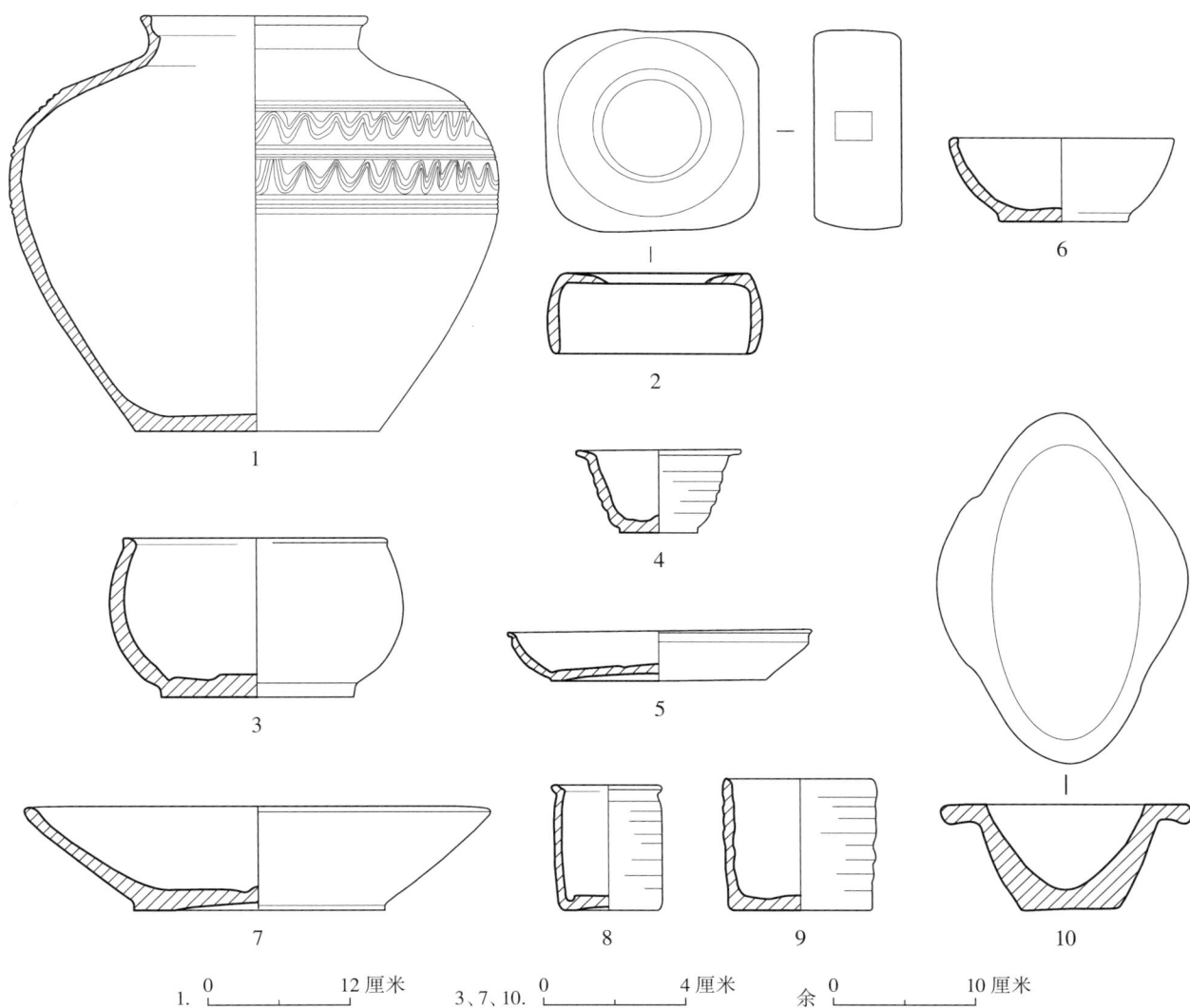

图六七 M45 出土器物

1. 陶罐（M45：10） 2. 陶灶（M45：5） 3. 陶釜（M45：4） 4. 小陶盆（M45：3） 5、7. 陶碟（M45：1、M45：8）
6. 陶钵（M45：9） 8、9. 陶井（M45：2、M45：6） 10. 陶耳杯（M45：7）

**小陶盆**　1件。

M45：3，泥质灰陶。敞口，折沿，斜直腹，平底。口径11.5、底径5.5、高6厘米（图六七，4；彩版四七，3）。

**陶钵**　1件。

M45：9，泥质灰陶。口微敛，圆唇，弧腹，平底。口径16、底径9、高6厘米（图六七，6）。

**陶碟**　2件。

M45：1，泥质灰陶。敞口，圆唇，浅弧腹，平底略凹。口径21.5、底径15、高3.5厘米（图六七，5；彩版四七，5）。

M45：8，泥质灰陶。敞口，浅弧腹，平底略凹，假圈足。口径13、底径7、高3厘米（图六七，7；彩版四七，4）。

**陶井**　2件。

M45：2，泥质灰陶。侈口，卷沿，沿内一凹槽，直筒形腹，平底略凹。口径8、底径7、高9厘米（图六七，8；彩版四七，6）。

M45：6，泥质灰陶。直口，直腹斜收至底，平底。器身轮制痕迹清晰。口径11、底径10、高9.5厘米（图六七，9）。

**陶耳杯**　1件。

M45：7，泥质灰陶。平面呈椭圆形，两端上翘成船形，两侧口部各有一月牙形耳。外壁有刮修痕。长10、宽7、高3厘米（图六七，10）。

## 四六　M46

位于墓群西北部，东邻M47、M45。该墓为带斜坡墓道的单室洞室墓，由封土、墓道、甬道、封门和墓室组成。墓向75°。

### 1. 形制与结构

封土为开挖墓葬形成的沙石堆砌而成，其中墓室正上方封土呈丘状，底径3.1~4、高0.6米；墓道上封土呈长垄状，长13.2、宽1.1、高0.2米。两段封土相接处见一椭圆形盗洞，口径1.6~2.2米，盗洞近竖直向下，直至墓门上方，穿封门墙上端进入墓室。墓道位于墓室东端，平面呈长条形，斜坡底，墓道上部底坡较陡至下部趋缓。开口长12.7、宽0.8米，坡长13.5米，底宽0.8米，底距地表深5米。墓道西端向西掏挖形成甬道和墓室。甬道平面呈长方形，拱形顶，进深0.3、宽0.8、高1.2米。甬道口用石板平砌封门，上端遭破坏，残高0.9米。墓室平面呈圆角长方形，西壁较直，向上逐渐内收，北壁和南壁向外弧凸，顶弧拱，进深3、宽1.5、高1.2~1.5米。墓室近封门处见较多从盗洞涌入的细沙土（图六八）。

### 2. 葬具、葬式及埋藏状况

墓内遭严重盗扰，墓室内可见较多的木质葬具残片及人骨，葬式和随葬人数不明，随葬品仅

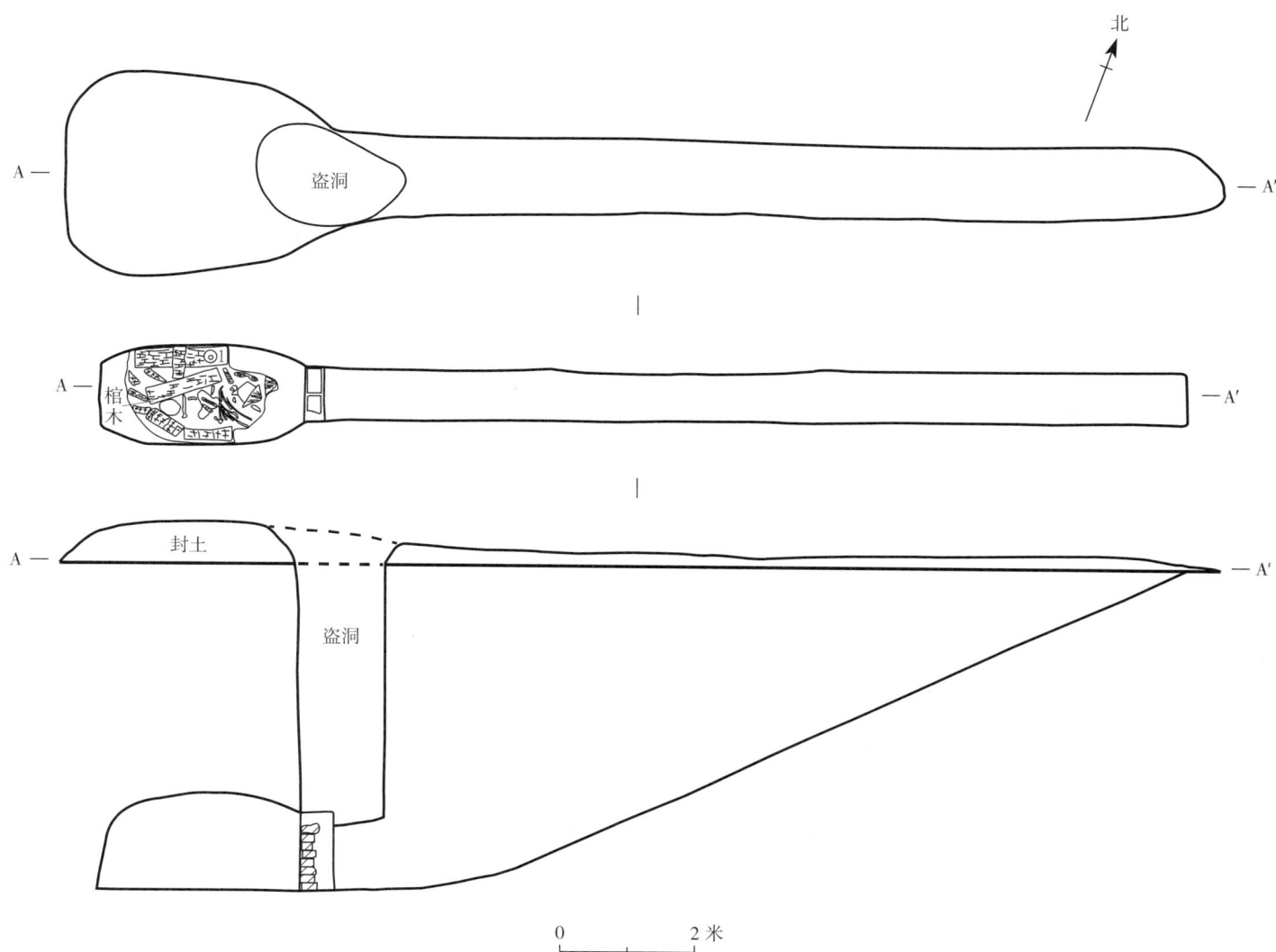

图六八　M46 平、剖面图
1. 陶灶　2. 陶仓（填土中采集）

残留 2 件陶器。

### 3. 随葬器物

2 件。均为陶器。

**陶灶**　1 件。

M46∶1，泥质灰陶。前方后圆，灶面中间开一隆起的灶口，后有突出的烟囱，灶前开方形灶门。长 17.4、宽 16.2、高 8.5 厘米（图六九，1；彩版四八，1、2）。

**陶仓**　1 件。

M46∶2，泥质灰陶。呈口小底大的筒状。器身前侧开有一方形仓门，并刻划有通向仓门的梯状纹，器后刻有梯状纹及窗户。口径 8、底径 10、高 9 厘米（图六九，2；彩版四八，3、4）。

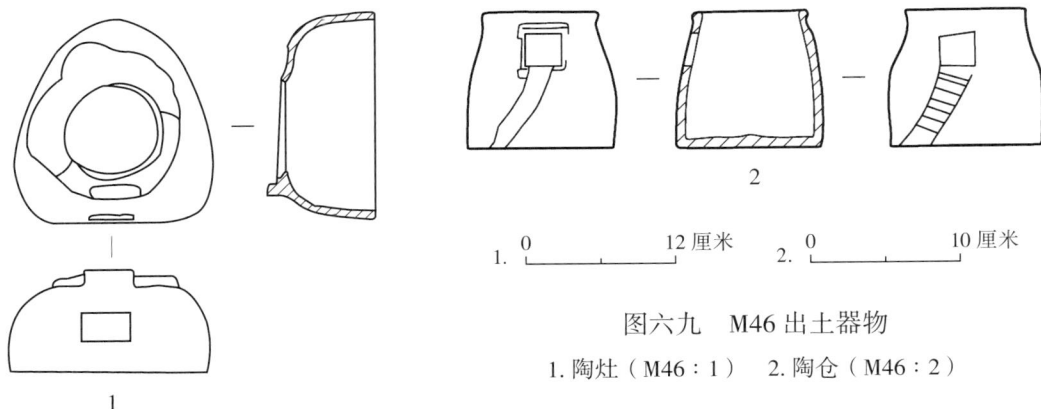

图六九　M46 出土器物
1. 陶灶（M46：1）　2. 陶仓（M46：2）

## 四七　M47

位于墓群北部，东临 M48，西邻 M46。该墓为带长斜坡墓道的单室洞室墓，由封土、墓道、甬道和墓室组成。墓向 70°。

### 1. 形制与结构

封土为开挖墓葬形成的沙石堆砌而成，其中墓室正上方封土呈丘状，底径 3~5.2、高 0.7 米；墓道上封土呈长垄状，长 12.5、宽 2、高 0.4 米。两段封土相接处见一椭圆形盗洞，口径 1.95~2.5 米，盗洞近竖直向下，直至墓门，由墓门处转入墓室。墓道位于墓室东端，平面呈长条形，直壁，斜坡底，开口长 12.5、宽 0.8 米，坡长 15 米，底宽 0.8 米。墓道西端底部与墓室齐平，距地表深 6.6 米。甬道、墓室为依墓道末端向西掏挖形成的洞室。甬道平面为长方形，顶较弧，进深 0.3、宽 0.8、高 1.25 米。墓室平面呈圆角长方形，四壁略外凸，顶弧拱，底较平整，进深 4、宽 1.75、高 1.7 米。墓室内填较多从盗洞进入的细沙土（图七○）。

### 2. 葬具、葬式及埋藏状况

墓内遭严重盗扰，未发现葬具、人骨及随葬品。

## 四八　M48

位于墓群西北部，西邻 M47。该墓为带斜坡墓道的单室洞室墓，由封土、墓道、甬道、封门和墓室组成。墓向 70°。

### 1. 形制与结构

封土为开挖墓葬形成的沙石堆砌而成，其中墓室正上方封土呈近方形沙土台状，长 5.15、宽 3.1、高 0.65 米；墓道上封土呈长垄状，长 12.3、宽 1.1、高 0.3 米。两段封土相接处见一椭圆形盗洞，口径 1.25~2.8 米，盗洞近竖直向下，直至封门，由封门处转入墓室内，至封门处直径 1.3、距封土表面深 7.2 米。墓道位于墓室东端，平面呈长条形，直壁，斜坡底，开口长 12.3、宽 0.8 米，坡长 13.5 米，底宽 0.8 米。墓道西端底部与墓室齐平，距地表深 6.5 米。甬道、墓室为依墓道西

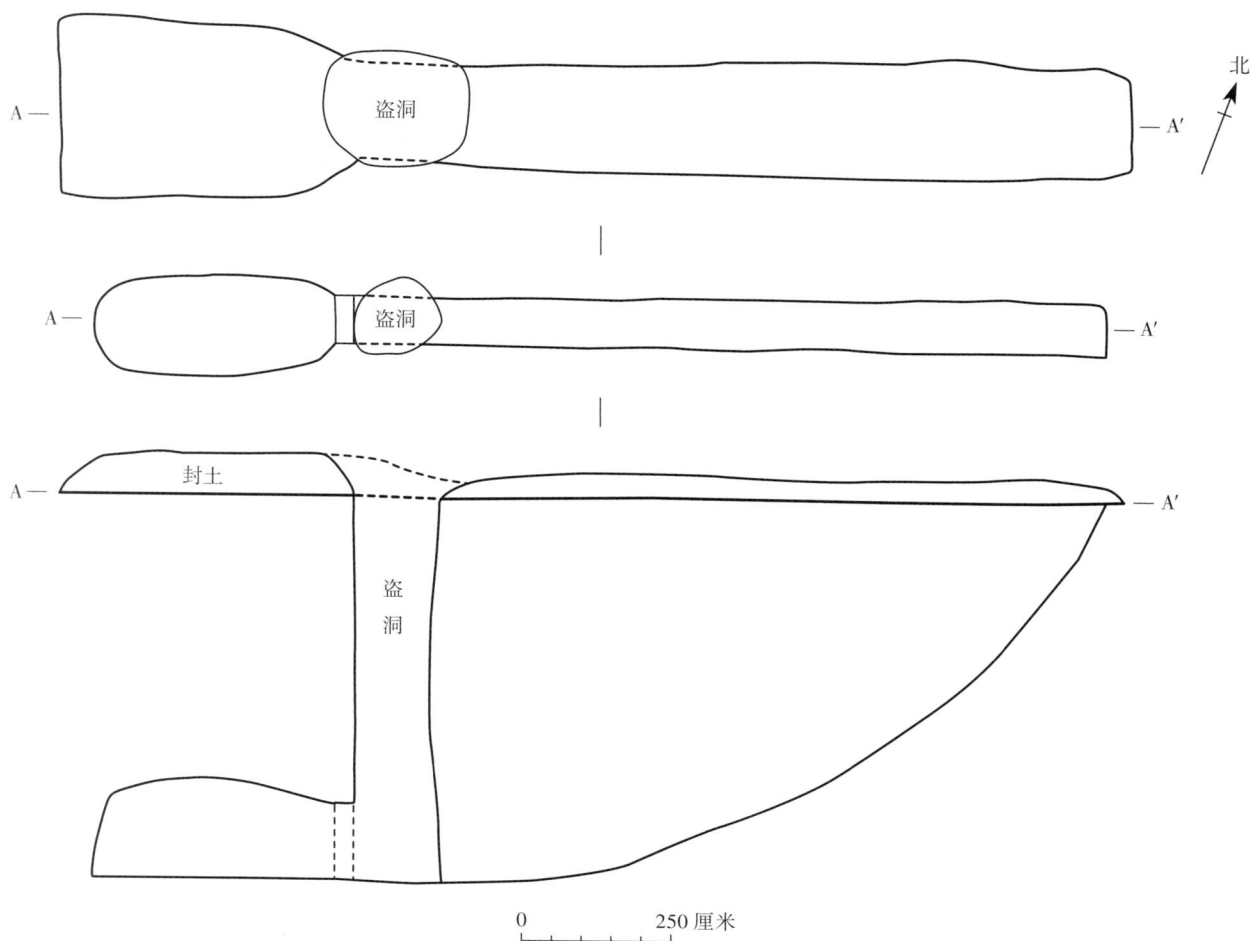

图七〇　M47 平、剖面图

端向西掏挖形成的洞室。甬道平面为长方形，顶较弧，进深 0.5、宽 0.8、高 1.3 米。甬道口用大石封门，封门墙遭破坏，残存 2 层，厚 0.5、宽 0.8、残高 0.4 米。墓室平面呈圆角长方形，南北壁略直，西壁两端明显内收，顶弧拱，底较平整，进深 3.8、宽 1.6、高 1.65 米。墓室内填较多从盗洞进入的细沙土（图七一）。

**2. 葬具、葬式及埋藏状况**

墓内遭严重盗扰，仅于墓室中部发现数块残破棺板和少量散乱人骨，随葬品仅存 2 枚铜钱。

**3. 随葬器物**

1 件（组）。为铜钱。

M48：1，2 枚，其中一枚为五铢钱，正、背面周郭，正面穿的左右有篆文"五铢"二字。"五"字呈对三角形，字体宽厚，"铢"字金字头呈三角形，四点较长，"朱"字上口方折，下部圆折。钱径 2.5、穿径 0.9、肉厚 0.08 厘米。另一枚锈蚀严重，字迹已模糊不清（彩版四八，5、6）。

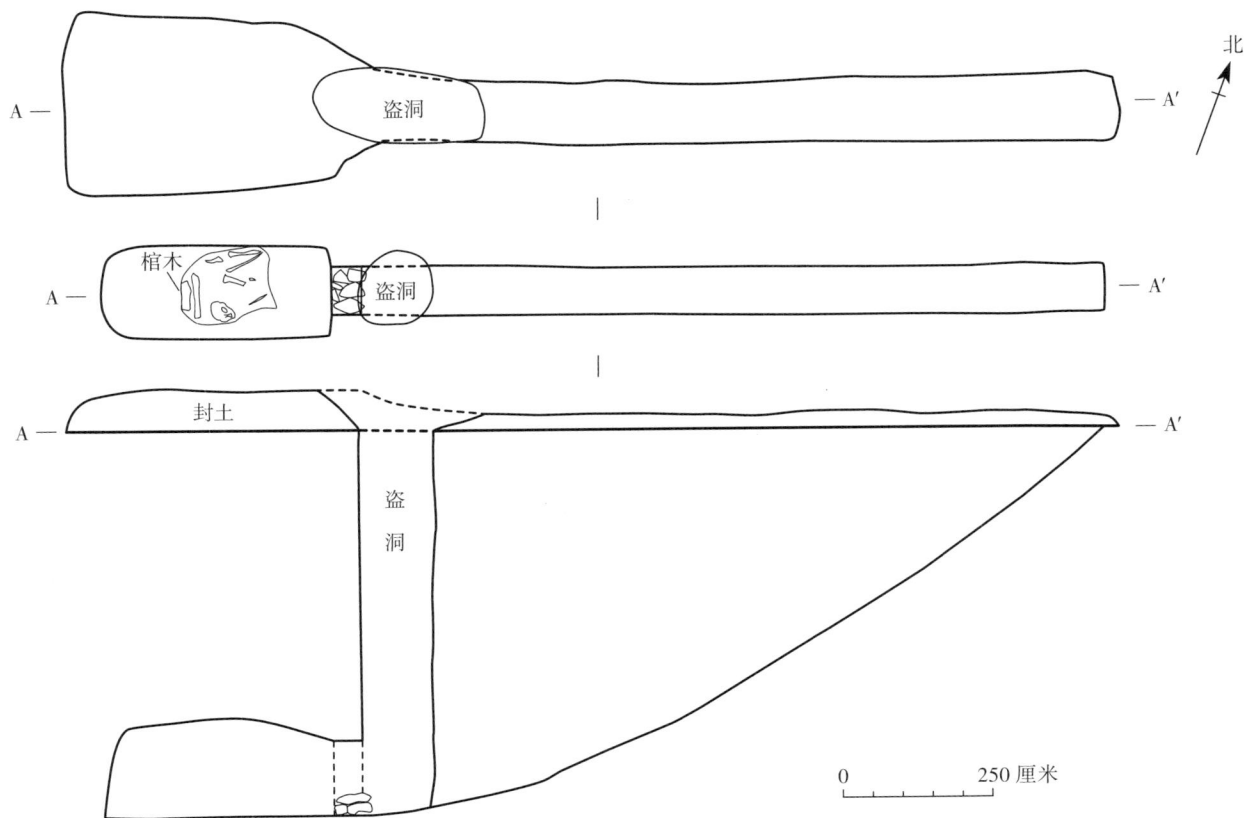

图七一　M48 平、剖面图

## 四九　M49

位于墓群西北部，南邻 M51，西邻 M50。该墓为带斜坡墓道的单室洞室墓，由封土、墓道、甬道、封门和墓室组成。墓向 170°。

### 1. 形制与结构

封土为开挖墓葬形成的沙石堆砌而成，其中墓室正上方封土呈丘状，底径 3.5~4、高 0.6 米；墓道上封土呈长垄状，长 12.3、宽 1.5、高 0.2 米。两段封土相接处见一椭圆形盗洞，口径 1.5~1.7 米，盗洞近竖直向下，直至封门，由封门处转入墓室，至封门处直径 1.1、距封土表面深 5.6 米。墓道位于墓室南端，平面呈长条形，直壁，斜坡底，开口长 12.7、宽 1 米，坡长 13.5 米，底宽 0.9 米，距地表深 5 米。甬道、墓室为依墓道北端向北掏挖形成的洞室。甬道平面呈长方形，顶较弧，进深 0.3、宽 0.9、高 0.9 米。墓室平面呈圆角长方形，四壁略外弧，穹隆顶，底较平整，进深 2.5、宽 2、高 1.7 米（图七二）。

### 2. 葬具、葬式及埋藏状况

墓内遭严重盗扰，未发现葬具、人骨及随葬品。

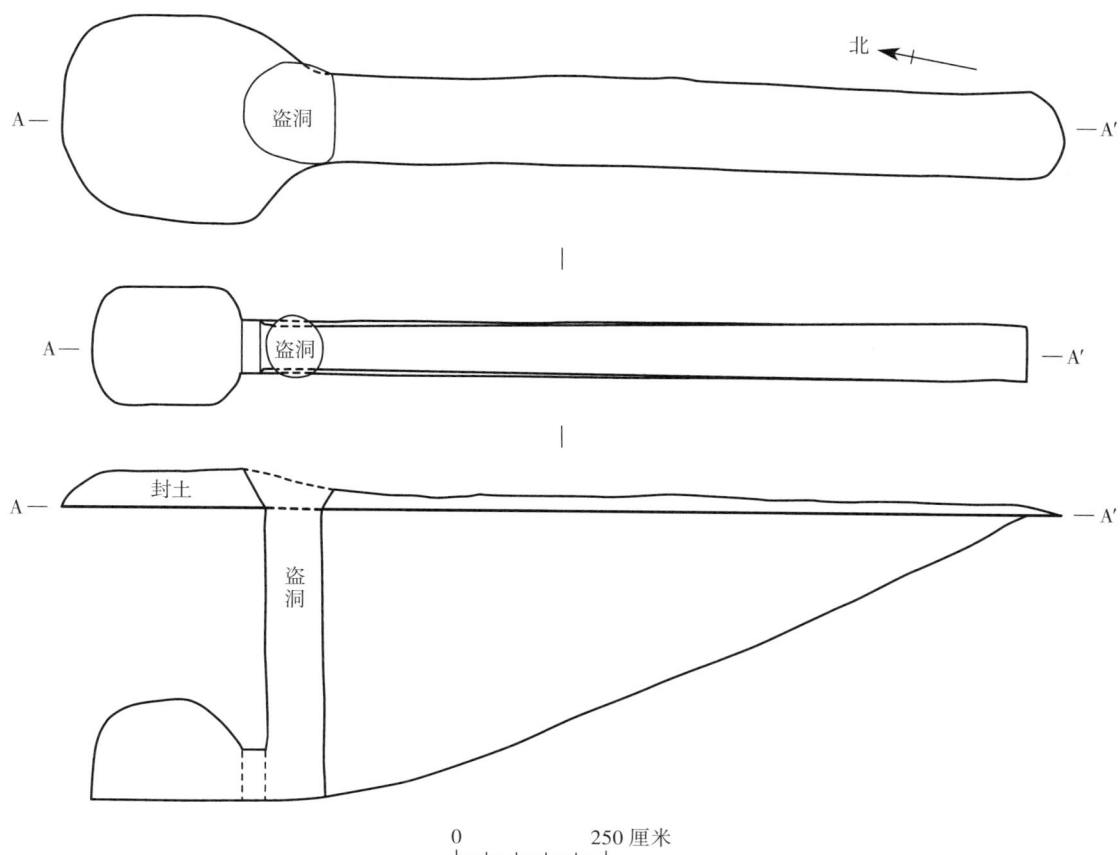

图七二　M49 平、剖面图

## 五〇　M50

位于墓群西北部，东邻 M50。该墓为带斜坡墓道的单室洞室墓，由封土、墓道、甬道、封门和墓室组成。墓向 160°。

### 1. 形制与结构

封土为开挖墓葬形成的沙石堆砌而成，其中墓室正上方封土呈丘状，底径 2.95~3.2、高 0.7 米；墓道上封土呈长垄状，长 13.4、宽 1.3、高 0.3 米。两段封土相接处见一椭圆形盗洞，口径 1.3~1.4 米。盗洞竖直向下，至封门墙上方向北转入墓室内。至封门上方盗洞直径 0.95、距封土表面深 4 米。墓道位于墓室南端，平面呈长条形，直壁，斜坡底，开口长 12.75、宽 0.8 米，坡长 13.75 米，底宽 0.8 米。墓道北端底部与墓室齐平，距地表深 5 米。甬道、墓室为依墓道北端向北掏挖形成的洞室。甬道平面呈长方形，拱形顶，进深 0.3、宽 0.8、高 1.3 米。甬道口使用条砖和石块封门，封门墙混合泥砌，共 10 层，其中由底向上第 3、10 层为石块，其余为条砖，墙厚 0.4、宽 0.8、高 1.3 米。墓室平面呈圆角长方形，四壁略外凸，顶弧拱，底较平整，进深 3、宽 1.9、高 1.5 米。墓室内填较多从盗洞进入的细沙土（图七三）。

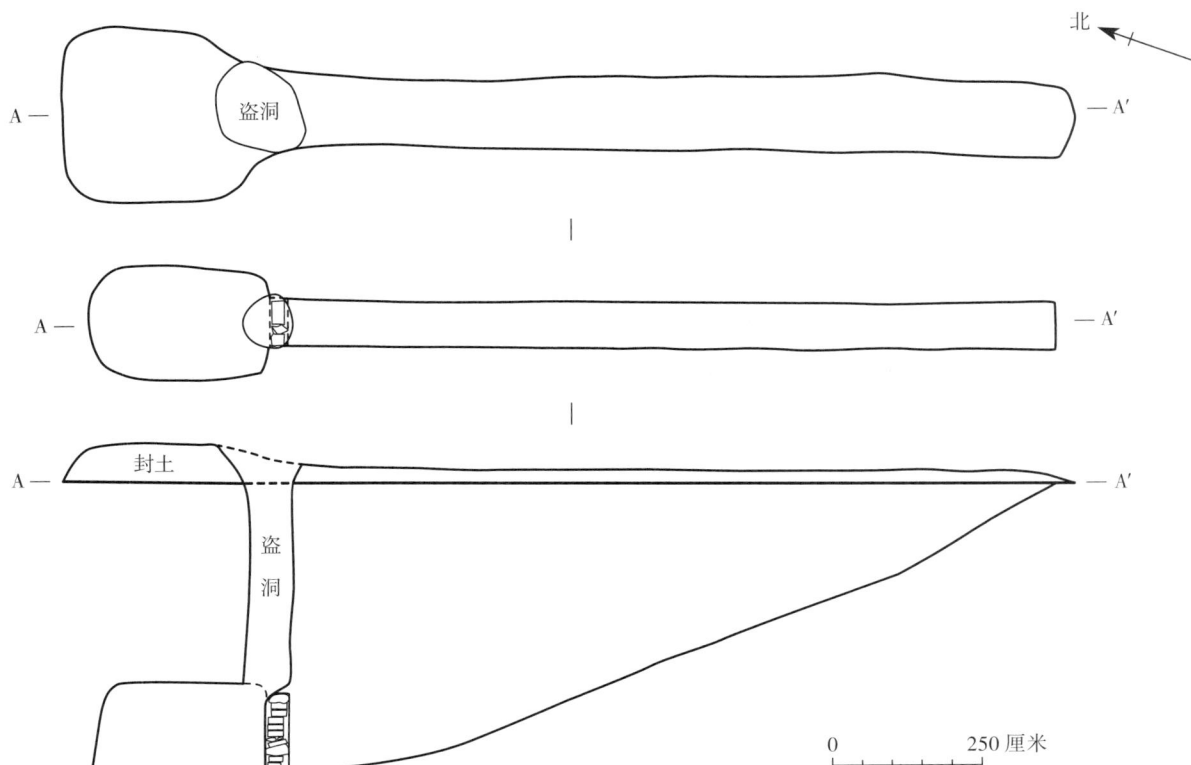

图七三　M50 平、剖面图

**2. 葬具、葬式及埋藏状况**

墓内遭严重盗扰，未发现葬具、人骨及随葬品。

## 五一　M51

位于墓群西北部，北邻 M49、西北邻 M50。该墓为带斜坡墓道的单室洞室墓，由封土、墓道、甬道和墓室组成。墓向 176°。

**1. 形制与结构**

封土为开挖墓葬形成的沙石堆砌而成，其中墓室正上方封土呈丘状，底径 3.35~6、高 0.85 米。墓道上封土呈长垄状，长 11.25、宽 1.4、高 0.5 米。两段封土相接处见一椭圆形盗洞，口径 2~2.25 米，盗洞竖直向下，直至墓门，由墓门处进入墓室内，盗洞至墓门处直径 1.37、距封土表面深 5.25 米。墓道位于墓室南端，平面呈长条形，直壁，斜坡底，开口长 12、宽 0.9 米，坡长 12.6 米，底宽 0.9 米。墓道南端底部与墓室齐平，距地表深 4.5 米。甬道、墓室为依墓道北端向北掏挖形成的洞室。甬道平面呈长方形，拱形顶，进深 0.3、宽 0.9、高 1.2 米。墓室平面呈圆角长方形，四壁略直，顶弧拱，底较平整，进深 4、宽 1.9、高 1.5 米。墓室内填大量从盗洞涌入的细沙土（图七四）。

**2. 葬具、葬式及埋藏状况**

墓内遭严重盗扰，未发现葬具、人骨及随葬品。

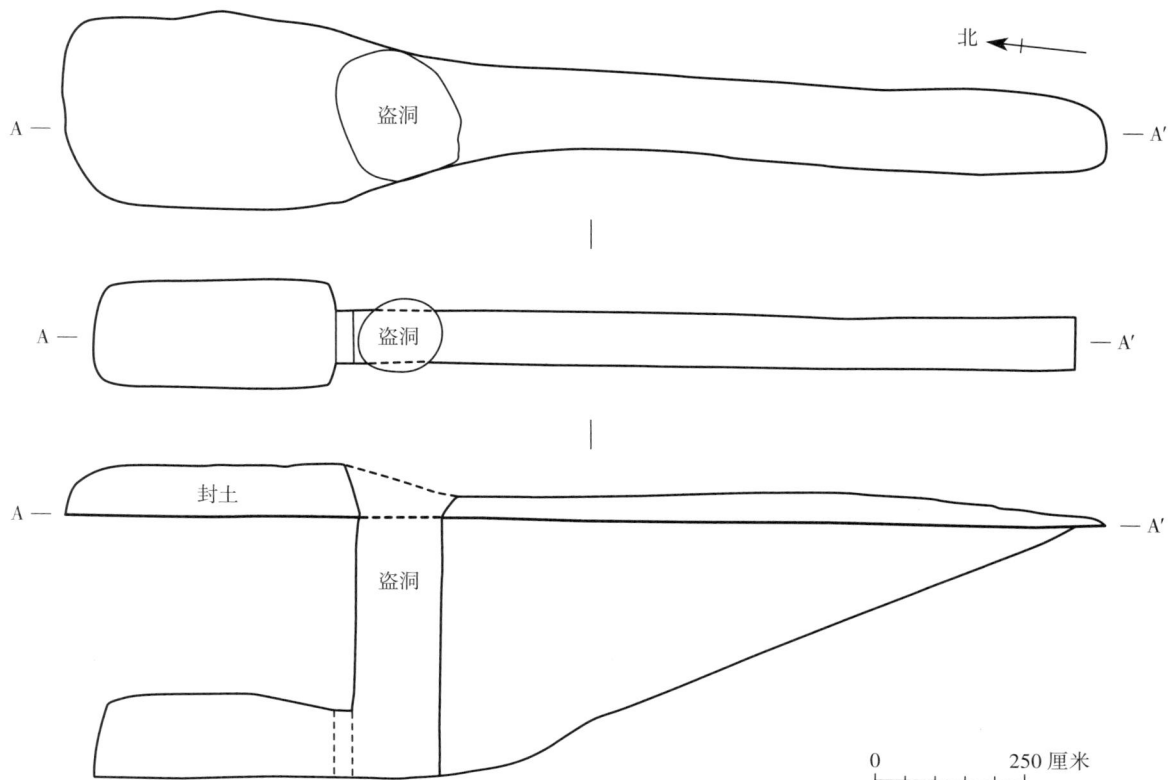

图七四 M51 平、剖面图

## 五二 M52

位于墓群西北部，西北邻 M51。该墓为带斜坡墓道的单室洞室墓，由封土、墓道和墓室组成。墓向 165°。

### 1. 形制与结构

封土为开挖墓葬形成的沙石堆砌而成，其中墓室正上方封土呈丘状，底径 2.1~2.3、高 0.3 米。丘状封土南侧见一长方形盗洞，盗洞南北长 3、东西宽 1.8 米，盗洞近竖直向下，至墓底后继续下挖约 0.6 米，造成墓室南端及部分墓道底被破坏，盗洞底至墓葬开口深 4.5 米。墓道位于墓室南侧，被现代墓破坏。残长 0.8、宽 0.55 米，底距地表深 3.9 米。墓室为依墓道北端向北掏挖形成的洞室，平面呈长方形，进深 2.35、宽 1.45、残高 1.25 米。墓室内填大量从盗洞涌入的细沙土（图七五）。

### 2. 葬具、葬式及埋藏状况

墓内遭严重盗扰，葬具情况不明；人骨扰乱严重，从骨骼特征看，应属两个个体，葬式不明；残存随葬品多见于墓室南部。

### 3. 随葬器物

8 件。有陶器、铜器。

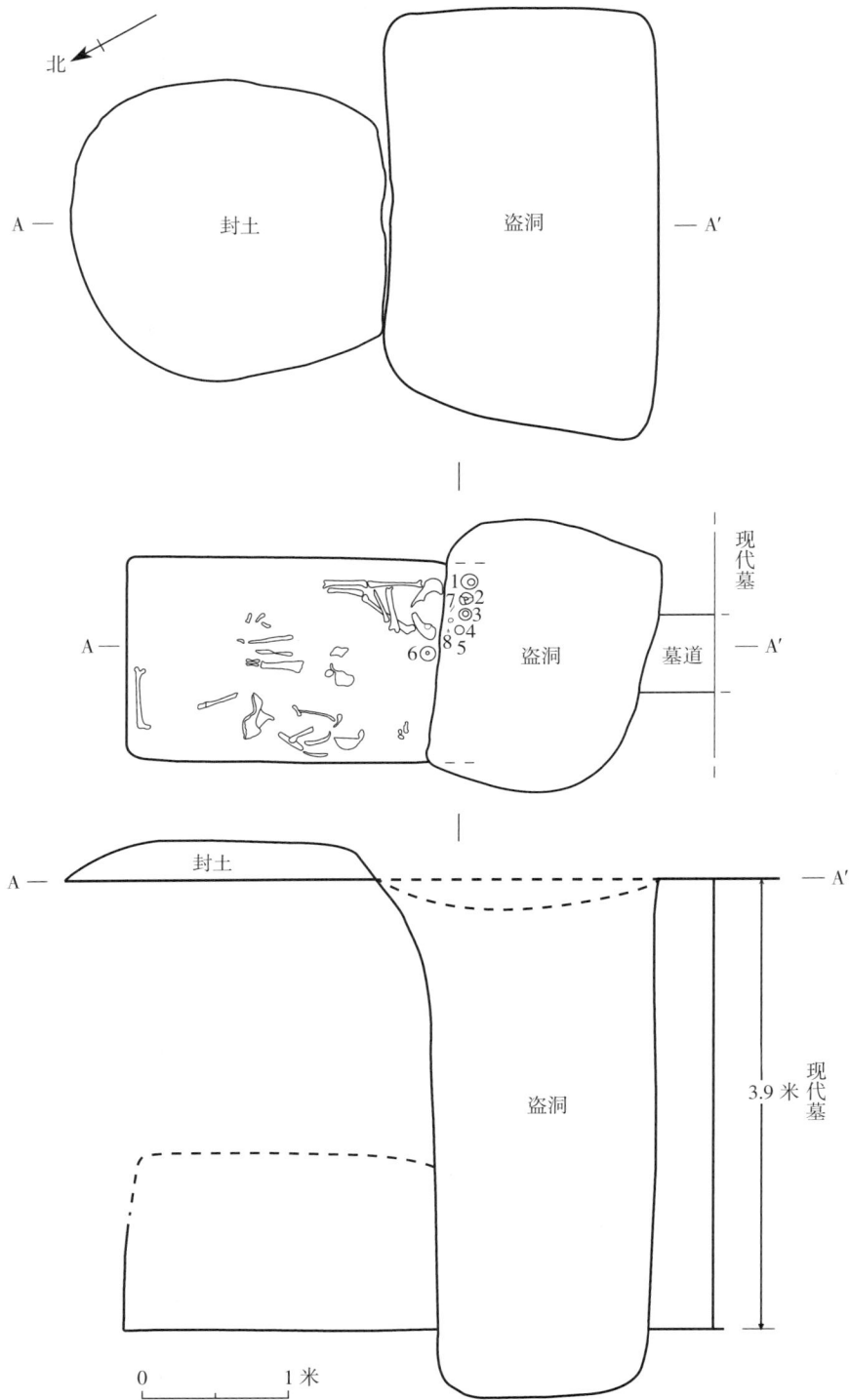

图七五　M52 平、剖面图

1~3.陶罐　4.陶仓　5.陶盏　6.铜镜　7.铜簪　8.铜弩机

（1）陶器

5 件。

**陶罐**　3 件。

M52：1，泥质灰陶。侈口，折沿，束颈，斜肩，鼓腹，平底。肩上钻有一小圆孔。肩至腹部有轮制痕迹，下腹刮削修整。口径 12、腹径 24.8、底径 17.4、高 23 厘米（图七六，1；彩版四九，1）。

M52：2，泥质灰陶。口残，鼓腹，平底。肩至腹部有数道轮制产生的凹弦纹。底径 10、残高 15 厘米（图七六，2；彩版四九，2）。

M52：3，泥质灰陶。侈口，卷沿，束颈，圆肩，鼓腹，平底。上腹有轮制产生的凹痕，下腹刮削修整。口径 10.6、腹径 20、底径 13、高 17.5 厘米（图七六，3；彩版四九，3）。

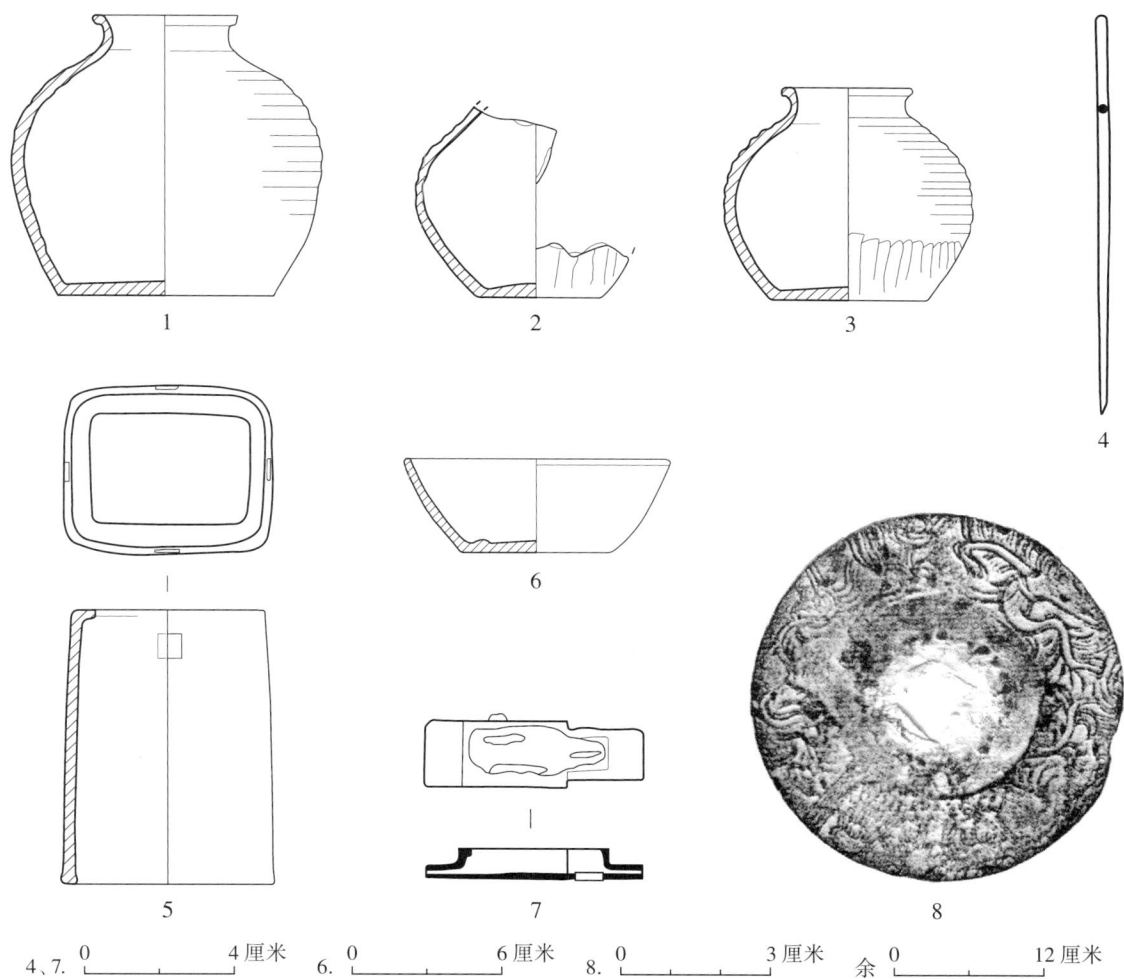

图七六　M52 出土器物

1~3.陶罐（M52：1、M52：2、M52：3）　4.铜簪（M52：7）　5.陶仓（M52：4）　6.陶盏（M52：5）　7.铜弩机（M52：8）　8.铜镜（M52：6）

陶仓　1件。

M52：4，泥质灰陶。残。器形较大，口小底大，器身方形，四面上端各开仓窗一个。口边长12.5~15.5、底径13.8~16.8、高22.5厘米（图七六，5）。

陶盏　1件。

M52：5，泥质灰陶。敞口，圆唇，近斜直腹，平底，内底凸起成台面。外底有数周轮制旋痕。口径10.5、底径6、高3.8厘米（图七六，6；彩版四九，4）。

（2）铜器

3件。

铜镜　1件。

M52：6，镜体轻薄，表面锈蚀严重。镜面较平。镜背中心一近锥形圆钮，钮上有圆形穿孔，钮座外隐约可见一周连珠纹，连珠纹外亦隐约有一周凸弦纹。外区至边缘较平，其上饰繁缛的变形四神纹图案。直径7.5、钮高0.65、钮宽1.2、厚0.1厘米（图七六，8；彩版五〇）。

铜簪　1件。

M52：7，圆条状，一端收尖。素面。长11、截面直径0.3厘米（图七六，4；彩版四九，5）。

铜弩机　1件。

M52：8，仅存郭，锈蚀严重。长方形。长5.8、宽1.8、高0.8厘米（图七六，7；彩版五一，1、2）。

## 五三　M53

位于墓群西北部，西南邻M54。该墓为带斜坡墓道的单室洞室墓，由封土、墓道、甬道和墓室组成。墓向0°。

### 1. 形制与结构

封土为开挖墓葬形成的沙石堆砌而成，其中墓室正上方封土呈丘状，底径4.2~5.6、高1米；墓道上封土呈长垄状，长3.9、宽1.5、高0.4米。两段封土相接处见一椭圆形盗洞，口径1.4~1.55米，盗洞竖直向下，直至墓门，由墓门处进入墓室，至墓门处直径0.9、距封土表面深3米。墓道位于墓室北端，平面呈长条形，口大底略小，斜壁，斜坡底，开口长3.5、宽1.1米，坡长4.2米，底宽1米。墓道南端底部与墓室齐平，距地表深2.4米。甬道、墓室为依墓道末端向南掏挖形成的洞室。甬道平面呈长方形，拱形顶，进深0.4、宽0.9、高1.1米，甬道口遭严重破坏，未见封门痕迹。墓室平面呈长方形，四壁略直，顶弧拱，底较平整，进深2.9、宽1.6、高1.4米。墓室内填有大量从盗洞进入的细沙土（图七七；彩版四六，2）。

### 2. 葬具、葬式及埋藏状况

墓内遭严重盗扰，未发现葬具、人骨及随葬品。

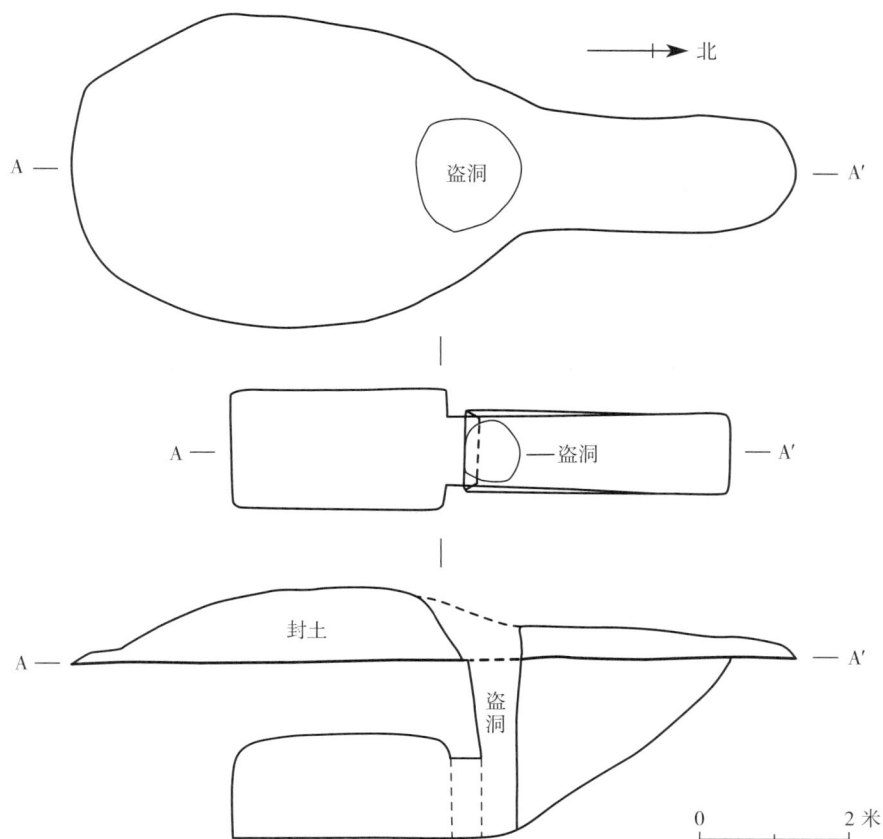

图七七 M53 平、剖面图

## 五四 M54

位于墓群西北部，西南邻 M55，东邻 M53。该墓为带斜坡墓道的单室洞室墓，由封土、墓道、甬道和墓室组成。墓向 180°。

### 1. 形制与结构

封土为开挖墓葬形成的沙石堆砌而成，其中墓室正上方封土呈丘状，底径 3.7~5、高 0.75 米；墓道上封土呈长垄状，长 12.4、宽 1.5、高 0.4 米。两段封土相接处见一椭圆形盗洞，口径 1.9~2 米，盗洞近竖直向下，直至墓门，由墓门处进入墓室内，至墓门处盗洞直径 1.15、距封土表面深 5 米。墓道位于墓室南端，平面呈长条形，直壁，斜坡底，开口长 11.15、宽 0.8 米，坡长 12.05 米，底宽 0.8 米，距地表深 4.5 米。甬道、墓室为依墓道北端向北掏挖形成的洞室。甬道平面呈长方形，拱形顶，进深 0.3、宽 0.8、高 0.9 米。墓室平面呈圆角长方形，四壁略外弧，顶弧拱，底较平整，进深 3.9、宽 1.9、高 1.65 米。墓室内填大量从盗洞进入的细沙土（图七八）。

### 2. 葬具、葬式及埋藏状况

墓内遭严重盗扰，未发现葬具、人骨及随葬品。

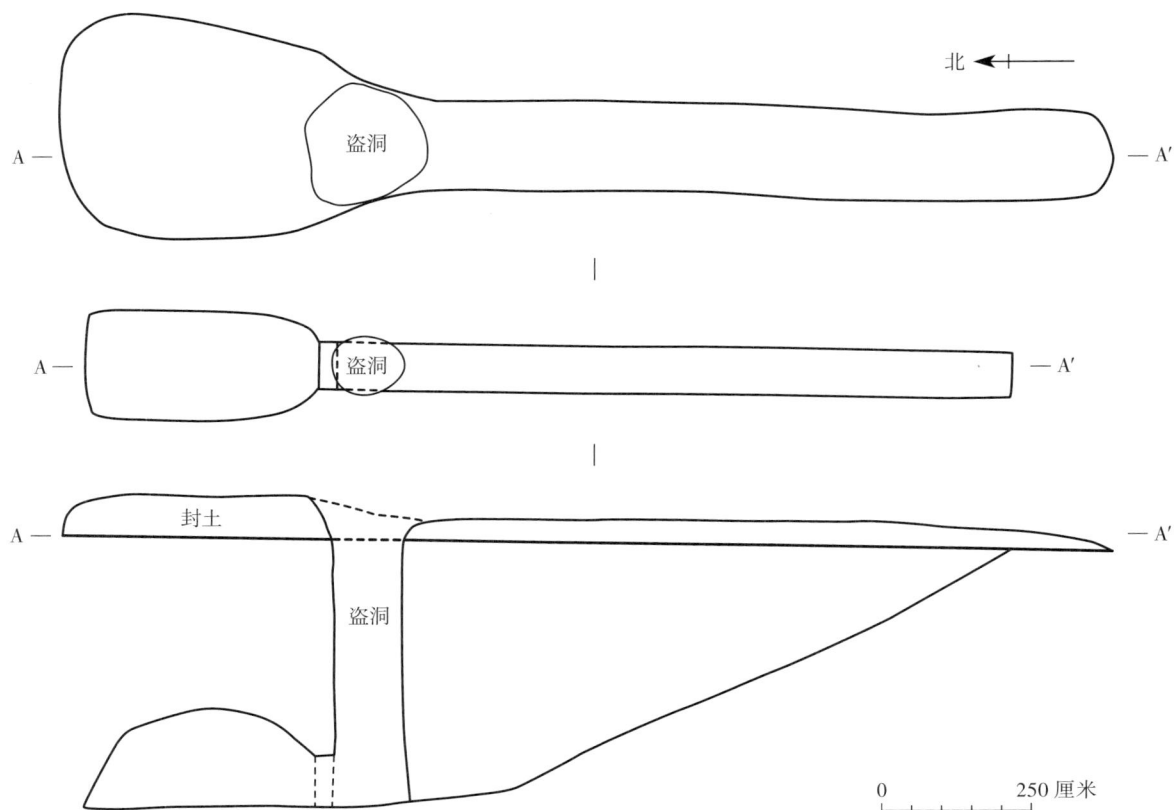

图七八　M54 平、剖面图

## 五五　M55

位于墓群西部，东邻 M54。该墓为带斜坡墓道的单室洞室墓，由封土、墓道、甬道和墓室组成。墓向 200°。

### 1. 形制与结构

封土为开挖墓葬形成的沙石堆砌而成，其中墓室正上方封土呈丘状，底径 5.9~8.1、高 1.25 米；墓道上封土呈长垄状，长 5.8、宽 1.8、高 0.5 米。封土上见两个椭圆形盗洞，其中南侧盗洞（盗洞 1）位于与墓道封土相接处，口径 1.65~2.2 米，盗洞竖直向下，直至墓门，由墓门处进入墓室，至墓门处直径 0.7、距封土表面深 4.6 米。北侧盗洞（盗洞 2）位于封土正中，口径 1.9~2.6 米，形似漏斗，竖直向下，直至墓室顶部正中，穿墓室顶进入墓室内，至墓室顶处直径 0.6、距封土表面深 3.05米。墓道位于墓室南端，平面呈长条形，口大底小，斜壁，斜坡底，开口长 6.5、宽 1.1 米，坡长 7 米，底宽 0.8 米。墓道南端底部与墓室齐平，距地表深 3.6 米。甬道、墓室为依墓道末端向北掏挖形成的洞室。甬道平面呈长方形，拱形顶，进深 0.5、宽 0.8、高 1.2 米。墓室平面呈长方形，四壁略直，顶弧拱，底较平整，进深 3.6、宽 1.9、高 1.85 米。墓室内填大量从盗洞进入的细沙土（图七九）。

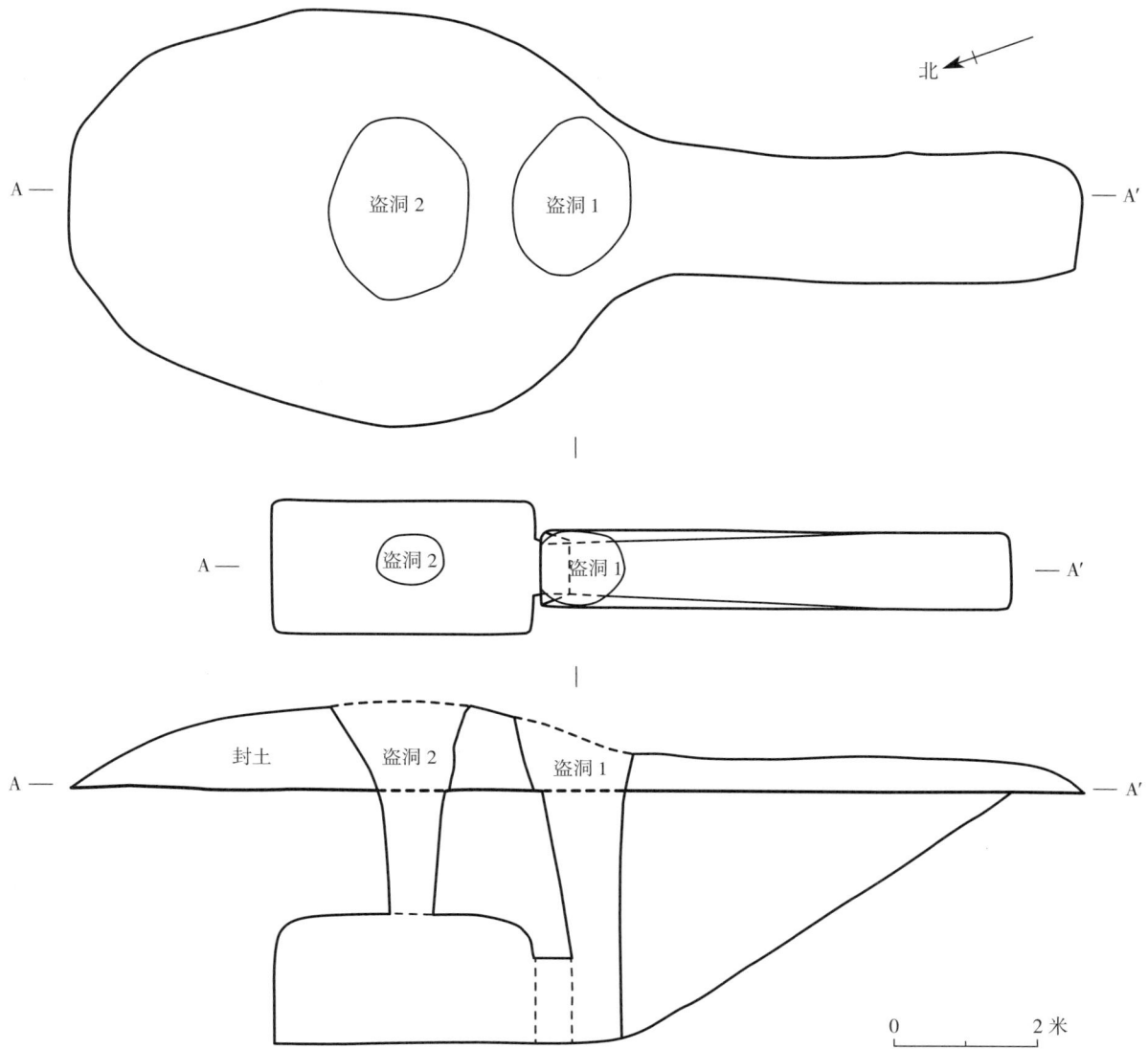

图七九　M55 平、剖面图

## 2. 葬具、葬式及埋藏状况

墓内遭严重盗扰，未发现葬具、人骨及随葬品。

## 五六　M56

位于墓群西北部。该墓为带斜坡墓道的单室洞室墓，由封土、墓道、甬道和墓室组成。墓向 60°。

### 1. 形制与结构

封土为开挖墓葬形成的沙石堆砌而成，其中墓室正上方封土呈丘状，底径 6.2~8.3、高 1.5 米；墓道上封土呈长垄状，长 8.1、宽 1.7~1.9、高 0.2~0.5 米。墓室正上方封土堆与墓道结合处有一直

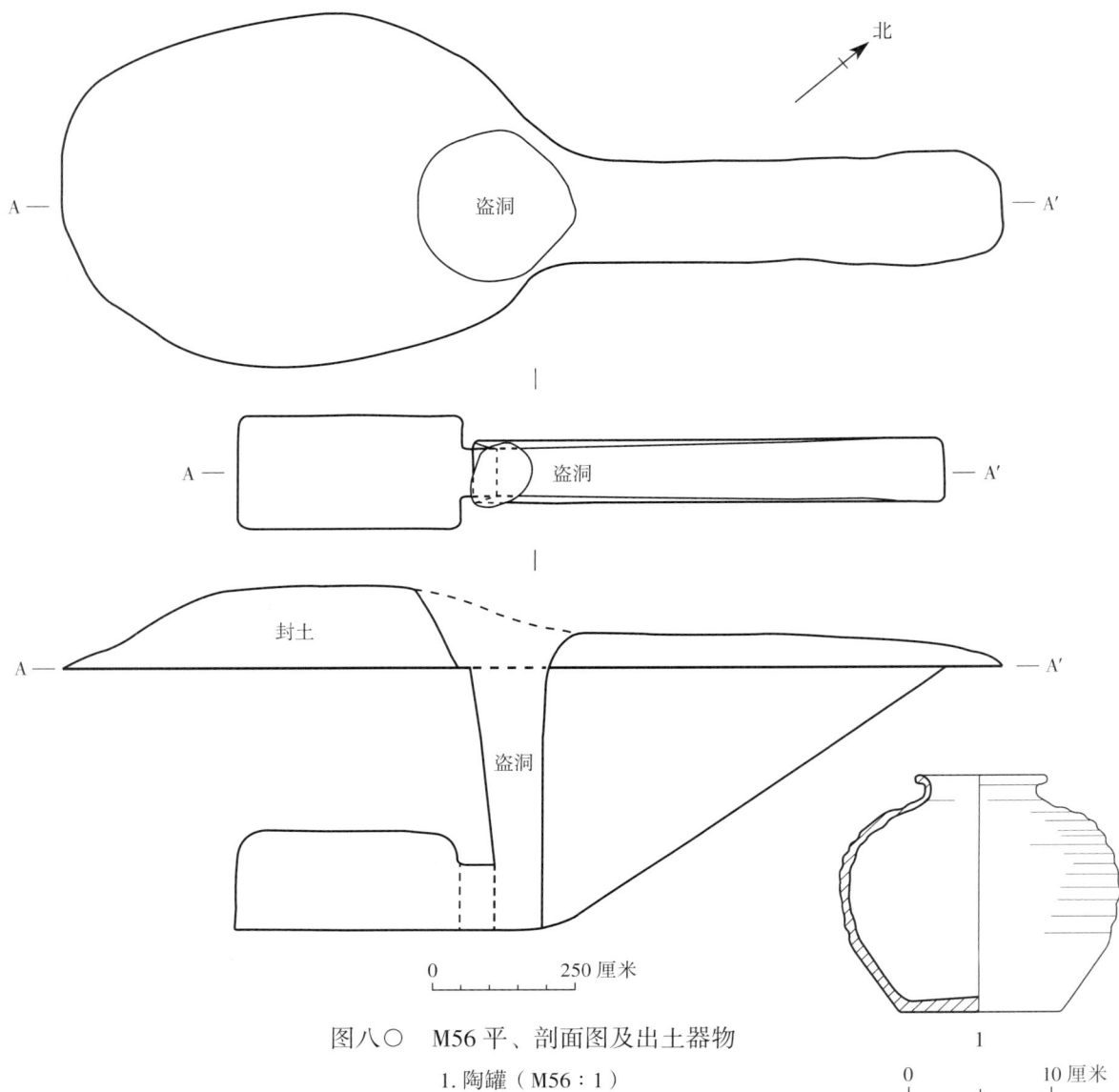

图八〇　M56平、剖面图及出土器物
1.陶罐（M56：1）

径2.75米的盗洞，盗洞竖直向下，直至墓门，再由墓门处进入墓室内。墓道位于墓室东端，平面呈长条形，壁微斜，斜坡底，开口长8.2、宽1.25米，坡长9.25米，底宽0.8米，底距地表深3.6米。甬道、墓室为依墓道西端向西掏挖形成的洞室。甬道平面呈长方形，进深0.6、宽0.85、高1.2米。甬道口遭破坏，未见封门痕迹，甬道内填砂砾。墓室平面呈长方形，四壁略直，拱形顶，进深3.8、宽2、高1.8米。墓室内填较多的沙土（图八〇）。

### 2.葬具、葬式及埋藏状况

墓内遭严重盗扰，葬具、葬式不明。墓室扰土中出土残陶罐1件。

### 3.随葬器物

1件。为陶罐。

M56：1，泥质灰陶。侈口，折沿，圆唇，圆肩，鼓腹，平底。肩至腹部有数道轮制而产生的凹弦纹。口径 9.2、腹径 19.4、底径 11、高 17.2 厘米（图八〇，1；彩版五一，3）。

## 五七　M57

位于墓群南部，东邻 M58、M59。该墓为带斜坡墓道的单室洞室墓，由封土、墓道、甬道和墓室组成。墓向 67°。

### 1. 形制与结构

封土为开挖墓葬形成的沙石堆砌而成，其中墓室正上方封土呈长方形沙土台状，长 6.55、宽 4.25、高 0.55 米；墓道上封土呈长垄状，长 7.5、宽 1.9、高 0.2 米。两段封土相接处见一椭圆形盗洞，口径 2.2~3.75 米，盗洞竖直向下，直至墓门，由墓门处进入墓室，至墓门处直径 1.4、距封土表面深 3.6 米。墓道位于墓室东端，平面呈长条形，直壁，斜坡底，开口长 8.9、宽 0.8 米，坡长 9.5 米，底宽 0.8 米，底距地表深 3 米。甬道、墓室为依墓道西端向西掏挖形成的洞室。甬道平面呈长方形，拱形顶，进深 0.6、宽 0.9、高 1.65 米。墓室平面呈长方形，四壁略直，顶弧拱，底较平整，进深 3.7、宽 1.5、高 1.7 米。墓室内填满从盗洞内进入的细沙土（图八一）。

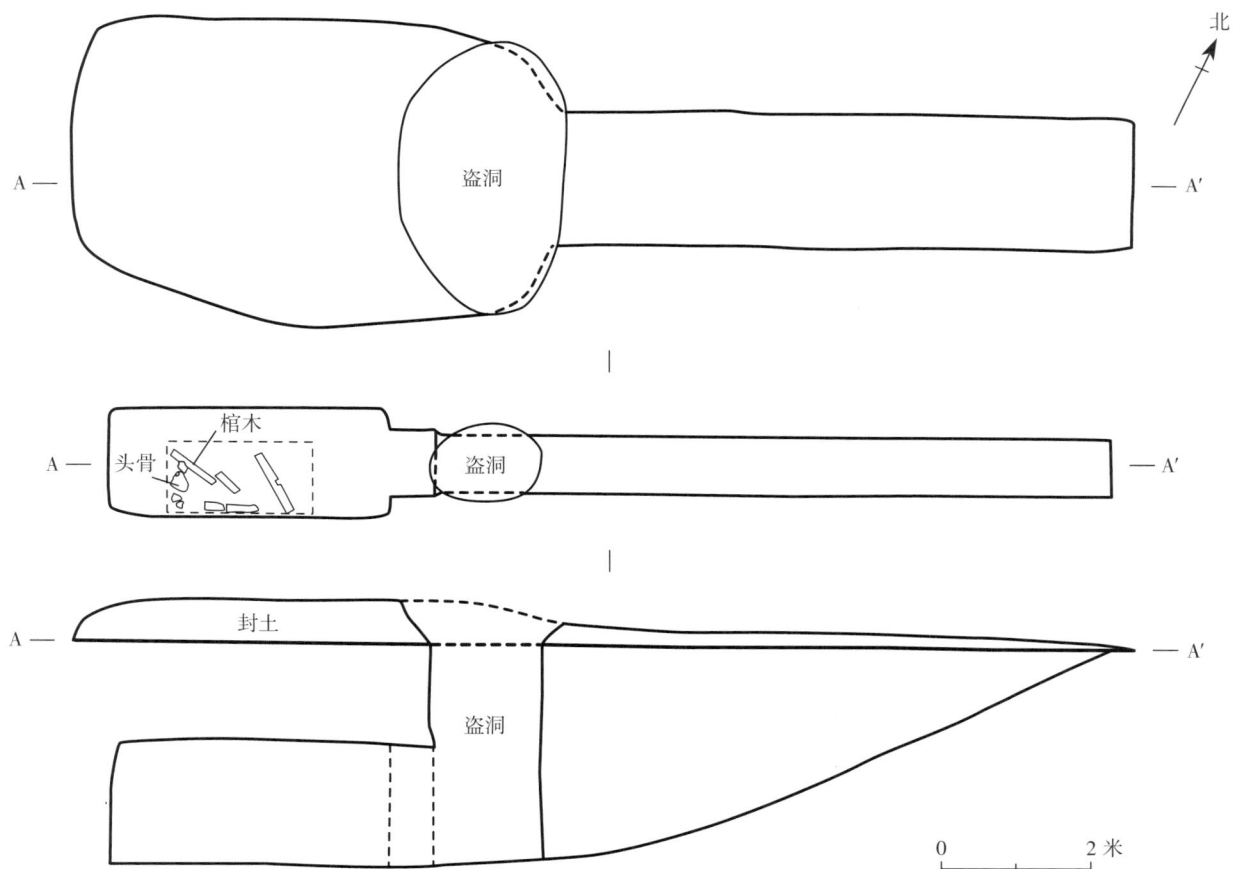

图八一　M57 平、剖面图

### 2. 葬具、葬式及埋藏状况

墓内遭严重盗扰，墓室内发现散乱的 4 段棺木和 1 个人头骨，头向西，面向北。

## 五八　M58

位于墓群南部，东邻 M59。该墓为带斜坡墓道的单室洞室墓，由封土、墓道、甬道和墓室组成。墓向 60°。

### 1. 形制与结构

封土为开挖墓葬形成的沙石堆砌而成，其中墓室正上方封土呈长方形沙土台状，长 5.8、宽 3.8、高 0.75 米；墓道上封土呈长垄状，长 7.65、宽 1.65、高 0.2 米。两段封土相接处见一椭圆形盗洞，口径 2.35~4 米，盗洞竖直向下，直至墓门上方，由墓门上方转向西，穿封门墙上端及部分墓室顶壁进入墓室，至墓门上端盗洞直径 1.85、距封土表面深 3.2 米。墓道位于墓室东端，平面呈长条形，直壁，斜坡底，开口长 8.7、宽 0.9 米，坡长 9.5 米，底宽 0.85 米。墓道西端底部与墓室齐平，距地表深 3.7 米。甬道、墓室为依墓道西端向西掏挖形成的洞室。甬道平面呈长方

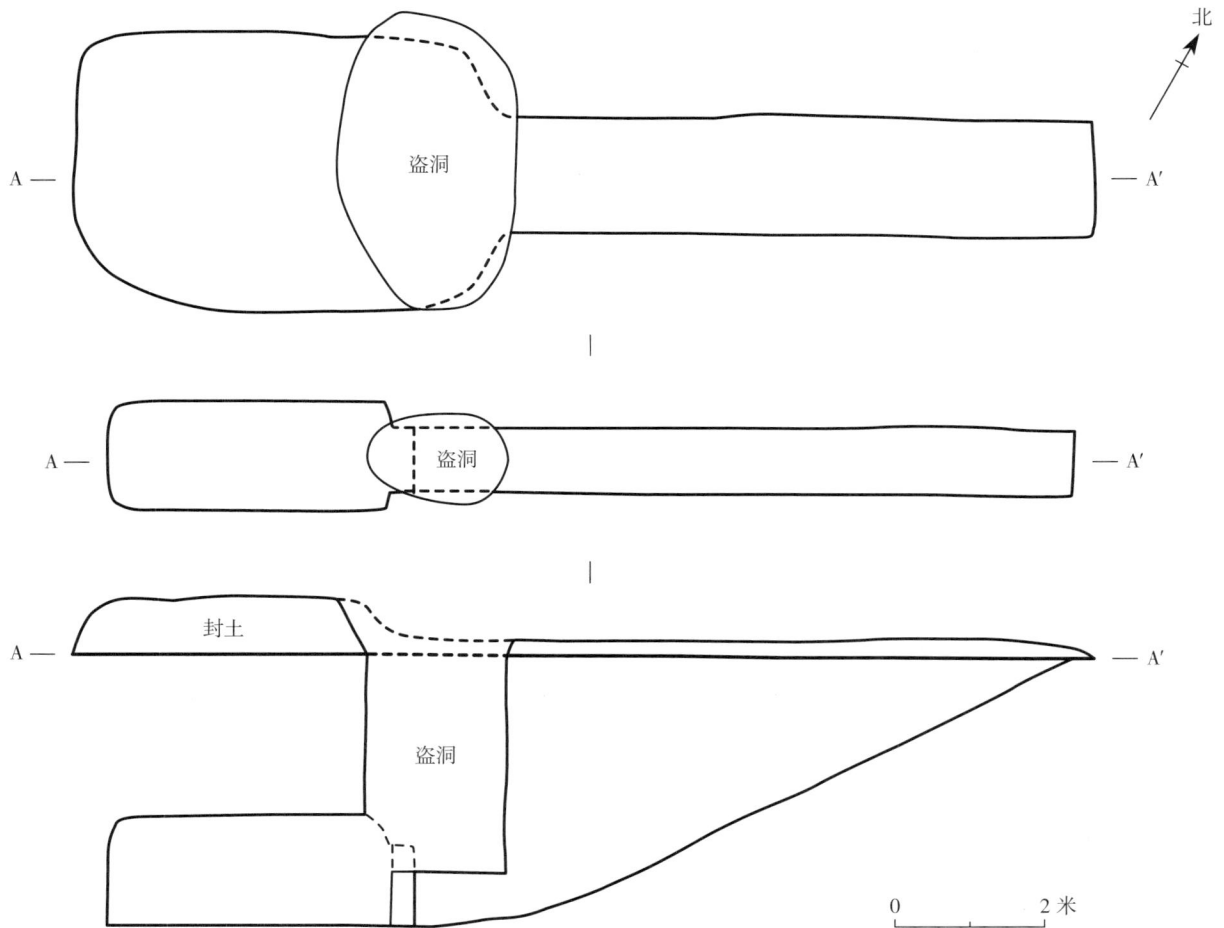

图八二　M58 平、剖面图

形，拱形顶，进深 0.3、宽 0.85、残高 0.75 米。墓室平面呈长方形，四壁略直，顶弧拱，底较平整，进深 3.7、宽 1.5、高 1.5 米。墓室内填较多从盗洞进入的细沙土（图八二）。

**2. 葬具、葬式及埋藏状况**

墓内遭严重盗扰，未发现葬具、人骨及随葬品。

## 五九　M59

位于墓群南部，北邻 M58，西邻 M57。该墓为带斜坡墓道的洞室墓，由封土、墓道、甬道和墓室组成。墓向 60°。

**1. 形制与结构**

封土为开挖墓葬形成的沙石堆砌而成，其中墓室正上方封土呈丘状，底径 5.2~7.8、高 1.35 米；墓道上封土呈长垄状，长 8.6、宽 1.8、高 0.6 米。两段封土相接处见一椭圆形盗洞，口径 2.35~2.5 米，盗洞竖直向下，直至墓门，由墓门处进入墓室，盗洞至墓门处直径 0.75、距封土表面深 6.1 米。墓道位于墓室东端，平面呈长条形，口大底小，斜壁，斜坡底，开口长 8.7、宽 1.2 米，坡长 9.5 米，底宽 1 米。墓道西端底部与墓室齐平，距地表深 4.7 米。甬道、墓室为依墓道西端向西掏挖形成的洞室。甬道平面呈长方形，拱形顶，进深 0.35、宽 0.9、高 1.2 米。甬道口遭破坏，未见封门痕迹。墓室平面呈长方形，四壁略直，顶弧拱，底较平整，进深 3.75、宽 2、高 1.7 米。墓室内填大量从盗洞进入的细沙土（图八三）。

**2. 葬具、葬式及埋藏状况**

墓内遭严重盗扰，未发现葬具、人骨及随葬品。

## 六〇　M60

位于墓群南部。该墓为带斜坡墓道的单室洞室墓，由封土、墓道、甬道、封门和墓室组成。墓向 334°。

**1. 形制与结构**

封土为开挖墓葬形成的沙石堆砌而成，其中墓室正上方封土呈丘状，底径 6.65~8、高 1.3 米；墓道上封土呈长垄状，长 7.3、宽 2、高 0.45 米。墓室上方封土正中有一椭圆形盗洞，口径 2~3.8 米，盗洞竖直向下，近漏斗状，直至墓室顶部，穿墓顶进入墓室，盗洞至墓顶处直径 0.7、距封土表面深 4.3 米。墓道位于墓室北端，平面呈长条形，口大底小，斜壁，壁面经修整，斜坡底，开口长 8、宽 1.1 米，坡长 9 米，底宽 0.8 米。墓道南端底部与墓室齐平，距地表深 4.75 米。甬道、墓室为依墓道南端向南掏挖形成的洞室。甬道平面呈长方形，拱形顶，进深 0.4、宽 0.8、高 1.2 米。甬道口用石块垒砌封堵，封门墙上端遭破坏，残存 4 层，墙厚 0.4、宽 0.8、残高 0.45 米。墓室平面呈圆角长方形，四壁略直，顶弧拱，底较平整，进深 3.85、宽 1.95、高 1.8 米。墓室内填大量从盗洞进入的细沙土（图八四）。

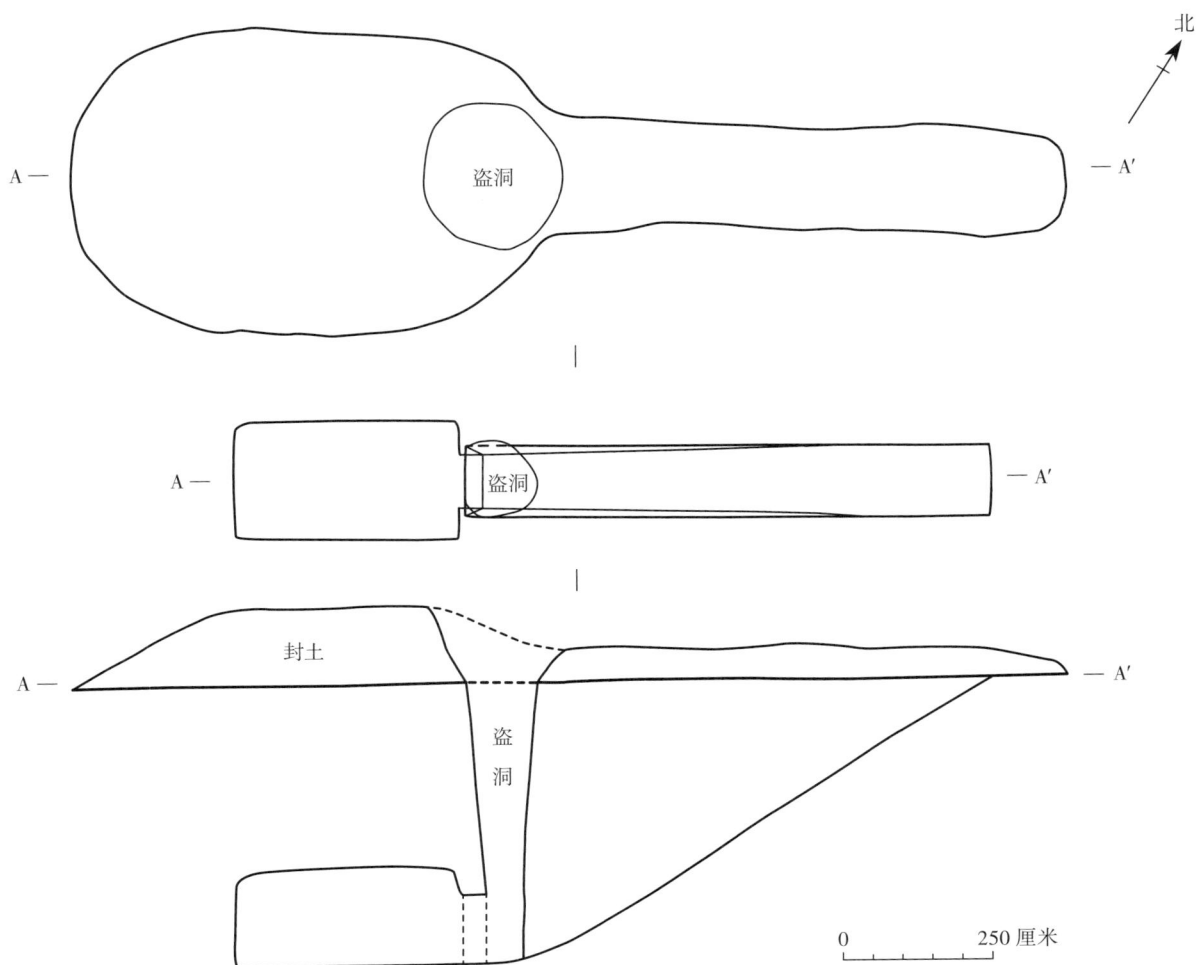

图八三　M59 平、剖面图

## 2. 葬具、葬式及埋藏状况

墓内遭严重盗扰，未发现葬具、人骨及随葬品。

## 六一　M61

位于墓群中部偏东，南邻 M24。该墓为带斜坡墓道的单室洞室墓，由封土、墓道、甬道和墓室组成。墓向 61°。

### 1. 形制与结构

封土为开挖墓葬形成的沙石堆砌而成，其中墓室正上方封土呈丘状，底径 5.5~6.3、高 1.4 米；墓道上封土呈长垄状，长 8.6、宽 1.8、高 0.7 米。两段封土相接处见一椭圆形盗洞，口径 1.9~2 米，盗洞竖直向下，直至墓门，由墓门处进入墓室，盗洞至墓门处直径 0.8、距封土表面深 7.16 米。墓道位于墓室东端，平面呈长条形，口大底小，斜壁，斜坡底，开口长 9.2、宽 1.1 米，坡长 10.7 米，底宽 1 米。墓道南端底部与墓室齐平，距地表深 6 米。甬道、墓室为依墓道南端向南掏挖形

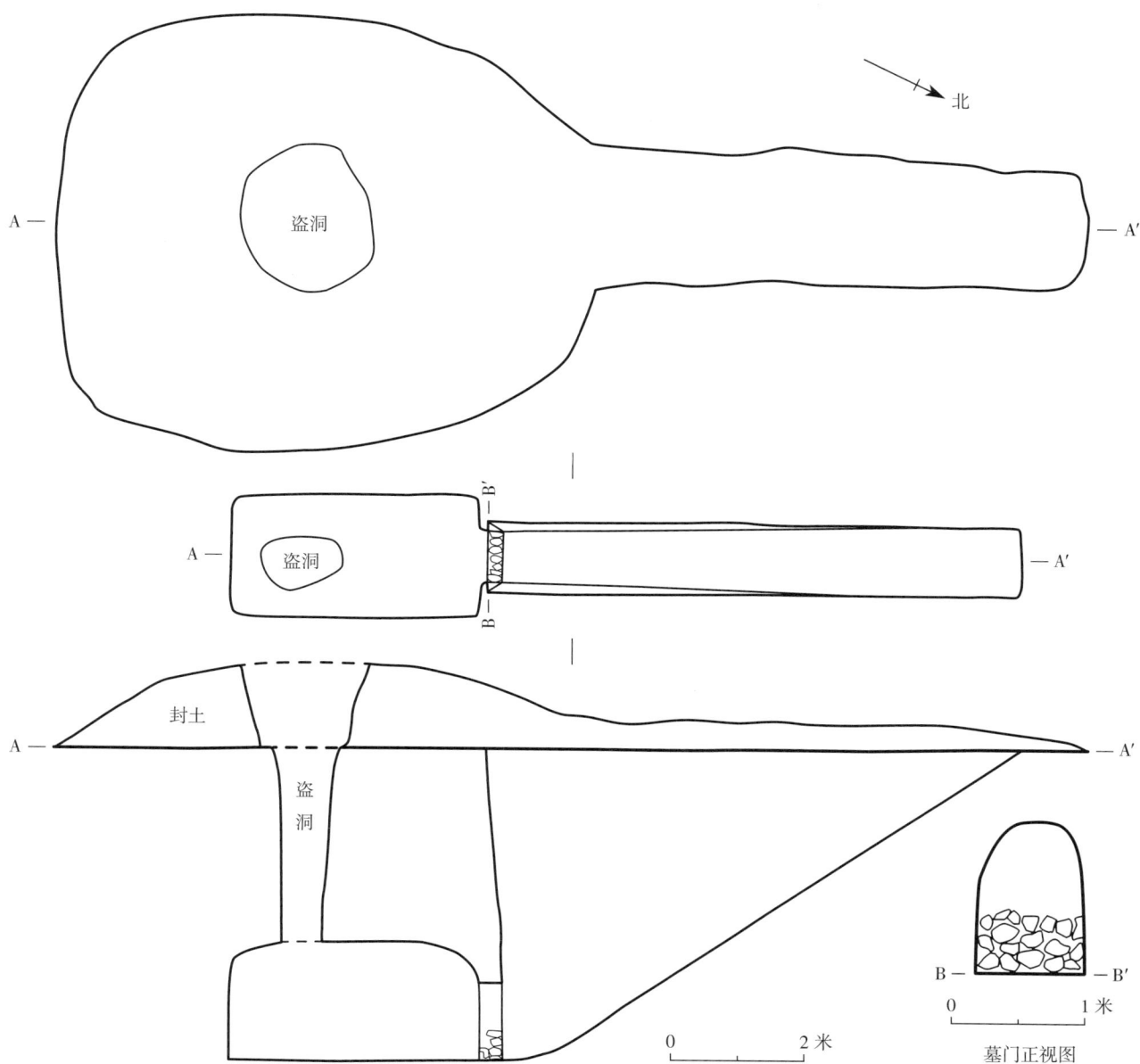

图八四　M60 平、剖面图

成的洞室。甬道平面呈长方形，拱形顶，进深 0.4、宽 0.9、高 1.2 米。墓室平面呈圆角长方形，四壁略直，顶弧拱，底较平整，进深 3.9、宽 1.8、高 1.75 米。墓室内填大量从盗洞进入的细沙土（图八五）。

### 2. 葬具、葬式及埋藏状况

墓内遭严重盗扰，墓室后部南北向并列置人骨 3 具，人骨除头骨位置移动外，均保存较完整，头向北，皆仰身直肢葬。其中墓室西侧墓主无葬具，中间及东侧墓主皆置于木棺内，木棺均遭破坏，部分除棺底板未挪动外，挡板、盖板、侧板等均遭拆分，且部分已腐朽，保存较差。

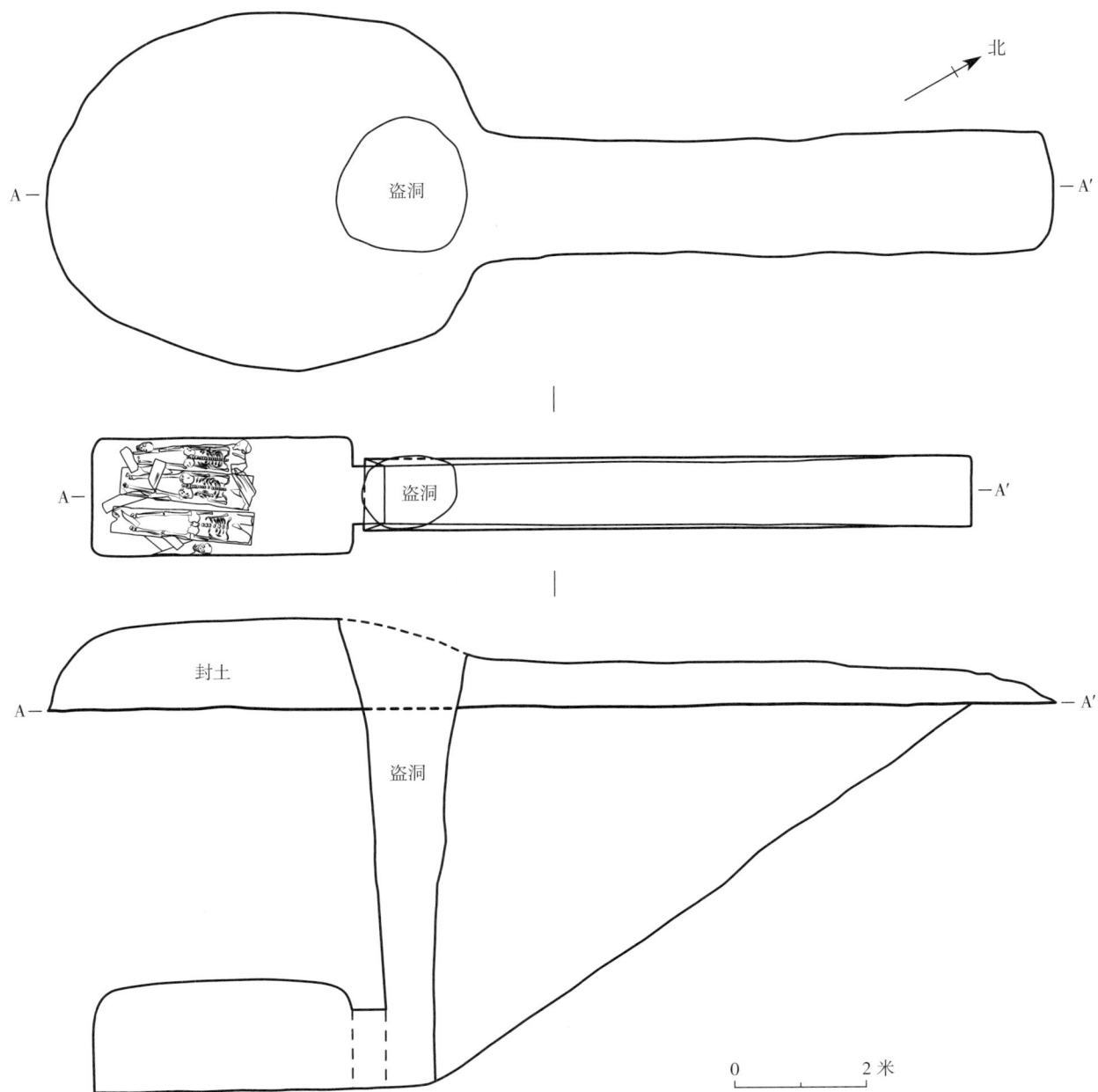

图八五　M61 平、剖面图

## 六二　M62

位于墓群中部，北邻 M20。该墓为带斜坡墓道的单室洞室墓，由封土、墓道和墓室组成。墓向 53°。

### 1. 形制与结构

封土为开挖墓葬形成的沙石堆砌而成，其中墓室正上方封土呈丘状，底径 4~5、高 0.8 米；墓道上封土呈长垄状，长 4.9、宽 1.9、高 0.2 米。两段封土相接处见一椭圆形盗洞，口径 2.1~3.8

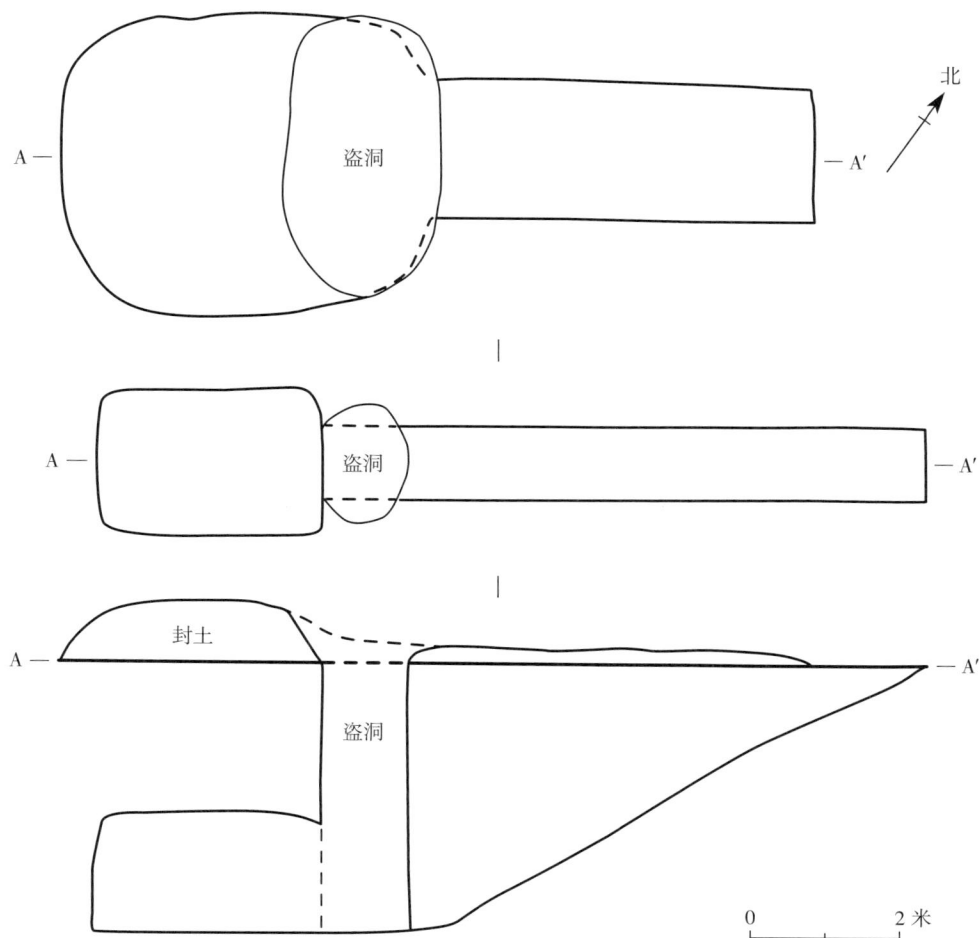

图八六 M62 平、剖面图

米，盗洞竖直向下，直至墓门，由墓门进入墓室内。盗洞至墓门处直径 1.2、距封土表面深 4 米。墓道位于墓室东端，平面呈长条形，直壁，斜坡底，开口长 8、宽 1 米，坡长 8.8 米，底宽 1 米。墓道西端底部与墓室齐平，距地表深 3.7 米。墓室为依墓道西端向西掏挖形成的洞室，平面呈圆角长方形，四壁略直，顶弧拱，底较平整，进深 3、宽 2、高 1.7 米。墓室内填满从盗洞进入的细沙土（图八六）。

**2. 葬具、葬式及埋藏状况**

墓内遭严重盗扰，未发现葬具、人骨及随葬品。

## 六三 M63

位于墓群中部。该墓为带斜坡墓道的单室洞室墓，由封土、墓道和墓室组成。墓向 65°。

**1. 形制与结构**

封土为开挖墓葬形成的沙石堆砌而成，其中墓室正上方封土呈丘状，底径 3.5~5.4、高 0.7 米；

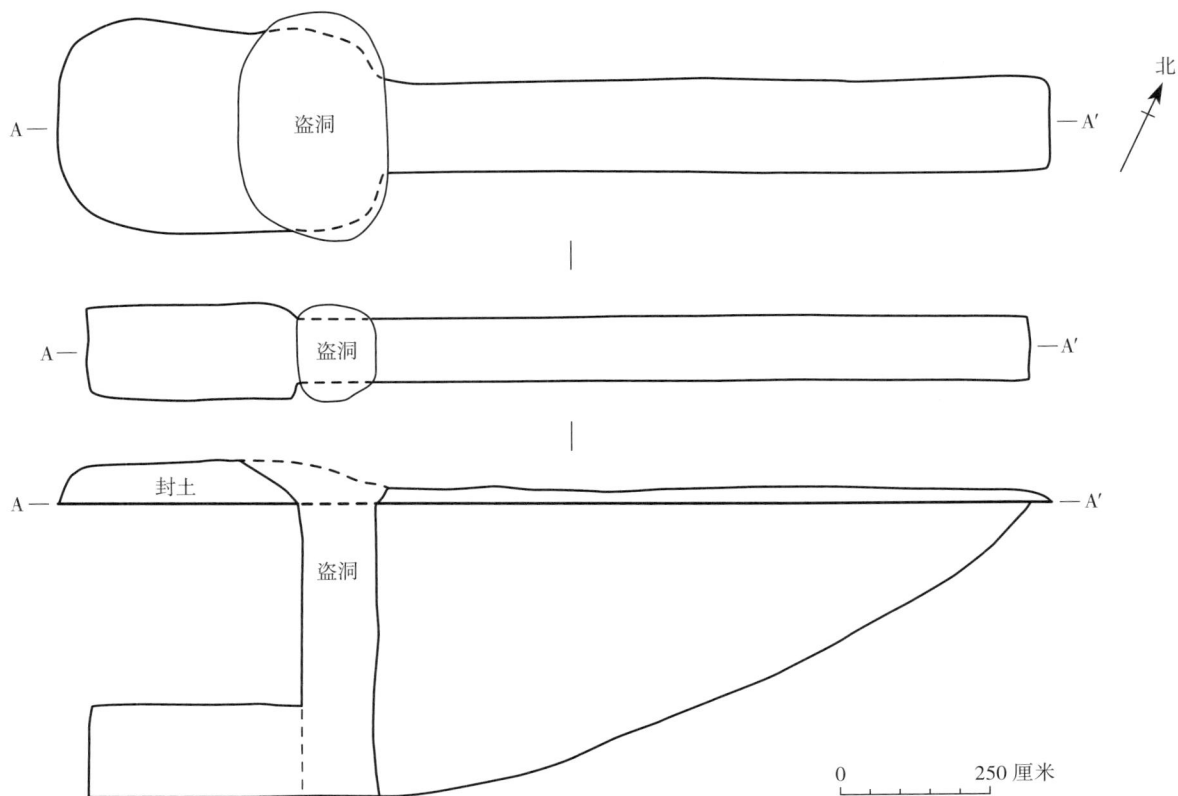

图八七　M63 平、剖面图

墓道上封土呈长垄状，长 11、宽 1.55、高 0.25 米。两段封土相接处见一椭圆形盗洞，口径 2.5~3.9 米，盗洞竖直向下，直至墓门，由墓门处进入墓室内。盗洞至墓门处直径 1.2、距封土表面深 5.5 米。墓道位于墓室东端，平面呈长条形，直壁，斜坡底，开口长 12.1、宽 1.1 米，坡长 12 米，底宽 1.1 米。墓道西端底部与墓室齐平，距地表深 5 米。墓室为依墓道西端向西掏挖形成的洞室，平面呈长方形，四壁略直，顶弧拱，底较平整，进深 3.5、宽 1.6、高 1.6 米。墓室内填大量从盗洞进入的细沙土（图八七）。

### 2. 葬具、葬式及埋藏状况

墓内遭严重盗扰，未发现葬具、人骨及随葬品。

## 六四　M64

位于墓群中部，东邻 M65。该墓为带斜坡墓道的单室洞室墓，由封土、墓道和墓室组成。墓向 150°。

### 1. 形制与结构

封土为开挖墓葬形成的沙石堆砌而成，其中墓室正上方封土呈丘状，底径 3.5~4.6、高 0.5 米；

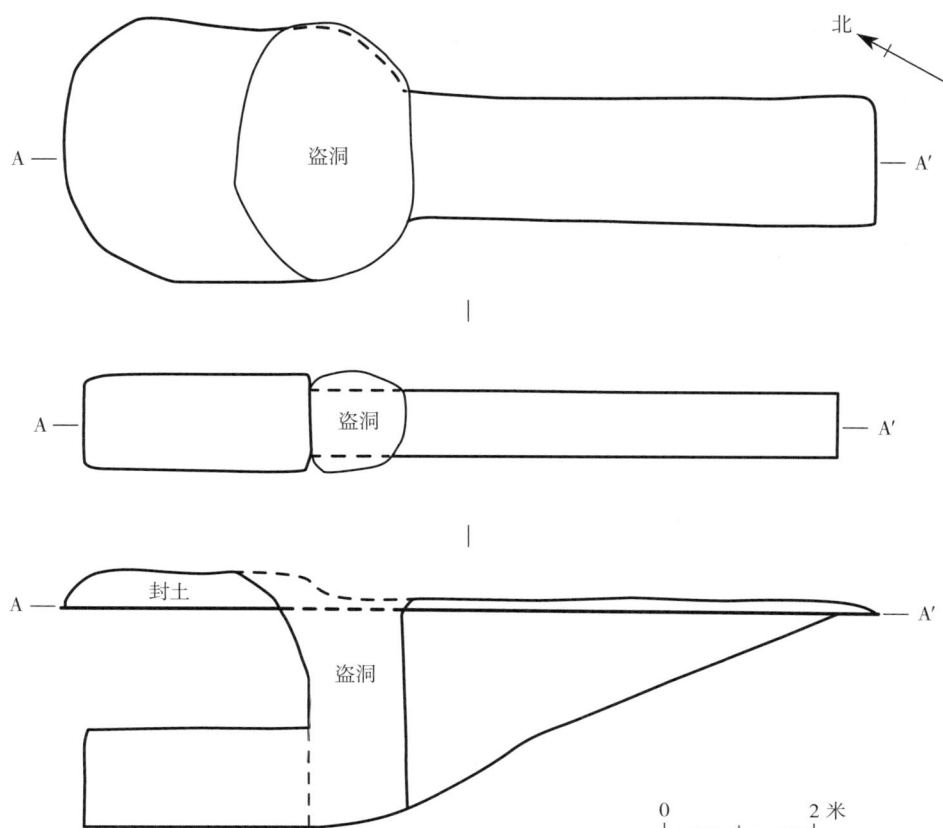

图八八　M64 平、剖面图

墓道上封土呈长垄状，长 6.15、宽 1.7、高 0.15 米。两段封土相接处见一椭圆形盗洞，口径 2.35~3.5 米，盗洞竖直向下，直至墓门，由墓门进入墓室内。盗洞至墓门处直径 1.3、距封土表面深 3.2 米。墓道位于墓室东端，平面呈长条形，直壁，斜坡底，开口长 7、宽 0.85 米，坡长 7.5 米，底宽 0.85 米。墓道西端底部与墓室齐平，距地表深 2.9 米。墓室为依墓道西端向西北掏挖形成的洞室，平面呈圆角长方形，四壁略直，顶弧拱，底较平整，进深 3、宽 1.3、高 1.4 米。墓室内填满从盗洞涌入的细沙土（图八八）。

**2. 葬具、葬式及埋藏状况**

墓内遭严重盗扰，未发现葬具、人骨及随葬品。

## 六五　M65

位于墓群中部偏东，西邻 M64，东邻 M66。该墓为带斜坡墓道的单室洞室墓，由封土、墓道和墓室组成。墓向 157°。

**1. 形制与结构**

封土为开挖墓葬形成的沙石堆砌而成，其中墓室正上方封土呈丘状，底径 4.2~4.95、高 0.75

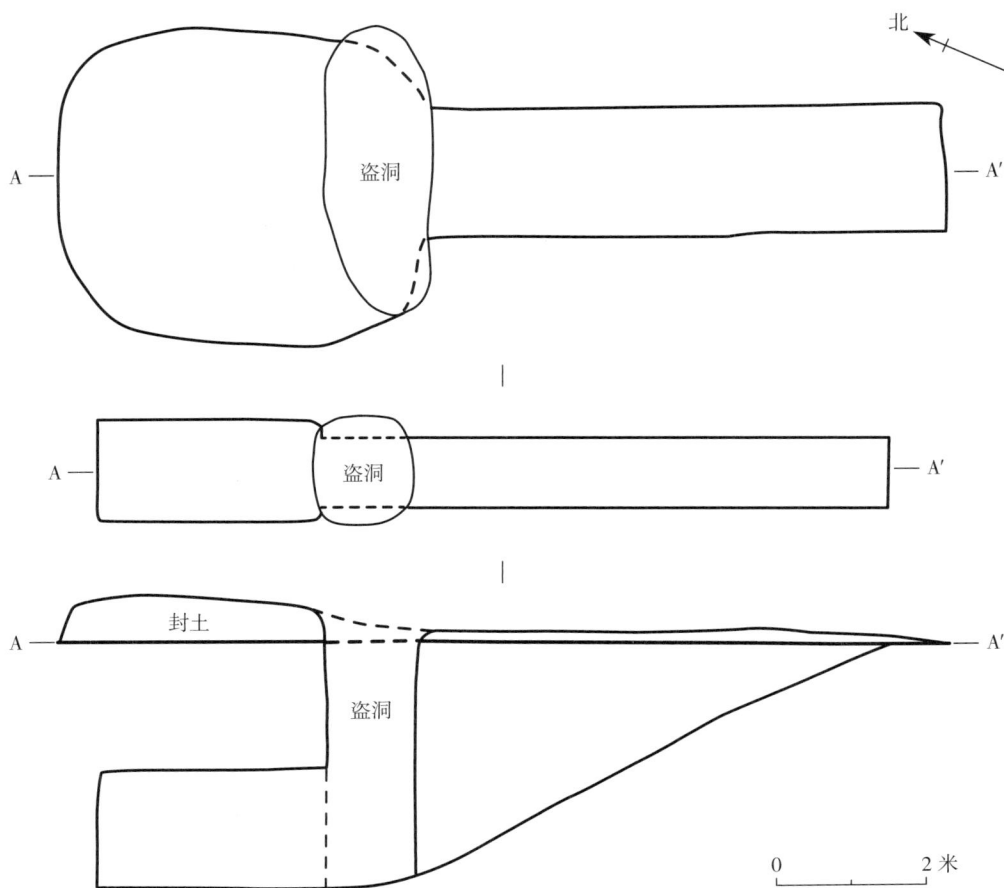

图八九　M65 平、剖面图

米；墓道上封土呈长垄状，长 6.8、宽 1.7、高 0.15 米。两段封土相接处见一椭圆形盗洞，口径
1.45~3.95 米，盗洞竖直向下，直至墓门，由墓门进入墓室内。盗洞至墓门处直径 1.2、距封土表
面深 3.5 米。墓道位于墓室南端，平面呈长条形，直壁，斜坡底，开口长 7、宽 0.85 米，坡长 8.1
米，底宽 0.85 米。墓道北端底部与墓室齐平，距地表深 3.35 米。墓室为依墓道北端向西北掏挖
形成的洞室，平面呈圆角长方形，四壁略直，顶弧拱，底较平整，进深 3、宽 1.4、高 1.6 米。墓
室内填大量从盗洞进入的细沙土（图八九）。

**2. 葬具、葬式及埋藏状况**

墓内遭严重盗扰，未发现葬具及人骨，墓室扰土中仅见陶罐 1 件。

**3. 随葬器物**

1 件。为陶罐。

M65：1，泥质灰陶。侈口，方唇，束颈，溜肩，鼓腹，平底。肩附两牛鼻耳，肩部一侧有一
小圆孔。颈下有一周凸弦纹，腹部有拍印绳纹。口径 13、腹径 30.4、底径 12、高 33 厘米（图九〇；
彩版五二）。

## 六六　M66

位于墓群中部偏东，东邻 M67。该墓为带斜坡墓道的单室洞室墓，由封土、墓道和墓室组成。墓向 163°。

### 1. 形制与结构

封土为开挖墓葬形成的沙石堆砌而成，其中墓室正上方封土呈丘状，底径 3.9~4、高 0.6 米；墓道上封土呈长垄状，长 6.5、宽 1.6、高 0.2 米。两段封土相接处见一椭圆形盗洞，口径 1.45~2.9 米，盗洞竖直向下，直至墓门，由墓门进入墓室内。盗洞至墓门处直径 1、距封土表面深 3.8 米。墓道位于墓室南端，平面呈长条形，直壁，斜坡底，开口长 7、宽 0.85 米，坡长 7.5 米，底宽 0.85 米。墓道北端底部与墓室齐平，距地表深 3 米。墓室为依墓道北端向北掏挖形成的洞室，平面呈长方形，四壁略直，顶弧拱，底较平整，进深 2.5、宽 1.3、高 1.3 米。墓室内填满从盗洞进入的细沙土（图九一）。

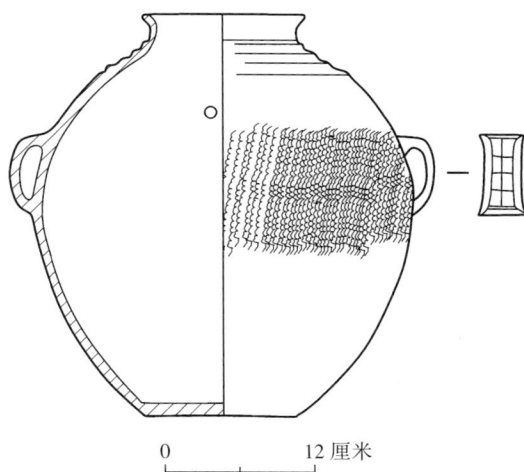

图九〇　M65 出土器物
陶罐（M65∶1）

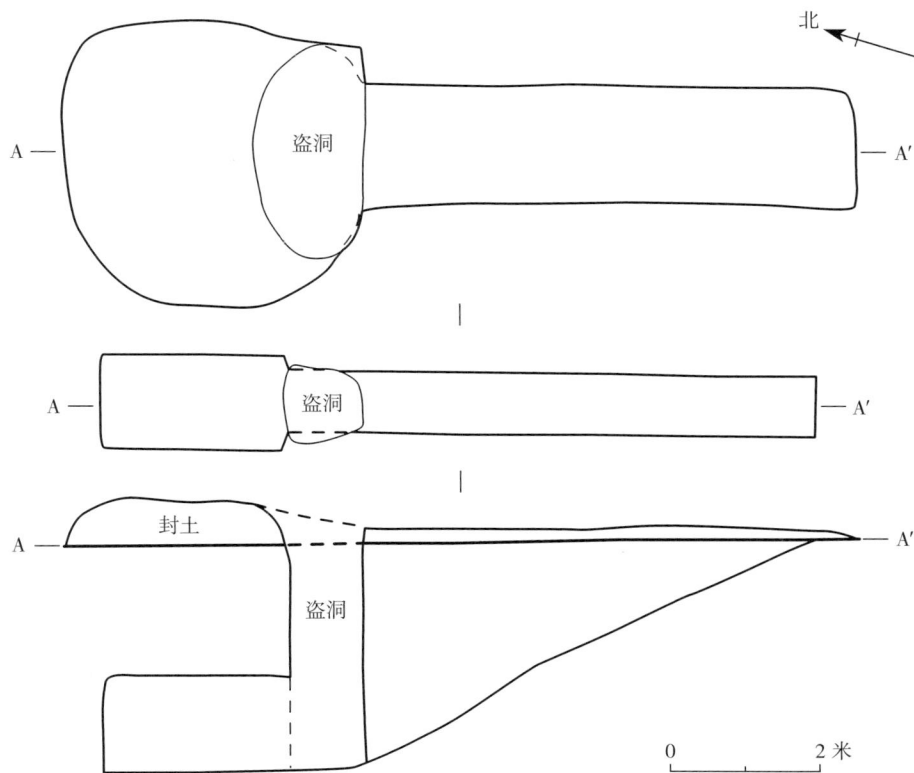

图九一　M66 平、剖面图

## 2. 葬具、葬式及埋藏状况

墓内遭严重盗扰，未发现葬具、人骨及随葬品。

## 六七　M67

位于墓群东部，西邻 M66，南邻 M68。该墓为带斜坡墓道的单室洞室墓，由封土、墓道、封门和墓室组成。墓向 168°。

### 1. 形制与结构

封土为开挖墓葬形成的沙石堆砌而成，其中墓室正上方封土呈丘状，底径 4.6~5.1、高 0.6 米；墓道上封土呈长垄状，长 6.9、宽 2.25、高 0.25 米。墓室正上方封土堆与墓道结合处有一椭圆形盗洞，口径 2.4~4 米。盗洞竖直向下，直至墓门，由墓门处进入墓室。墓道位于墓室以南，平面呈长条形，直壁，斜坡底，开口长 7.5、宽 0.95 米，坡长 8.5 米，底宽 0.95 米，底距地表深 3.2 米。墓门遭盗洞破坏，情况不详。墓室为依墓道末端即北端向北掏挖形成的洞室，平面呈长方形，四壁略直，顶微拱，进深 3.2、宽 1.4、高 1.5 米（图九二）。

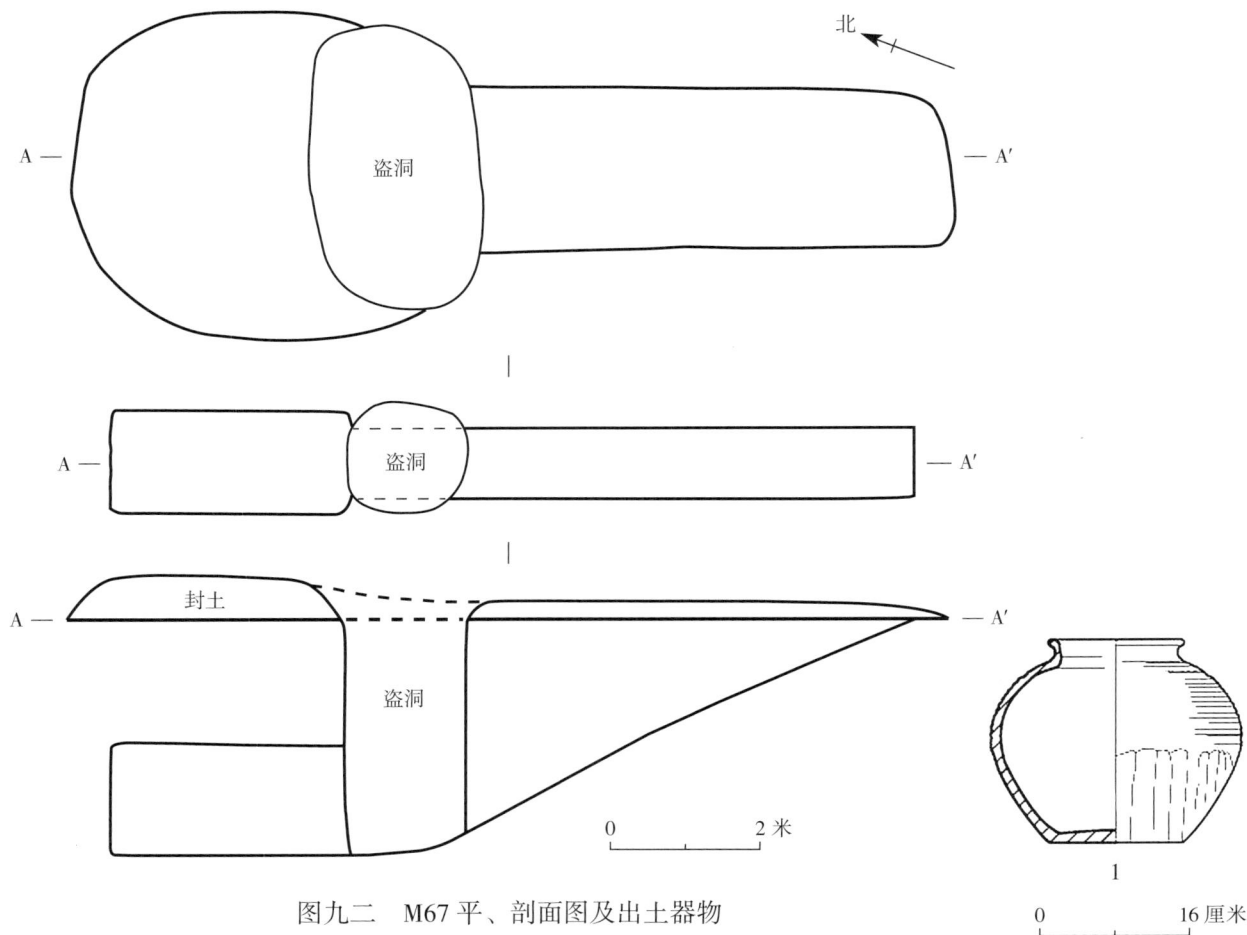

图九二　M67 平、剖面图及出土器物

1. 陶罐（M67：1）

### 2. 葬具、葬式及埋藏状况

墓内遭严重盗扰，未见葬具及人骨。墓室内填土中出土残陶罐 1 件。

### 3. 随葬器物

1 件。为陶罐。

M67：1，泥质灰陶。侈口，圆唇，束颈，圆肩，鼓腹，平底。肩上钻有一小圆孔，腹部饰数道凹弦纹。下腹刮削修整。口径 14.5、腹径 26.4、底径 14、高 22 厘米（图九二，1；彩版五一，4）。

## 六八　M68

位于墓群中部，北邻 M67。该墓为带斜坡墓道的单室洞室墓，由封土、墓道和墓室组成。墓向 162°。

### 1. 形制与结构

封土为开挖墓葬形成的沙石堆砌而成，其中墓室正上方封土呈丘状，底径 3.9~5、高 0.75 米；墓道上封土呈长垄状，长 6、宽 1.8、高 0.1 米。两段封土相接处见一椭圆形盗洞，口径 2~3.6 米，盗洞竖直向下，直至墓门，由墓门处进入墓室内。盗洞至墓门处直径 1.25、距封土表面深 3.7 米。

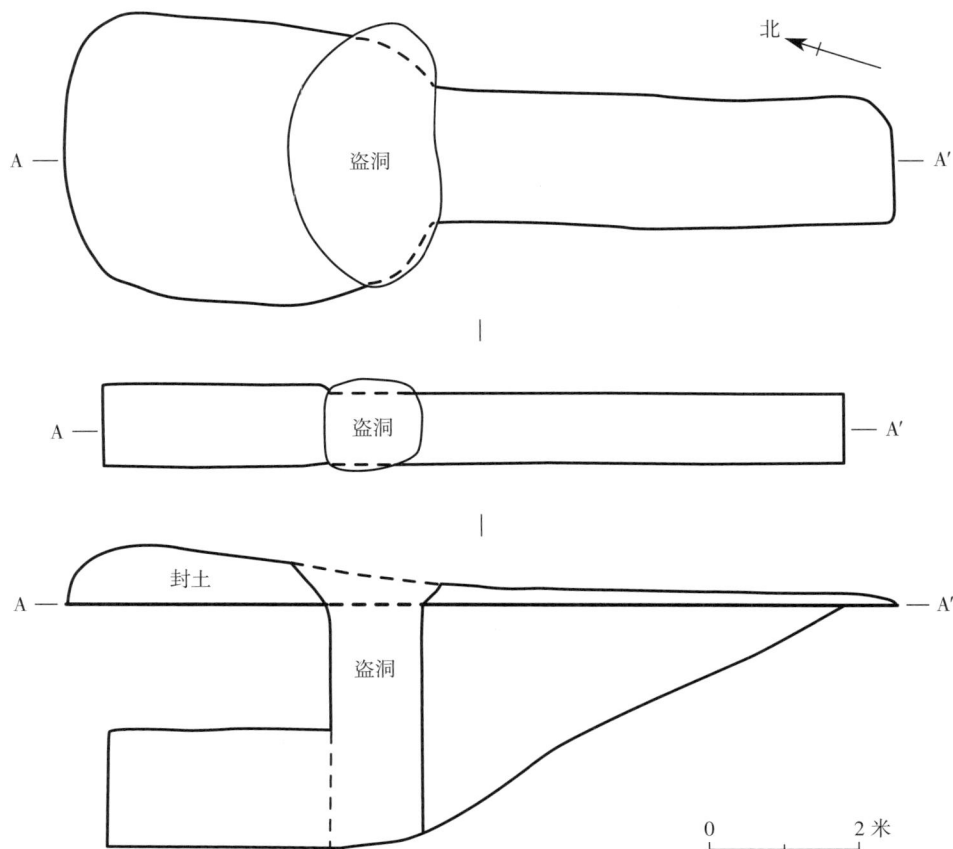

图九三　M68 平、剖面图

墓道位于墓室南端，平面呈长条形，直壁，斜坡底，开口长 6.9、宽 0.95 米，坡长 7.75 米，底宽 0.95 米。墓道北端底部与墓室齐平，距地表深 3.35 米。墓室为依墓道北端向北掏挖形成的洞室，平面呈长方形，四壁略直，顶弧拱，底较平整，进深 3、宽 1.1、高 1.6 米。墓室内填满从盗洞进入的细沙土（图九三）。

### 2. 葬具、葬式及埋藏状况

墓内遭严重盗扰，未发现葬具、人骨及随葬品。

## 六九　M69

位于墓群中部偏东。该墓为带斜坡墓道的双室砖室墓，由封土、墓道、甬道、封门和前、后墓室组成。墓向 70°。

### 1. 形制与结构

封土为开挖墓葬形成的沙石堆砌而成，其中墓室正上方封土呈长方形沙土台状，东西长 6、南北宽 3.5、高 0.5 米。在封土正中可见一长方形盗坑，盗坑东西长 4.8、南北宽 2.4 米，盗坑壁近竖直，未及墓底，距开口深 3.2 米；墓道上封土呈长垄状，长 6.8、宽 1.1、高 0.35 米。墓道位于墓坑东端，平面呈长条形，内填松散的沙石，斜坡底，开口长 7.3、宽 0.7 米，坡长 7.8 米，底宽 0.7 米。墓道北端底部近墓门处与墓坑地面平齐，距地表深 3.7 米。甬道平面呈长方形，用条砖纵横叠砌，顶部遭盗扰破坏，结构不详，进深 0.42、宽 0.7、残高 0.45 米。甬道口用砖砌封门，封门墙残存两层，用条砖纵立竖砌。墓室位于墓道西侧，分前、后室，平面呈"凸"字形，顶部因盗扰坍塌，结构不详。现存墓室侧壁均为条砖错缝平砌，后墙为条砖三层平砌加一层立砌。底部用条砖横向错缝平铺，后室底较前室高 0.1 米。前室进深 0.66、宽 1.6、残高 0.45 米；后室进深 2.54、宽 1.2、残高 0.35 米。甬道、墓墙、铺地条砖规格均相同，长 42、宽 21、厚 5 厘米（图九四；彩版五三）。

### 2. 葬具、葬式及埋藏状况

后室东西向置放木棺两具，木棺均由底板、左右侧板、前后挡板和盖板组成，用榫卯结构套合而成。两具木棺平面均呈梯形，盖板均已腐朽，具体结构不详。Ⅰ号棺位于后室北侧，残长 2.46、宽 0.5~0.54、残高 0.26 米，棺板厚 0.07 米。棺内置男性人骨 1 具，人骨仰身直肢，头向东，面向上，保存较好。人骨头部枕"T"形木枕，双手处各随葬 1 件木手握，身上多处放置墨绘梳形木片和墨绘人形木片，身下有垫衬的毛织物残迹。Ⅱ号棺位于后室南侧，残长 1.9、宽 0.32~0.42 米，侧板厚 0.06 米。棺内女性人骨 1 具，保存较差，骨骼经扰乱，较凌乱，葬式似仰身直肢，头骨缺失。

随葬品以陶器最多，其次为铜器和木器。陶器有罐、灶、钵、井、壶、盘、耳杯、盆、熏炉等（彩版五四）。主要置放在前室，个别放在后室门北侧。木器有衣物疏、墨绘梳形木片、墨绘人形木片、枕、牛车、手握等。木牛置放在前室东南角，旁有木车残件残迹，车旁发现有木人俑，其他木器均置放在棺内。铜器有镜、环、钗、钱币等。Ⅰ、Ⅱ号棺人头骨旁各随葬铜镜 1 件；Ⅱ号棺人骨头部随葬小铜环、铜钗等；钱币散落在人骨周围。

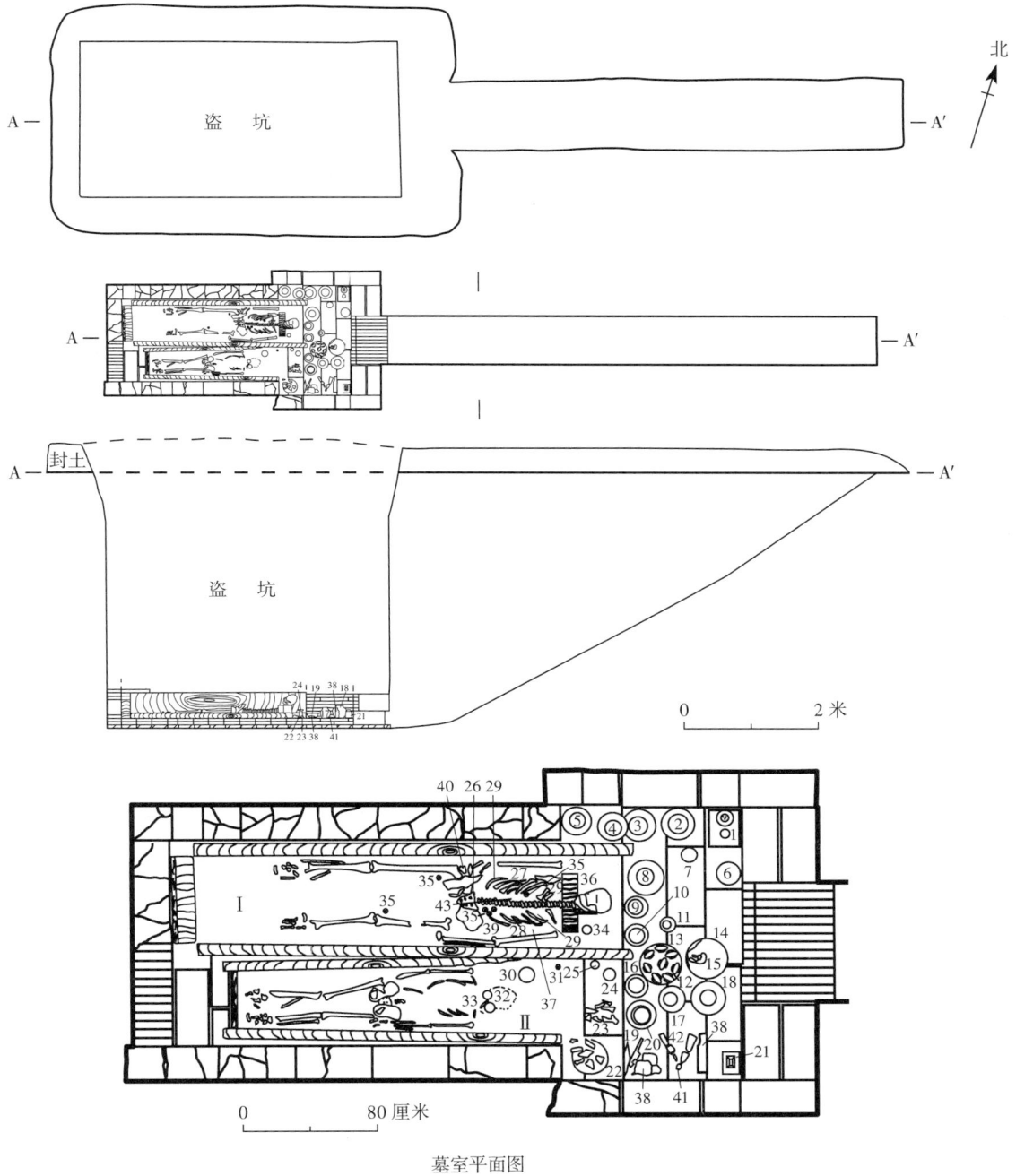

墓室平面图

图九四　M69 平、剖面图

1.陶灶（带甑）　2~5、8、11、17、18、20、22、23、45.陶罐　6、44.陶钵　7.陶井　9、10、16.陶壶　12.陶耳杯
13、14.陶盘　15.陶盏　19.陶盆　21.陶仓　24.陶灯　25.陶熏炉　26.木板　27.木衣物梳　28、37.墨绘人形木片
29.墨绘梳形木片　30、34.铜镜　31、35.铜钱　32.铜环　33.铜钗　36.木枕　38.木牛车　39.木刀　40.木手握
41、42.木人俑　43.石墨（44、45 为扰土中出土）

### 3. 随葬器物

45件（组）。有陶器、木器、铜器等。

（1）陶器

27件（组）。

**陶壶**　3件。

M69：9，泥质灰陶。敞口，方唇，束颈，高领，蒜头形腹，假圈足底，圈足刮削修整成多棱状。沿外有一周凹弦纹，腹部有一带状纹。轮制。口径10.2、腹径15、底径12.5、高27厘米（图九五，1；彩版五五，1）。

M69：10，泥质灰陶。敞口，方唇，束颈，高领，鼓腹，假圈足底，圈足刮削修整成多棱状。口沿外有一周凹弦纹，腹部有一带状纹。口径10.2、腹径14.8、底径11.5、高26厘米（图九五，2；彩版五五，2）。

M69：16，釉陶壶，泥质红陶，外施绿釉。敞口，方唇，束颈，高领，蒜头形腹，高假圈足底外撇。底残留有烧制时的支钉。圈足经刮削修整成多棱状。口径10.5、腹径13.6、底径12、高26.5厘米（图九五，3；彩版五五，3）。

**陶罐**　12件。

M69：2，泥质灰陶。盘口，束颈，圆肩，鼓腹，平底内凹。素面。轮制。口径11、腹径17.5、底径10、高13.5厘米（图九六，1；彩版五五，4）。

M69：3，泥质灰陶。盘口，方唇，束颈，圆肩，鼓腹，平底内凹。素面。轮制。口径11.8、腹径19、底径12、高14.6厘米（图九六，2；彩版五六，1）。

M69：5，泥质灰陶。盘口，方唇，束颈，鼓腹，平底内凹。下腹刮削修整，轮制。口径10.5、腹径17、底径12、高13.4厘米（图九六，3；彩版五六，2）。

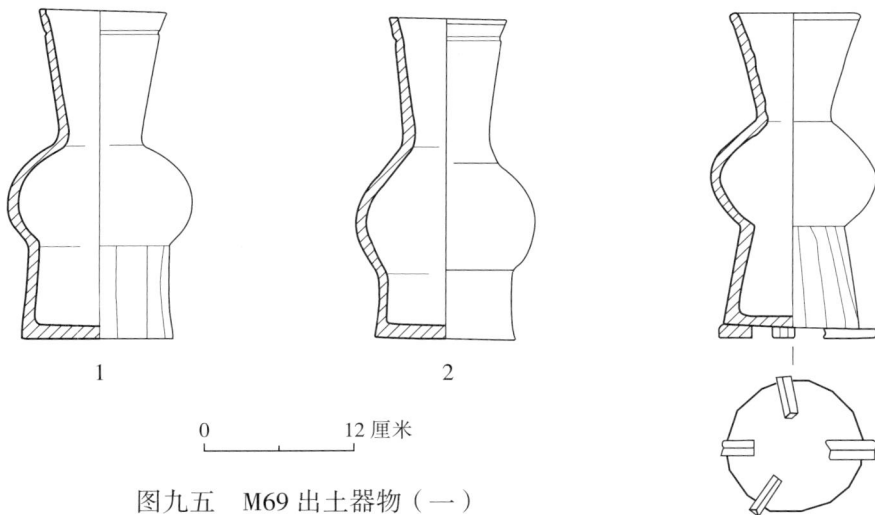

0　　　　12厘米

图九五　M69出土器物（一）

1、2.陶壶（M69：9、M69：10）　　3.釉陶壶（M69：16）

　　M69：8，泥质灰陶。盘口，圆唇，束颈，鼓肩，下腹斜收，平底。肩至腹部有数周暗弦纹。下腹刮削修整。口径 10.4、腹径 20.4、底径 11、高 16.4 厘米（图九六，4；彩版五六，3）。

　　M69：18，泥质灰陶。盘口，方唇，束颈，圆肩，鼓腹，平底。上腹饰竖向绳纹，间饰六道凹弦纹。口径 9.5、腹径 19、底径 11、高 17 厘米（图九六，5；彩版五六，4）。

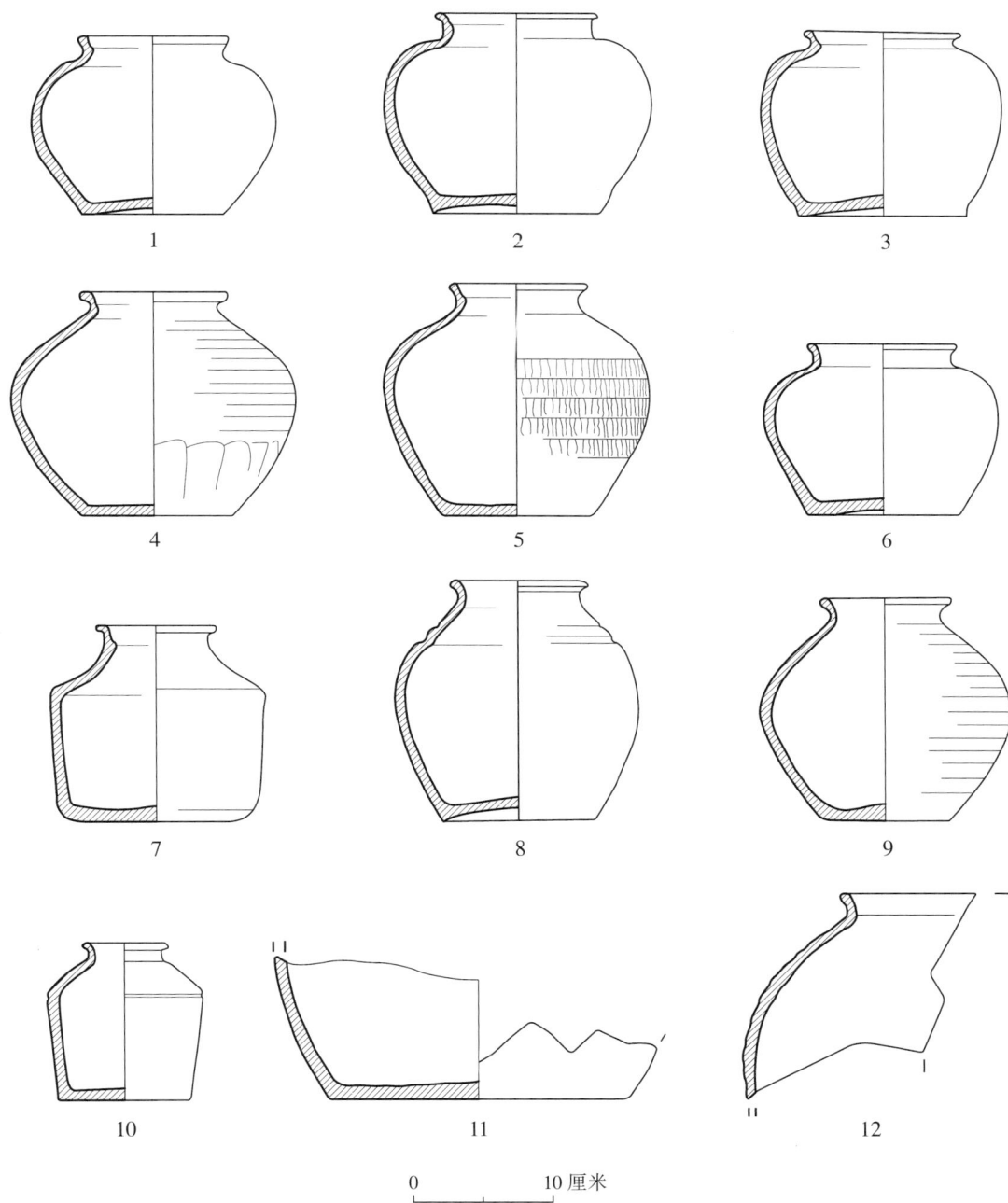

图九六　M69 出土器物（二）

1~12. 陶罐（M69：2、M69：3、M69：5、M69：8、M69：18、M69：20、M69：45、M69：4、M69：17、M69：11、M69：22、M69：23）

M69：20，泥质灰陶。盘口，方唇，束颈，圆肩，鼓腹，平底内凹。口径 11、腹径 17、底径 11、高 12.4 厘米（图九六，6；彩版五六，5）。

M69：45，泥质灰陶。盘口，方唇，束颈，折肩，直腹，平底。肩至腹部有数道凹弦纹。口径 8.6、腹径 15.2、底径 11.6、高 14.5 厘米（图九六，7；彩版五六，6）。

M69：23，残，仅剩部分口沿及腹片。盘口，圆唇，束颈，鼓腹。腹部饰竖向绳纹，间饰凹弦纹。残高 15.2 厘米（图九六，12）。

M69：4，泥质灰陶。侈口，卷沿，斜方唇，束颈，溜肩，鼓腹，平底内凹。肩部饰两周凹弦纹。口径 10、腹径 17.6、底径 11、高 17.6 厘米（图九六，8；彩版五七，1）。

M69：11，泥质灰陶。侈口，卷沿，圆唇，束颈，折肩，近直腹，平底。上腹部有凹弦纹一周。下腹有轮制痕迹。口径 6.5、腹径 11.4、底径 9、高 11.6 厘米（图九六，10；彩版五七，2）。

M69：17，泥质灰陶。侈口，卷沿，方唇，束颈，圆肩，鼓腹，平底。肩至腹部有弦纹。口径 9.6、腹径 18、底径 9、高 16.5 厘米（图九六，9；彩版五七，3）。

M69：22，残，泥质灰陶。仅剩罐底，平底。底径 20.5、残高 10 厘米（图九六，11）。

**陶灶（带甑）**　1 组。

M69：1，灶上有甑。M69：1-1，陶甑。泥质灰陶。敞口，折沿，近斜直腹，平底。底有箅孔。口径 10.4、底径 4、高 5.2 厘米（彩版五七，5）。M69：1-2，陶灶。泥质灰陶。平面呈长方形，灶身有两火眼，灶面上有模印灶具，前有火门。长 22、宽 17、高 7.1 厘米（图九七，1；彩版五七，5）。

**陶灯**　1 件。

M69：24，泥质灰陶。盘浅，高柄，内空，喇叭状器座。轮制。口径 7、底径 7.5、高 11 厘米（图九七，2；彩版五七，4）。

**陶钵**　2 件。

M69：6，泥质灰陶。侈口，折沿，沿下略凹，弧腹，平底。下腹近底处有刮削修整，轮制。口径 14、底径 7、高 6 厘米（图九七，3；彩版五八，1）。

M69：44，泥质灰陶。侈口，折沿，沿外略凹，弧腹，平底内凹。口径 17、底径 9、高 8 厘米。出土于前室扰土中陶灶附近，可能与灶配套（图九七，4；彩版五八，2）。

**陶仓**　1 件。

M69：21，泥质灰陶。由仓身和仓盖组成。仓盖呈“人”字形，盖檐较短。仓身椭圆状，上小底大。器身有刻划梯状纹及窗口。轮制兼手制。底径 8.5~11.5、通高 15 厘米（图九七，5；彩版五八，3）。

**陶耳杯**　1 组。

M69：12，1 组 8 件。形制相同，皆置于 M69：13 陶盘上。泥质灰陶，模制。M69：12-1，长 7.5、宽 5、高 2 厘米（图九七，11；彩版五九，1）。

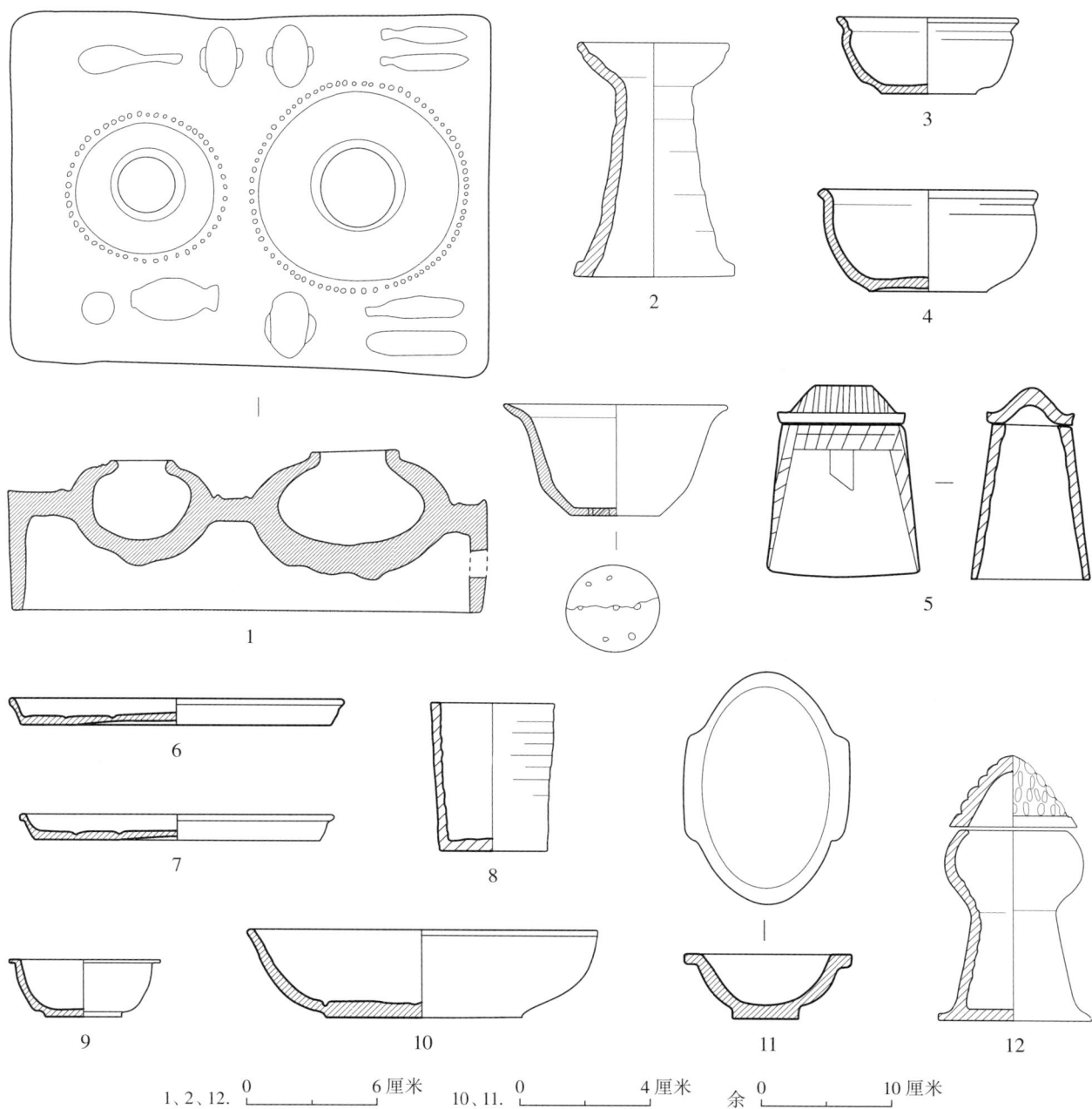

图九七　M69 出土器物（三）

1. 陶灶（带甑）（M69：1）　2. 陶灯（M69：24）　3、4. 陶钵（M69：6、M69：44）　5. 陶仓（M69：21）　6、7. 陶盘（M69：13、M69：14）　8. 陶井（M69：7）　9. 陶盆（M69：19）　10. 陶盏（M69：15）　11. 陶耳杯（M69：12-1）12. 陶熏炉（M69：25）

**陶盘**　2件。

M69：13，泥质灰陶。敞口，卷沿，方唇，浅腹，腹近斜直，平底内凹。内底有数周凹弦纹。轮制。口径 25.8、底径 23.4、高 2 厘米（图九七，6；彩版五九，1、2）。

M69：14，泥质灰陶。敞口，卷沿，方唇，浅腹，腹近斜直，平底内凹。内底有数周凹弦纹。轮制。口径 24、底径 22、高 2 厘米（图九七，7）。

**陶井** 1 件。

M69：7，泥质灰陶。直口，方唇，近直腹，平底。腹部有轮制痕迹。口径 9.4、底径 8、高 11.5 厘米（图九七，8；彩版五八，4）。

**陶盆** 1 件。

M69：19，泥质灰陶。敞口，折沿，弧腹，平底。底周有刮削修整。口径 11.5、底径 6、高 4.5 厘米（图九七，9；彩版五八，5）。

**陶熏炉** 1 件。

M69：25，泥质灰陶。敛口，圆唇，弧腹，高柄，柄内空，平底，盖为博山盖。盖口径 6、高 3.5 厘米，炉口径 4.8、腹径 6.4、底径 7、高 9 厘米，通高 12.5 厘米（图九七，12；彩版六〇，1、2）。

**陶盏** 1 件。

M69：15，泥质灰陶。敞口，圆唇，弧腹，平底。下腹及底部经刮削修整。口径 10.8、底径 6、高 2.8 厘米（图九七，10；彩版五八，6）。

（2）木器

11 件（组）。

**木人俑** 2 件。

M69：41，着冠，眉眼不清，双手置于腹部，束腰，长袍盖履，背扁平。素身无绘。手制。宽 5、高 23、厚 2 厘米（图九八，1；彩版六一，1）。

M69：42，着冠，眉眼不清，双手置于腹部，束腰，着袍至履，背扁平。素身无绘。头冠似幞头。手制。宽 5、高 22.5、厚 2 厘米（图九八，2；彩版六一，2）。

**木牛车** 1 件。

M69：38，木牛车。由 1 件木牛和 1 件木车组成。其中木牛腿杇残缺失，牛身用一整木刮削成，制作粗糙。长 24、残高 8 厘米（彩版六〇，3）。木车腐杇严重，可辨形者仅存一扇带辕的侧舆板，用整块木板刮削而成。通长 17.5、残高 6.5 厘米。

**木刀** 1 件。

M69：39，已变形。直背，双面刃，刀把扁条形，刀尖斜齐。长 21、宽 1.5 厘米（图九八，3；彩版六一，3）。

**木衣物疏** 1 件。

M69：27，腐杇严重，保存差，残件呈长条形。残长 21.3、残宽 1.7 厘米。正面竖行墨书两行文字，多模糊不清（彩版六二，1）。释文如下：

□□□□□车□□，□二枚，□巾一枚□□，

□□□一枚，大器□一□，粟三石，絮巾一枚，□华盖□□□。

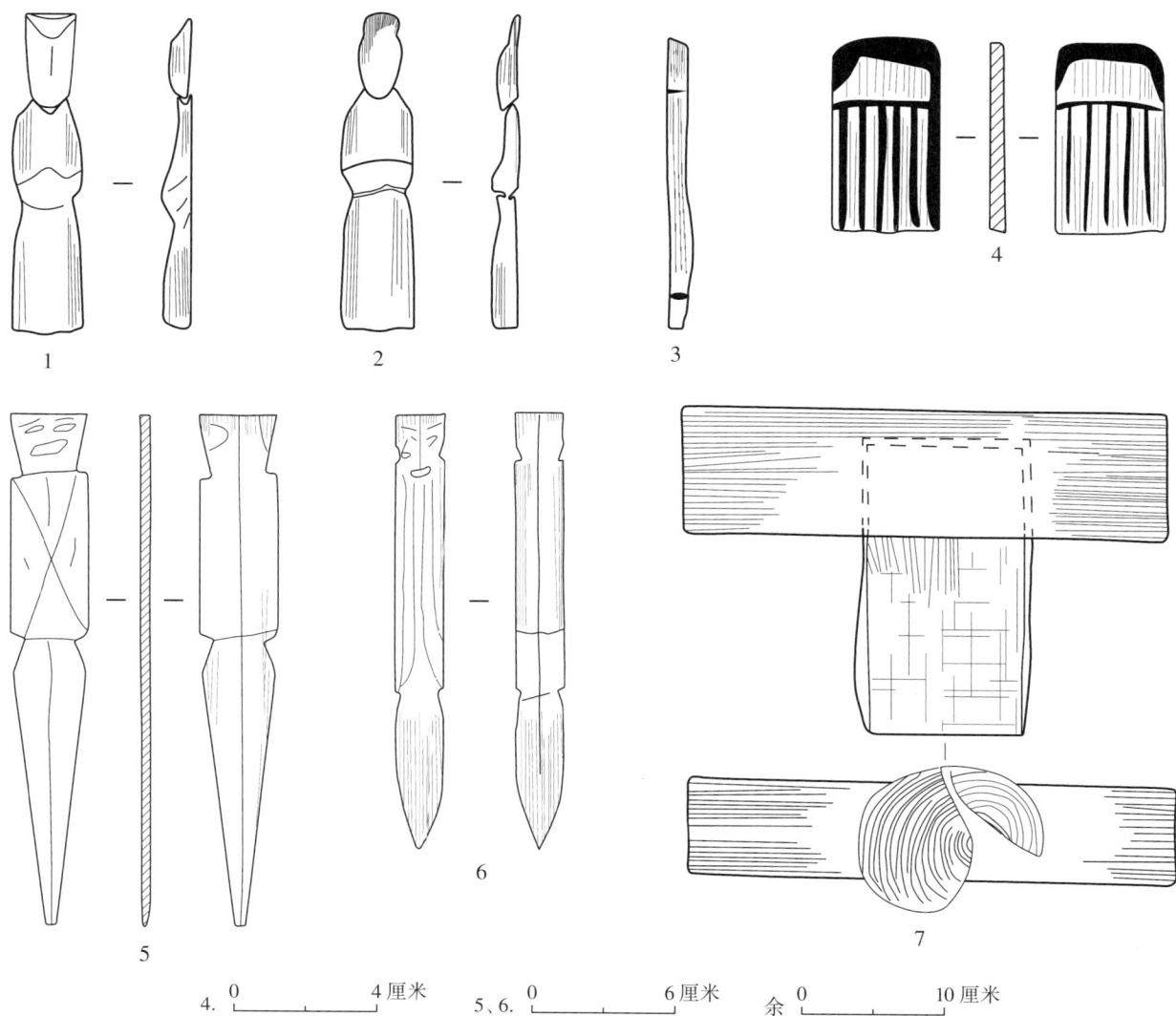

图九八　M69 出土器物（四）

1、2. 木人俑（M69：41、M69：42）　3. 木刀（M69：39）　4. 墨绘梳形木片（M69：29-1）　5、6. 墨绘人形木片（M69：28、M69：37-1）　7. 木枕（M69：36）

**墨绘人形木片**　2 件（组）。

M69：28，先用薄木片削成人的大致形状，再用墨线勾绘出人的五官、衣纹等。背面亦用墨线勾绘出较简单抽象的发辫及衣纹。宽 3.2、高 22、厚 0.4 厘米（图九八，5；彩版六二，2）。

M69：37，1 组 4 件。形制相近。均先用薄木片削成人的形状，再用墨线描画出人的五官、衣纹等。背面描画较简单抽象，似发辫。M69：37-1，残长 18.8、宽 2.1 厘米（图九八，6；彩版六三，1）。

**墨绘梳形木片**　1 组。

M69：29，1 组 4 件。形状相近。皆为上部略拱，下部呈方形的薄木片，正、反两面用墨线勾画出梳子纹样。M69：29-1，长 5.4、宽 3、厚 0.4 厘米（图九八，4；彩版六四，1）。

**木枕**　1 件。

M69：36，用两条方木条榫卯成"T"形。素面。长 34、宽 23、厚 10 厘米（图九八，7；彩版六四，3）。

**木手握**　1 组。

M69：40，1 组 2 件。形状相同。均用一段木块削修成果核状，然后表面用墨线描有数道竖线纹。细端钻一穿孔，粗端左右各钻有一圆孔，似鱼眼。手制。M69：40-1，外径 4.6、高 7.6 厘米。M69：40-2，外径 4.4、高 7.6 厘米（图九九，1、2；彩版六三，2）。

**木板**　1 件。

M69：26，由一块木板整体雕刻而成，呈瓦刀状，一角残，形似带辕的车舆侧板。长 19、宽 9、厚 0.75~1.5 厘米（彩版六四，2）。

（3）铜器

6 件（组）。

**铜镜**　2 件。

M69：30，镜面略鼓。镜背中心一圆拱形钮，圆钮，钮座下为四出柿蒂花瓣纹，四叶间各有一字，隶书，为"主至三公"。其外圆饰八瓣内向连弧纹，连弧纹外为一周凹槽。镜背边缘宽素内斜，且高于内区，铸造。直径 7.2、缘厚 0.25、缘宽 1、钮高 0.6、钮宽 1 厘米（图一〇〇，1；

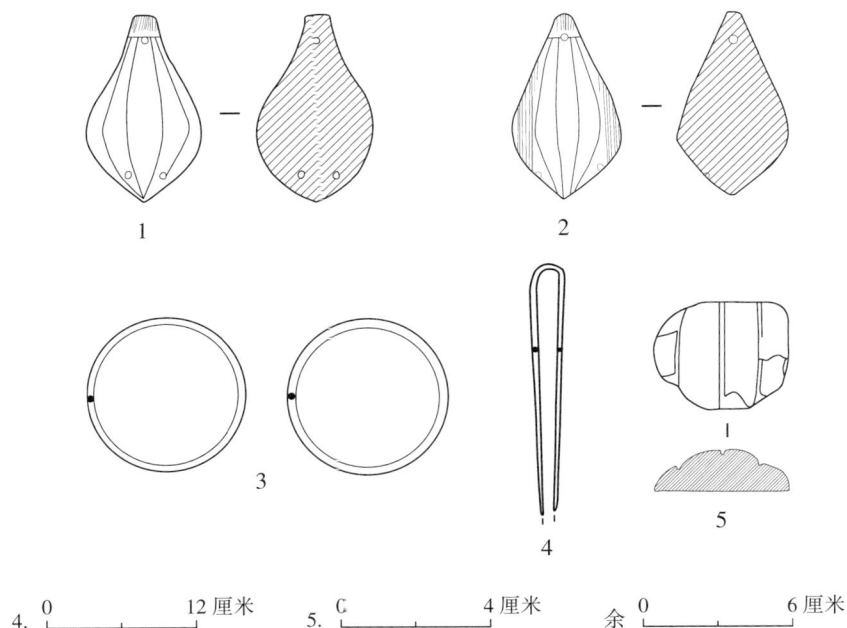

图九九　M69 出土器物（五）

1、2. 木手握（M69：40-1、M69：40-2）　3. 铜环（M69：32）　4. 铜钗（M69：33）　5. 石墨（M69：43）

彩版六五，1）。

M69：34，镜体厚重，镜面略鼓。镜背中心一半球形钮，圆拱形穿孔，圆形钮座，座外饰一周八瓣内向连弧纹，连弧间填饰短弧线。连弧纹外饰一周凸弦纹，内填密集的短斜线纹。弦纹外亦有一周凸弦纹，其外与宽缘结合处亦饰密集的短斜线纹。二弦纹间四乳突将该区平分成四部分，各部分内饰有相同的蟠螭纹和变形禽鸟纹。镜缘宽素内斜。铸造。直径10.2、缘厚0.3、缘宽0.95、钮高0.8、钮宽1.2厘米（图一〇〇，5；彩版六五，2）。

**铜环**　1组。

M69：32，1组2件。形制、大小皆相同。圆形，环体扁圆。素面（图九九，3；彩版六六，1）。M69：32-1，保存完整，外径6.3、内径5.7厘米；M69：32-2，环体略有残断。

**铜钗**　1件。

M69：33，顶端宽扁，由此弯折成"U"形，器身扁圆，尖端残。素面。铸造。残长20厘米（图九九，4；彩版六六，2）。

**铜钱**　2件（组）。

M69：31，为磨郭五铢钱。圆形方穿，正、背周缘均有郭，正面穿左右篆文"五铢"二字。字体笔画较粗，"五"字中间交笔与上下两横近垂直状，"铢"字"金"字头呈三角形，"金"字头下四点较长，"朱"字上下均圆折。钱周郭部分被磨去，背有内郭。钱径2.1、穿宽1、肉厚0.1厘米（彩版六六，4）。

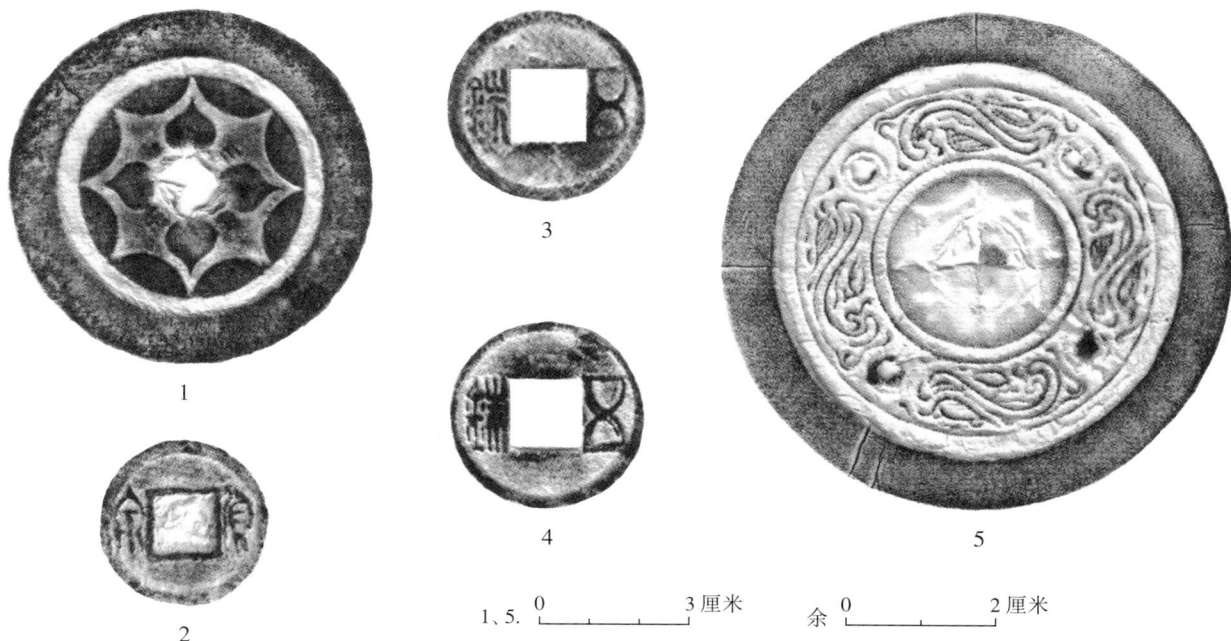

图一〇〇　M69出土铜镜、铜钱拓片

1、5. 铜镜（M69：30、M69：34）　2~4. 铜钱（M69：35-1、M69：35-2、M69：35-3）

M69：35，1组19枚，均圆形方穿，多锈蚀严重，字迹模糊不清。M69：35-1，为货泉。穿及周缘均有郭，正面穿左右篆文"货泉"二字。钱径2.2、穿径0.8、肉厚0.3厘米（图一〇〇，2；彩版六六，3）。M69：35-2，周缘均有郭，正面穿左右篆文"五铢"二字。钱径2.6、穿宽1、肉厚0.1厘米（图一〇〇，3；彩版六六，3）。M69：35-3，周缘均有郭，正面穿左右篆文"五铢"二字。钱径2.55、穿宽0.95、肉厚0.15厘米（图一〇〇，4；彩版六六，3）。

（4）石墨

M69：43，为底面平，后端侧面平齐，由后往前及两侧渐薄的块状。墨体黑质轻，表面有瓜棱纹。宽3.6、高1.1厘米（图九九，5；彩版六六，5）。

## 七〇　M70

位于墓群中部，北邻M69。该墓为带斜坡墓道的单室洞室墓，由封土、墓道和墓室组成。墓向71°。

### 1. 形制与结构

封土为开挖墓葬形成的沙石堆砌而成，其中墓室正上方封土呈丘状，底径3.5~4.5、高0.7米；墓道上封土呈长垄状，长6、宽1.9、高0.15米。两段封土相接处见一椭圆形盗洞，口径2.05~3.35

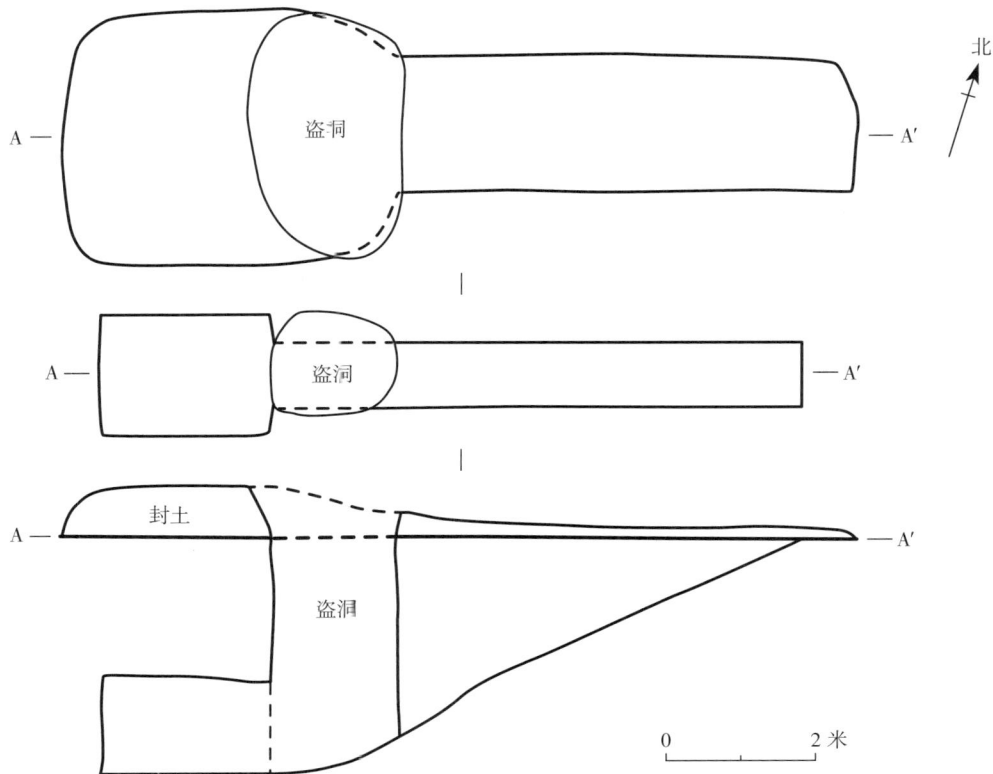

图一〇一　M70 平、剖面图

米，盗洞竖直向下，直至墓门，由墓门处进入墓室内。盗洞至墓门处直径 1.7、距封土表面深 3.8 米。墓道位于墓室东南端，平面呈长条形，直壁，斜坡底，开口长 7、宽 0.85 米，坡长 7.5 米，底宽 0.85 米。墓道西端底部与墓室齐平，距地表深 3.25 米。墓室为依墓道末端向西掏挖形成的洞室，平面呈长方形，四壁略直，顶弧拱，底较平整，进深 2.3、宽 1.7、高 1.35 米。墓室内填大量从盗洞进入的细沙土（图一〇一）。

### 2. 葬具、葬式及埋藏状况

墓内遭严重盗扰，未发现葬具、人骨及随葬品。

## 七一　M71

位于墓群中部，南邻 M72。该墓为带斜坡墓道的单室洞室墓，由封土、墓道和墓室组成。墓向 85°。

### 1. 形制与结构

封土为开挖墓葬形成的沙石堆砌而成，其中墓室正上方封土呈丘状，底径 3.8~4.85、高 0.75 米；墓道上封土呈长垄状，长 5.8、宽 1.8、高 0.25 米。两段封土相接处见一椭圆形盗洞，口径 1.85~3.45 米，盗洞竖直向下，直至墓门，由墓门处进入墓室内。盗洞至墓门处直径 1.5、距封土表面深 2.85 米。墓道位于墓室东端，平面呈长条形，直壁，斜坡底，开口长 7、宽 0.9 米，坡长 7.25 米，

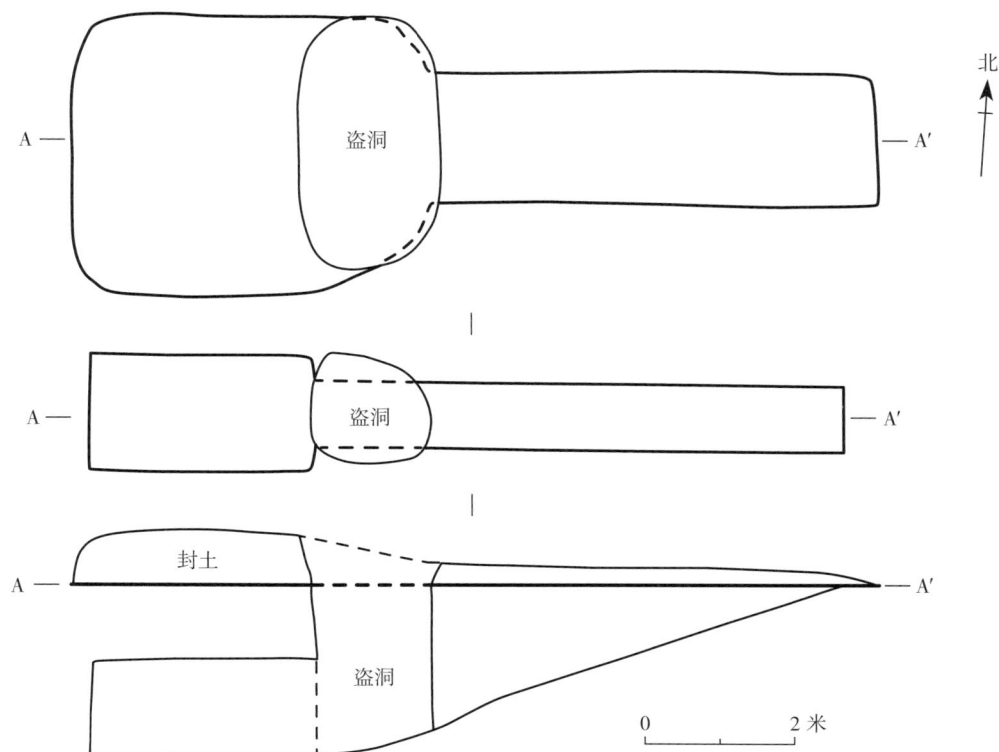

图一〇二　M71 平、剖面图

底宽 0.9 米。墓道西端底部与墓室齐平，距地表深 2.3 米。墓室为依墓道西端向西掏挖形成的洞室，平面呈长方形，四壁略直，顶弧拱，底较平整，进深 3、宽 1.6、高 1.3 米。墓室内填大量从盗洞进入的细沙土（图一〇二）。

### 2. 葬具、葬式及埋藏状况

墓内遭严重盗扰，未发现葬具、人骨及随葬品。

## 七二　M72

位于墓群中部，北邻 M71，南邻 M73。该墓为带斜坡墓道的单室洞室墓，由封土、墓道和墓室组成。墓向 75°。

### 1. 形制与结构

封土为开挖墓葬形成的沙石堆砌而成，其中墓室正上方封土呈丘状，底径 3.7~4.2、高 0.7 米；墓道上封土呈长垄状，长 5.25、宽 1.85、高 0.2 米。两段封土相接处见一椭圆形盗洞，口径 1.5~3.1 米，盗洞竖直向下，直至墓门，由墓门处进入墓室内。盗洞至墓门处直径 1.2、距封土表面深 3.1 米。墓道位于墓室东端，平面呈长条形，直壁，斜坡底，开口长 6、宽 0.8 米，坡长 6.5 米，底宽 0.8 米。墓道西端底部与墓室齐平，距地表深 2.6 米。墓室为依墓道西端向西掏挖形成的洞室，平

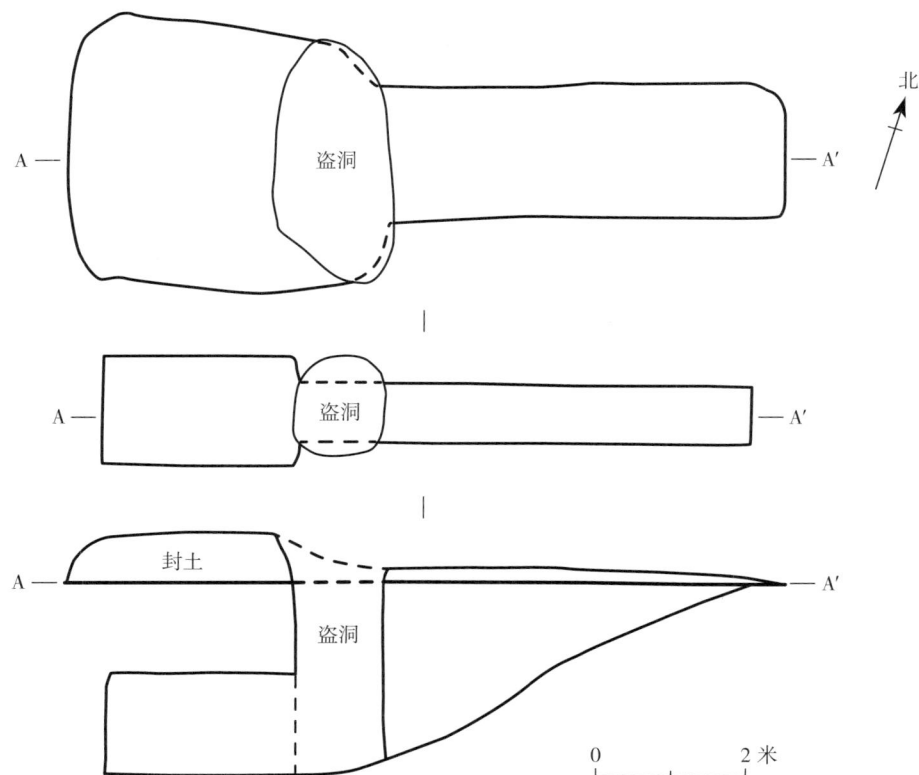

图一〇三　M72 平、剖面图

面呈长方形，四壁略直，顶弧拱，底较平整，进深 2.6、宽 1.5、高 1.35 米。墓室内填满从盗洞进入的细沙土（图一〇三）。

### 2. 葬具、葬式及埋藏状况

墓内遭严重盗扰，未发现葬具、人骨及随葬品。

## 七三　M73

位于墓群中部，北邻 M72。该墓为带斜坡墓道的单室洞室墓，由封土、墓道和墓室组成。墓向 83°。

### 1. 形制与结构

封土为开挖墓葬形成的沙石堆砌而成，其中墓室正上方封土呈丘状，底径 4.7~5.35、高 0.7 米；墓道上封土呈长垄状，长 6、宽 2.3、高 0.2 米。两段封土相接处见一椭圆形盗洞，口径 2.2~4.65 米，盗洞竖直向下，直至墓门，由墓门处进入墓室内。盗洞至墓门处直径 1.5、距封土表面深 3.6 米。墓道位于墓室东端，平面呈长条形，直壁，斜坡底，开口长 7、宽 0.9 米，坡长 7.6 米，底宽 0.9 米。

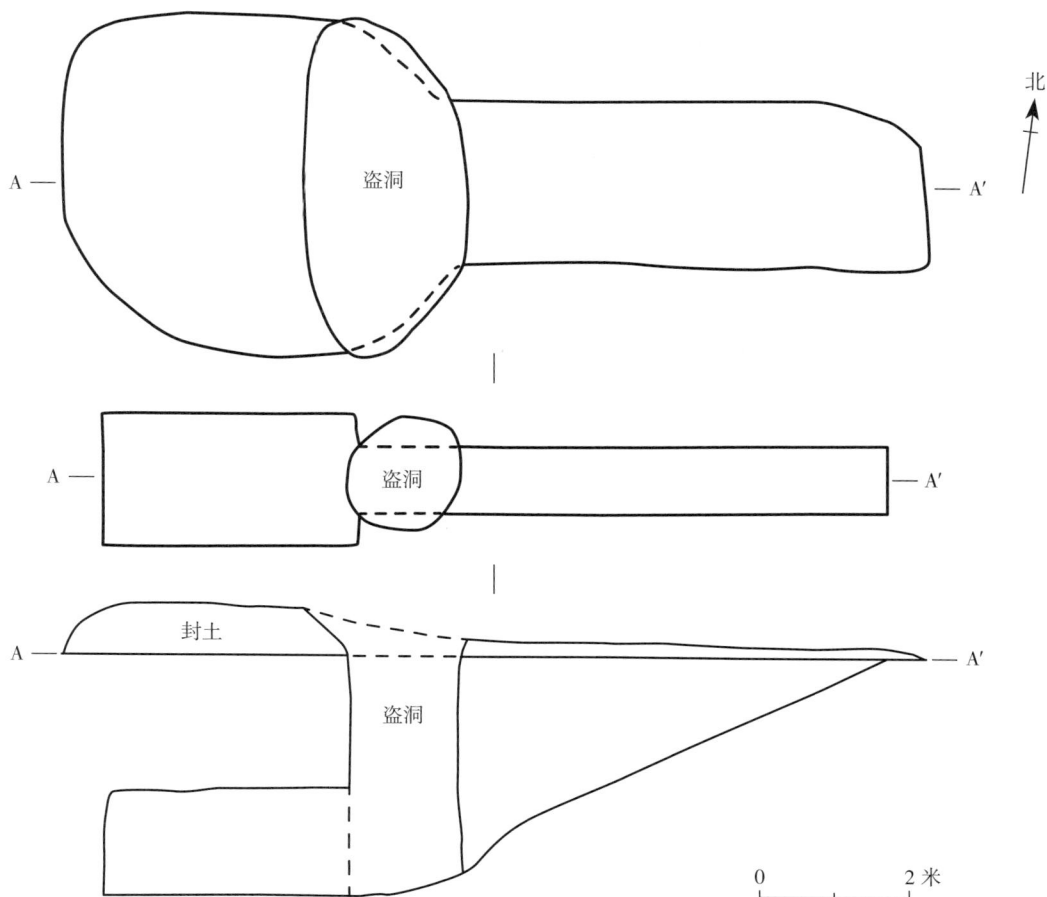

图一〇四　M73 平、剖面图

墓道西端底部与墓室齐平，距地表深 3.25 米。墓室为依墓道西端向西掏挖形成的洞室，平面呈长方形，四壁略直，顶弧拱，底较平整，进深 3.4、宽 1.8、高 1.45 米。墓室内填满从盗洞进入的细沙土（图一〇四）。

**2. 葬具、葬式及埋藏状况**

墓内遭严重盗扰，未发现葬具、人骨及随葬品。

## 七四　M74

位于墓群中部，北邻 M70，南邻 M75。该墓为带斜坡墓道的单室洞室墓，由封土、墓道、甬道和墓室组成。墓向 86°。

**1. 形制与结构**

封土为开挖墓葬形成的沙石堆砌而成，其中墓室正上方封土呈丘状，底径 3.9~5.25、高 0.35 米；墓道上封土呈长垄状，长 8、宽 1.8、高 0.35 米。两段封土相接处见一椭圆形盗洞，口径 2.6~3.8 米，盗洞竖直向下，直至墓门，由墓门处进入墓室内。盗洞至墓门处直径 1.1、距封土表面深 3.3 米。墓道位于墓室东端，平面呈长条形，直壁，斜坡底，开口长 8.8、宽 0.8 米，坡长 9.4 米，底宽 0.9 米。墓道西端底部与墓室齐平，距地表深 3 米。甬道、墓室为依墓道西端向西掏挖形成的洞室，

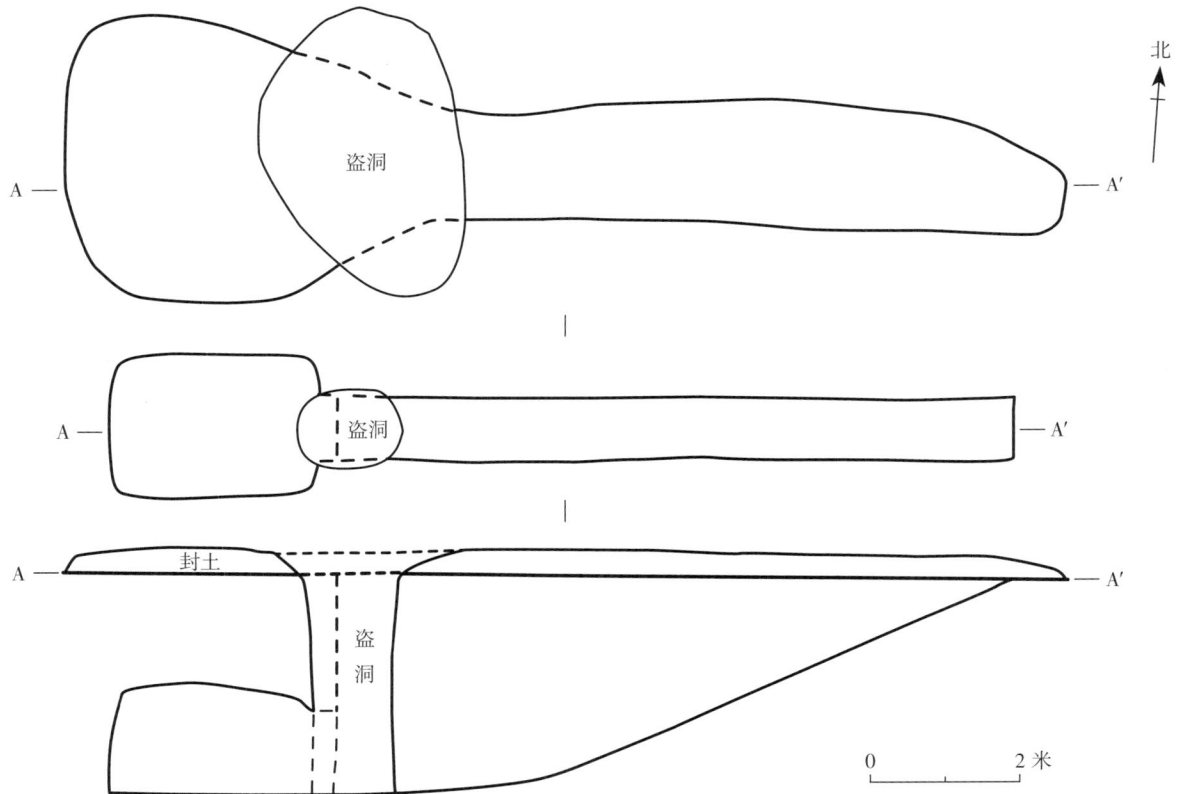

图一〇五　M74 平、剖面图

甬道平面呈长方形，顶较拱，部分遭破坏，进深 0.3、宽 0.9、高 1.1 米。墓室平面呈圆角长方形，四壁略直，顶弧拱，底较平整，进深 2.75、宽 1.9、高 1.5 米。墓室内填大量从盗洞进入的细沙土（图一〇五）。

### 2. 葬具、葬式及埋藏状况

墓内遭严重盗扰，未发现葬具、人骨及随葬品。

## 七五　M75

位于墓群中部，北邻 M74，南邻 M76。该墓为带斜坡墓道的单室洞室墓，由封土、墓道和墓室组成。墓向 86°。

### 1. 形制与结构

封土为开挖墓葬形成的沙石堆砌而成，其中墓室正上方封土呈丘状，底径 4.2~4.9、高 0.8 米；墓道上封土呈长垄状，长 7、宽 1.8、高 0.25 米。两段封土相接处见一长椭圆形盗洞，口径 1.95~5 米，盗洞竖直向下，直至墓门，由墓门处进入墓室内。盗洞至墓门处直径 1.1、距封土表面深 3.8 米。

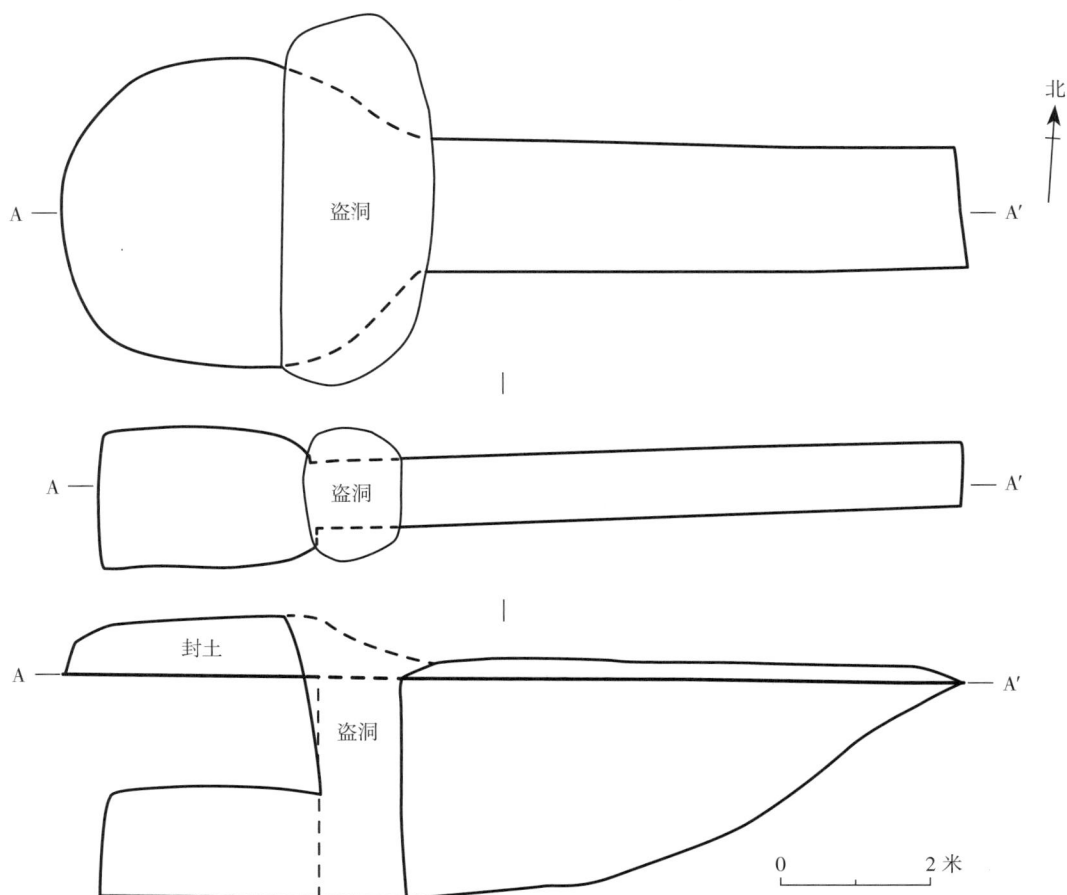

图一〇六　M75 平、剖面图

墓道位于墓室东端，平面呈长条形，直壁，斜坡底，开口长 8.5、宽 0.9 米，坡长 8.75 米，底宽 0.9 米。墓道西端底部与墓室齐平，距地表深 3 米。墓室为依墓道末端向西掏挖形成的洞室，平面呈长方形，四壁略弧，顶弧拱，底较平整，进深 3、宽 1.8、高 1.5 米。墓室内填满从盗洞进入的细沙土（图一〇六）。

### 2. 葬具、葬式及埋藏状况

墓内遭严重盗扰，未发现葬具、人骨及随葬品。

## 七六　M76

位于墓群中部，北邻 M75。该墓为带斜坡墓道的单室洞室墓，由封土、墓道和墓室组成。墓向 87°。

### 1. 形制与结构

封土为开挖墓葬形成的沙石堆砌而成，其中墓室正上方封土呈丘状，底径 4.3~5.5、高 0.65 米；墓道上封土呈长垄状，长 4.85、宽 1.9、高 0.25 米。两段封土相接处见一椭圆形盗洞，口径 2.1~3.7 米，盗洞竖直向下，直至墓门，由墓门处进入墓室内。盗洞至墓门处直径 1.5、距封土表面深 3 米。墓道位于墓室东端，平面呈长条形，直壁，斜坡底，开口长 5.85、宽 0.9 米，坡长 6.5 米，底宽 0.9

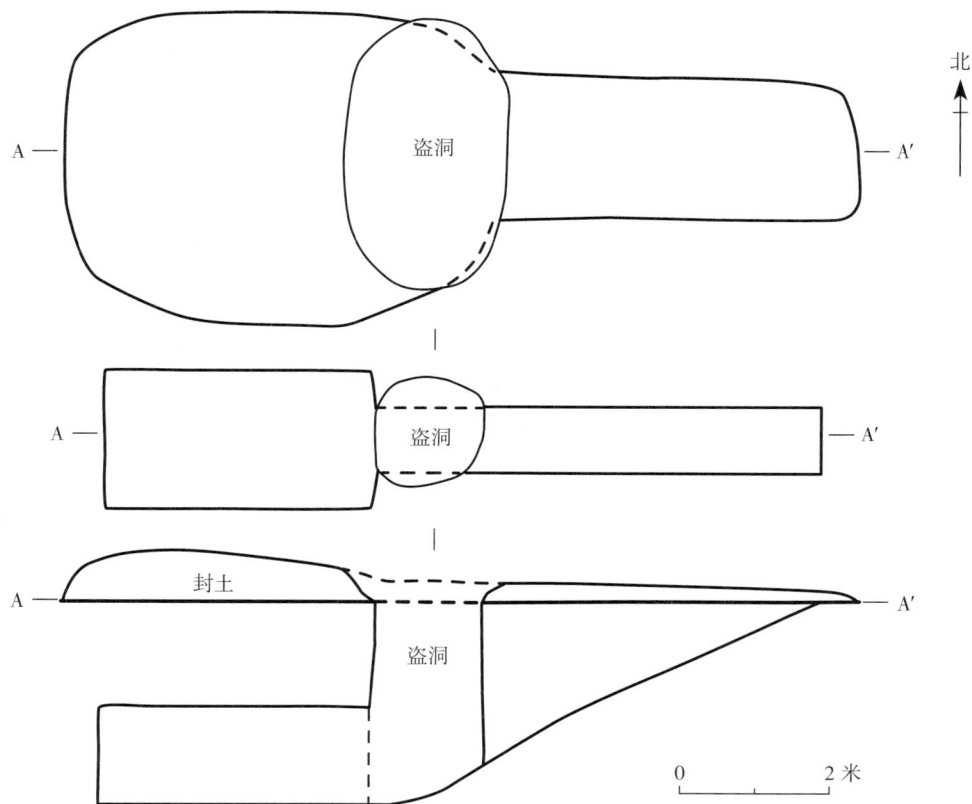

图一〇七　M76 平、剖面图

米。墓道西端底部与墓室齐平，距地表深 2.75 米。墓室为依墓道西端向西掏挖形成的洞室，平面呈长方形，四壁略直，顶弧拱，底较平整，进深 3.55、宽 1.9、高 1.35 米。墓室内填满从盗洞进入的细沙土（图一〇七）。

**2. 葬具、葬式及埋藏状况**

墓内遭严重盗扰，未发现葬具、人骨及随葬品。

## 七七 M77

位于墓群中部，北邻 M78。该墓为带斜坡墓道的单室洞室墓，由封土、墓道和墓室组成。墓向 80°。

**1. 形制与结构**

封土为开挖墓葬形成的沙石堆砌而成，其中墓室正上方封土呈丘状，底径 3.5~4.5、高 0.7 米；墓道上封土呈长垄状，长 5.9、宽 1.7、高 0.2 米。两段封土相接处见一椭圆形盗洞，口径 2~2.95 米，盗洞竖直向下，直至墓门，由墓门处进入墓室内。盗洞至墓门处直径 1.3、距封土表面深 3.25 米。墓道位于墓室东端，平面呈长条形，直壁，斜坡底，开口长 7、宽 0.95 米，坡长 7.5 米，底宽 0.95 米。墓道西端底部与墓室齐平，距地表深 2.8 米。墓室为依墓道西端向西掏挖形成的洞室，平面呈长方形，四壁略直，顶弧拱，底较平整，进深 2.35、宽 1.25、高 1.55 米。墓室内填满从盗洞进入的细沙土（图一〇八）。

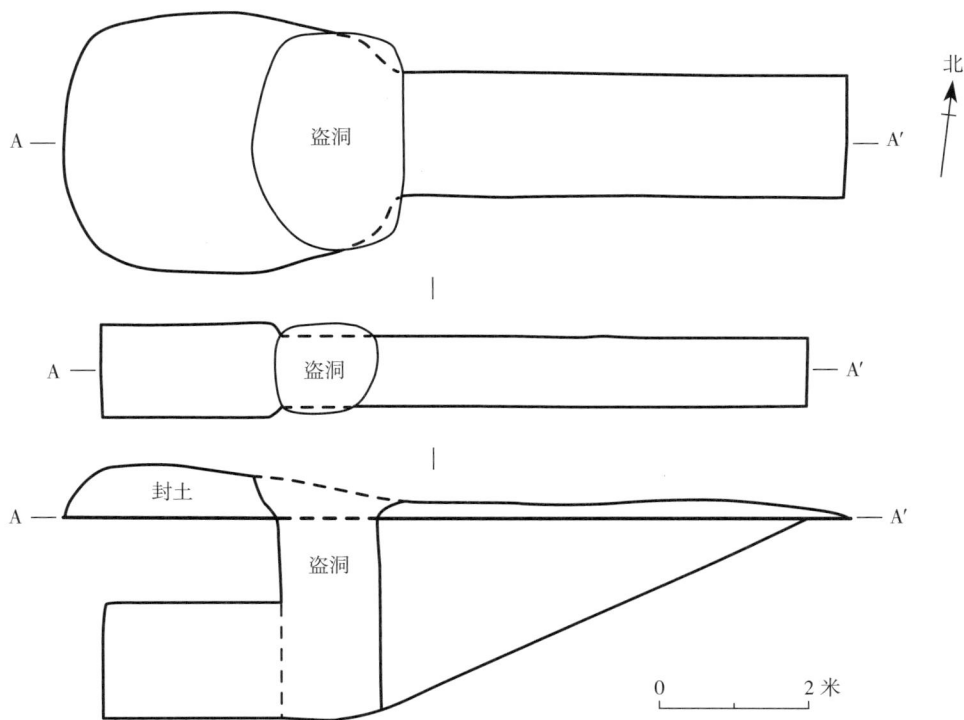

图一〇八　M77 平、剖面图

## 2. 葬具、葬式及埋藏状况

墓内遭严重盗扰，未发现葬具、人骨及随葬品。

## 七八　M78

位于墓群中部，北邻 M79，南邻 M77。该墓为带斜坡墓道的单室洞室墓，破坏严重，残存部分封土、墓道和残墓室。墓向 75°。

### 1. 形制与结构

封土为开挖墓葬形成的沙石堆砌而成，其中墓室正上方封土遭严重破坏，从残存部分看，应呈丘状，底径 4.1~4.8、残高 0.5 米；墓道上封土呈长垄状，长 9、宽 1.8、高 0.25 米。墓室正上方封土上有一机械挖掘形成的长方形大盗坑，盗坑东西长 4.25、南北宽 3.2 米，坑壁近竖直向下，底距封土表面深 4.2 米。墓道位于墓室以东，平面呈长条形，斜坡底，开口长 8.6、宽 1 米，坡长 9.75 米，底宽 0.9 米，底距地表深 3.8 米。墓室顶部遭严重破坏，现残存一长方形墓坑，从残存情况看，应为洞室墓室底部，四壁略直，底较平整，进深 3.3、宽 1.9、残高 0.55 米。坑内填满砂砾（图一〇九）。

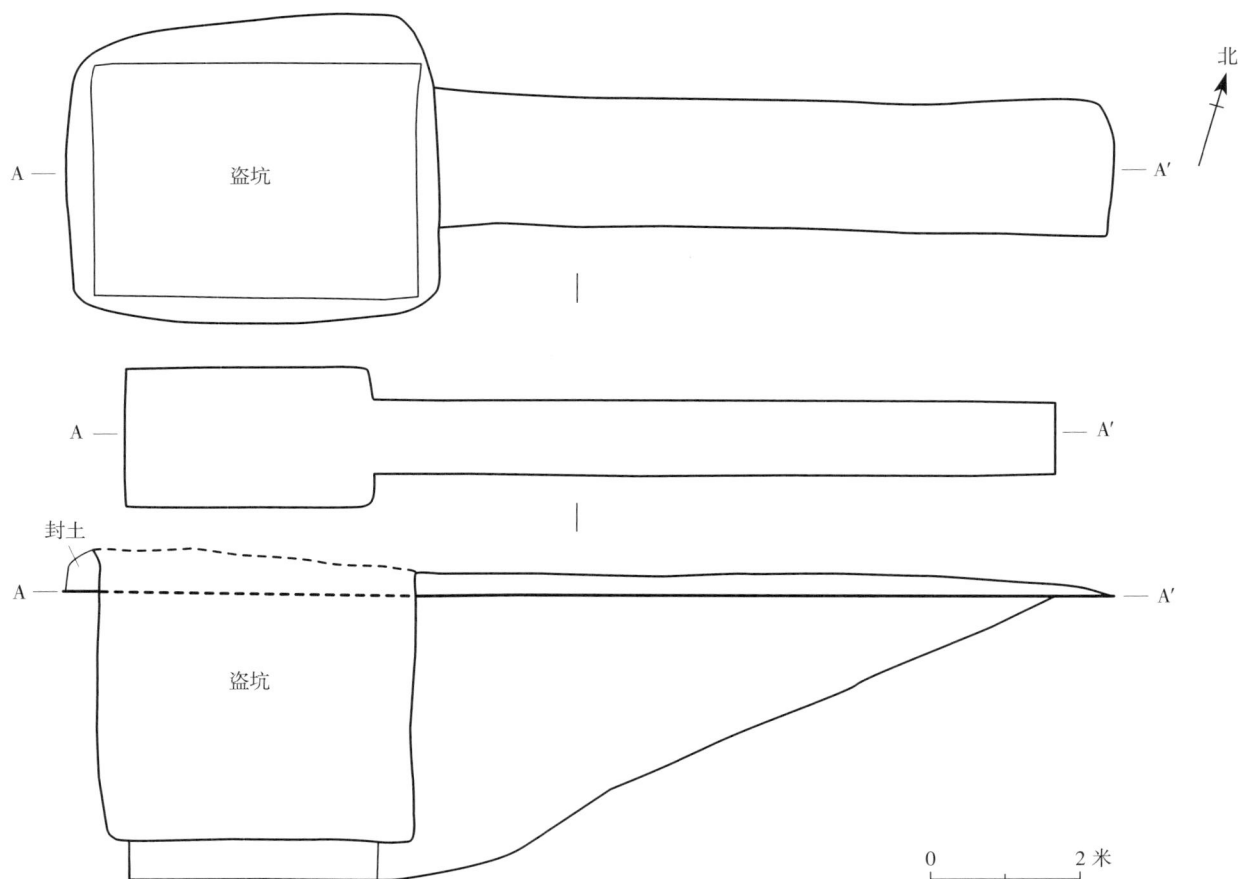

图一〇九　M78 平、剖面图

### 2. 葬具、葬式及埋藏状况

墓内遭严重盗扰，未发现葬具及人骨。仅从扰土中出土墨绘人形木片和墨绘梳形木片各1件（组），铜钱1组3枚。

### 3. 随葬器物

3件（组）。

（1）木器

2件（组）。

**墨绘人形木片**　1件。

M78：1，用薄厚均匀的木片做成人的头、上身、下身的轮廓，然后用墨线勾绘人的五官及身上衣纹线等。背面也用墨线较抽象的勾绘出衣纹。宽1.6、高17.6、厚0.4厘米（图一一〇，1；彩版六七，1）。

**墨绘梳形木片**　1组。

M78：2，1组2件。均用薄木片简单削成上圆下方的梳形，然后两面均用墨线勾绘出梳齿状图案。M78：2-1，长6、宽4、厚0.4厘米；M78：2-2，残存近半，长6.3、残宽1.9、厚0.4厘米（图一一〇，2；彩版六七，2）。

（2）铜器

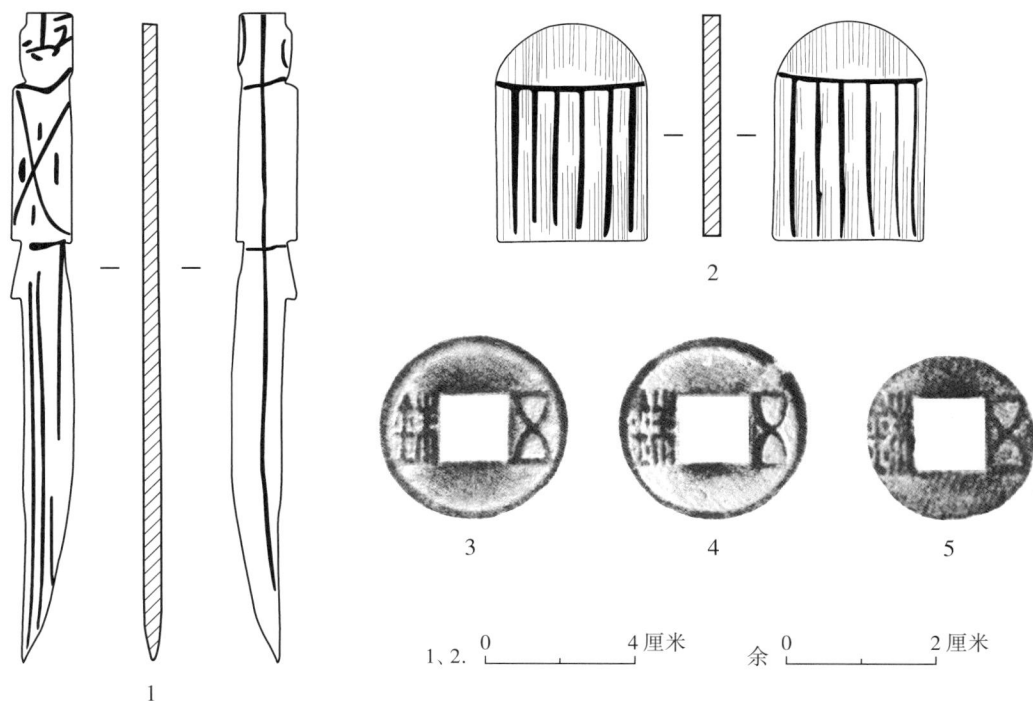

图一一〇　M78出土器物及拓片

1. 墨绘人形木片（M78：1）　2. 墨绘梳形木片（M78：2-1）　3~5. 铜钱拓片（M78：3-1、M78：3-2、M78：3-3）

1组。为铜钱。

M78：3，1组3枚。均为五铢钱，圆形方穿，保存较好。正面穿左右篆文"五铢"二字。M78：3-1，正、背面均有周郭，背有内郭。字体笔画较粗。"五"交笔较直，"铢"字左侧金字头呈箭头状，四点较长，右侧"朱"上下口均圆折。钱径2.5、穿宽0.9、肉厚0.1厘米（图一一〇，3；彩版六七，3）。M78：3-2，正、背均有周郭，背有内郭。字体笔画较纤细。"五"交笔较弯曲，且左侧交笔为重线。"铢"字左侧金字头呈三角形，四点较长，右侧"朱"上口方折，下口圆折。钱径2.5、穿径0.9、肉厚0.1厘米（图一一〇，4；彩版六七，3）。M78：3-3，为剪轮五铢。正面无内郭，背面浅内郭。字体笔画较粗。"五"交笔较弯曲，"铢"字左侧金字头较大，呈三角形，四点较长，右侧"朱"上口略外撇，下口圆折。钱径2.2、穿径0.9、肉厚0.06厘米（图一一〇，5；彩版六七，3）。

## 七九　M79

位于墓群中部，北邻M80。该墓为带斜坡墓道的单室洞室墓，破坏严重，残存部分封土、墓道和残墓室。墓向86°。

### 1. 形制与结构

封土为开挖墓葬形成的沙石堆砌而成，其中墓室正上方封土呈丘状，底径4.8~5、高0.45米；墓道上封土呈长垄状，长8.6、宽1.8~2、高0.15米。墓坑正上方有机械盗挖形成的长方形大盗坑，盗坑东西长4.2、南北宽3.6米，坑壁竖直，直达墓底，距地表深4.7米。墓道位于墓室以东，平面呈长条形，斜坡底，开口长8.5、宽0.9米，坡长9.4米，底宽0.9米，距地表深4.5米。墓室遭严重破坏，现残存长方形盗坑的底部，应为洞室墓近底部分，平面呈长方形，底较平整，进深3.3、宽2.1米，距地表深4.7米。从残存状况判断，墓葬形制及破坏原因应与M78相似（图一一一）。

### 2. 葬具、葬式及埋藏状况

墓内遭严重盗扰，未发现葬具及人骨。墓坑内填满经扰动的沙土，沙土中出土较多的陶器残片和木器，经整理拼对，可辨器形者或可复原者共12件（组），有陶罐、盘、灶（带甑）、仓及墨绘梳形木片、墨绘人形木片、木手握、木车毂等。

### 3. 随葬器物

12件（组）。

（1）陶器

8件（组）。

**陶罐**　3件。

M79：4，泥质灰陶。仅存部分口沿及腹部。盘口，方唇，束颈，圆肩，鼓腹。残高10厘米（图一一二，4）。

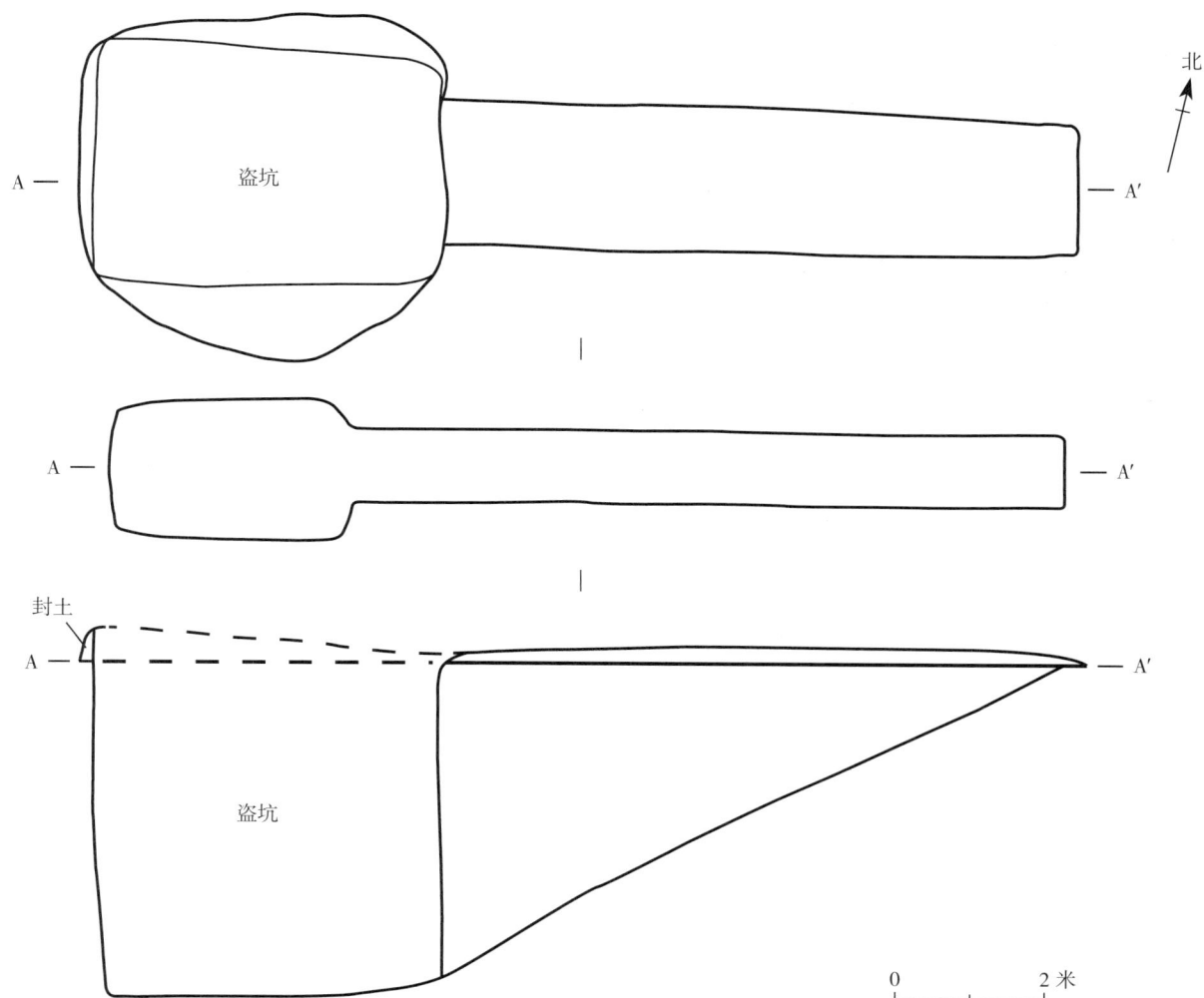

图一一一　M79 平、剖面图

M79：5，泥质灰陶。仅存部分口沿及部分肩部。盘口，平沿外折，束颈，溜肩。残高 7.5 厘米（图一一二，5）。

M79：6，泥质灰陶。残存口沿及部分腹部。盘口，圆唇，束颈，鼓腹。口径 11.6、残高 6.5 厘米（图一一二，6）。

**陶灶（带甑）** 1 组。

M79：7，均泥质灰陶。M79：7-1，陶灶。残。平面呈长方形，灶面中间有一凸起的圆形火眼，四周有模印灶具。残长 15.5、残宽 9.8、高 8 厘米（图一一二，14）。M79：7-2，陶甑。残。敞口，平沿，近斜直腹，平底，底上开一圆形小箅孔。口径 10、底径 2.4、高 6.5 厘米（图一一二，13）。

**陶盘** 3 件。

M79：1，泥质灰陶。卷沿，方唇，平底微内凹。内底有数周凹弦纹。口径 23.2、底径 20、

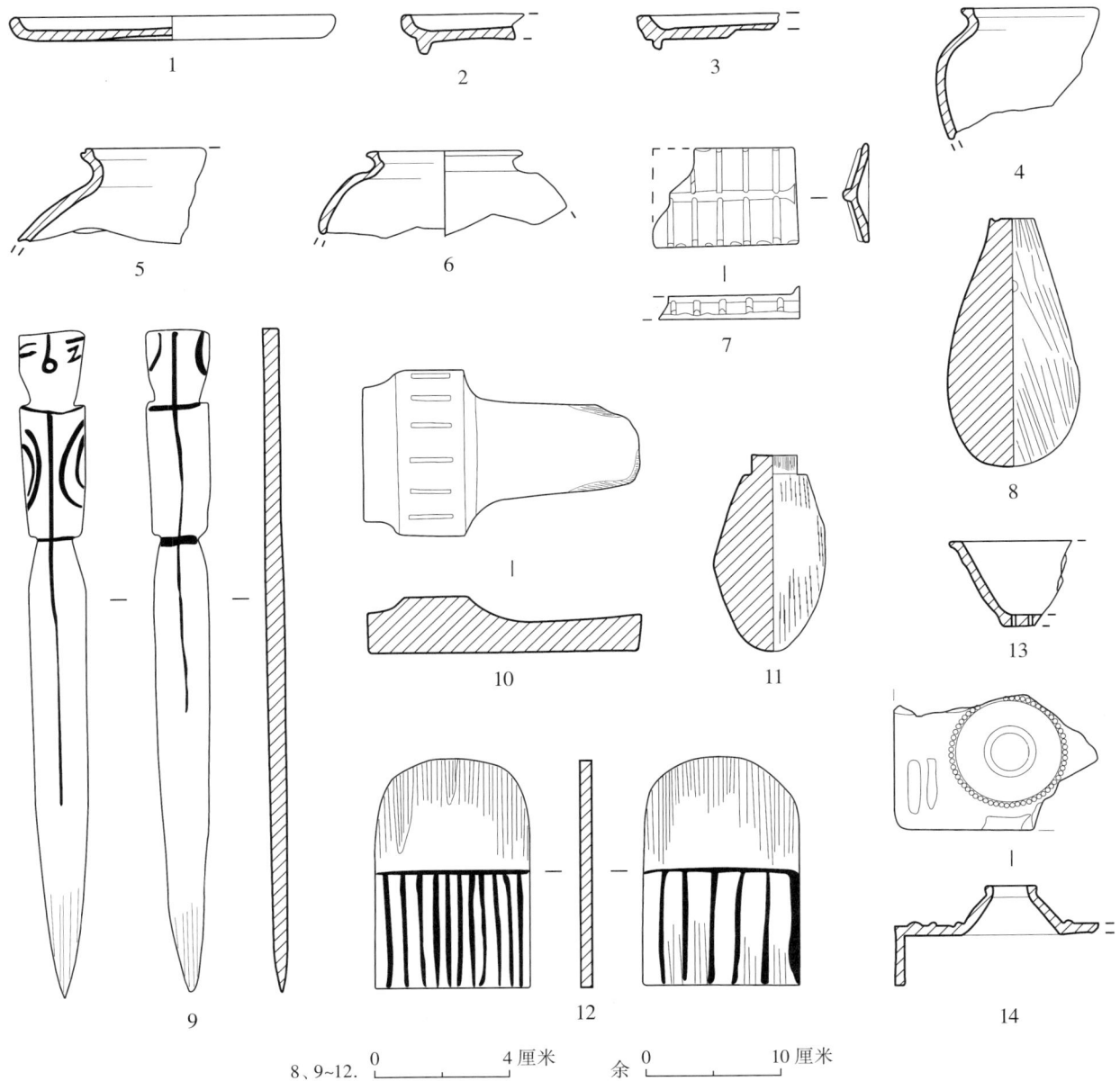

图一一二　M79 出土器物

1~3. 陶盘（M79：1、M79：2、M79：3）　4~6. 陶罐（M79：4、M79：5、M79：6）　7. 陶仓盖（M79：8）　8、11.
木手握（M79：11-1、M79：11-2）　9. 墨绘人形木片（M79：10-1）　10. 木车毂（M79：12）　12. 墨绘梳形木片
（M79：9-1）　13. 陶甑（M79：7-2）　14. 陶灶（M79：7-1）

高 2 厘米（图一一二，1）。

　　M79：2，泥质灰陶。残。浅盘，盘外有沿，圈足。高 2.5 厘米（图一一二，2）。

　　M79：3，泥质灰陶。残。浅盘，盘外有沿，圈足。高 2.5 厘米（图一一二，3）。

　　**陶仓**　1 件。

M79：8，陶仓盖。一角残，大致呈"人"字形，中间起一道脊，两面坡上各模印五道瓦楞。长 10.5、宽 8、高 2 厘米（图一一二，7）。

（2）木器

4 组。

**墨绘人形木片** 1 组。

M79：10，1 组 3 件。形制近同。皆用薄木片简单加工成人形，脚部薄尖。头、上身、下身用墨线在正面勾绘出人的五官、衣纹等。背面亦有墨线描画，但是较抽象。M79：10-1，宽 2、高 20.4、厚 0.5 厘米（图一一二，9；彩版六八）。

**墨绘梳形木片** 1 组。

M79：9，1 组 2 件。形制相同。皆用薄木片简单加工成上圆下方的梳形，然后两面均用墨线描画梳齿形图案。M79：9-1，长 7、宽 4.6、厚 0.4 厘米（图一一二，12；彩版六九，1）。

**木手握** 1 组。

M79：11，1 组 2 件。形制相同。皆用木块削成中间大两头小的纺锤形，两端有一圆形穿孔。M79：11-1，长 7.5、宽 4 厘米（图一一二，8；彩版六九，2）。M79：11-2，长 6、宽 3.4 厘米（图一一二，11；彩版六九，2）。

**木车毂** 1 组。

M79：12，已残，贤端粗短，轵端细且较长，中间栽辐处最粗，呈带状凸起，上凿 12 个窄长方形辐孔。除栽辐处为原木色外其余涂黑色。通长 8、贤端径 4、栽辐处 5、轵端径 2 厘米（图一一二，10；彩版六九，3、4）。

## 八〇 M80

位于墓群中部，南邻 M79。该墓为带斜坡墓道的单室洞室墓，由封土、墓道和墓室组成。墓向 80°。

### 1. 形制与结构

封土为开挖墓葬形成的沙石堆砌而成，其中墓室正上方封土呈丘状，底径 4.5~4.9、高 0.9 米；墓道上封土呈长垄状，长 9.6、宽 1.9、高 0.15 米。两段封土相接处见一椭圆形盗洞，口径 2.1~4.4 米，盗洞竖直向下，直至墓门，由墓门进入墓室内。盗洞至墓门处直径 1.3、距封土表面深 5.25 米。墓道位于墓室东端，平面呈长条形，直壁，斜坡底，开口长 10.5、宽 1 米，坡长 11.7 米，底宽 1 米。墓道西端底部与墓室齐平，距地表深 5.1 米。墓室为依墓道西端向西掏挖形成的洞室，平面呈圆角长方形，四壁略直，顶弧拱，底较平整，进深 3、宽 2、高 1.65 米。墓室内填满从盗洞进入的细沙土（图一一三）。

### 2. 葬具、葬式及埋藏状况

墓内遭严重盗扰，未发现葬具、人骨及随葬品。

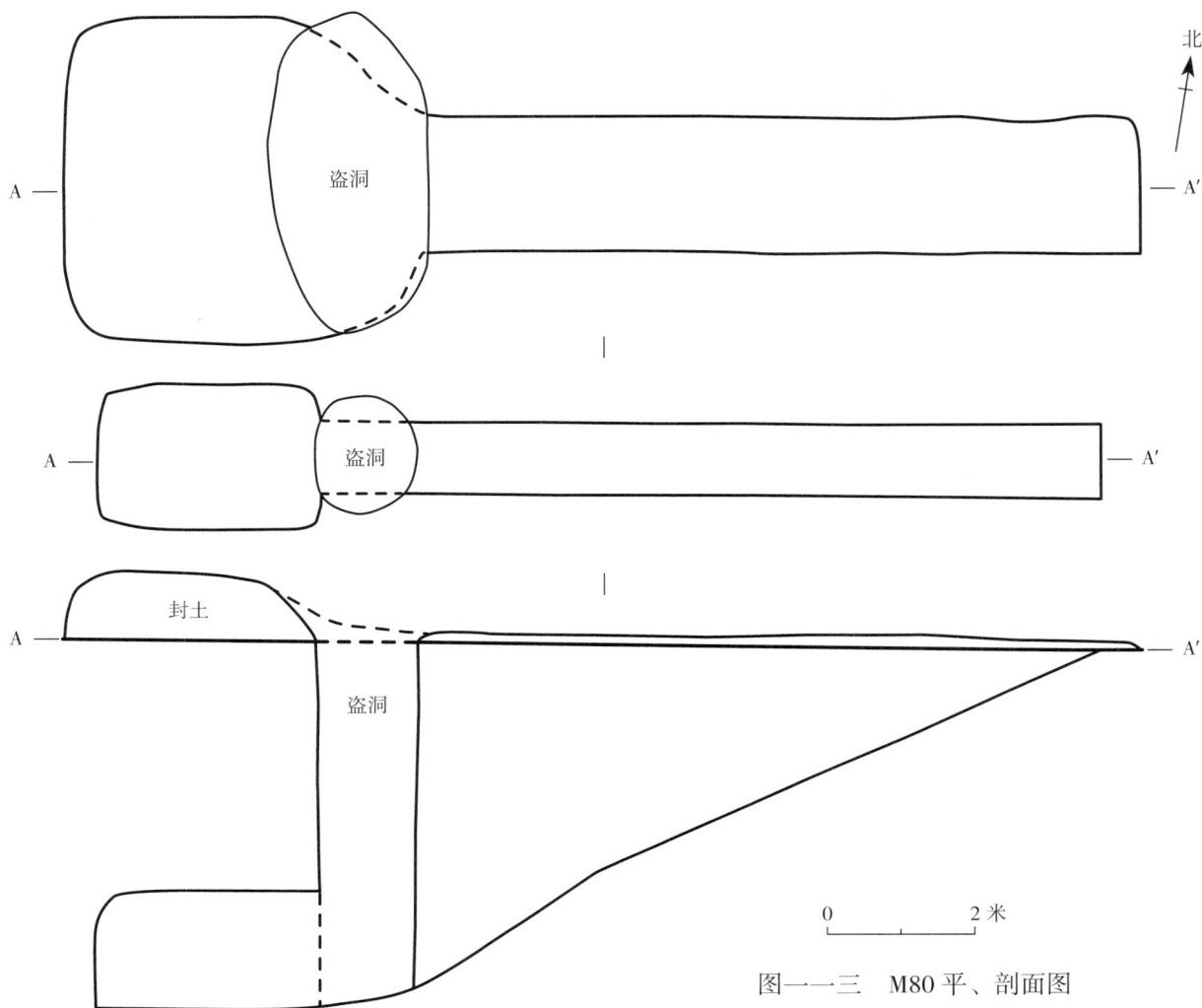

图一一三　M80平、剖面图

## 八一　M81

位于墓群南部。该墓为带斜坡墓道的单室砖室墓，即在戈壁砾岩上开挖带斜坡墓道的竖穴土圹，再在土圹内砌筑砖室。墓葬由封土、墓道和墓室组成。墓向75°。

### 1. 形制与结构

封土位于墓坑正上方，呈丘状，顶部有一大盗坑，直至墓坑底部。墓道平面呈长条形，斜坡底，开口长7.2、宽1.2米，坡长7.5米，底宽1.2米，底距地表深2.55米。墓圹位于墓道西端，平面呈长方形，长3.3、宽2.1米。墓圹形制较规整，圹壁竖直，平底。墓圹内依圹壁用条砖砌筑墓室。因盗掘破坏严重，墓砖仅残存西、北和东墙各4层，为条砖错缝平砌。墓底为条砖错缝平铺。其余结构不详。残存墓室平面呈长方形，长3.2、残宽1.9、残高0.48米（图一一四）。

### 2. 葬具、葬式及埋藏状况

墓内遭严重盗扰，墓室内未见葬具及人骨。墓坑内残存铜顶针1件。

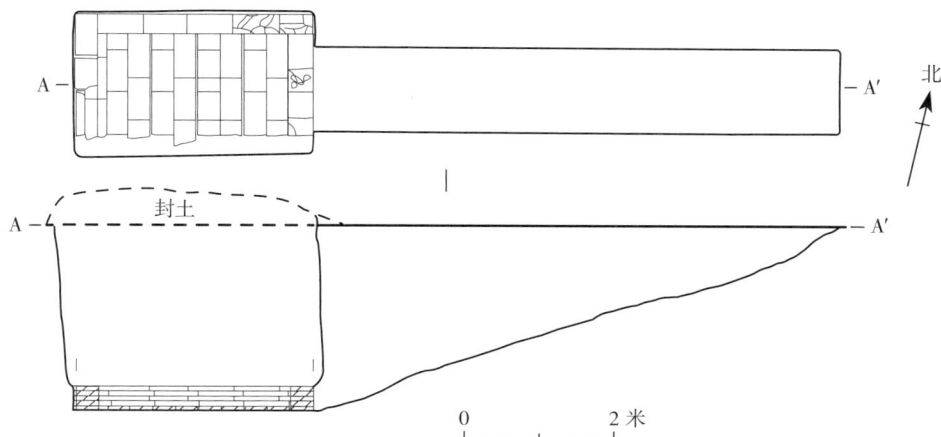

图一一四　M81平、剖面图

### 3. 随葬器物

1件。为铜顶针。

M81：1，呈圆圈状。素面。铸造。直径1.8、高0.5、厚0.08厘米（彩版六九，5）。

## 八二　M82

位于墓群南部，西邻M83。该墓为带斜坡墓道的单室洞室墓，由封土、墓道、封门和墓室组成。墓向265°。

### 1. 形制与结构

封土为开挖墓葬形成的沙石堆砌而成，其中墓室正上方封土呈丘状，底径4.6~5.2、高0.6米；墓道上封土呈长垄状，长6.1、宽1.7、高0.1米。两段封土相接处见一椭圆形盗洞，口径1.8~3.65米，盗洞竖直向下，至墓门上方转向东穿封门进入墓室内。盗洞至封门上方直径1.3、距封土表面深3.5米。墓道位于墓室西端，平面呈长条形，直壁，斜坡底，开口长7.3、宽1米，坡长11.7米，底宽1米。墓道东端底部与墓室齐平，距地表深4米。墓室为依墓道东端向东掏挖形成的洞室，平面呈圆角长方形，四壁略直，顶弧拱，底较平整，进深2.8、宽1.7、高1.6米。墓室内填有大量从盗洞进入的细沙土。墓室西壁正中开墓门，拱形顶，用大石垒砌封堵，封门墙上端遭破坏，厚0.3、宽1、残高0.7米（图一一五）。

### 2. 葬具、葬式及埋藏状况

墓内遭严重盗扰，未发现葬具、人骨及随葬品。

## 八三　M83

位于墓群西南部，西邻M84。该墓为带斜坡墓道的单室洞室墓，由封土、墓道、封门和墓室组成。墓向62°。

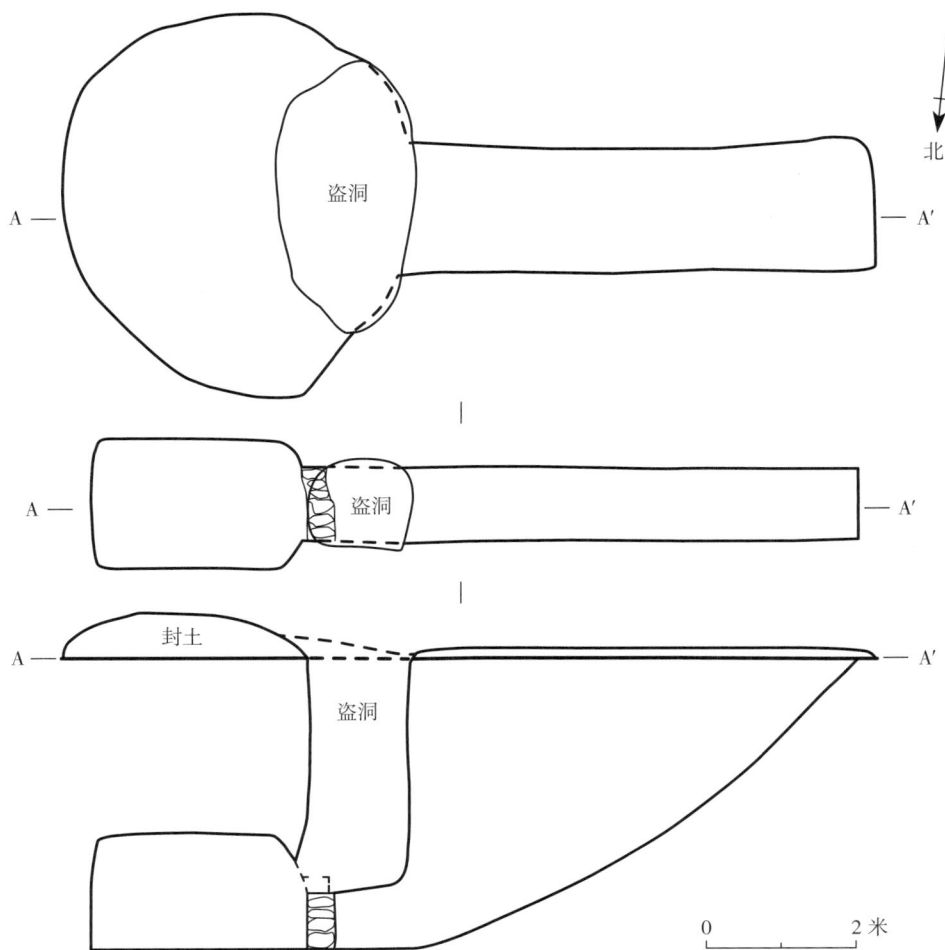

图一一五　M82 平、剖面图

### 1. 形制与结构

封土为开挖墓葬形成的沙石堆砌而成，其中墓室正上方封土呈丘状，底径 3~5.75、残高 0.1~0.6 米。封土上有一椭圆形盗洞，口径 2.7~3.5 米，盗洞下端近竖直，直达墓底，距封土表面深 3.5 米。墓道位于墓室以东，平面呈长条形，斜坡底，开口长 7.5、宽 0.9 米，坡长 8.25 米，底宽 0.9 米。墓道西端底部近墓门处与墓室地面平齐，距地表深 3.4 米。墓门被盗扰破坏，结构不详，在位于墓门位置的盗洞底发现封门砾石及四神穿璧纹方砖残块。墓室为依墓道西端向西掏挖形成的洞室，平面呈长方形，壁略直，顶略拱，进深 3.1、宽 1.1、高 1.1 米（图一一六；彩版七〇，1）。

### 2. 葬具、葬式及埋藏状况

墓内遭盗扰，未见葬具，西侧见 2 具人骨架，扰乱较严重，从现存状况看，北侧为女性，南侧为男性，皆东西向顺置，头向墓门。残存随葬品主要有陶器和木器，均摆放于墓室东侧。陶器有罐、碟、盆、壶、灯、盘、耳杯、井、熏炉、仓等（彩版七〇，2）。木器有牛、马、木车残件等。

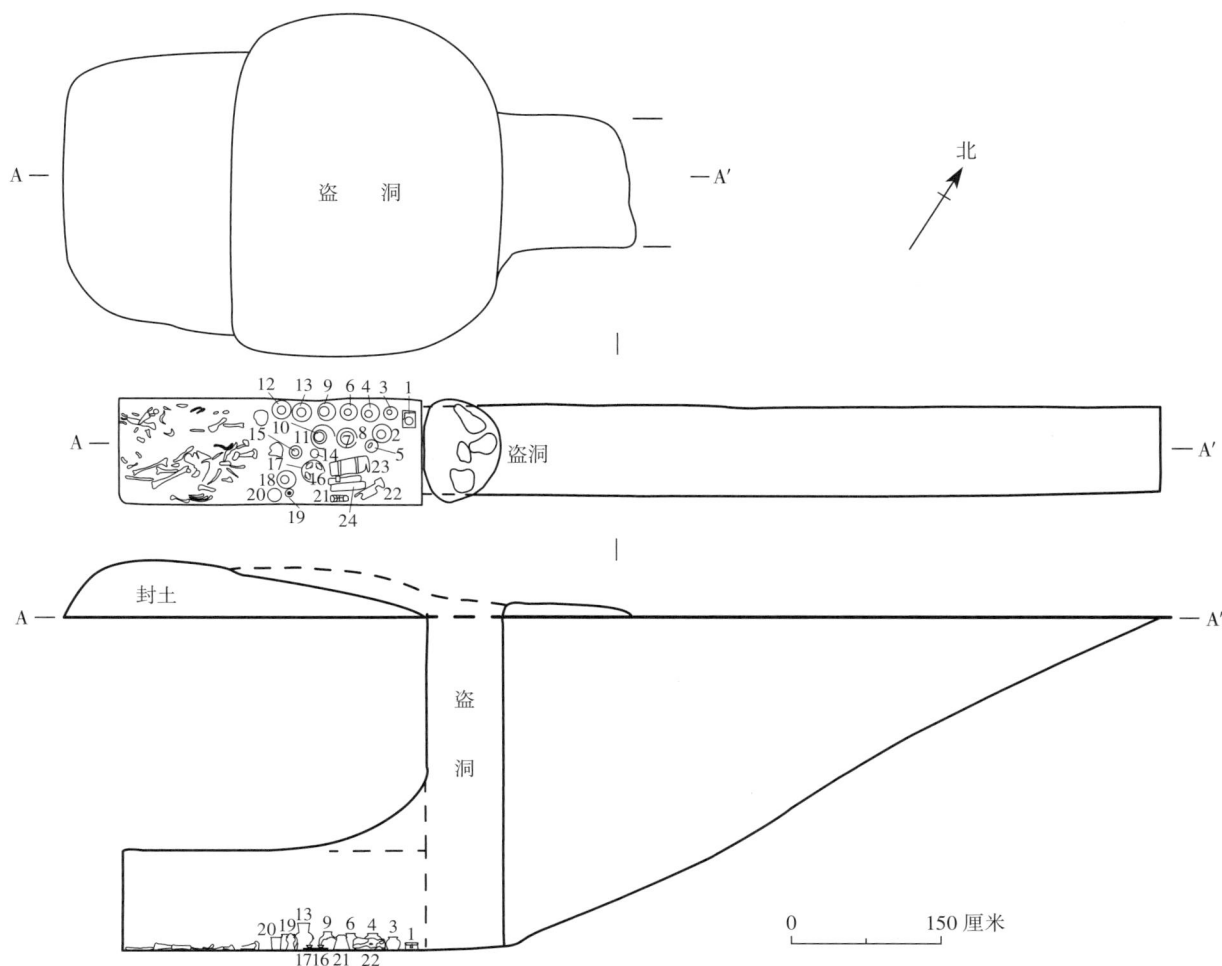

图一一六　M83 平、剖面图

1. 陶灶（带陶甑 1、小盆 1）　2~6、9、11、18. 陶罐　7. 陶碟　8. 陶盆　10. 陶钵　12、13、15. 陶壶　14. 陶灯　16. 陶盘　17. 陶耳杯　19. 陶熏炉　20. 陶井　21. 陶仓　22. 木牛　23. 木马　24. 木车舆侧板

### 3. 随葬器物

24 件（组）。

（1）陶器

21 件（组）。

**陶壶**　3 件。

M83：12，泥质灰陶。敞口，高领，鼓腹，高假圈足外撇。肩部有对称铺首，圈足外侧被削成多棱状。口径 12.2、腹径 17.8、底径 14、高 28 厘米（图一一七，1；彩版七一，1）。

M83：13，泥质灰陶。敞口，高领，鼓腹，高假圈足外撇。肩部有对称铺首。圈足外侧被削成多棱状。口径 12.2、腹径 17.8、底径 14、高 28 厘米（图一一七，2）。

M83：15，泥质灰陶。敞口，高领，鼓腹，假圈足。圈足外侧被削成多棱状。口径 9、腹径

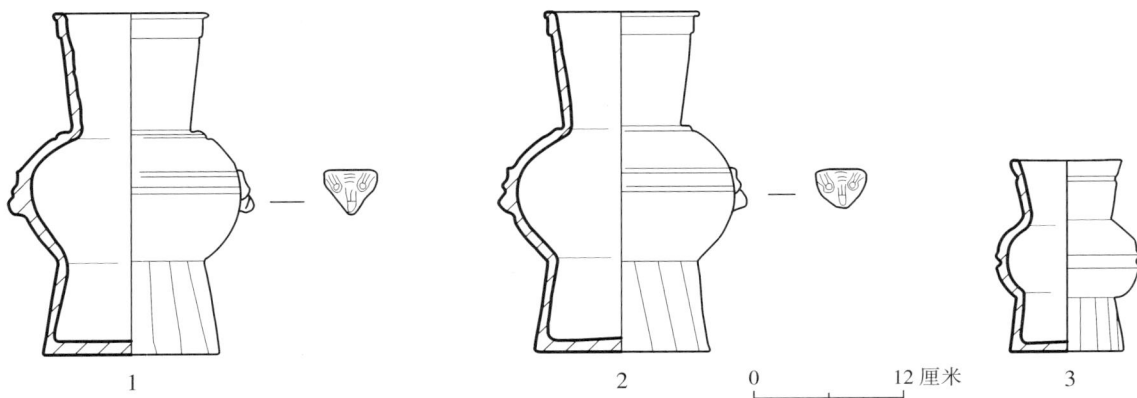

图一一七　M83 出土器物（一）

1~3.陶壶（M83：12、M83：13、M83：15）

11.2、底径 9、高 15.8 厘米（图一一七，3；彩版七一，2）。

**陶罐**　8 件。

M83：2，泥质灰陶。盘口，方唇，束颈，溜肩，鼓腹，平底微内凹。口径 9.8、腹径 17.6、底径 11、高 14 厘米（图一一八，1；彩版七一，3）。

M83：6，泥质灰陶。盘口，方唇，束颈，溜肩，鼓腹，平底微内凹。肩上有数周暗纹。下腹近底处有刮削痕迹。口径 9.6、腹径 2C、底径 11.8、高 17.2 厘米（图一一八，2；彩版七一，4）。

M83：9，泥质灰陶。盘口，圆唇，短颈，鼓腹，平底微内凹。肩及腹部有轮痕，下腹刮削修整。口径 10、腹径 20.8、底径 12.4、高 18.4 厘米（图一一八，3；彩版七二，1）。

M83：18，泥质灰陶。盘口，束颈，鼓腹，平底微内凹。轮制。口径 11.2、腹径 15.8、底径 9、高 13 厘米（图一一八，4；彩版七二，2）。

M83：3，泥质灰陶。侈口，方唇，束颈，溜肩，鼓腹，平底微内凹。周身有轮制产生的弦纹。口径 9.4、腹径 14.6、底径 9.6、高 13 厘米（图一一八，5；彩版七二，3）。

M83：4，泥质灰陶。侈口，方唇，束颈，溜肩，鼓腹，平底微内凹。口径 10.6、腹径 18.6、底径 11、高 17 厘米（图一一八，6；彩版七二，4）。

M83：5，泥质灰陶。小口，束颈，折肩，近直腹，平底。肩部有一周凹弦纹。口径 7、腹径 11.4、底径 8.5、高 12 厘米（图一一八，7；彩版七二，5）。

M83：11，泥质灰陶。口残，鼓腹，平底微内凹。下腹近底处刮削修整。轮制。腹径 16.8、底径 10、残高 12 厘米（图一一八，8；彩版七二，6）。

**陶灶（带甑、小盆 1）**　1 组。均为泥质灰陶。

M83：1-3，陶灶。平面呈长方形，灶身上有一孔，后有挡，前有火门。长 16.8、宽 14、高 8 厘米（图一一九，1；彩版七三，1、2）。M83：1-1，陶甑。敞口，折沿，斜直腹，平底。底有箅孔。口径 9.2、底径 4、高 5 厘米（图一一九，1 右上；彩版七三，1）。M83：1-2，小陶盆。敞口，折沿，

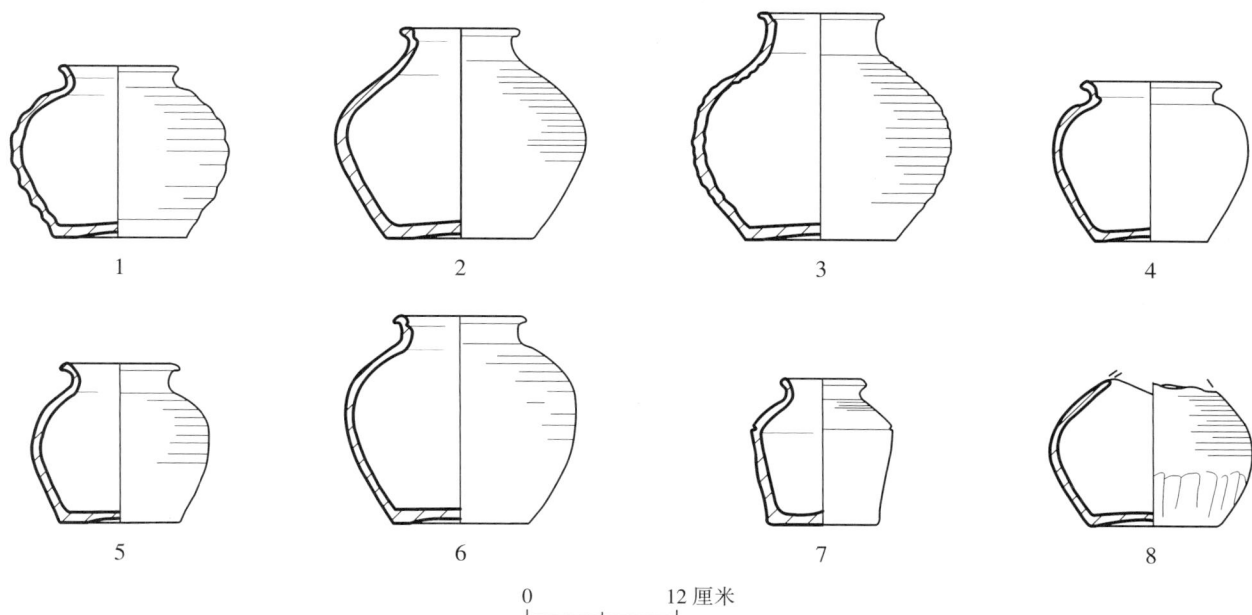

图一一八　M83 出土器物（二）

1~8.陶罐（M83∶2、M83∶6、M83∶9、M83∶18、M83∶3、M83∶4、M83∶5、M83∶11）

鼓腹，平底。口径 9.5、底径 5.4、高 3.8 厘米（图一一九，1 右下；彩版七三，1）。

**陶灯**　1 件。

M83∶14，泥质灰陶。灯盘较浅，方唇，束腰，喇叭状座，中空。轮制。口径 6、底径 6.2、高 8.4 厘米（图一一九，2；彩版七三，3）。

**陶钵**　1 件。

M83∶10，泥质灰陶。敞口，圆唇，弧腹，平底内凹。口径 17.4、底径 10.6、高 6.2 厘米（图一一九，3；彩版七三，5）。

**陶碟**　1 件。

M83∶7，泥质灰陶。敞口，方唇，浅腹，平底微内凹。近底处有刮削修整痕迹。口径 13.2、底径 7、高 3 厘米（图一一九，4；彩版七三，4）。

**陶仓**　1 件。

M83∶21，泥质灰陶。由仓身和仓盖组成。仓盖模制，呈"人"字形，盖檐较短。仓身轮制兼手制，呈口小底大的椭圆筒状，器表刻有窗户、梯格纹等刻划纹。口径 9.5×7、底径 11.2~16.8、通高 14.5 厘米（图一一九，6；彩版七四，1、2）。

**陶井**　1 件。

M83∶20，泥质灰陶。近直口，折沿，直腹，下腹微收，平底。轮制。口径 11、底径 8、高 13 厘米（图一一九，7；彩版七五，4）。

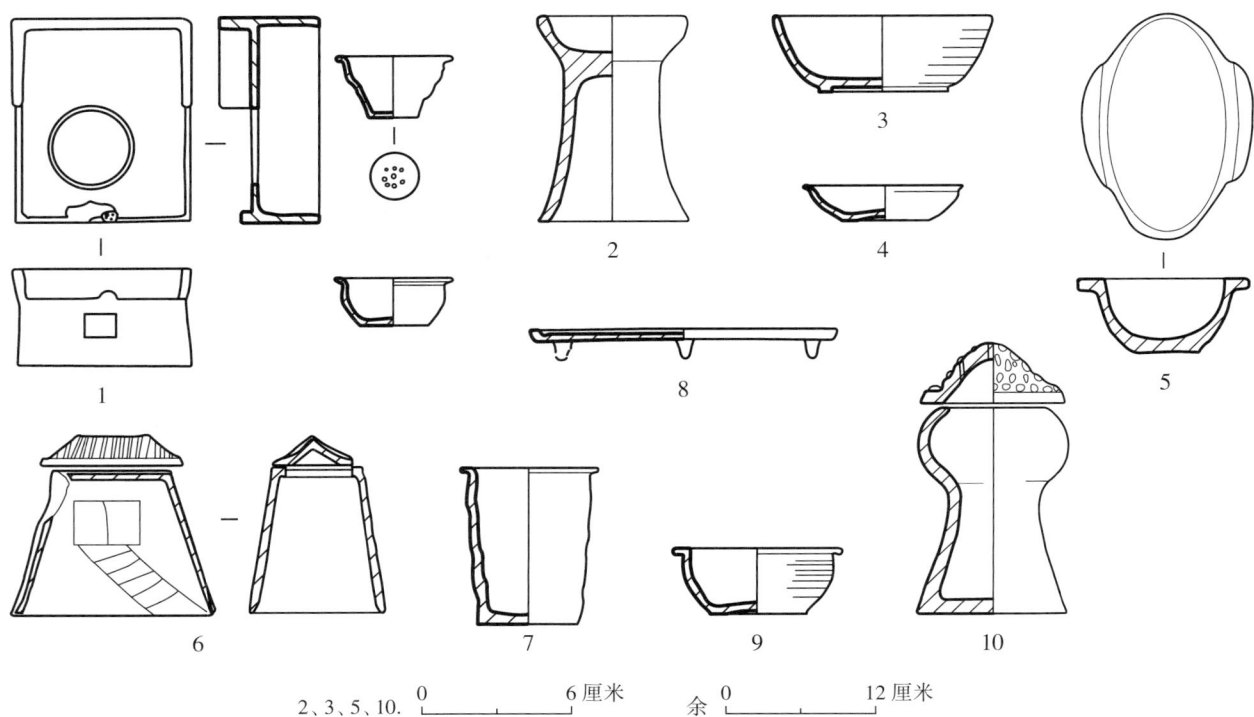

图一一九　M83 出土器物（三）

1. 陶灶（带陶甑、小盆）（M83：1）　2. 陶灯（M83：14）　3. 陶钵（M83：10）　4. 陶碟（M83：7）　5. 陶耳杯
（M83：17-1）　6. 陶仓（M83：21）　7. 陶井（M83：20）　8. 陶盘（M83：16）　9. 陶盆（M83：8）　10. 陶熏炉（M83：19）

**陶盘**　1 件。

M83：16，泥质灰陶。浅盘，盘外有沿，底附有三足。轮制。直径 24.6、高 2.5 厘米（图一一九，8；彩版七五，1、2）。

**陶耳杯**　1 组。

M83：17，1 组 3 件。大小、形制相同。泥质灰陶。置于 M83：16 上。M83：17-1，椭圆形，长 9.5、宽 6.8、高 3 厘米（图一一九，5；彩版七五，1）。

**陶盆**　1 件。

M83：8，泥质灰陶。敞口，折沿，弧腹，平底微内凹。下腹近底处刮削修整。口径 13.6、底径 7.6、高 5.5 厘米（图一一九，9；彩版七五，3）。

**陶熏炉**　1 件。

M83：19，泥质灰陶。敛口，圆唇，束腰，鼓腹，喇叭状圈足。上有博山盖。轮制兼手制。盖径 5.7、口径 3.9、腹径 6、底径 6、通高 11 厘米（图一一九，10；彩版七四，3、4）。

（2）木器

3 件。

**木马**　1 件。

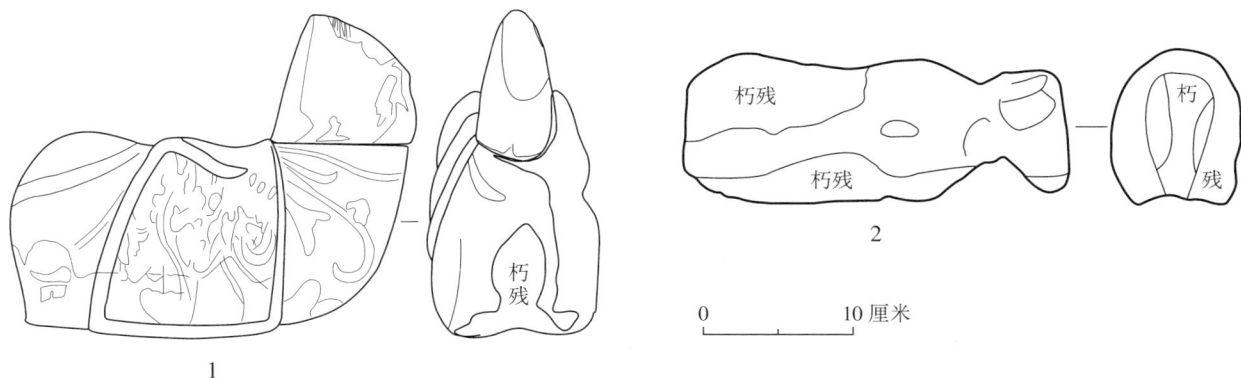

图一二〇　M83 出土器物（四）

1. 木马（M83∶23）　　2. 木牛（M83∶22）

M83∶23，残，由头、颈、身、腿、尾等分别雕刻，后榫卯套合、粘接而成。马体肥硕，腐朽严重，头、腿、尾已不在。马身左侧朽蚀严重，右侧马身上以白彩为底，用红色、黑色线条勾绘图案，因木质腐朽及底彩剥落，图案多模糊不清，鞍及颈部见有卷云纹及龙纹图案。残长 27、宽 11.5、残高 21.8 厘米（图一二〇，1；彩版七六）。

**木牛**　1 件。

M83∶22，头、腹用整块木头雕刻而成，腐朽严重，仅存头及部分身躯。高 10.4 厘米（图一二〇，2；彩版七七，1）。

**木车舆侧板**　1 件。

M83∶24，残，由一块长方形木板经简单凿刻而成。上沿刨平，下沿凿有凸榫。长 28、宽 13.8、高 10.4 厘米（彩版七七，2、3）。

## 八四　M84

位于墓群南部，东南邻 M83。该墓为带斜坡墓道的单室洞室墓，由封土、墓道、封门和墓室组成。墓向 60°。

### 1. 形制与结构

封土为开挖墓葬形成的沙石堆砌而成，其中墓室正上方封土呈丘状，底径 3.9~4.5、高 0.6 米；墓道上封土呈长垄状，长 6.7、宽 1.6、高 0.3 米。两段封土相接处见一椭圆形盗洞，口径 1.35~3.1 米，盗洞竖直向下，直达封门上方，穿封门墙上端进入墓室，距封土表面深 3.5 米。墓道位于墓室以东，平面呈长条形，斜坡底，开口长 8.24、宽 0.75 米，坡长 8.8 米，底宽 0.75 米，底距地表深 3.8 米。墓道西端底部近墓门处至墓室西侧底面略呈缓坡状，高差 0.7 米。墓门与墓道同宽，拱形，条砖、砂砾混砌封门，在封门墙正中偏上部镶一块四神穿璧纹方砖。封门墙厚 0.2、宽 0.75、高 0.6 米。墓室平面呈圆角长方形，壁微外弧，藻井式墓顶。墓室进深 2.75、宽 0.8~1.28、高 2.88 米（图

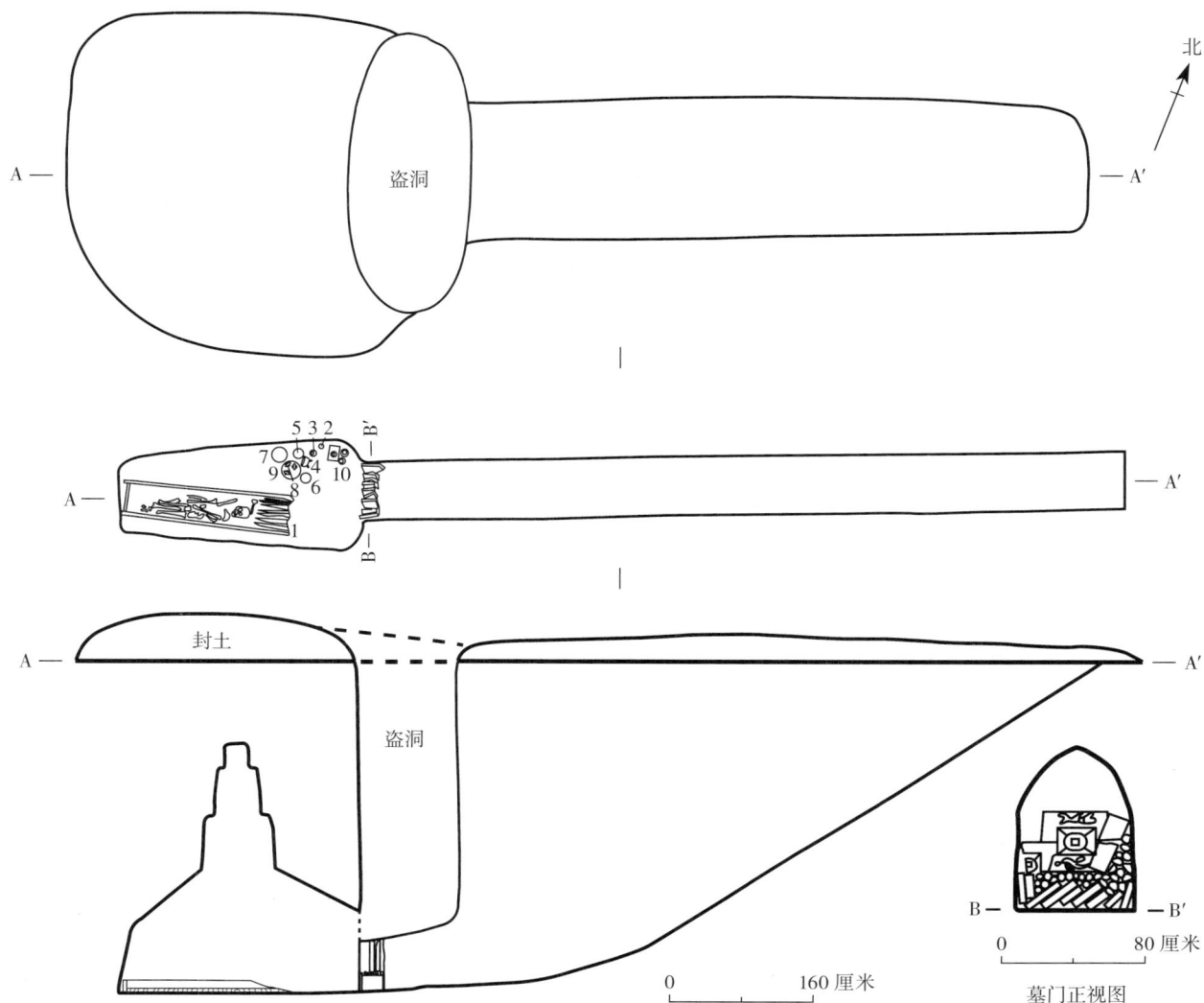

图一二一 M84平、剖面图

1. 钺形木器 2. 陶灯 3. 陶熏炉 4、7. 陶鼎 5. 陶盆 6. 陶碟 8. 陶盘 9. 陶耳杯 10. 陶灶（带陶甑、釜、小盆）
11. 铜削

一二一、一二二；彩版七八）。

### 2. 葬具、葬式及埋藏状况

墓室南壁顺置一木棺，因盗扰及腐朽，棺盖、前挡板均缺失。木棺侧板长 2.1、尾端宽 0.45、头端宽 0.5 米。木棺内见女性人骨 1 具，保存较好，人骨头向墓门，面向上，仰身直肢。墓室内残存随葬品有钺形木器、陶灯、陶熏炉、陶鼎、陶盆、陶碟、陶盘、陶耳杯、陶灶（其上置放有一甑一釜一小盆）及铜削等（彩版七九，1）。

### 3. 随葬器物

11 件（组）。

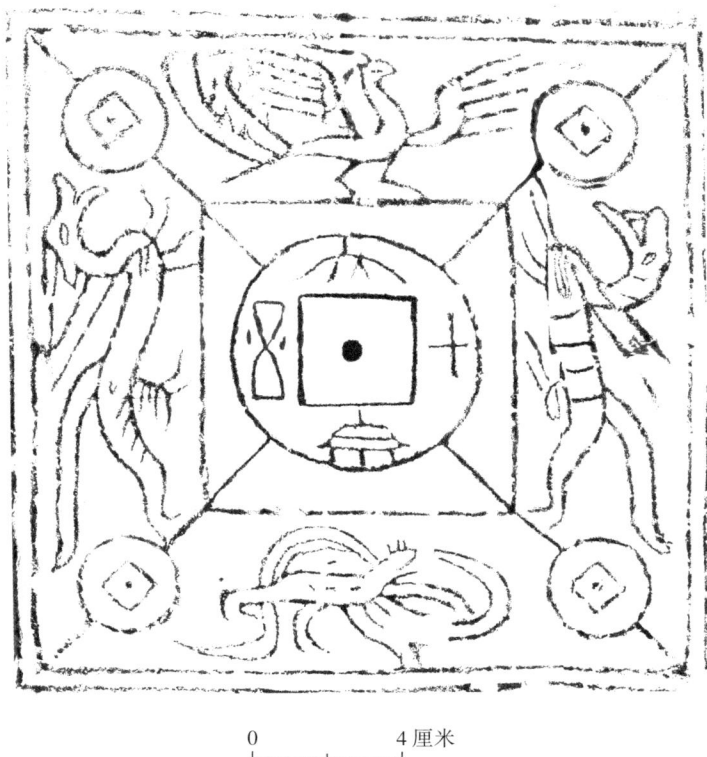

0　　　　4厘米

图一二二　M84 四神穿璧纹方砖拓片

（1）陶器

9件（组）。

**陶鼎**　2件。

M84：4，泥质灰陶。侈口，卷沿，圆唇，弧腹，平底，底附三个锥状足。口径16.8、高7.4厘米（图一二三，2；彩版八〇，1）。

M84：7，泥质灰陶。侈口，卷沿，圆唇，弧腹，平底，底附三个锥状足。轮制兼手制。口径16、腹径16、底径8、高8.5厘米（图一二三，3；彩版八〇，2）。

**陶灶（带甑、釜、小盆）**　1组。

M84：10-1，泥质灰陶。平面呈长方形，灶身上有一孔，后有挡，前有火门。模制兼手制。长14.5、宽13、高9.5厘米。M84：10-2，陶釜。泥质灰陶。侈口，方唇，鼓腹，平底。口径5.2、腹径8、底径4.6、高6厘米。M84：10-3，小陶盆。泥质灰陶。敞口，折沿，弧腹，平底。口径9、底径5、高4.2厘米。M84：10-4，陶甑。泥质灰陶。敞口，折沿，斜直腹，平底，底有箅孔。口径9、底径4、高5厘米（图一二三，1；彩版八〇，3~7）。

**陶灯**　1件。

M84：2，泥质灰陶。灯盘较浅，近直口，方唇，喇叭状柄，中空。口径5.5、底径6、高8.2

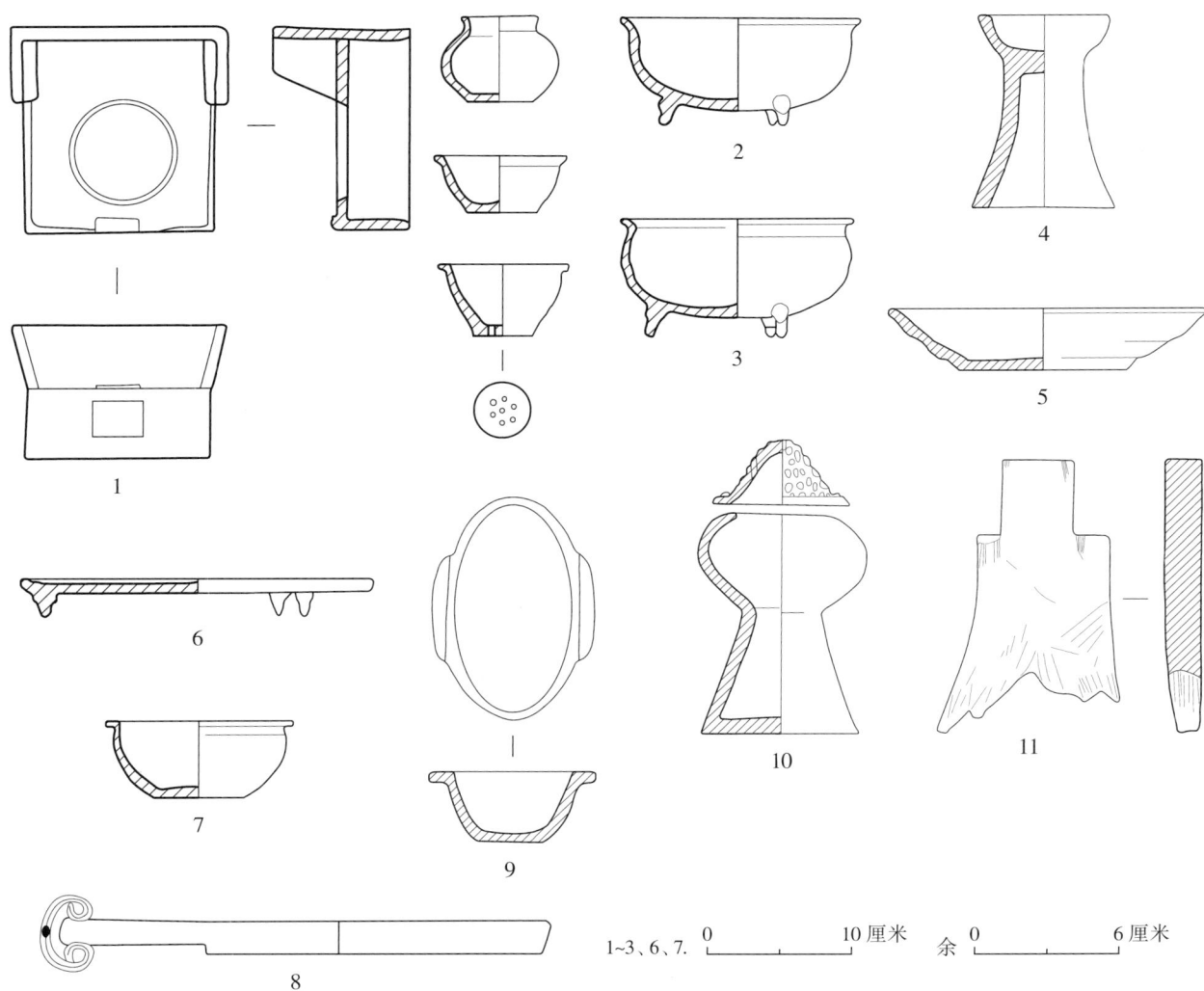

图一二三　M84 出土器物

1. 陶灶（带甑、釜、小盆）（M84：10）　2、3. 陶鼎（M84：4、M84：7）　4. 陶灯（M84：2）　5. 陶碟（M84：6）
6. 陶盘（M84：8）　7. 陶盆（M84：5）　8. 铜削（M84：11）　9. 陶耳杯（M84：9-1）　10. 陶熏炉（M84：3）
11. 钺形木器（M84：1）

厘米（图一二三，4；彩版八一，1）。

**陶碟**　1件。

M84：6，泥质灰陶。敞口，圆唇，浅弧腹，平底。口径12.8、底径7、高2.6厘米（图一二三，5；彩版八一，2）。

**陶盘**　1件。

M84：8，泥质灰陶。浅盘，盘外有沿，沿较宽，底附有三足。盘内有一周凹弦纹。轮制兼手制。直径24.5、高2.7厘米（图一二三，6；彩版八一，3、4）。

**陶耳杯**　1组。

M84：9，1组3件，大小、形制相同。泥质灰陶。置于M84：8上。M84：9-1，椭圆形，敞口，斜直腹，平底。口沿两侧各有一半月形耳。长9.5、宽6.9、高3厘米（图一二三，9；彩版八一，4）。

**陶盆**　1件。

M84：5，泥质灰陶。敞口近直，折沿，弧腹，平底。轮制。口径13、底径6.5、高5.4厘米（图一二三，7；彩版八一，5）。

**陶熏炉**　1件。

M84：3，泥质灰陶。敛口，圆唇，鼓腹，束腰，喇叭状圈足，上有博山盖，盖上有孔。盖口径5.4、高2.7厘米，炉口径4、底径6.4、高9.5厘米，通高12.2厘米（图一二三，10；彩版七九，2、3）。

（2）木器

1件。为钺形木器。

M84：1，形似钺，正面平整，表面局部涂黑，背面残。用途不明。残长11.5、宽7.5厘米（图一二三，11；彩版八二，1、2）。

（3）铜器

1件。为铜削。

M84：11，直背，直刃，斜尖，环首。长21、宽1.2厘米（图一二三，8；彩版八一，6）。

## 八五　M85

位于墓群南部，北邻M86。该墓为带斜坡墓道的单室洞室墓，由封土、墓道和墓室组成。墓向130°。

### 1. 形制与结构

封土为开挖墓葬形成的沙土堆砌而成，其中墓室正上方封土呈丘状，底径4.2~5.4、高0.8米；墓道上封土呈长垄状，长8.3、宽1.5、高0.15米。两段封土相接处有一圆形盗洞，口径1.6米。盗洞竖直向下，直抵墓门，由墓门进入墓室内。墓道位于墓室以南，平面呈长条形，斜坡底，壁略直，开口长9、宽1米，坡长10米，底宽1米，底距地表深4.2米。墓室为砂砾土上开凿的洞室，平面呈圆角长方形，墓顶略拱，进深4、宽2、高1.55米。墓室内填满自盗洞进入的细沙土（图一二四）。

### 2. 葬具、葬式及埋藏状况

墓内遭严重盗扰，未见葬具和人骨。于扰土中出土随葬品5件。

### 3. 随葬器物

5件。均为陶器。

**陶甑**　1件。

M85：4，泥质灰陶。敞口，方唇，斜直腹，平底。底有箅孔。近底处刮削修整。口径10、底径4、

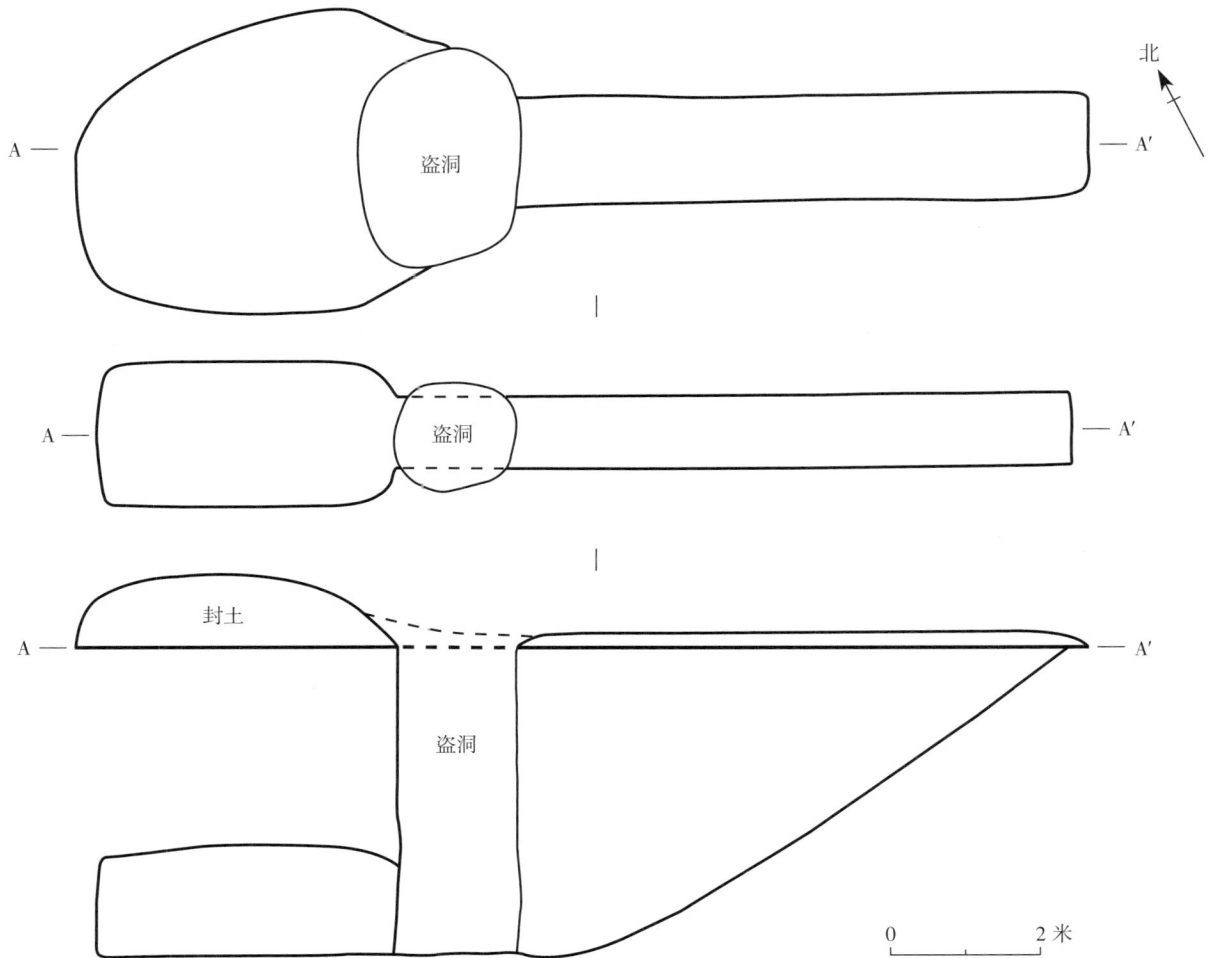

图一二四　M85 平、剖面图

高 5.2 厘米（图一二五，2）。

　　**小陶盆**　1 件。

　　M85：2，泥质灰陶。侈口，卷沿，圆唇，弧腹，平底。腹部有一周凸棱。近底处刮削修整。口径 14、底径 9、高 6 厘米（图一二五，4）。

　　**陶仓盖**　1 件。

　　M85：5，泥质灰陶。房檐状，呈覆斗形，上口一方孔，房檐外撇。残长 14、宽 14.2、高 3.4 厘米（图一二五，3；彩版八二，6）。

　　**陶井**　1 件。

　　M85：1，泥质灰陶。腹及底部分残。方口，平沿，腹外撇，平底。器形整体似覆斗状。仓口刻有菱格纹，仓身有竖向刻划纹及不规则刻划纹。轮制兼手制。上口边长 10、宽 8.5、高 14.5 厘米（图一二五，1；彩版八二，3~5）。

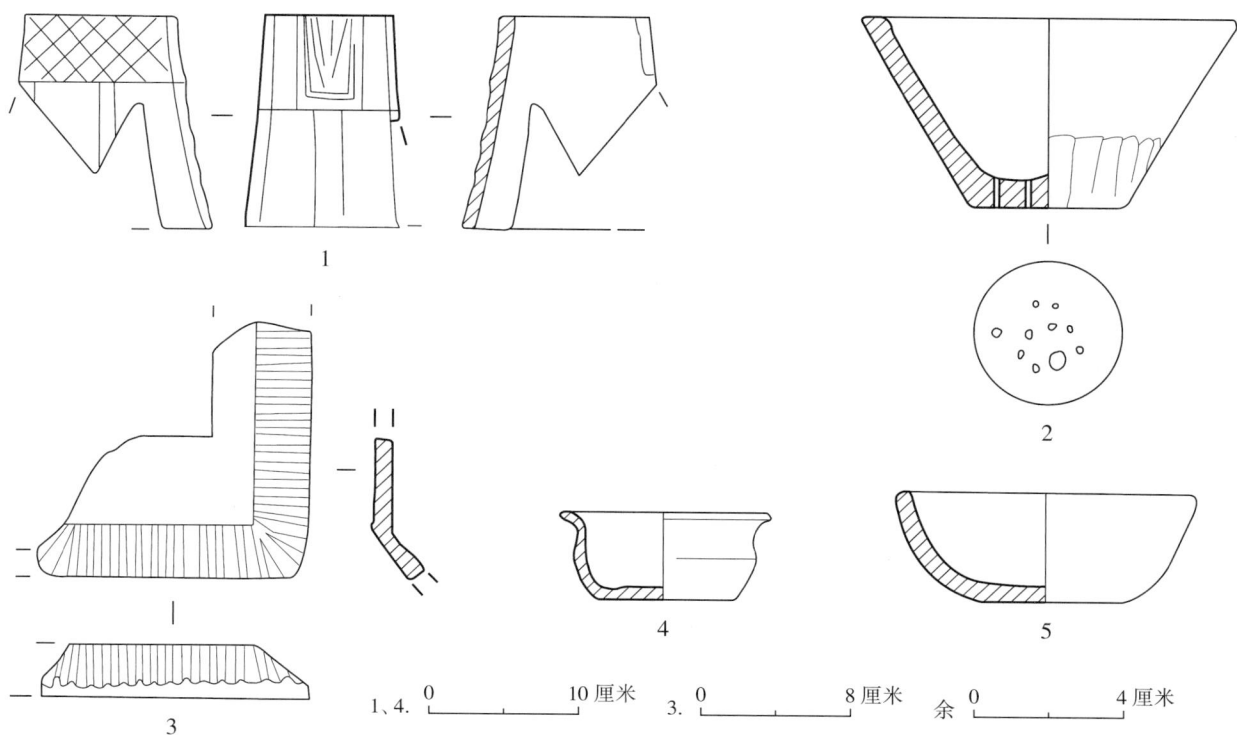

图一二五　M85 出土器物

1. 陶井（M85：1）　2. 陶甑（M85：4）　3. 陶仓盖（M85：5）　4. 小陶盆（M85：2）　5. 陶盏（M85：3）

**陶盏**　1 件。

M85：3，泥质灰陶。敞口，圆唇，弧腹，平底。口径 8、底径 4、高 3 厘米（图一二五，5）。

## 八六　M86

位于墓群南部，南邻 M85。该墓为带斜坡墓道的单室洞室墓，由封土、墓道、墓门和墓室组成。墓向 115°。

**1. 形制与结构**

封土为开挖墓葬形成的沙土堆砌而成，其中墓室正上方封土呈丘状，底径 3.5~4.8、高 0.7 米；墓道上封土呈长垄状，长 8.5、宽 1.8、高 0.2 米。两段封土相接处有一椭圆形盗洞，口径 1.2~2.9 米，盗洞竖直向下，直抵墓室。墓道位于墓室以东，平面呈长条形，斜坡底，开口长 8.7、宽 1 米，坡长 9.2 米，底宽 0.95 米，底距地表深 3.1 米。墓门遭破坏，周围散见砾石及四神穿璧纹方砖残块。墓室为墓道末端向西掏挖形成的洞室，平面呈圆角长方形，四角略弧，近平顶，进深 4、宽 2.3~2.5、高 1.7 米。墓室内填满自盗洞进入的细沙土（图一二六、一二七；彩版八三，1）。

**2. 葬具、葬式及埋藏状况**

墓内遭严重盗扰，未见葬具及人骨。墓门处及扰土中见随葬品，多已残碎。

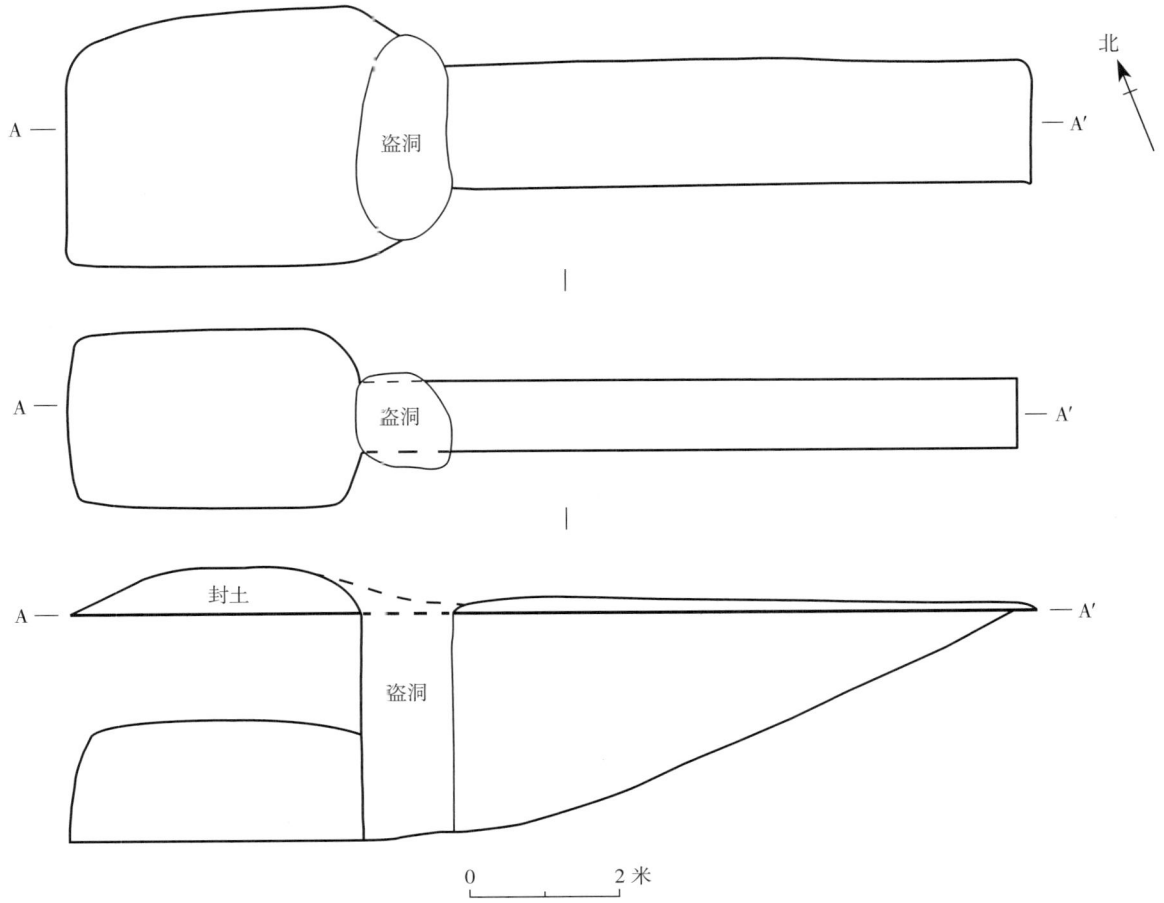

图一二六　M86 平、剖面图

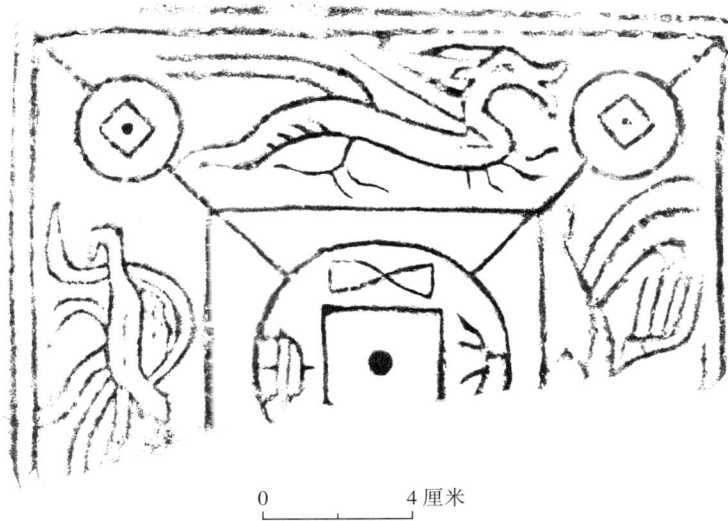

图一二七　M86 四神穿璧纹方砖拓片

**3. 随葬器物**

6件（组）。有陶器、铜器。

（1）陶器

4件。

**陶罐**　2件。

M86：1，泥质灰陶。盘口，圆唇，有领，圆肩，腹部以下残。轮制。残高16厘米（图一二八，1）。

M86：2，泥质灰陶。侈口，圆唇，束颈，圆肩，鼓腹，平底。肩至腹部有轮制痕迹。口径9.5、腹径20.5、底径10.2、高18.5厘米（图一二八，2）。

**陶甑**　1件。

M86：4，泥质灰陶。敞口，卷沿，圆唇，斜直腹，平底。底有箅孔。轮制。口径12.8、底径5.5、高6.5厘米（图一二八，4；彩版八三，2）。

**陶盆**　1件。

M86：3，泥质灰陶。敞口，平沿，弧腹，平底内凹。器身有凹凸相间的轮制痕迹。口径15.5、底径7、高6.5厘米（图一二八，3；彩版八三，3）。

（2）铜器

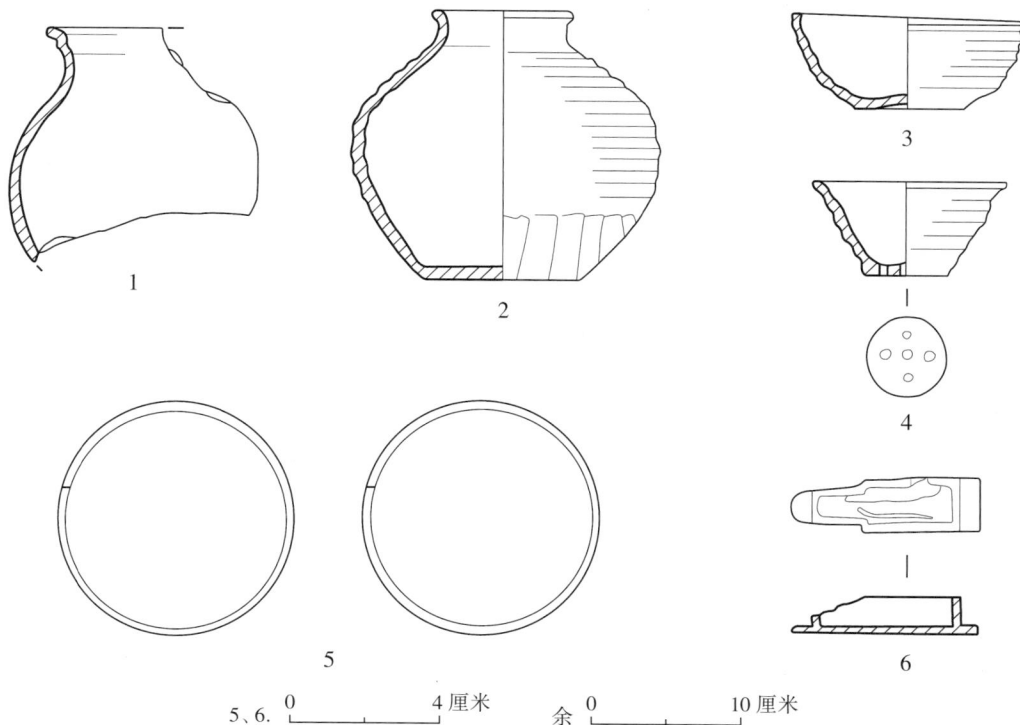

**图一二八　M86出土器物**

1、2.陶罐（M86：1、M86：2）　3.陶盆（M86：3）　4.陶甑（M86：4）　5.铜环（M86：5）　6.铜弩机（M86：7）

3 件（组）。

**铜环**　1 组。

M86∶5，1 组 2 件。大小相同。圆形，环体扁。素面。铸造。外径均为 6.3、厚 0.2 厘米（图一二八，5；彩版八三，4）。

**铜弩机**　1 件。

M86∶7，仅存机郭，平面近长方形。长 5、宽 1.1~1.5、高 1 厘米（图一二八，6；彩版八四，1、2）。

**铜钱**　1 组。

M86∶6，1 组 2 枚。均为磨郭五铢钱，形制、大小相同，正、背面均无内郭。M86∶6-1，钱径 2、穿宽 1、肉厚 0.1 厘米；M86∶6-2，残，锈蚀严重。钱文模糊不清（彩版八三，5、6）。

## 八七　M87

位于墓群南部。该墓为带斜坡墓道的单室洞室墓，由封土、墓道、甬道、封门和墓室组成。墓向 140°。

### 1. 形制与结构

封土为开挖墓葬形成的沙石堆砌而成，其中墓室正上方封土呈丘状，底径 4~4.55、高 1 米；墓道上封土呈长垄状，长 3.1、宽 1.5、高 0.25 米。两段封土相接处见一椭圆形盗洞，口径 2~3.6 米，盗洞竖直向下，直至墓门，后转向北，穿封门墙进入墓室中。盗洞至墓门处直径 1.3、距封土表面深 4.1 米。墓道位于墓室南端，平面呈长条形，直壁，斜坡底，开口长 6、宽 0.9 米，坡长 7.2 米，底宽 0.9 米。墓道北端底部与墓室齐平，距地表深 3.65 米。甬道、墓室为依墓道末端向北掏挖形成的洞室，甬道上半部被盗洞破坏，从残存底部情况看，进深 0.45、宽 1.3、残高 0.25 米。甬道内用砾石和青砖混砌封堵，其中最底部铺一层 5 厘米厚的砾石，上部由条砖斜向垒砌而成，残存 4 层，厚 0.35、宽 1.3、残高 0.2 米。墓室平面呈圆角方形，四壁略直，顶弧拱，底较平整，进深 3、宽 3、高 2.1 米。墓室内填大量从盗洞进入的细沙土（图一二九）。

### 2. 葬具、葬式及埋藏状况

墓内遭严重盗扰，未发现葬具及随葬品，墓室北侧见较多零散的人骨。

## 八八　M88

位于墓群南部，南邻 M89，该墓为带斜坡墓道的双室洞室墓，由封土、墓道、前甬道、封门、前室、过洞及后室组成。墓向 65°。

### 1. 形制与结构

封土为开挖墓葬形成的沙土堆砌而成，其中墓室正上方封土呈丘状，底径 2.7~5.1、高 0.65 米；墓道上封土呈长垄状，长 8.2、宽 1.4、高 0.3 米。两段封土相接处有一圆形盗洞，口径 1.3 米。盗

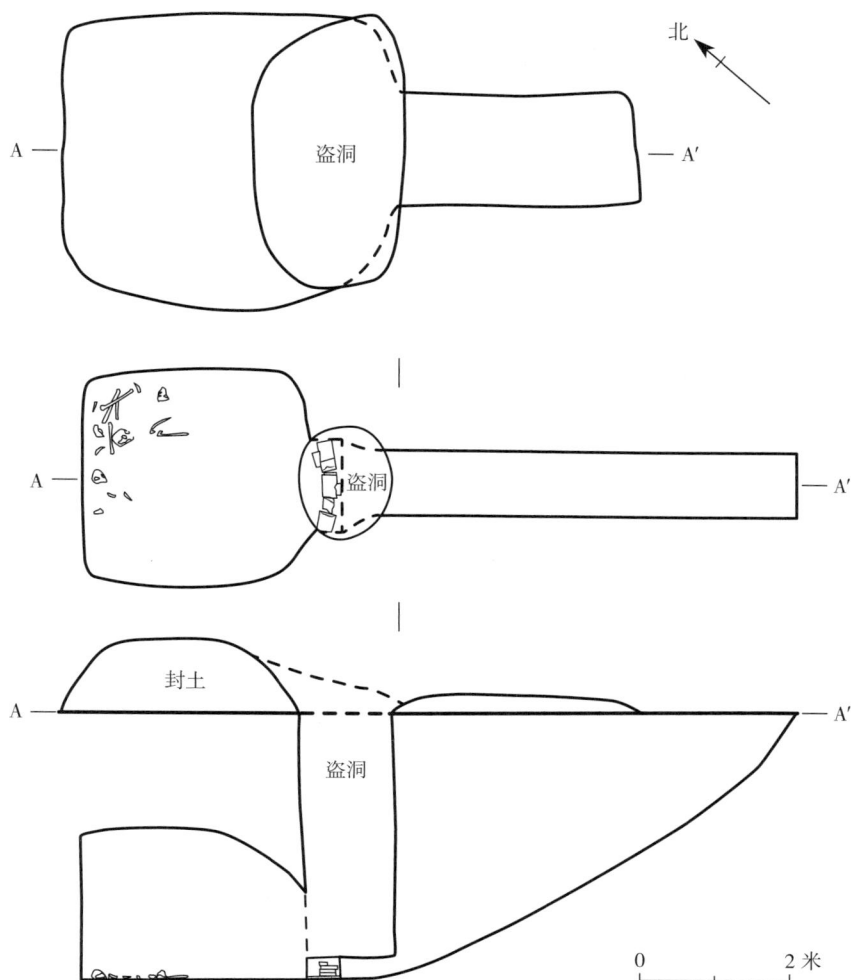

图一二九  M87 平、剖面图

洞竖直向下，直抵墓门，由墓门处进入墓室。墓道位于墓室以东，平面呈长条形，斜坡底，开口长 8、宽 1 米，坡长 8.7 米，底宽 1 米，底距地表深 3.9 米。甬道、墓室为依墓道西端向西掏挖形成的洞室，其中前甬道位于前室与墓道之间，拱形顶，进深 0.75、宽 0.9、高 1 米。甬道口有砾石堆砌封门，封门墙上端因盗扰被破坏，宽 0.9、残高 0.4、厚 0.6 米。前室平面呈横长方形，攒尖顶，进深 1.3、宽 1.8、高 1.8 米。后室平面近方形，四壁略外凸，四角弧转，穹隆顶，进深 2.5、宽 2、高 1.3 米。后室和前室之间有过洞相通，近平顶，进深 0.35、宽 1、高 0.8 米（图一三〇）。

**2. 葬具、葬式及埋藏状况**

墓室盗扰严重，仅在后室中见人头骨 1 个及少量散乱的肢骨、肋骨等，葬式不明；未见葬具。随葬品残存 9 件，有陶罐、陶耳杯、陶井、陶灯、陶盘、陶钵、陶壶，皆散置于前室。

**3. 随葬器物**

9 件。均为陶器。

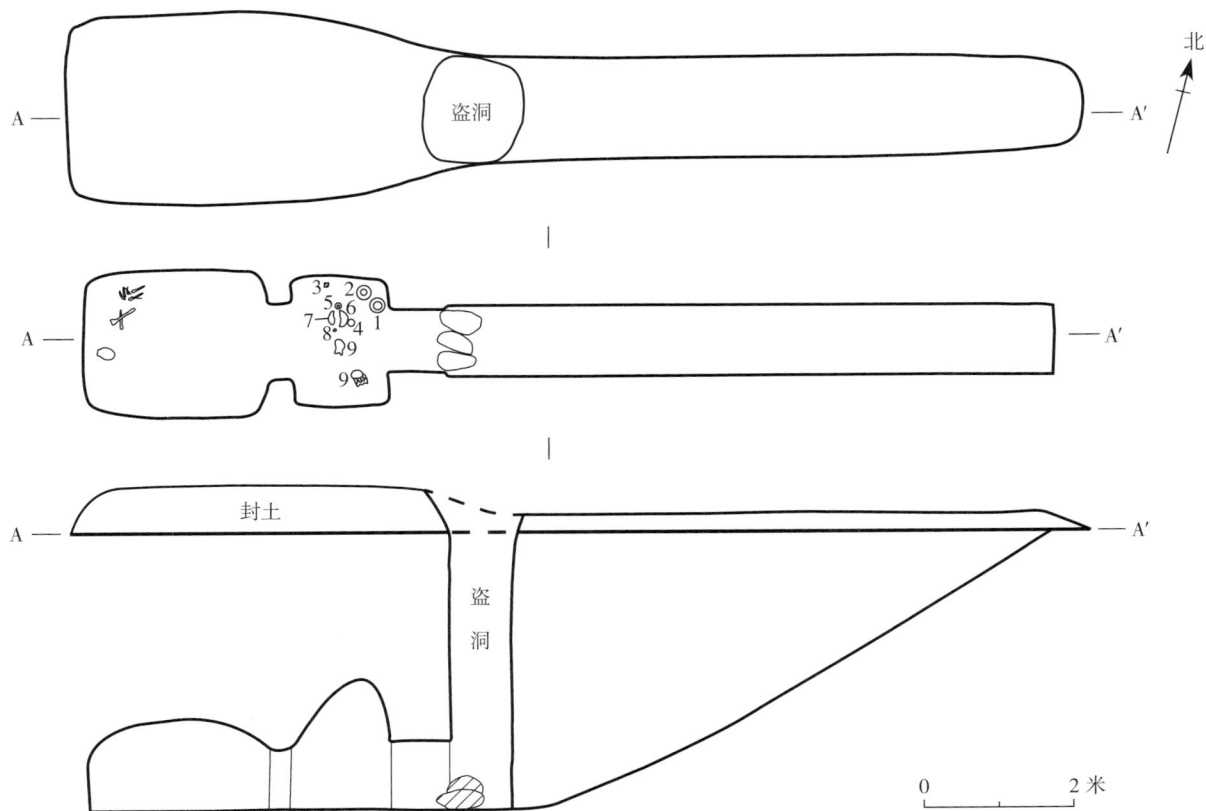

图一三〇　M88 平、剖面图

1、2.陶罐　3.陶耳杯　4.陶井　5.陶灯　6、7.陶盘　8.陶钵　9.陶壶座

**陶壶座**　1件。

M88：9，泥质灰陶。上部残，仅存八棱状器座，平底。底径5.2、残高5.1厘米（图一三一，6）。

**陶罐**　2件。

M88：1，泥质灰陶。盘口，束颈，圆腹，平底。口径11、腹径17、底径8.25、高14厘米（图一三一，1；彩版八四，3）。

M88：2，泥质灰陶。残，仅存部分罐口及罐上腹。盘口，束颈，鼓腹。残高7.5厘米（图一三一，4）。

**陶灯**　1件。

M88：5，泥质灰陶。灯盘较浅，圆唇，束腰，喇叭状座。口径4.9、底径5.6、高7.5厘米（图一三一，2；彩版八四，5）。

**陶钵**　1件。

M88：8，泥质灰陶。残高3.4厘米（图一三一，7）。

**陶盘**　2件。

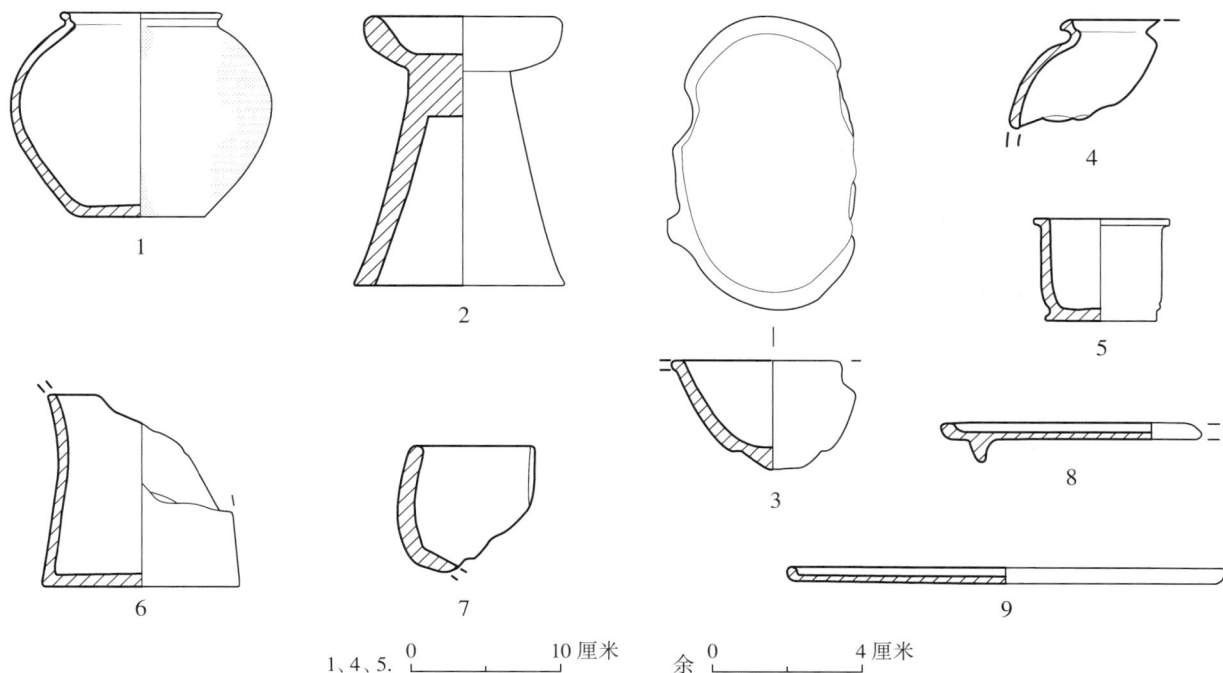

图一三一　M88 出土器物

1、4. 陶罐（M88：1、M88：2）　 2. 陶灯（M88：5）　 3. 陶耳杯（M88：3）　 5. 陶井（M88：4）　 6. 陶壶座（M88：9）
7. 陶钵（M88：8）　 8、9. 陶盘（M88：7、M88：6）

M88：6，泥质灰陶。盘面圆形，方唇，浅腹，平底。直径 11.5、高 0.4 厘米（图一三一，9）。

M88：7，泥质灰陶。盘面圆形，平沿，浅腹，腹微斜收，平底，底有三乳丁状足。直径 10.5、高 1.1 厘米（图一三一，8）。

**陶井**　1 件。

M88：4，泥质灰陶。近直口，折沿，直腹，平底。口径 9.2、底径 7.5、高 7.1 厘米（图一三一，5；彩版八四，4）。

**陶耳杯**　1 件。

M88：3，泥质灰陶。椭圆形，耳残。长 8、残宽 5.2 厘米（图一三一，3）。

## 八九　M89

位于墓群南部，北邻 M88。该墓为带斜坡墓道的双室洞室墓，由封土、墓道、前甬道、封门、前室、过洞和后室组成。墓向 65°。

### 1. 形制与结构

封土为开挖墓葬形成的沙土堆砌而成，其中墓室正上方封土呈丘状，底径 2.7~5、高 0.6 米；墓道上封土呈长垄状，长 11.25、宽 1.6、高 0.25 米。在墓室与墓道结合处有一口径为 1.5 米的圆形盗洞，盗洞竖直向下，直抵墓门。墓道位于墓室以东，平面呈长条形，斜坡底，开口长 9.7、宽 0.95

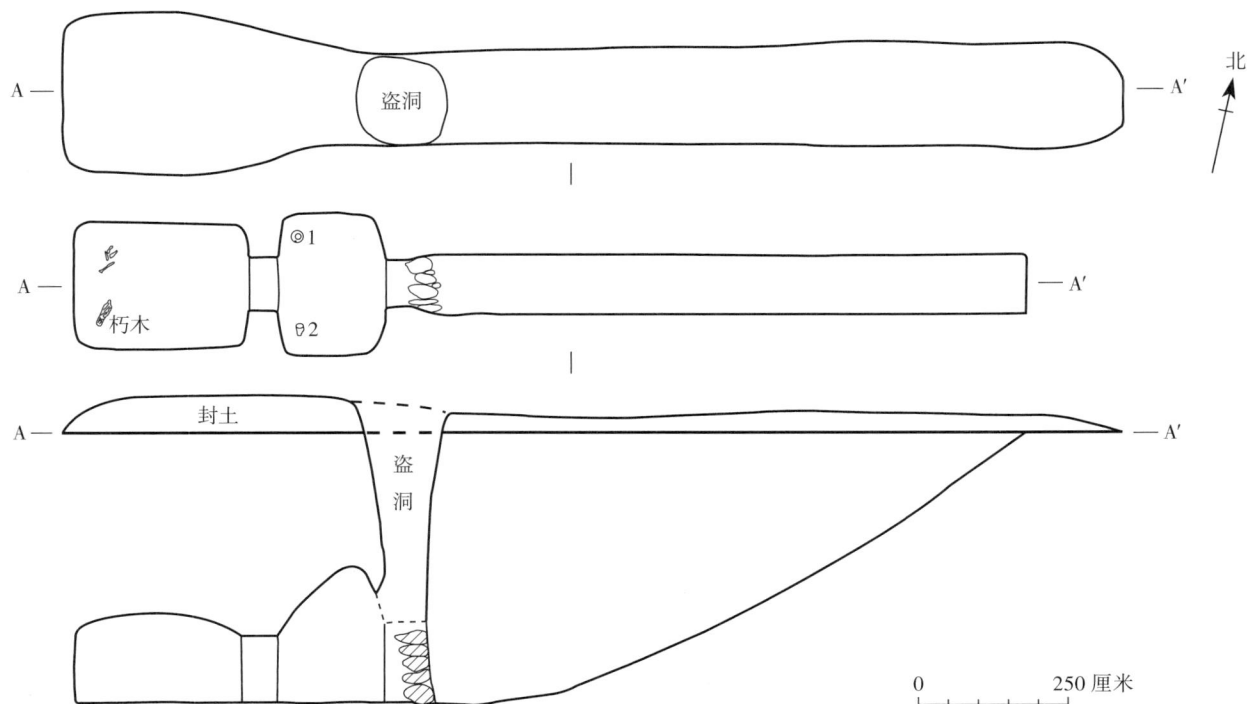

图一三二　M89平、剖面图
1. 陶灶　2. 陶仓

米，坡长10.6米，底宽0.95米，底距地表深4.5米。甬道、墓室为依墓道西端向西掏挖形成的洞室，其中前甬道位于前室与墓道之间，拱形顶，进深0.7、宽0.75、残高1.35米。甬道口有砾石堆砌封门，封门上端因盗扰被破坏，残高1.2米。前室平面呈弧角长方形，攒尖顶，进深1.75、宽2.4、高2.3米。后室平面近方形，四角弧转，穹隆顶，进深2.85、宽2.1、高1.5米。后室和前室之间有过洞相通，近平顶，进深0.56、宽0.9、高1.1米（图一三二）。

### 2. 葬具、葬式及埋藏状况

墓内遭严重盗扰，仅存留少量散乱骨架及棺木残块。随葬品残存较少，仅在前室扰土中出土陶灶、陶仓各1件。

### 3. 随葬器物

2件。均为陶器。

**陶灶**　1件。

M89：1，泥质灰陶。灶身前方上圆，中有一孔，前有灶门，后有穿孔烟囱。长14、宽13.7、高7.75厘米（图一三三，1；彩版八四，6）。

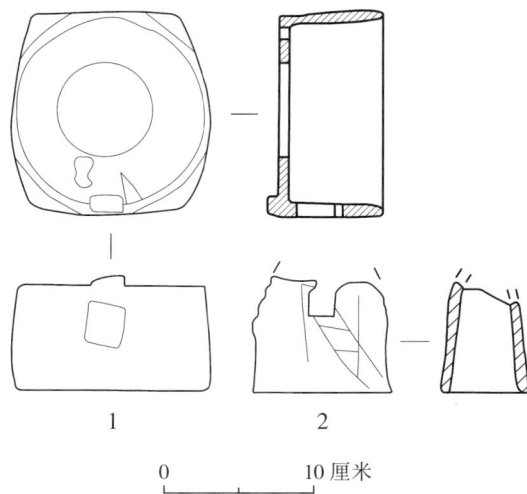

图一三三　M89出土器物
1. 陶灶（M89：1）　2. 陶仓（M89：2）

**陶仓**　1 件。

M89：2，泥质灰陶。残，口小底大，仓身有窗。刻划梯格纹。底径 6~9.2、残高 7.5 厘米（图一三三，2）。

## 九○　M90

位于墓群北部，南邻 M42。该墓为带斜坡墓道的单室洞室墓，由封土、墓道和墓室组成。墓向 163°。

### 1. 形制与结构

封土为开挖墓葬形成的沙石堆砌而成，其中墓室正上方封土呈丘状，底径 5.25~5.35、高 1 米；

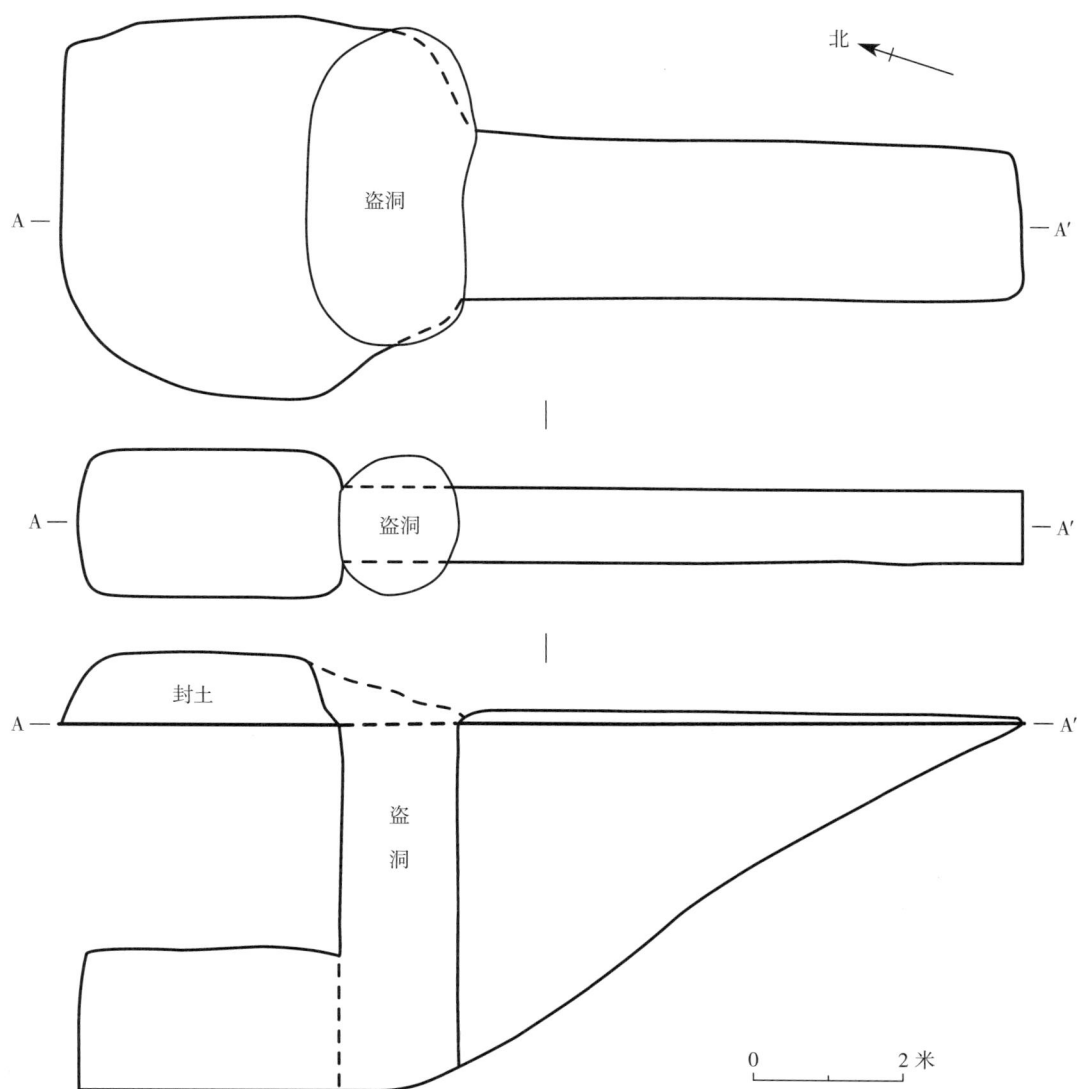

图一三四　M90 平、剖面图

墓道上封土呈长垄状，长7.4、宽2.25、高0.2米。两段封土相接处见一椭圆形盗洞，口径2.1~4.35米，盗洞竖直向下，直至墓门，由墓门处进入墓室内。盗洞至墓门处直径1.55、底距封土表面深5.5米。墓道位于墓室南端，平面呈长条形，直壁，斜坡底，开口长9、宽1米，坡长10.25米，底宽1米。墓道北端底部与墓室齐平，距地表深5米。墓室为依墓道北端向北掏挖形成的洞室，平面呈圆角长方形，四壁略直，顶弧拱，底较平整，进深3.5、宽2、高2米。墓室内填大量从盗洞进入的细沙土（图一三四）。

## 2. 葬具、葬式及埋藏状况

墓内遭严重盗扰，未发现葬具、人骨及随葬品。

# 第三章　墓葬形制及陶器类型分析

## 第一节　墓葬形制及相关问题分析

90 座墓葬中，多数遭破坏，部分形制不完整，从墓葬的结构和使用建筑材料看，主要为洞室墓，另还有少量砖室墓。

### 一　洞室墓

共 88 座，墓葬均带长斜坡或竖穴墓道，墓室构筑方式为在长斜坡墓道的末端掏挖土洞。除 M78 和 M79 遭严重破坏，结构不明外，其余 86 座墓葬结构较明确，依据墓室数量的多少分两型。

A 型　4 座。双室墓，墓室分前、后室，两室之间以过洞相连。根据墓室形制的变化，分三式。

Ⅰ式　2 座，为 M88 和 M89。前室呈横长方形，四壁略外弧，攒尖顶。后室平面近弧角方形，前室与后室近同宽。

Ⅱ式　1 座，为 M1。前室呈横长方形，四角弧转，四壁略外弧，穹隆顶。后室较长，平面呈弧角方形，前室与后室近同宽。

Ⅲ式　1 座，为 M23。前室近方形，穹隆顶。后室呈进深较长的窄长方形。

B 型　82 座。单室墓。根据墓葬结构及墓道形制的不同，分三亚型。

Ba 型　79 座。带斜坡墓道，墓室平面呈长方形，形制较规整，根据墓室形状的变化，分三式。

Ⅰ式　15 座。墓室平面呈窄长条形，个别呈梯形，拱形顶。较墓道略宽，无甬道。该种形制的墓葬有 M12、M14、M20、M63~M68、M71~M73、M76、M77 和 M83。

Ⅱ式　35 座。墓室长宽比例缩小，转角多弧形，一般为拱形顶，多数带甬道，少量墓葬甬道及封门处还使用青砖砌筑，墓室底青砖铺设。该类墓葬有 M3~M6、M9~M11、M15~M18、M22、M25、M29、M31~M36、M41、M42、M48、M51~M53、M55~M61、M70 和 M90。

Ⅲ式　29 座。墓室四壁略外弧，穹隆顶或拱形顶，墓道窄长。该类墓葬有 M2、M7、M8、M19、M21、M26~M28、M30、M37~M40、M43~M47、M49、M50、M54、M62、M74、M75、M80、M82 和 M85~M87。

Bb 型　　1 座，为 M84。墓室平面呈弧角的梯形，藻井式墓顶。

Bc 型　　2 座，为 M13 和 M24，墓室平面呈长方形，竖穴墓道。

## 二　砖室墓

2 座，为 M69 和 M81。墓葬均带斜坡墓道，是先在戈壁砂砾土上开挖带斜坡墓道的竖穴土圹，再在土圹内砌筑砖室而成。M69 为前室横长，后室纵长，较前室略窄的双室砖室墓；M81 为单室砖室墓，两墓均遭严重破坏，其余情况多不明。

## 三　葬具、葬式和葬俗

### 1. 葬具

该墓群墓葬被盗严重，仅 M1、M9、M23、M69 和 M84 葬具保存较好。五座墓葬共出棺木 10 具，为柏木或松木质。木棺均由底板、左右侧板、前后挡板及盖板组成。木棺棺板之间的拼合及加固方法主要有亚腰形卯榫扣合法、穿榫法及木钉加固法三种，这三种方法或单独使用，或搭配使用。①亚腰形卯榫扣合法。榫呈亚腰状，棺的两侧板、前后挡板、底板及盖板的拼合均用木榫连接。其做法为在拼连的两棺板之间内侧或外侧上下或左右相对位置，分别凿刻短边相对的等腰形卯槽，两板拼合即成"亚腰形"卯槽，再将大小、薄厚相同的亚腰榫嵌入，即将两板拼合为一体。②穿榫法。用于两侧板与前后挡板的套合。在侧板前后两端分别凿刻出方形卯槽，挡板两侧亦相应加工成方形榫头，将其插入侧板的同形卯槽而成。③木钉加固法。主要用于棺盖板与侧板的加固，即在侧板上沿两端近居中处及棺盖板处相应位置凿方形或长方形卯眼，再将相应尺寸的方形或长方形木钉钉入卯眼中，使棺盖与棺身相连呈一体。

棺木多素面，但亦有部分棺木外表及内侧局部涂黑或绘有图案，主要有：①棺盖板：头端外侧沿面上墨绘锯齿状图案，少数还在内侧绘云气纹及较为复杂的伏羲、女娲图像，如 M1 的 I 号棺。②前挡板：外侧墨绘五星图案，如 M23 的 I、III 号棺。③侧板：外侧局部涂黑或见有墨绘线条纹，部分另在内侧用红、墨线勾绘垂幛纹等，如 M23 的 III 号棺。

### 2. 葬式和葬俗

因该墓群墓葬被盗严重，从保存较好的墓葬看，墓葬存在单人葬、双人合葬及三人合葬等多种形式。单人葬墓，保存较好的仅 M84，墓主棺木顺置于墓室左（东）壁一侧，近与东墓壁平行。墓主头朝墓门，仰身直肢；二人合葬墓为夫妻合葬，一般并列顺置于墓室内居中或偏向一侧墓壁，棺头均朝向墓门。棺木摆放一般为男棺居左，女棺居右，葬式仰身直肢；三人合葬墓保存较好的仅 M23，其中前室北壁下葬一女性，头向墓门，仰身直肢。后室男女棺各一，棺木摆放位置及葬式等均与双人合葬形式相同。该种形式的墓可能为一夫两妻的合葬形式。

另外，根据部分保存较好的合葬墓人骨扰动情况可以观察出，其合葬的形式一般是为夫妻中的先亡者建造墓穴，后亡者下葬时葬入墓穴中形成合葬。因此夫妻先后下葬时随葬品也有先后之分，并各有归属。

# 第二节　陶器类型分析

因墓葬多数遭到严重盗扰和破坏，部分随葬器物保存较差，形制亦不可复原，现保存较完整或形制可大致复原的陶器有 174 件，种类包括鼎、壶、罐、灶（包括甑、小盆、釜）、灯、钵、碟、盘、仓、井、耳杯、盆、熏炉、盏等。以下对该墓群出土器物进行类型学分析，并统计各类型器物形制的变化（图一三五）。

**鼎**　2 件。形制相同。侈口，卷沿，圆唇，弧腹，平底，底附三锥状足，上腹有一周凹弦纹。标本 M84：4、M84：7。

**壶**　6 件。均为敞口，高领，假圈足底。根据腹部特征的不同，分两型。

A 型　3 件。蒜头形腹。根据器表装饰和假圈足底特征的变化，分两式。

Ⅰ式　1 件。泥质红陶胎外表饰一层绿釉。圈足底较高，底外撇。标本 M69：16。

Ⅱ式　2 件。泥质灰陶。圈足底相对变矮，底座近竖直。标本 M69：9、M69：10。

B 型　3 件。扁圆形腹。根据器形大小及假圈足底特征的变化，分两式。

Ⅰ式　2 件。器形较大，假圈足底较高，底外撇。腹部附铺首。标本 M83：12、M83：13。

Ⅱ式　1 件。形体变小，制作较粗糙。假圈足底近竖直。标本 M83：15。

**罐**　62 件。根据罐口特征及罐体形状的不同，可大致分为盘口罐、侈口罐、小口折肩罐和双耳罐四类。

**盘口罐**　25 件。根据罐口、颈、腹及罐体饰纹的不同，分四型。

A 型　14 件。罐口相对较大，圆肩，鼓腹，罐体较矮扁。根据腹部纹饰的变化，分三式。

Ⅰ式　2 件。腹部饰竖向绳纹，间饰凹弦纹。标本 M69：18、M69：23。

Ⅱ式　9 件。罐体素面。标本 M69：2、M69：3、M69：5、M69：20、M79：4、M79：5、M79：6、M83：18 和 M88：2。

Ⅲ式　3 件。罐腹上有轮制形成凹凸相间的弦纹。标本 M1：9、M1：11 和 M83：2。

B 型　3 件。罐口相对较小，矮领。根据口及领部特征的变化，分两式。

Ⅰ式　1 件。盘口相对较浅，领较短，鼓腹。腹部饰暗弦纹或轮制时形成的凹凸相间的弦纹。标本 M83：9。

Ⅱ式　2 件。盘口较深，领相对较高。腹部有轮制时形成的凹凸相间的弦纹。标本 M1：13、M1：14。

C 型　7 件。罐口相对较小，罐体相对较高。根据肩、腹部特征及纹饰的变化，分四式。

Ⅰ式　1 件。束颈，溜肩。肩、腹部饰暗弦纹。标本 M83：6。

Ⅱ式　1 件。束颈，溜肩，下腹斜收，腹部饰暗弦纹，下腹部有刮削痕。标本 M69：8。

| 器形<br>分期 | 盘 口 罐 | | | | 侈 口 罐 |
|---|---|---|---|---|---|
| | A 型 | B 型 | C 型 | D 型 | A 型 |
| 第一期 | Ⅰ式（M69∶18） | Ⅰ式（M83∶9） | Ⅰ式（M83∶6） | | Ⅰ式（M69∶17） |
| 第二期 | Ⅱ式（M69∶2） | | Ⅱ式（M69∶8） | M88∶1 | |
| 第三期 | Ⅲ式（M1∶9） | Ⅱ式（M1∶13） | Ⅲ式（M1∶2） | | Ⅱ式（M23∶1） |
| 第四期 | | | Ⅳ式（M45∶10） | | Ⅲ式（M9∶1） |

图一三五A　典型陶器

| 侈 口 罐 | | | 小口折肩罐 | 双耳罐 |
|---|---|---|---|---|
| B 型 | C 型 | D 型 | | |
| | | | I 式（M69：45） | M65：1 |
| I 式（M67：1） | I 式（M69：4） | | II 式（M83：5） | |
| II 式（M41：1） | II 式（M1：12） | I 式（M1：3） | | |
| III 式（M9：17） | III 式（M9：5） | II 式（M9：7） | | |

分期图（一）

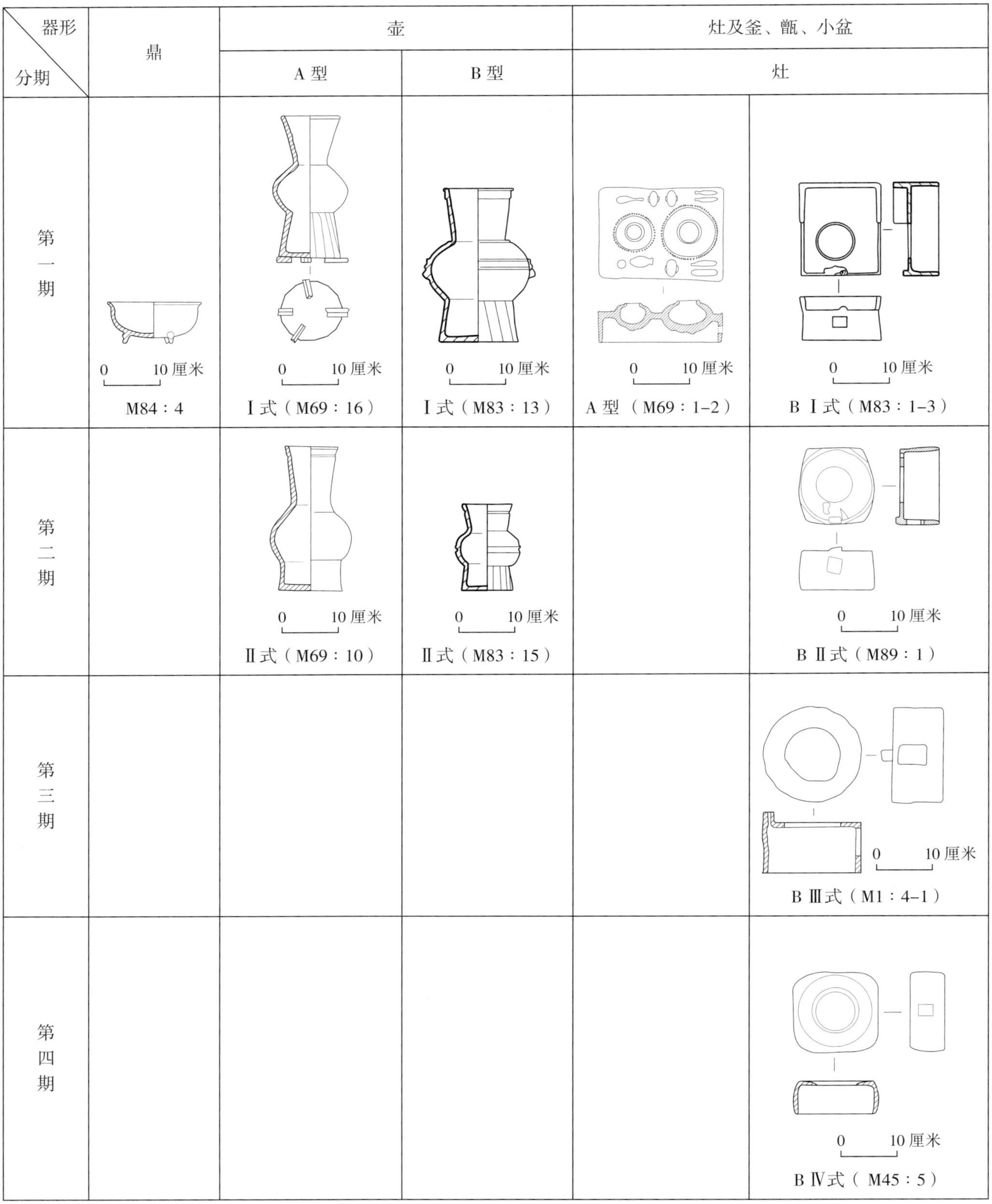

| 器形 分期 | 鼎 | 壶 | | 灶及釜、甑、小盆 | |
|---|---|---|---|---|---|
| | | A 型 | B 型 | 灶 | |
| 第一期 | M84：4 | I 式（M69：16） | I 式（M83：13） | A 型（M69：1-2） | B I 式（M83：1-3） |
| 第二期 | | II 式（M69：10） | II 式（M83：15） | | B II 式（M89：1） |
| 第三期 | | | | | B III 式（M1：4-1） |
| 第四期 | | | | | B IV 式（M45：5） |

图一三五 B　典型陶器

| 灶及釜、甑、小盆 | | | 灯 | 碟 |
|---|---|---|---|---|
| 釜 | 甑 | 小盆 | | A 型 |

I 式（M84：10-2）

I 式（M84：10-1）

A I 式（M83：1-2）

I 式（M69：24）

I 式（M83：7）

II 式（M1：4-3）

II 式（M1：4-2）

A II 式（M1：4-4）

II 式（M1：19）

III 式（M45：4）

III 式（M85：4）

A III 式（M85：2）

B 型（M45：3）

II 式（M4：2）

III 式（M45：8）

分期图（二）

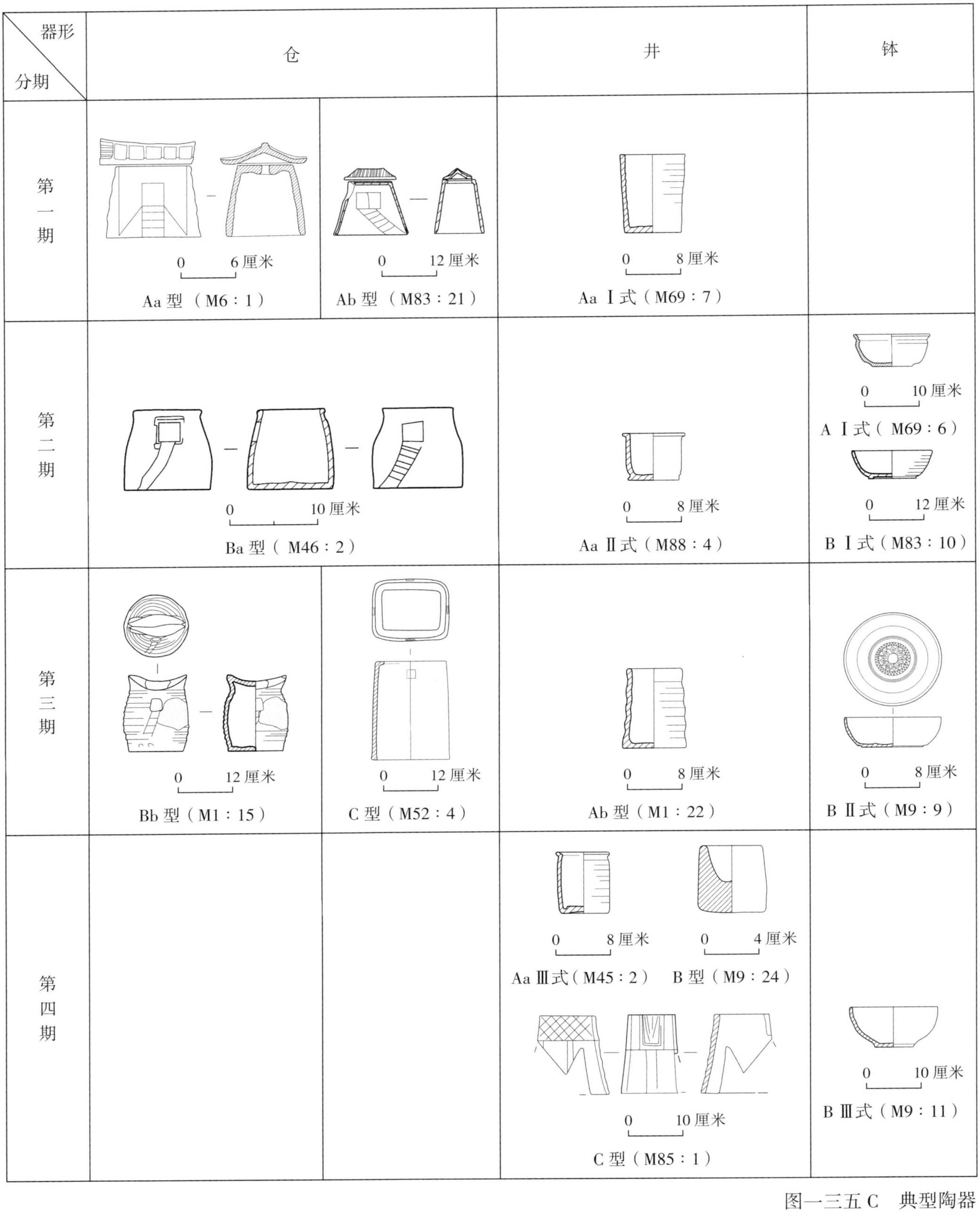
器形
分期
仓
井
钵
第一期
0 6厘米
Aa型（M6：1）
0 12厘米
Ab型（M83：21）
0 8厘米
AaⅠ式（M69：7）
第二期
0 10厘米
Ba型（M46：2）
0 8厘米
AaⅡ式（M88：4）
0 10厘米
AⅠ式（M69：6）
0 12厘米
BⅠ式（M83：10）
第三期
0 12厘米
Bb型（M1：15）
0 12厘米
C型（M52：4）
0 8厘米
Ab型（M1：22）
0 8厘米
BⅡ式（M9：9）
第四期
0 8厘米
AaⅢ式（M45：2）
0 4厘米
B型（M9：24）
0 10厘米
C型（M85：1）
0 10厘米
BⅢ式（M9：11）

图一三五C 典型陶器

| 熏炉 | | 盘 | 耳杯 | 盆 | 盏 |
|---|---|---|---|---|---|
| A 型（M6：5） | B 型（M83：19） | A 型（M79：1）<br>B Ⅰ 式（M84：8） | | A Ⅰ 式（M83：8） | |
| | | B Ⅱ 式（M6：2） | Ⅰ 式<br>（M84：9-1） | B 型（M6：4） | A Ⅰ 式（M69：15） |
| | | | | A Ⅱ 式（M1：21）<br>C 型（M86：3） | A Ⅱ 式（M52：5）<br>Ba 型（M1：20） |
| | | | Ⅱ 式（M45：7） | A Ⅲ 式（M9：10） | A Ⅲ 式（M85：3）<br>Bb 型（M9：19） |

分期图（三）

Ⅲ式　4件。束颈，广肩，鼓腹。罐体最大径在腹中部。罐体素面或肩、腹部有轮制时形成的凹凸相间的弦纹。标本 M1：2、M4：1、M34：1 和 M86：1。

Ⅳ式　1件。束颈，广肩，鼓腹。罐体最大径上移至肩部。肩上施刻划垂幛纹及凹弦纹、绳纹的组合纹。标本 M45：10。

D 型　1件。罐体较大，腹圆鼓。标本 M88：1。

**侈口罐**　33件。根据罐口、颈、腹部特征的不同，分四型。

A 型　8件。罐体相对较高。侈口，束颈，圆肩，鼓腹。根据罐体腹部及纹饰的变化，分三式。

Ⅰ式　1件。鼓腹，腹部最大径居中。腹部饰暗弦纹。标本 M69：17。

Ⅱ式　6件。鼓腹，腹部最大径居中或微偏上。腹部多有轮制时形成的凹凸相间的弦纹，部分下腹部经刮削修整。标本 M1：5、M1：7、M23：1、M23：2、M23：17 和 M23：18。

Ⅲ式　1件。上腹外鼓，下腹近斜直内收，腹部最大径近肩部。肩、腹部饰暗弦纹，肩部近最大径处饰凹弦纹间刻划垂幛纹，下腹刮削修整。标本 M9：1。

B 型　5件。罐体相对较大。束颈，圆腹或扁圆腹。根据口底比例及腹部特征的变化，分三式。

Ⅰ式　1件。口、底大小相近。圆腹，腹部最大径居中。腹部饰数道凹弦纹，下腹刮削修整。标本 M67：1。

Ⅱ式　2件。口、底大小相近。扁圆腹，腹部最大径偏上。腹部多有轮制而产生的凹凸相间的弦纹，下腹经刮削修整。标本 M1：1、M41：1。

Ⅲ式　2件。口较底大。腹圆鼓，腹部最大径偏上。标本 M9：17 和 M9：18。

C 型　15件。侈口，束颈，鼓腹。口相对较小。根据罐腹特征及纹饰的变化，分三式。

Ⅰ式　3件。体较瘦长。侈口，卷沿，溜肩，上腹圆鼓，下腹斜收，肩部饰凹弦纹。标本 M69：4、M83：3 和 M83：4。

Ⅱ式　8件。腹较鼓，体较矮，最大径偏上。圆肩，鼓腹。腹部多见轮制时形成的凹凸相间的弦纹。标本 M1：8、M1：10、M1：12、M23：3、M23：4、M23：5、M52：3 和 M86：2。

Ⅲ式　4件。腹圆鼓，体变大，体最大径偏上。鼓肩，鼓腹。腹部多见轮制时形成的凹凸相间的弦纹。标本 M9：5、M9：12、M9：13 和 M56：1。

D 型　5件。罐体相对较小。口较小，底较大，矮领。根据腹部特征的变化，分两式。

Ⅰ式　3件。扁圆腹，腹部最大径居中。腹部有轮制时形成的凹凸相间的弦纹。标本 M1：3、M1：6 和 M52：1。

Ⅱ式　2件。斜肩，上腹外鼓，下腹近斜直内收。腹部最大径偏上。标本 M9：7、M23：12。

**小口折肩罐**　3件。小口，束颈，折肩，平底。肩或腹部饰凹弦纹。根据罐体大小及口部特征的变化，分两式。

Ⅰ式　1件。罐体较大。盘口，直腹，平底。肩至腹部有数道凹弦纹。标本 M69：45。

Ⅱ式　2件。罐体相对较小。侈口，近直腹，平底。肩部有一周凹弦纹。标本 M83：5 和

M69：11。

**双耳罐**　1件。侈口，鼓腹，平底。肩部附两牛鼻耳。标本 M65：1。

**灶**　8件。根据灶口数量分两型。

A 型　2件。双口。方形，灶面平整。标本 M69：1-2 和 M79：7-1。

B 型　6件。单口。根据形状的变化，分四式。

Ⅰ 式　2件。制作规整。方形，灶面烟囱处带挡风墙。标本 M83：1-3 和 M84：10-1。

Ⅱ 式　2件。制作较粗糙。近方形，灶面无挡风墙，仅见突出的烟囱。标本 M89：1 和 M46：1。

Ⅲ 式　1件。制作较规整。圆形，灶面无挡风墙，仅见突出的烟囱。标本 M1：4-1。

Ⅳ 式　1件。圆角方形，灶面无突出的烟囱。标本 M45：5。

**釜**　3件。一般置于灶口上。皆泥质灰陶。根据口、腹部的变化，分三式。

Ⅰ 式　1件。侈口，方唇，鼓腹，平底。标本 M84：10-2。

Ⅱ 式　1件。口微侈，圆唇，鼓腹，平底，底有轮切痕迹。标本 M1：4-3。

Ⅲ 式　1件。敛口，方唇，唇面上有一周凹槽，鼓腹，假圈足，内底中部凸起一圆形台面。外底上有数周轮旋痕。标本 M45：4。

**甑**　7件。皆泥质灰陶。根据口及腹部特征的变化，分三式。

Ⅰ 式　5件。敞口，折沿，斜直腹，平底，底有 5~8 个箅孔。标本 M83：1-1、M69：1-1、M79：7-2、M84：10-4 和 M86：4。

Ⅱ 式　1件。微敛口，折沿，上腹鼓，腹部最大径在近口处，平底，底上有箅孔。标本 M1：4-2。

Ⅲ 式　1件。敞口，方唇，斜直腹，平底，近底处刮削修整，底有箅孔。标本 M85：4。

**小盆**　5件。置于灶上。皆泥质灰陶。根据盆口形制的不同，分两型。

A 型　4件。整体较小，平沿或卷沿，腹弧收，平底。根据口、腹部特征的变化，分三式。

Ⅰ 式　2件。敞口，弧腹，腹较浅。标本 M83：1-2 和 M84：10-3。

Ⅱ 式　1件。口微敛，鼓腹，平底。标本 M1：4-4。

Ⅲ 式　1件。侈口，卷沿，圆唇，弧腹，平底，腹部有一周凸棱，近底处刮削修整。标本 M85：2。

B 型　1件。形制似甑，敞口，斜直腹，平底。标本 M45：3。

**灯**　5件。皆为泥质灰陶。根据器形的变化，分两式。

Ⅰ 式　4件。形体较大，灯柄高，灯盘大而浅。标本 M69：24、M83：14、M84：2 和 M88：5。

Ⅱ 式　1件。形体变小，灯盘微变深。标本 M4：2。

**钵**　10件。根据形制的不同，分两型。

A 型　4 件。侈口，深腹，根据腹部及底部的变化，分两式。

Ⅰ式　2 件。弧腹，平底或平底内凹。标本 M69：6 和 M69：44。

Ⅱ式　2 件。弧腹，腹底部经刮削，饼足底。标本 M9：16-1 和 M9：16-2。

B 型　6 件。敛口或敞口。根据口、腹及底部的变化，分三式。

Ⅰ式　1 件。敞口，圆唇，弧腹，平底内凹。标本 M83：10。

Ⅱ式　4 件。微敛口，浅腹，腹近斜直，平底。标本 M23：21、M23：10、M9：9 和 M45：9。

Ⅲ式　1 件。敛口，弧腹，腹较深，饼足。标本 M9：11。

碟　6 件。根据形体大小，可分两型。

A 型　4 件。形体相对较小。根据口、腹部及底部特征的变化，分三式。

Ⅰ式　2 件。敞口，方唇或圆唇，浅腹，平底或平底内凹，近底处有刮削修整痕迹。标本 M83：7 和 M84：6。

Ⅱ式　1 件。敞口，圆唇，浅腹，饼足底。标本 M1：19。

Ⅲ式　1 件。敞口，斜直腹，假圈足底。标本 M45：8。

B 型　2 件。形体较大。敞口，斜直腹，平底或假圈足底。标本 M45：1 和 M1：18。

盘　10 件。盘面圆形。根据有无底足，分两型。

A 型　4 件。盘底无足，盘腹很浅，盘壁斜直，盘面较平，平底或平底内凹。盘面素面或饰数周凹弦纹。标本 M69：14、M69：13、M79：1 和 M88：6。

B 型　6 件。盘面圆形，盘底有三足。根据盘面形制的变化，分两式。

Ⅰ式　3 件。盘腹浅，盘沿很低，近与盘面平齐。腹底附有三足乳丁足。标本 M83：16、M84：8 和 M88：7。

Ⅱ式　3 件。盘沿相对较高，明显高出盘面，盘腹微弧。标本 M6：2、M79：2 和 M79：3。

仓　较完整者及仓盖保存较好者共 7 件。根据仓身形状的不同，分三型。

A 型　4 件。仓身呈扁圆形。根据仓盖形制的变化，分两亚型。

Aa 型　2 件。仓盖呈"人"字坡形，坡面模印有成排瓦垄，盖檐较长。标本 M6：1、M79：8。

Ab 型　2 件。仓盖呈"人"字形，盖檐较短。标本 M69：21、M83：21。

B 型　2 件。仓身近筒形。根据仓口形制的变化，分两亚型。

Ba 型　1 件。仓顶圆形。标本 M46：2。

Bb 型　1 件。仓顶内凹，两角微翘。标本 M1：15。

C 型　1 件。仓身呈方形。标本 M52：4。

井　8 件。根据形状及制作方法的不同，分三型。

A 型　6 件。圆口井，制作较规整。根据口部特征的不同，分两亚型。

Aa 型　5 件。敞口或直口。根据腹部特征的变化，分三式。

Ⅰ式　2 件。井口较大，底较小，井腹较深，井身斜直。标本 M69：7、M83：20。

Ⅱ式　1 件。井口较底略大，腹变浅。标本 M88：4。

Ⅲ式　2 件。井口较直，口底大小接近，整个器身近直筒状，形似杯子。标本 M45：2、M45：6。

Ab 型　1 件。敛口，器身整体呈口小底大的袋状，器腹较深。标本 M1：22。

B 型　1 件。臼状井。手捏制呈臼状，器形小，制作和烧制粗糙，或为泥质，未经烧制。标本 M9：24。

C 型　1 件。方口井。器形整体似覆斗状。标本 M85：1。

**耳杯**　16 件。皆泥质灰陶。平面呈椭圆形，两端上翘成船形，两侧口部各有一耳錾。根据侧耳及杯身形制的变化，分两式。

Ⅰ式　15 件。形制皆较规整，杯耳呈方形或窄月牙形，杯内底较平。模制。标本 M83：17-1~17-3、M69：12-1~12-8、M84：9-1~9-3 和 M88：3。

Ⅱ式　1 件。月牙形杯耳面较宽，杯内底较窄，呈弧形。标本 M45：7。

**盆**　8 件。根据盆口沿及形制的不同，分三型。

A 型　6 件。宽平沿，沿外折。根据口及腹部的变化，分三式。

Ⅰ式　3 件。敞口，弧腹，腹较浅，平底。标本 M83：8、M69：19、M84：5。

Ⅱ式　1 件。微敛口，腹较深，下腹斜收，平底。标本 M1：21。

Ⅲ式　2 件。敛口，深腹，腹圆鼓。腹下部有刮削痕。标本 M9：10 和 M9：6。

B 型　1 件。侈口，盆沿外卷，弧腹，腹较深，平底。腹上有轮制痕迹，下腹近底处有刮削痕。标本 M6：4。

C 型　1 件。敞口，平沿，弧腹，平底。器身有凹凸相间的轮制痕迹。标本 M86：3。

**熏炉**　4 件。由下端的炉身和上端的博山盖组成。根据器形和制作方法的不同，分两型。

A 型　1 件。炉身较短。盖、身连体制作而成，不可分离。标本 M6：5。

B 型　3 件。炉体较瘦长。盖、身分制，合为一体。标本 M83：19、M69：25 和 M84：3。

**盖**　7 件。根据腹、底形制的不同，分两型。

A 型　5 件。敞口，浅腹，平底。根据口沿、腹部特征变化，分三式。

Ⅰ式　2 件。弧腹，腹近底处有刮削修整痕。标本 M69：15 和 M6：3。

Ⅱ式　2 件。近斜直腹，平底。外底有数周轮制旋痕。标本 M52：5、M4：3。

Ⅲ式　1 件。弧腹，小平底。标本 M85：3。

B 型　2 件。敛口，弧腹，腹较深。根据底部特征的不同，分两亚型。

Ba 型　1 件。假圈足底。标本 M1：20。

Bb 型　1 件。饼足底。标本 M9：19。

# 第四章　墓葬的分期与年代

## 第一节　出土纪年材料墓葬的历史年代

黄家湾滩墓群大部分被盗掘一空，其中保存较好的墓葬中，有 3 座出土有纪年材料：M1 木墓券上有"建始元年"年号，M9 有"建兴十六年"年号，M23 有"建兴元年"和"建兴四年"年号。历史上年号的使用比较复杂，有的年号不仅一个朝代使用，几个朝代都在使用，这四个年号主要有以下情况。

（1）"建始元年"。使用"建始"年号的朝代很多，历史上有六个。①西汉成帝刘骜的第一个年号。使用时间从建始元年到建始五年，即公元前 32 年 ~ 前 28 年二月，共计 4 年 2 个月，建始五年三月改年号为河平；②西汉末年赤眉军拥立刘盆子时的年号。使用时间从建世元年到建世三年，建世亦作建始，即公元 25 年六月 ~27 年闰正月，共计 3 年；③西晋时期赵王司马伦篡位晋惠帝司马衷后所用的年号。使用时间从建始元年正月至四月，即公元 301 年正月 ~ 四月，时间很短；④东晋安帝时桓玄篡位后所使用的年号。桓玄篡位后改元"建始"，因和司马伦篡位后的年号相同，后改年号为永始。使用时间从建始元年十二月至次年五月，即公元 403 年十二月 ~404 年五月，共 2 年；⑤十六国时期后燕君主慕容详的年号，即后燕的第四个年号。使用时间从建始元年五月至七月，即 397 年五月 ~ 七月，政权仅仅存在了 3 个月；⑥十六国时期后燕君主慕容熙的年号，即后燕的第十个年号。使用时间从建始元年正月至七月，即 407 年正月 ~ 七月，政权仅存在 7 个月。

首先，从墓葬形制和随葬品看，出土"建始元年"年号的 M1 与西汉晚期至东汉早期河西地区流行的竖穴土坑木椁墓或带斜坡墓道的土洞墓形制明显不同，随葬陶器也与这一时段的壶、罐、灯、耳杯、案、井、灶等的组合与形制明显不同，故该墓非汉代墓葬。其次，从地域看，东晋桓玄篡立时张掖地区为北凉沮渠蒙逊永安三年，此时北凉称藩于后秦，不存在使用东晋年号纪年的可能。后燕据河北、山西、山东及东北部分区域，于河西地区无涉。从上述分析判断，M1 所出"建始元年"应为西晋赵王司马伦篡位后的年号。另外，从具体的时间看，该年号使用时间很短，从木墓券上显示的具体时间为"建始元年二月廿四日"，恰在西晋司马伦所使用"建始"年号的正月至四月期间。

（2）"建兴十六年"。使用"建兴"年号的王朝，在历史上有七个：①三国时期蜀汉后主刘禅的第一个年号，使用时间从建兴元年至建兴十五年十二月，即 223 年五月~237 年十二月，共 15 年。②三国时期东吴废帝孙亮的第一个年号，使用时间从建兴元年四月至建兴二年十二月，即 252 年四月~253 年十二月，共存在了 2 年。③十六国时期成汉武帝李雄的第一个年号，使用时间从建兴元年十月至建兴三年六月，即 304 年十月~306 年六月，共存在 3 年。④西晋愍帝司马邺的年号，使用时间从建兴元年四月至建兴四年十一月，即 313 年四月~316 年十一月，共存在了 4 年。⑤前凉沿用西晋的年号。西晋灭亡后，前凉明王张寔继续沿用西晋年号，使用时间从建兴五年三月至建兴八年六月，即 317 年三月~320 年六月，存在了 3 年，此时段年号也作永安；建兴八年六月成王张茂继位，继续沿用前朝年号，使用时间从建兴八年六月到建兴十二年五月，即 320 年六月~324 年五月，共存在 4 年，此时段年号也作永元；建兴十二年五月前凉文王张骏继位，继续使用"建兴"年号，从建兴十二年五月一直到建兴三十四年五月，即 324 年五月~346年五月，存在了 22 年，此时段年号亦称太元；建兴三十四年五月前凉桓王张重华继位，继续沿用此年号，至建兴四十一年，即 346 年五月~353 年，使用了 7 年，此时段年号也作永乐；建兴四十一年十一月（353 年十一月）前凉哀公张曜灵继位，继续沿用"建兴"年号，但在位仅 1 个月被其叔父张祚篡位。张祚废建兴年号，于 354 年正月改年号为"和平"，次年（355 年）被杀；前凉冲王张玄靓继位后，续用建兴年号，从建兴四十三年到建兴四十九年十二月，即 355 年~361年十二月，建兴四十九年十二月改用东晋穆帝"升平"年号；⑥十六国时期后燕世祖慕容垂的年号，使用时间从建兴元年二月到建兴十一年四月，即 386 年二月~396 年四月，使用时间共 11 年；⑦渤海国宣王大仁秀的年号，从建兴元年到建兴十二年，即 819~830 年，存在 12 年。

在这些使用"建兴"年号的政权中，蜀汉、成汉占据蜀中，东吴偏安江东，后燕只据河北，渤海国宣王大仁秀远处东北，其地望均与河西无涉，在时间上也不相符；蜀汉刘禅从建兴元年到建兴十五年；东吴孙亮从建兴元年到建兴二年；成汉武帝从建兴元年到建兴三年；西晋愍帝从建兴元年到建兴四年，前凉明王张寔从建兴五年到建兴八年，前凉成王张茂从建兴八年到建兴十二年，前凉桓王张重华从建兴三十四年到建兴四十一年，前凉哀公张曜灵仅存在建兴四十二年，前凉冲王张玄靓从建兴四十三年到建兴四十九年，渤海国宣王大仁秀从建兴元年到建兴十二年，以上政权的年号均无"建兴十六年"。前凉张骏沿用西晋的"建兴"年号，从建兴十二年到建兴三十四年，故 M9 中的"建兴十六年"，应为前凉张骏时期使用的年号，即为公元 328 年。

事实上，河西地区已发现西晋至前凉时期使用"建兴"年号的纪年墓葬 20 余座，最早者为"建兴元年"敦煌祁家湾吕来业墓（M320）[1]，最晚者为"建兴卅八年"，武威旱滩坡姬瑜墓（M19）[2]。

---

[1] 甘肃省文物考古研究所：《敦煌祁家湾——西晋十六国墓葬发掘报告》，文物出版社，1994 年，第 41~42 页。
[2] 张俊民：《武威旱滩坡十九号前凉墓出土木牍考》，《考古与文物》2005 年第 3 期。

墓葬年代为西晋至前凉时期，故 M23 出土"建兴元年"和"建兴四年"年号，即分别为公元 313 年和 316 年。

以上述较为完整的且有纪年墓葬的形制及其随葬器物特征为依据，与其他墓葬类比，可大致判断出其他墓葬的相对年代。

# 第二节　墓葬形制与随葬器物组合关系

## 一　墓葬形制、随葬器物组合与合葬墓的关系

如前所述，黄家湾滩有人骨的墓葬中，多数为合葬墓，又以一夫一妻的二人合葬为主，这种合葬墓一般是夫妻中的一方先亡后，为其择宅兆，行斩草仪式后开挖墓穴，然后在洞室或竖穴内安葬墓主及摆放随葬品，再封门、填充墓道或回填墓穴，最后堆封土而形成墓葬，待另一方殁后，打开先亡者的墓葬，将新殁者葬于墓中，置随葬品后填埋形成合葬。但也存在较特殊的形式，一种是将先亡者暂厝，待另一方死后再营建墓葬，将先亡者的遗骸及随葬品葬入新建的墓中，与新亡者合葬。另外一种为迁葬，形式是将两个单人葬墓中的一方迁入另一方墓葬中形成合葬或整体迁入一个新建的墓葬中，形成整体迁葬。其他还存在三人及以上合葬，基本为一夫多妻或一夫一妻与子女（多为未成年）的合葬，其丧葬方式和形式应是在一夫一妻合葬基础上的扩展，需根据实际情况具体分析。上述合葬方式的不同，往往会造成随葬品形制及组合与墓葬形制上的时序差别，特别是先后下葬年代跨度较大时。上述第一种常见形式往往会有形制较早的墓葬中出现成组的时代较晚的随葬品，而上述这些特殊的合葬形式，情况则多相反，会出现形制较晚的墓葬中出土一组或多组器物形制及组合相对较早的随葬品。在保存完整的合葬墓中判断器物组合与墓葬形制时序关系的直接方法（有详细记录归属的除外），即首先根据死者在墓葬中的位置、是否经扰动等因素，判断其下葬的先后顺序，再根据随葬品形制特征及与死者的位置关系等，判断随葬品的归属，确认合葬墓中成组随葬器物的单位特征，最后综合判断各组随葬器物与墓葬形制之间的时序关系。

黄家湾滩墓群墓葬多被盗，墓室内多遭严重扰乱，出土有随葬品的墓葬仅 24 座，且多数墓葬随葬器物组合已不完整，合葬墓中墓主与各自随葬器物组合的单位特征多已无法判断，故判断该墓群合葬墓随葬器物组合、墓葬形制的时序关系，除考察少数保存完整的墓葬外，还应参照同一墓地及同地区墓葬形制和随葬品相近的单人葬墓，之后根据墓葬中随葬品特征的不同，大致判断墓葬各单位的时序关系。以下通过考察黄家湾滩墓群少数保存较好的合葬墓的特征，来分析该墓群墓葬随葬器物组合与墓葬形制之间的时序关系。

### 1. M69

该墓为双人合葬，虽经扰动，但墓葬形制、葬具、随葬品位置及组合等保存相对较好。墓葬

为砖室墓,特征与《洛阳烧沟汉墓》第五型相近。墓室后室北侧Ⅰ号棺内男性墓主骨架未经扰动,保存完好,南侧Ⅱ号棺内女性墓主骨架明显经过扰动,据此可判断女性墓主死亡下葬时间较男性墓主早。从随葬品特征及摆放位置来看,可分为两组,位置偏南、前室左右转角处及女棺内的随葬品(A组)属于女性,有陶AⅠ式壶、AⅠ式盘口罐、AⅠ式侈口罐、Ⅰ式小口折肩罐、A型灶(带Ⅰ式甑)、AaⅠ式井、Ab型仓、AⅠ式陶盆、A型盘、Ⅰ式耳杯、Ⅰ式灯、B型熏炉以及"主至三公"铜镜、铜环、铜钗、磨郭五铢铜钱等;位置偏北及男棺内随葬品(B组)属于男性,有AⅡ式陶壶、AⅡ式盘口罐、CⅡ式盘口罐、CⅠ式侈口罐、Ⅱ式小口折肩罐、AⅠ式陶钵、A型盘、AⅠ式陶盏、四乳四螭纹铜镜、货泉、五铢钱、木手握、木枕、木衣物疏、墨绘人形木片、墨绘梳形木片、木牛及牛车等。其中A组器物中的AⅠ式陶壶、盘口或侈口罐、陶灶的形制常见于武威磨嘴子[1]和五坝山[2]、张掖黑水国[3]等河西东汉晚期墓葬中。B组陶器形制多与A组相近,但新出的墨绘梳形木片等在M1、M23等有纪年的西晋至前凉墓葬中较常见,故A组器物的时代明显较B组器物早。结合墓葬形制及随葬器物特征,该墓应为下葬女性墓主时修建的,男性墓主是在死后葬入该墓与亡妻形成合葬的。墓葬各单位时序特征为A组器物与墓葬同时,B组随葬品为合葬时放入,两组随葬品形制、组合有较明显的差别。

### 2. M23

该墓为三人合葬墓,墓室内保存较好。墓葬形制为AⅢ式洞室墓。墓室内Ⅰ和Ⅲ号棺保存完整,Ⅰ号棺内女性墓主骨架保存较好但较散乱,应属迁葬。Ⅱ号棺棺盖塌陷,似人为扰动所致,从棺木的摆放位置看,其与Ⅲ号棺并列顺置,应为葬Ⅲ号棺时人为挪动所致,故可判断Ⅱ号棺的女性墓主较Ⅲ号棺的男性墓主先亡,该墓应是为葬Ⅱ号棺的女性墓主修建的,Ⅲ号棺的男性墓主死后葬入墓中,Ⅰ号棺中的女性墓主也极有可能是在葬Ⅲ号棺男性墓主时一同或随后被迁葬入该墓中的。从随葬品的摆放位置观察,3个木棺棺前及周围随葬品亦各有归属,其中属于Ⅱ号棺女性墓主的器物(A组)大致有DⅡ式陶侈口罐、铜钗和木人俑、木马等。属于Ⅰ号棺的女性墓主的器物(B组)有AⅡ式侈口罐、CⅡ式陶侈口罐、BⅡ式陶钵、铜镜、铜钗及木人俑、木马、木盘及木耳杯、木衣物疏和墨绘梳形木片等。属于Ⅲ号棺男性墓主的随葬器物(C组)有AⅡ式陶侈口罐、BⅡ式陶钵、铜钗、木人俑、木牛车、木墓券、木衣物疏及墨绘梳形木片等。三组器物中均见陶侈口罐,部分木器亦基本相同,故三人下葬的时间跨度应不大。

---

[1] 甘肃省博物馆:《甘肃武威磨咀子6号汉墓》,《考古》1960年第5期;《武威磨嘴子汉代土洞墓清理简况》,《文物》1959年第12期;甘肃省博物馆:《甘肃武威磨咀子汉墓发掘》,《考古》1960年第9期;甘肃省博物馆:《武威磨咀子三座汉墓发掘简报》,《文物》1972年第12期;甘肃省文物考古研究所:《甘肃武威磨咀子东汉墓(M25)发掘简报》,《文物》2005年第11期。

[2] 刘兵兵:《武威五坝山汉墓的初步研究》,四川大学2010年硕士学位论文。

[3] 甘肃省文物考古研究所:《张掖甘州黑水国汉代墓葬发掘报告》,甘肃教育出版社,2019年;甘肃省文物考古研究所:《张掖甘州黑水国汉代墓葬发掘报告(续)》,甘肃教育出版社,2021年。

### 3. M9

该墓为双人合葬，墓葬形制、葬具、随葬品位置及组合等保存较完整。墓葬形制为 Ba Ⅱ 式洞室墓，墓室内女性墓主的 Ⅰ 号木棺经过挪动，应为葬入男性墓主的 Ⅱ 号棺时所致，故该墓应为下葬女性墓主时修建的。同时，从随葬品的摆放位置观察，两棺棺前及周围随葬品亦各有归属，其中属于 Ⅰ 号棺女性墓主的随葬品（A 组）有 A Ⅲ 式、C Ⅲ 式和 D Ⅱ 式陶侈口罐、A Ⅲ 式陶盆、B Ⅱ 式陶钵、B 型陶井和木耳杯、木手握、墨绘梳形木片及木衣物疏、木牛等。属于 Ⅱ 号棺男性的随葬品（B 组）有 B Ⅲ 式和 C Ⅲ 式陶侈口罐、A Ⅲ 式陶盆、A Ⅱ 式和 B Ⅲ 式陶钵、Bb 型陶盏及木手握、墨绘梳形木片、木牛车等。从两组随葬器物的形制看，其中的 C Ⅲ 式陶侈口罐、A Ⅲ 式陶盆及部分木器形制特征基本相同，两组器物的组合差别亦不十分明显，故男女下葬的时间跨度应不太大。

在单人葬墓中 M84 虽被盗，但多数器物尤其是陶器保存较多，其随葬的陶器有鼎、B Ⅰ 式灶（带 Ⅰ 式釜和 Ⅰ 式甑和 A Ⅰ 式小盆）、B Ⅰ 式盘及 Ⅰ 式耳杯、Ⅰ 式灯、A Ⅰ 式碟、A Ⅰ 式盆和 B 型熏炉等。该墓形制虽与 M69 不同，但多数随葬器物形制、组合与 M69 中的 A 组相近，可为一些被盗后随葬器物组合不全的墓葬如 M6、M79、M88 等器物的分组情况提供参照（表一）。

表一　合葬墓器物分组与墓葬形制关系表

| 墓号 | 墓葬特征 | 随葬器物组合 | 各单位之间的时序关系 | 备注 |
|---|---|---|---|---|
| M69 | 双人合葬 | 女（A 组）：A Ⅰ 式陶壶，A Ⅰ 式陶盘口罐，A Ⅰ 式陶侈口罐，Ⅰ 式陶小口折肩罐，A 型陶灶（带 Ⅰ 式甑），Aa Ⅰ 式陶井，Ab 型陶仓，A Ⅰ 式陶盆，A 型陶盘，Ⅰ 式陶耳杯，Ⅰ 式陶灯，B 型陶熏炉；"主至三公"铜镜，铜环，铜钗，磨郭五铢铜钱 | A 组器物、墓葬形制<br>↓<br>B 组器物 | |
| | | 男（B 组）：A Ⅱ 式陶壶，A Ⅱ 式、C Ⅱ 式陶盘口罐，C Ⅰ 式陶侈口罐，Ⅱ 式陶小口折肩罐，A Ⅰ 式陶钵，A 型陶盘，A Ⅰ 式陶盏；四乳四螭纹铜镜，货泉，五铢钱；木手握，木枕，木衣物疏，墨绘人形木片，墨绘梳形木片，木牛及牛车等 | | |
| M23 | 三人合葬 | 女（A 组）：D Ⅱ 式陶侈口罐；铜钗和木人俑，木马等 | A 组器物、墓葬形制<br>↓<br>B 组器物<br>↓<br>C 组器物 | |
| | | 女（B 组）：A Ⅱ 式、C Ⅱ 式陶侈口罐，B Ⅱ 式陶钵；铜镜，铜钗；木马，木盘，木耳杯，木人俑，木衣物疏和墨绘梳形木片等 | | |
| | | 男（C 组）：A Ⅱ 式陶侈口罐，B Ⅱ 式陶钵；铜钗；木人俑，木牛车，木墓券，木衣物疏及墨绘梳形木片等 | | |
| M9 | 双人合葬 | 女（A 组）：A Ⅲ 式、C Ⅲ 式和 D Ⅱ 式陶侈口罐，A Ⅲ 式陶盆，B Ⅱ 式陶钵，B 型陶井；木耳杯，木手握，墨绘梳形木片及木衣物疏，木牛 | A 组器物、墓葬形制<br>↓<br>B 组器物 | 两组随葬器物形制及组合相近 |
| | | 男（B 组）：B Ⅲ 式和 C Ⅲ 式陶侈口罐，A Ⅲ 式陶盆，A Ⅱ 式和 B Ⅲ 式陶钵，Bb 型陶盏；木手握，墨绘梳形木片，木牛车等 | | |
| M6 | 双人合葬（？） | A 组：Aa 型陶仓，A 型陶熏炉 | A 组器物<br>↓<br>B 组器物、墓葬形制（？） | 墓葬遭盗，随葬品组合不完整 |
| | | B 组：B 型陶盆，B Ⅱ 式陶盘和 A Ⅰ 式陶盏 | | |

续表一

| 墓号 | 墓葬特征 | 随葬器物组合 | 各单位之间的时序关系 | 备注 |
|---|---|---|---|---|
| M79 | 双人合葬（？） | A组：A型陶灶（带Ⅰ式陶甑），Aa型陶仓，A型陶盘等<br>B组：AⅡ式陶盘口罐，BⅡ式陶盘；木手握，墨绘人形木片和梳形木片，木车毂等 | A组器物、墓葬形制<br>↓<br>B组器物 | 墓葬遭盗，随葬品组合不完整 |
| M83 | 双人合葬 | A组：BⅠ式陶壶，BⅠ、CⅠ式陶盘口罐，CⅠ式陶侈口罐，BⅠ式陶灶（带Ⅰ式甑，AⅠ式小陶盆），Ⅰ式陶灯，AⅠ式陶碟，BⅠ式陶盘，Ab型陶仓，AaⅠ式陶井，Ⅰ式陶耳杯，B型陶熏炉<br>B组：BⅡ式陶壶，AⅡ、AⅢ式陶盘口罐，Ⅱ式陶小口折肩罐，BⅠ式陶钵；木马、牛、牛车 | A组器物、墓葬形制<br>↓<br>B组器物 | 随葬器物位置遭扰乱，组合基本完整 |
| M88 | 双人合葬（？） | A组：陶壶（座），AⅡ式、D型陶盘口罐，Ⅰ式陶灯，Ⅰ式陶耳杯，BⅠ式陶盘等<br>B组：AaⅡ式陶井，陶钵等 | A组器物、墓葬形制<br>↓<br>B组器物 | 墓葬遭盗扰，随葬器物组合不完整 |

从上述分析来看，黄家湾滩墓群合葬墓中分批次随葬器物的现象较为普遍，部分墓葬随葬品形制及组合的差别较小，时序特征不明显，但部分墓葬随葬品形制及组合的差别较大，各单位之间存在较明显的时序特征，故在对黄家湾滩墓葬进行分期及年代判断时，合葬墓中随葬品组合归属及其与墓葬形制的时序关系应予以考虑。

## 二 典型器物分组与墓葬形制的关系

通过纪年墓葬年代及合葬墓各单位特征的分析，以黄家湾滩墓群出土有器物的23座墓葬（M81仅出土铜顶针1件，暂不做统计）为研究对象，将单人墓及合葬墓分为31个墓葬单位，可大致将各单位典型器物组合进行列表统计（表二）。

根据表二中单人葬墓及合葬墓各单位典型器物共存特征及器物形制的变化情况，可将其分为四组。

第一组，墓葬单位共6个，即M6A、M65、M69A、M79A、M83A和M84。

从保存较好的墓葬看，本组墓葬及各单位陶器基本组合为壶、罐、灶（附甑、釜及小盆）、仓、井、灯、熏炉、盘及耳杯、碟等。另外，个别墓葬还随葬陶鼎。其中壶1~2件，盘口罐2件，侈口罐及小口折肩罐一般为1件，盘1~2件，耳杯数量较多，其余均为1件。

本组墓葬及墓葬单位随葬陶器主要有AⅠ式和BⅠ式壶，AⅠ式、BⅠ式和CⅠ式盘口罐，AⅠ式和CⅠ式侈口罐，Ⅰ式小口折肩罐，A型和BⅠ式灶（附带Ⅰ式甑、Ⅰ式釜及AⅠ式小盆），Aa型和Ab型仓，AaⅠ式陶井，Ⅰ式灯，A型和BⅠ式盘，AⅠ式盆，Ⅰ式耳杯，A、B型熏炉，AⅠ式碟等。

本组合相应的墓葬形制有BaⅠ式、BaⅡ式、Bb型洞室墓和砖室墓。

表二　典型器物组合

| 分期 | 墓号 | 陶鼎 | 陶壶 | 盘口罐 | 侈口罐 | 小口折肩罐 | 双耳罐 | 灶 | 釜 | 甑 | 小盆 | 陶灯 |
|---|---|---|---|---|---|---|---|---|---|---|---|---|
| 第一期 | M6A | | | | | | | | | | | |
| | M65 | | | | | | √ | | | | | |
| | M69A | AⅠ | AⅠ2 | AⅠ | | Ⅰ | | A | | Ⅰ | | Ⅰ |
| | M79A | | | | | | | A | | Ⅰ | | |
| | M83A | BⅠ2 | BⅠ、CⅠ | | CⅠ2 | | | BⅠ | | Ⅰ | AⅠ | Ⅰ |
| | M84 | √2 | | | | | | BⅠ | Ⅰ | Ⅰ | AⅠ | Ⅰ |
| 第二期 | M6B | | | | | | | | | | | |
| | M25 | | | | | | | | | | | |
| | M46 | | | | | | | BⅡ | | | | |
| | M67 | | | | BⅠ | | | | | | | |
| | M69B | AⅡ2 | AⅡ4、CⅡ | | CⅠ | | Ⅱ | | | | | |
| | M78 | | | | | | | | | | | |
| | M79B | | | | AⅡ3 | | | | | | | |
| | M83B | | BⅡ | AⅡ、AⅢ | | | Ⅱ | | | | | |
| | M88A | | √ | AⅡ、D | | | | | | | | Ⅰ |
| | M88B | | | | | | | | | | | |
| | M89 | | | | | | | BⅡ | | | | |
| 第三期 | M1 | | | AⅢ2、BⅡ2、CⅢ | AⅡ2、BⅡ、CⅡ3、DⅠ2 | | | BⅢ | Ⅱ | Ⅱ | AⅡ | |
| | M23A | | | | DⅡ | | | | | | | |
| | M23B | | | | AⅡ2、CⅡ3 | | | | | | | |
| | M23C | | | | AⅡ2 | | | | | | | |
| | M34 | | | CⅢ | | | | | | | | |
| | M41 | | | | BⅡ | | | | | | | |
| | M52 | | | | CⅡ、DⅠ | | | | | | | |
| | M86 | | | CⅢ | CⅡ | | | | | Ⅰ | | |
| 第四期 | M4 | | | CⅢ | | | | | | | | Ⅱ |
| | M9A | | | | AⅢ、CⅢ、DⅡ | | | | | | | |
| | M9B | | | | BⅢ2、CⅢ2 | | | | | | | |
| | M45 | | | CⅣ | | | | BⅣ | Ⅲ | B | | |
| | M56 | | | | CⅢ | | | | | | | |
| | M85 | | | | | | | | | Ⅲ | AⅢ | |

注：A、B、C、D代表型别；a、b、c、d代表亚型；Ⅰ、Ⅱ、Ⅲ等代表式别；√代表在墓中存在而未进行类型划分；型、
　　式及√后的数字2、3等代表器物在墓中出土的数量，未标数字者为1件。

**与墓葬分期表**

| 陶钵 | 陶碟 | 陶盘 | 陶仓 | 陶井 | 陶耳杯 | 陶盆 | 陶熏炉 | 陶盏 | 木人俑 | 墨绘梳形木片 | 墨绘人形木片 | 木衣物疏及木墓券 | 木牛及牛车 |
|---|---|---|---|---|---|---|---|---|---|---|---|---|---|
|  |  |  | Aa |  |  |  |  | A |  |  |  |  |  |
|  |  |  |  |  |  |  |  |  |  |  |  |  |  |
|  |  | A2 | Ab | AaⅠ | Ⅰ8 |  | B |  |  |  |  |  |  |
|  |  | A |  | Aa |  |  |  |  |  |  |  |  |  |
|  |  | AⅠ | BⅠ | Ab | Ⅰ3 | AⅠ | B |  |  |  |  |  |  |
|  |  | BⅡ |  |  |  |  | B | AⅠ |  |  |  |  |  |
|  |  |  | √ |  |  |  |  |  |  |  |  |  |  |
|  |  |  | Ba |  |  |  |  |  |  |  |  |  |  |
|  |  |  |  |  |  |  |  |  |  |  |  |  |  |
| AⅠ2 |  |  |  |  |  | AⅠ |  | AⅠ | √2 | √4 | √5 | √ | √ |
|  |  |  |  |  |  |  |  |  |  | √2 | √ |  |  |
|  |  | BⅡ2 |  |  |  |  |  |  |  | √2 | √3 |  | √ |
| BⅠ |  |  |  |  |  | AⅠ |  |  |  |  |  |  | √ |
|  |  | BⅠ |  |  | Ⅰ |  |  |  |  |  |  |  |  |
| √ |  | A |  | AaⅡ |  |  |  |  |  |  |  |  |  |
|  |  |  | √ |  |  |  |  |  |  |  |  |  |  |
|  |  | AⅡ、B | Bb | Ab |  | AⅡ |  | Ba |  | √26 |  | √3 |  |
|  |  |  |  |  |  |  |  |  | √ |  |  |  |  |
| BⅡ |  |  |  |  |  |  |  |  | √ | √2 |  | √2 |  |
| BⅡ |  |  |  |  |  |  |  |  | √ | √3 |  | √ | √ |
|  |  |  |  |  |  |  |  |  |  |  |  |  |  |
|  |  |  | C |  |  |  |  | AⅡ |  |  |  |  |  |
|  |  |  |  |  |  | C |  |  |  |  |  |  |  |
|  |  |  |  |  |  |  |  | AⅡ |  |  |  |  |  |
| BⅡ |  |  |  | B |  | AⅢ |  |  |  | √ |  | √ | √ |
| AⅡ2、BⅢ |  |  |  |  |  | AⅢ |  | Bb |  | √3 |  |  | √ |
| BⅡ | AⅢ、B |  |  | AaⅢ2 | Ⅱ |  |  |  |  |  |  |  |  |
|  |  |  |  |  |  |  |  |  |  |  |  |  |  |
|  |  |  | √ | C |  |  |  | AⅢ |  |  |  |  |  |

第二组，墓葬单位共 11 个，即 M6B、M25、M46、M67、M69B、M78、M79B、M83B、M88A、M88B 和 M89。

该组墓葬及墓葬单位典型陶器组合与第一组相近，未见鼎，新出土陶钵、盏及墨绘梳形木片、墨绘人形木片、木人俑、木墓券、木牛及牛车等。木器中墨绘梳形木片数量较多，木牛及牛车成组出现，墨绘人形木片、木人俑及墓券一般为 1~2 件。

本组墓葬及墓葬单位随葬陶器主要有 A II 式和 B II 式壶，A II 式、C II 式和 D 型盘口罐，B I 式和 C I 式侈口罐，II 式小口折肩罐，B II 式灶，Ab 型和 Ba 型仓，Aa II 井，A 型和 B II 式盘，A I 式和 B 型盆，I 式耳杯，A I 式和 B I 式钵，A I 式盏等。

本组相应的墓葬形制主要有 A I 式、Ba I 式、Ba II 式、Ba III 式洞室墓。

第三组，墓葬单位共 8 个，即为 M1、M23A、M23B、M23C、M34、M41、M52 和 M86。

该组器物基本组合主要有两种，一种为陶罐、钵、盆、碟或盏及墨绘梳形木片、木手握、木牛车及木人俑等。另一种为在第一种的基础上仍有陶仓、灶、井、盘等。两种器物组合中陶侈口罐 1~6 件不等，盘口罐多为 1~2 件，其余陶器一般为 1 件。木器组合及数量与第二组接近。

本组墓葬及墓葬单位随葬陶器主要有 A III 式、B II 式和 C III 式盘口罐，A II 式、B II 式、C II 式和 D I 式侈口罐，B III 式灶（附带 II 式甑、II 式釜及 A II 式小盆），B II 式钵，A II 式和 B 型碟，Bb 型和 C 型仓，Ab 型井，A II 式和 C 型盆，Ba 型和 A II 式盏等。

本组相应的墓葬形制主要有 A II 式、A III 式、Ba II 式、Ba III 式洞室墓。

第四组，墓葬单位共 6 个，即 M4、M9A、M9B、M45、M56 和 M85。

本组墓葬及墓葬单位典型陶器组合与第三组第一种接近，为罐、钵、盆、碟或盏及墨绘梳形木片、木手握、木牛车等。部分墓葬亦见有陶灶、井、仓、盘耳杯等。其中陶器中盘口罐不见或仅 1 件，侈口罐 3~4 件，钵 1~3 件，其余一般为 1 件。木器与第二、三组接近。

本组墓葬及墓葬单位随葬陶器主要有 C III 式和 C IV 式盘口罐，A III 式、B III 式、C III 式和 D II 式侈口罐，B IV 式灶（附带 III 式釜、III 式甑及 A III 式或 B 型小盆），A II 式、B III 式钵，A III 式和 B 型碟，Aa III 式、B 型和 C 型井，II 式耳杯，A III 式陶盆，A III 式和 Bb 型盏等。

本组相应的墓葬形制主要为 Ba II 式、Ba III 式洞室墓。

# 第三节　墓葬的分期

根据上述对墓葬及墓葬各单位典型陶器及木质器物的分组情况，结合墓葬形制的变化，并参照纪年墓葬特征，可将上述四组墓葬及墓葬单位分为四期，各期墓葬随葬典型器物见表二，各组墓葬的分期情况如下。

第一期对应第一组墓葬及墓葬单位。这一期墓葬的形制以 Ba I 式、Ba II 式和 Bb 型洞室墓为主，个别为砖室墓。单室洞室墓的墓室窄长，较规整，无甬道。墓顶多为拱形，亦见有藻井式墓顶。砖室墓前室横长，后室竖长，前、后室之间无甬道相连。该期墓葬随葬器物主要为陶器，多泥质灰陶，亦见有少量釉陶。陶器制作多较规整，形体较高。器形种类较多，有壶、罐、灶（附甑、釜及小盆）、仓、井、灯、熏炉、盘及耳杯、碟等，个别墓葬还随葬陶鼎。

器形方面，壶为 A I 式和 B I 式，形体皆较高，制作规整，高颈，高假圈足，A I 式壶通体施釉，B I 式壶腹部还附饰铺首。罐形制较复杂，以盘口罐为主，有 A I 式、B I 式和 C I 式盘口罐，亦见有少量侈口罐及小口折肩罐，罐体较高，罐口较小，罐腹最大径偏上。罐的肩、腹部多有纹饰，主要为绳纹、凹弦纹及暗弦纹等。灶有双火眼的 A 型和单火眼的 B I 式灶，皆方形，其中 A 型灶的火眼上模印有釜（口），灶面一并模印有灶具等，灶上一般附带有甑和小盆。B I 式灶一般附带甑、釜和小盆。仓有 Aa、Ab 型，皆带"人"字形盖，仓身扁圆，仓底至仓门处一般刻划格梯纹。井仅见 Aa I 式，形制较简单，口大底较小，斜腹，腹较深。灯形制相对较大，灯盘浅，灯柄较高。熏炉形制较单一，多敛口，束腰，鼓腹，喇叭状圈足，上有博山盖。盘有平底的 A 型盘和带三足的 B I 式盘，盘腹皆较浅，盘面平，部分盘面上刻划数周细凹弦纹。耳杯形制简单，皆模制，制作规整，杯耳较窄，底较平。盆为敞口，宽平沿，腹较浅。碟为敞口，浅腹，平底。

本期墓葬出土有"主至三公"连弧纹铜镜和磨郭五铢钱等。

第二期对应第二组墓葬及墓葬单位。该期墓葬以 Ba II 式洞室墓为主，墓室较规整，四角弧转，墓葬多带甬道。双室墓为 A I 式洞室墓，墓葬前室仍横长，后室近方形，前、后室同宽或较后室略窄，前、后室之间出现短甬道。随葬器物仍以陶器为主，部分墓葬出现随葬数量较多的诸如墨绘梳形木片、墨绘人形木片、木人俑等木质器物。陶器制作较规整，器形相对较小。陶器主要随葬品组合与第一期相近，鼎消失不见，新出土陶钵、盏。

器形方面，壶见有 A II 式和 B II 式，形体变小，假圈足变矮，腹部基本无装饰。罐仍以盘口罐为主，主要为 A II 式和 D 型盘口罐，亦有少量侈口罐及小口折肩罐，盘口罐和侈口罐口相对较大，腹部圆鼓，腹最大径居中，罐整体较矮扁。罐肩、腹部多素面，部分出现因制作时形成的凹凸相间的弦纹，绳纹、暗弦纹基本消失。灶主要为单火口的 B II 式灶，A 型灶消失。单口灶灶体由方形变为圆角方形，灶面上竖立的较高的挡风墙消失，代之为突出的烟囱，灶口上一般放置甑、釜和小盆。仓形制变化较小，带"人"字形顶的 Ab 型仓继续流行，新出现 Ba 型仓，仓口圆形，仓体呈口小底大的袋状，仓底至仓门处亦刻划格梯纹。井仅见 Aa II 式，圆口，口较底略大，腹浅。灯、熏炉、耳杯、碟等，数量少，形制变化不大。A 型和 B I 式盘仍继续流行，新出腹壁高出盘面、底附三乳足的 B II 式盘。陶钵见有 A I 式和 B I 式，形制较小，制作较规整，侈口或敞口，弧腹，平底。盏形制较简单，敞口，弧腹，腹较浅，平底。

本期出土铜镜有变形四乳四螭纹镜，钱币有五铢钱和货泉等。

第三期对应第三组墓葬及墓葬单位。这一时期墓葬以 M1、M23 为代表。墓葬形制仍以带斜坡墓道的长方形单室洞室墓为主，墓室较宽，带短甬道，墓道变窄长。双室墓前室为方形或横长方形，穹隆顶，后室主要为进深较长的长方形。随葬品组合较第二期变化明显，陶器中罐、钵、盆、碟或盏明显增多，壶消失，仓、灶、井、灯等数量明显减少，形制亦有一定的变化。木质随葬品如墨绘梳形木片、木手握、木牛车及木人俑等亦更普遍。陶器形制多较小，制作普遍较粗糙，亦出现未经烧制的泥质器物。

器形方面，陶罐中盘口罐数量明显减少，侈口罐数量增多，主要为 A Ⅱ 式、B Ⅱ 式、C Ⅱ 式侈口罐，同时出现形体较小、罐口小、矮领扁圆腹、罐底较大的 D Ⅰ 式侈口罐，小口折肩罐消失。罐体腹部普遍为制作时形成的凹凸相间的弦纹。灶数量较少，仅见单火口的 B Ⅲ 式灶。灶体变为圆形，灶面上有突出的烟囱。灶面上仍放置甑、釜和小盆，但形制变化较为明显。甑变为微敛口，弧腹。釜整体较矮扁，微侈口，上腹圆鼓，腹部最大径在近口处。小盆微敛口，鼓腹，腹较深。仓、盆和盏数量、类型增多，腹部较前期较深。

本期出土有变形四神纹铜镜、五铢钱、磨郭五铢钱等，并出土有"建始元年""建兴元年""建兴四年"等纪年材料。

第四期对应第四组墓葬及墓葬单位。该期墓葬形制皆单室洞室墓，墓葬形制与第三期变化不大，未见双室墓。随葬品组合与第三期基本相同，随葬品中陶器和木器数量明显增多。陶器制作较规整，器形变大。

器形方面，陶罐主要为侈口罐，盘口罐数量很少。罐形体整体变高，腹部最大径上移，下腹部多斜直内收。罐腹部普遍有制作时形成的凹凸相间的弦纹，新出现有刻划的细弦纹加垂幛纹的装饰。灶数量仍较少，仅见单火口的 B Ⅳ 式灶，制作较简单，灶面上烟囱消失。灶上仍放置甑、釜和小盆，但器形腹部均较深，其中甑呈敞口、斜直腹，釜由侈口变为微敛口，小盆变为侈口或敞口。井类型多样，新出现 B 型臼状井和 C 型方口井，前期一直流行的圆口井演变成直筒腹，形似杯。盆、盏腹部皆变深。

本期出土有"建兴十六年"木质衣物疏。

# 第四节　墓葬的年代

第一期：墓葬中未出土纪年材料，墓葬形制主要为单室洞室墓和双室砖室墓，以 M83 和 M69 为代表。M69 为双室砖室墓，前室横长、后室纵长的特征，在中原地区东汉中晚期墓葬中较为常见。M83 为单室洞室墓，墓室窄长，形制较规整，与 2003 年发掘的高台南华镇汉晋墓 M6 形制相近[1]。M69A 组和 M83A 组器物组合基本相同，部分器物形制相同。随葬的器物如壶、仓、井、灯、

---

[1] 甘肃省文物考古研究所：《甘肃省高台县汉晋墓葬发掘简报》，《考古与文物》2005 年第 5 期。

熏炉等常见于武威磨嘴子[1]、五坝山[2]及张掖黑水国[3]、临泽西寨[4]等河西东汉晚期墓葬中。墓葬出土有"主至三公"连弧纹铜镜 1 面，与"位至三公"镜镜文内容寓意相近，形制相同，流行于东汉晚期，时代特征明显[5]。因此，该期墓葬的时代大致为东汉晚期。

第二期：墓葬形制仍以单室洞室墓为主，另有少量双室洞室墓，以 M46 和 M88 为代表。两墓形制虽不同，但墓葬残存随葬品如陶灶形制相同，时代接近。其中 M88 与酒泉肃州区 2013 年发掘的酒泉三坝湾墓群 M1（2013JFSM1）形制相同，出土的陶灶、盘、仓等随葬品形制亦相似，墓葬的年代应接近。2013JFSM1 始建时间为"咸熙二年十二月十七日"（265 年 1 月 8 日），为魏末晋初墓葬，时代特征明显，具有标尺意义[6]。该期墓葬出土的随葬品，亦多见于临泽西寨汉晋墓群、高台南华镇汉晋墓群中，如 A Ⅱ 式壶与高台南华镇 M5：10 形制相近，B Ⅱ 式壶与高台南华镇 M5：14、临泽西寨 M8：12 和 M8：14 形制接近，A Ⅱ 式和 C Ⅱ 式盘口罐分别与高台南华镇 M5：8 和 M10：3 相同，其他如陶灶、盘、仓等亦多有相似。因此，该期墓葬时代应多为汉末晋初，即曹魏时期前后。

第三期：墓葬以 M1、M23 为代表，出土有"建始元年"（301 年）、"建兴元年"（313 年）、"建兴四年"（316 年）等纪年材料，时代明确，该期墓葬的时代大致为西晋中晚期。

第四期：墓葬以 M9 为代表，墓中出土有"建兴十六年"（328 年）纪年材料，时代大致属前凉早中期。

---

［1］自 20 世纪 50 年代以来，磨嘴子汉墓群曾主要经过 6 次发掘，并发表了相应的发掘简报：1957 年 2 月，清理 5 座汉墓，编号 M1~M5，资料见党国栋：《武威县磨嘴子古墓清理纪要》，《文物参考资料》1958 年第 11 期；1957 年 7 月，发现竹、木简土洞墓，编号 M6，材料见甘肃省博物馆：《甘肃武威磨嘴子 6 号汉墓》，《考古》1960 年第 5 期；《武威磨嘴子汉代土洞墓清理简况》，《文物》1959 年第 12 期。同年 9~11 月，又清理汉墓 31 座，编号 M7~M37，材料见甘肃省博物馆：《甘肃武威磨嘴子汉墓发掘》，《考古》1960 年第 9 期；1972 年 3~4 月，又清理汉墓 35 座，编号：M38~M72，其中较大型的墓葬被盗，出土物不多，只有 48、62、49 号墓随葬品丰富，材料见甘肃省博物馆：《武威磨嘴子三座汉墓发掘》，《文物》1972 年第 12 期；1989 年 7 月清理土洞壁画墓 1 座，见党寿山：《甘肃武威磨嘴子发现一座东汉壁画墓》，《考古》1995 年第 11 期；2003 年 10~11 月，甘肃省文物考古研究所与日本合作，进行联合考古发掘，共清理汉墓 25 座，编号 2003WMM1~M25，公布 M25 资料，材料见甘肃省文物考古研究所：《甘肃武威磨咀子东汉墓（M25）发掘简报》，《文物》2005 年第 11 期。
［2］刘兵兵：《武威五坝山汉墓初步研究》，四川大学 2010 年硕士学位论文。
［3］甘肃省文物考古研究所：《张掖甘州黑水国汉代墓葬发掘报告》，甘肃教育出版社，2019 年；甘肃省文物考古研究所：《张掖甘州黑水国汉代墓葬发掘报告（续）》，甘肃教育出版社，2021 年。
［4］张掖市文物保护研究所：《甘肃临泽西寨汉晋墓群》，《中国国家博物馆馆刊》2016 年第 4 期；王卫东：《临泽沙河汉墓》，甘肃省人民出版社，2016 年。
［5］孔祥星、刘一曼：《中国古代铜镜》，文物出版社，1984 年，第 86~89 页。
［6］甘肃省文物考古研究所：《甘肃酒泉丰乐三坝湾魏晋墓 2013 年发掘简报》，《考古与文物》2020 年第 1 期。

# 第五章　相关问题的讨论

## 第一节　墓主人的社会身份及墓葬特点

### 一　墓主人的社会身份

这批墓葬中，虽然有 3 座墓有明确的文字记载，但没有发现任何关于墓主人官品记录的遗物，总体上来看，这批墓葬规格不高，均属于无官职的平民墓。该批墓葬的形制比较复杂，有单室墓，亦有双室墓；有砖室墓，亦有土洞墓。俞伟超先生对于墓葬形制有过界定，"在黄河流域，诸侯王或列侯之墓，其中轴线上一般有前、中、后三室；郡太守一类的秩为二千石的高官，一般为前、后室。官秩低的，则或仅有一室。"[1] 墓葬形制的大小也是社会地位的体现，有着严格的等级界限。黄家湾滩墓群中有 5 座双室墓，从随葬品的组合来看，与单室墓基本上没有本质的区别，没有出现象征身份的玉器、金器等，其差异主要表现在随葬品的数量上，仅凭借随葬品的数量无法判断墓主人的社会地位。河西地区位居偏远的大西北，封建礼制的束缚相对较弱，这个时期庄园地主凭借其较为雄厚的经济实力力图走进社会上层。"1977 年，文物工作者在酒泉市西 7 公里处发现魏晋壁画墓。其中的丁家闸 5 号墓，前室壁画有墓主生前豪华奢侈的写照。墓主人的雍容华贵，男女侍者的忠顺神情，还有歌舞伎表演等场景都跃然入画。另外，壁画的下半部分所表现的生产生活场景，如农作、采桑、屠宰牲畜等，研究者认为，反映的就是豪强庄园上的情况。"[2] 在同期嘉峪关壁画墓中也有类似的场景，"在 1 号墓中，有人物作官吏状，标有'段清'字样，可知是墓主，甚至可能是敦煌段灼家族中人。"[3] 因此，推测黄家湾滩墓群双室墓的墓主人可能是有一定经济实力的豪强庄园地主。

在单室墓中，形制比较单一，墓室一般长 2 米左右，宽 1.5 米左右，墓葬大部分都被破坏，

[1] 俞伟超：《中国魏晋墓制并非日本古坟之源》，《古史的考古学探索》，文物出版社，2002 年，第 359 页。
[2] 刘光华主编，赵向群著：《甘肃通史·魏晋南北朝卷》，甘肃人民出版社，2009 年，第 88 页。
[3] 岳祁湖、田晓、杜思平、张军武：《岩画及墓葬壁画》，敦煌文艺出版社，2004 年，第 7~11 页。

随葬品的数量相对较多，种类也较丰富。在 M9 中还出土了垂幛纹罐（M9∶1）。从随葬品的规格上来看，与双室墓所出土的随葬品有所差距，主要差异则表现在数量和陶质上，相对于双室墓而言，这种类型的墓葬出土的随葬品数量较少，陶质较粗糙。由此可看出，这类墓葬可能是一般的中小地主和平民墓。"墓葬的象征意义随着文明程度、社会的形态的复杂化和权力等级的形成而呈现日益强化的势头，不仅反映了死者生前的地位、表示活人对死者的态度与关系，还可能反映整个社会的灵魂观。"[1] 从墓葬形制和随葬品组合来看，这一时期临泽黄家湾滩的墓葬制度有三个值得关注之处：第一，有一定经济实力和势力的庄园地主，其墓葬规格比较高，甚至高于有官位的官员；第二，由于墓葬制度是与社会身份和等级相联系的，社会各阶层都在追求高规格的墓葬，并且有与实际身份不相符的墓葬出现；第三，张掖地区居于偏远的大西北，受礼制的束缚不是很严格，所以存在与同时期中原的墓葬制度不同的情形。

## 二　墓葬特征

在东汉晚期到前凉中期，中原战火纷飞，民不聊生，张掖地区偏安于河西走廊，虽然也受到少数民族的侵扰，但是总体上社会稳定。这一时期庄园世家大族大肆兼并土地，攫取劳动力，横行乡里，割据一方。经济实力的悬殊必然会影响这一时期的墓葬制度，现将该墓群墓葬特点归纳如下。

第一，墓葬的开凿方式基本上是在荒漠戈壁上开挖洞室或土圹，开挖的沙石堆在墓室顶部成为丘状或方台状封土。墓道多数为长斜坡底，平面呈圆角长方形。墓门用沙土或砖石混合封门，也有只用大型砾石封门的，比如 M23。

第二，盛行夫妻合葬，葬式基本为仰身直肢葬。虽然大部分墓葬被盗扰，但从残存骨骼的个体数量、性别及部分摆放位置来看，多为夫妻合葬。

第三，单室墓中，随葬品放置于墓室的前方，棺木放置于墓室的左侧或右侧。双室墓中前室摆放随葬品，后室摆放棺木。与汉文化"前堂后室"的传统是一致的，这与大量内地士庶因为中原动乱而迁入，带来了中原文化是分不开的。

第四，葬具多为木棺。主要随葬品多为日常生活用具，以及明器灶等，也常见随葬木器，并且有墨绘木片等出现，个别墓中在墓门口有四神穿璧纹的花纹砖，具有一定的地方特色。

第五，局部墓葬总是成组出现的，并且墓向基本一致，明显经过统一规划，具有家族墓葬的特征，但地表没有发现茔圈，其与敦煌地区魏晋以来的"坟院式"茔域[2] 有所不同。

第六，在意识形态方面，主要是从墨绘人形或梳形木片、葬具及随葬器物上的一些特殊图案和纹饰或标记、书写文字的名刺或墓券等可大概推测出这一地区存在的宗教信仰。首先，黄家湾

---

[1] 陈淳：《考古学理论》，复旦大学出版社，2004 年，第 153 页。
[2] 胡杨：《中国河西走廊》，甘肃人民出版社，2010 年，第 36 页。

滩几座墓葬，道教色彩十分明显。M23出土了7件名刺，这在西北地区这一时期的墓葬中鲜有发现，但在长江中下游地区吴晋墓葬中发现较多，使用者主要是道士和道教信众，是当时道教范围内使用的一种特殊葬仪用品，其性质为墓主蜕升上天时拜谒天帝诸神所用之物[1]。名刺中的"弟子××再拜……"等，则清楚地说明墓主为普通的道教信众。而该墓中的木质墓券、木衣物疏和墨绘木人俑等，亦为道教遗存，是特殊的道教葬仪用品[2]。同时，从出土器物上的纹饰以及M84的墓葬形制来看，萨满教在这一地域也有一定的发展，这在本章第三节中有专门的论述。

墓葬特点与当时的社会制度以及文化是相互联系的，从这批墓葬来看，无论是单室墓、"前堂后室"的墓室结构还是随葬品的组合，都与中原的墓葬有相似之处，这与大量的逃难流民进入河西走廊地区有关。同时，黄家湾滩墓群由于位居西北地区，也有异于中原风格的地方，如双室墓葬中，前后室之间出现过道；墓葬前室较宽较短，后室较窄较长等。汉晋之际，恰逢民族迁徙，加之其处于中西文化交流通道上的特殊地理位置，受到各种文化的影响，意识形态及宗教信仰具有多元化特征。

# 第二节　墓葬与社会背景

东汉晚期一直到十六国时期，是一个大动荡、战乱纷起的历史时期。东汉晚期，中原地区外戚与宦官相互倾轧，国家政治局势动荡，农民起义愈演愈烈。河西地区在这一时期也受到波及，但是由于地处西北，与中原地区相比动乱较少，社会生活相对稳定，经济得到一定的发展，特别是地主庄园经济迅速壮大。这一时期河西地区墓葬基本为带斜坡墓道的单室洞室墓，器物组合基本为壶、罐、灶（附甑、釜及小盆）、仓、井、灯、熏炉、盘及耳杯、碟等。个别墓葬如M83还随葬陶鼎，M69中"主至三公"连弧纹铜镜和磨郭五铢钱等，墓葬文化面貌上与东汉晚期中原地区基本一致。

曹魏时期前后，墓葬形制及随葬器物组合延续东汉晚期以来的特征，部分墓葬出现随葬数量较多的诸如墨绘梳形木片、墨绘人形木片、木人俑等木质器物。鼎消失不见，新出土陶钵、盏及木牛车等。M69为双人合葬，其中B组随葬品中有五铢钱、货泉和四乳四螭纹铜镜，中原"汉制"特征明显。邻近地区同时期多处墓葬中亦表现出明显的中原文化特色，高台骆驼城墓群中"在二号墓室出土的画像砖中，南3号砖和南4号砖画的是二牛犁地图：南3号砖，二牛拉犁，一农夫扶犁，农夫头戴帻，上穿交领衫，下着裤；南4号砖，二牛拉犁，一农夫扶犁，农夫身后另有一人，漫漶不清。"[3]"在酒泉县崔家南湾1号墓中，在墓门照墙上和前、中室的壁画砖上有白虎、

---

[1]白彬：《南方地区吴晋墓葬出土木刺研究》，《四川大学考古专业创建四十周年暨冯汉骥教授百年诞辰纪念文集》，四川大学出版社，2001年，第409页。

[2]白彬：《江西南昌东晋永和八年雷陔墓道教因素试析》，《南方文物》2007年第1期。

[3]甘肃省文物考古研究所、高台县博物馆：《甘肃高台县骆驼城墓葬的发掘》，《考古》2003年第6期。

凤鸟的形象。"[1]"高台苦水墓 M1 出土的《伏羲女娲交媾图》砖面较大，与四川汉画像砖极为相似，承袭了中原文化。"[2]

延康元年（220 年），曹丕逼汉献帝"禅让"，正式取代汉王朝，建立曹魏，定都洛阳，至咸熙二年（265 年），司马炎篡魏，改国号为晋，曹魏灭亡。西晋政权加强了对河西地区的管理和开发。"西晋太康元年（280 年）晋武帝统一全国后颁布了占田令，为豪强庄园的发展提供了保障，使包括河西地域在内的北方步入地主经济的快速发展时期。"[3]"司马炎称帝的第二年，即泰始二年，民屯被废除，屯田客从军事编制下解放出来，生产积极性提高了，行动也比较'自由'了。他们一部分被赏与公卿作佃客，一部分沿着魏文帝以来典农经商的路子从事商业活动，一部分贫穷的人就像原来破产编户那样，投靠官僚权势之家作依附农民。"[4]商业的发展促进了社会经济的发展。从人口的增加也可以看出这一时期社会稳定，经济繁荣。《三国志》卷二十二《陈群传》注引《晋太康三年地记》记载：太康元年（280 年），西晋共有 246 万户；到太康三年（282 年），便增到 377 万户。三年时间里，增加了 130 多万户。这在一定程度上说明了这一时期河西地区经济发展状况。西晋早期，天下初定，饱经战乱之苦的人民非常渴望安定的生活，晋武帝顺应民意，大力发展农业，颁行户调制，减免徭役，设立"常平仓"等，社会稳定，人民生活渐趋殷实。《晋书》武帝"六月甲申朔，诏曰：'郡国守相，三载一巡行属县，必以春，此古者所以述职宣风展义也。见长吏，观风俗，协礼律，考度量，存问耆老，亲见百年。录囚徒，理冤枉，详察政刑得失，知百姓所患苦。无有百家庸末，致远必泥。"在短暂统一的西晋，河西地区社会稳定，经济有所恢复和发展。"三国末期，在其疆域范围内的人口有 3000 万，从西晋统一八王之乱演变为大混战的永康元年（300 年）的 20 年间，实际人口可能达到 3500 万左右。"[5]从人口的增加可以看出，这一地区在曹魏至西晋早期是不断发展的，人民生活比较稳定。

西晋八王之乱以来，中原战乱，少数民族趁机入主中原，导致了严重的社会危机，M23 出土有明确纪年的木衣物疏和木简，年号中有"建兴元年"和"建兴四年"，建兴元年到建兴四年（313~316 年）是西晋愍帝的年号，在少数民族不断侵犯下，愍帝投降，西晋灭亡。河西地区这一时期也经常受到少数民族的侵扰，经济发展在这一时期有所停顿。《晋书·张轨传》记载："永兴中，鲜卑若罗拔能皆为寇，轨遣司马宋配击之，斩拔能，俘十余万口，威名大震。"之后，张氏子孙"遂霸河西"。张轨不仅保卫河西地区的安定，同时也平复了不少中原的动乱。永嘉初，王弥寇洛阳，轨遣北宫纯、张纂、马鲂、阴浚等率州军击破之，又败刘聪于河东，京师歌之曰："凉州大马，横行天下。""帝嘉其忠，张掖临松山石有'金马'字，磨灭粗可识，而'张'字分明。"西晋

［1］张朋川：《河西出土的汉晋绘画简述》，《文物》1978 年第 6 期。

［2］冯丽娟：《高台魏晋壁画形式与风格的研究》，西北师范大学美术学院 2009 年硕士论文。

［3］刘光华主编，赵向群著：《甘肃通史·魏晋南北朝卷》，甘肃人民出版社，2009 年，第 88 页。

［4］刘静夫：《中国魏晋南北朝经济史》，人民出版社，1994 年，第 44 页。

［5］葛剑雄主编，葛剑雄、吴松弟、曹树基著：《中国移民史》（第二卷），福建人民出版社，1997 年，第 46 页。

中晚期，外部大量游牧民族内迁，内部腐化堕落，加速了王朝的衰落，但是大批移民的迁入也带来了多种文化的融合。

前凉早中期，该期墓葬形制皆单室洞室墓，墓葬形制与第三期相比变化不大，未见双室墓。随葬品组合与第三期基本相同，随葬品中陶器和木器数量明显增多。陶器制作较规整，器形变大。出土了五铢钱，并出土有"建兴十六年"木质衣物疏。西晋永宁元年（301年），张轨任凉州刺史，此后，凉州在张氏的管理下，社会稳定，既是中州人士避难的场所，又是流民迁徙的地方，一时间"中州避难来者日月相继"[1]，张轨采取有效的措施安置这些迁入者"分武威置武兴郡以居之"。大批的士庶涌入河西，出现了"永嘉之乱，中州之人士避地河西，张氏礼而用之，子孙相承，衣冠不坠，故凉州号为多士"[2]的局面。张骏当政时期，采取了一系列安民措施，他刚即位，就"亲耕藉田"[3]，重视农业发展。在其统治之初，"时辛晏兵于枹罕，骏命窦涛进讨辛晏。"从事刘庆认为"奈何以饥年大举，猛寒攻城"必将给百姓增加更大的负担，"骏纳之"。"在人口激增，土地不足使用时，前凉张骏时期又掀起了'治石田'的活动。所谓'治石田'，便是'徙石为田，运土殖谷'，效果相当不错，居然亩收'三石'。"[4]在张骏统治下的河西"境内渐平、刑清国富、士马强盛"。在张氏统治下，不但社会经济稳定发展，文化学术方面也比当时北方其他地区发达得多，学术氛围浓厚，人才济济，名家辈出，《北史·文苑》记载："区区河右，而学者埒于中原。""河西地区从前凉张氏以来，学术研究的空气很浓郁，西凉、北凉一直保持了这个优秀传统。"[5]官学私学相继出现，如雨后春笋，这与统治者的政策是分不开的。张轨初到河西，就"征九郡胄子五百人，立学校，始置崇文祭酒，位视别驾，春秋行乡射之礼"[6]，前凉学校教育体制在张骏时进一步完备。张轨颁布征辟法令："令有司可推详立州以来，清贞德素、嘉遁遗荣、高才硕学，著述经史"，这个选举令将学问和著述作为选举的标准之一，对民间讲学和学术活动起到了激励的作用。私学如雨后春笋，与官学同时盛行，并对官学有补充作用。陈寅恪先生在《隋唐制度渊源略论稿》一书中论述至明，"秦凉诸州西北一隅之地，其文化上续汉、魏、西晋之学风，下开（北）魏、（北）齐、隋唐之制度，承前启后，继绝扶衰，五百年间绵延一脉。"[7]张骏之子张重华在位期间，"轻赋敛，除关税，省园囿，以恤贫穷"[8]，保持了前凉社会稳定，经济平稳发展。

这一时期临泽黄家湾滩墓群比较典型的是双室墓在这一时期已经完全消失，步入完全意义上"晋制"。"约从三国西晋时期开始，除河西等较为边远的地区仍大体沿用东汉后期的旧制外、

————————————

[1] 房玄龄等撰：《晋书·张轨传》，中华书局，1974年，第2225页。

[2]《资治通鉴》卷一二三·宋纪五·文帝元嘉十六年十二月条胡注，中华书局，1973年，第3877页。

[3] 房玄龄等撰：《晋书·张轨传》，中华书局，1974年，第2234页。

[4] 蒋福亚：《魏晋之际河西走廊经济主体的演变》，《许昌学院学报》2003年第4期。

[5] 王仲荦：《魏晋南北朝史》，上海人民出版社，1979年，第312页。

[6] 房玄龄等撰：《晋书·张轨传》，中华书局，1974年，第2222页。

[7] 陈寅恪：《隋唐制度渊源略论稿》，生活·读书·新知三联书店，2001年。

[8] 房玄龄等撰：《晋书·张轨传》，中华书局，1974年，第2240页。

许多身份极高的贵族之墓，往往变成单室砖墓。'晋制'出现了。从整个两汉材料看，这种新制西汉末开始孕育，东汉后期眉目已见，三国以后瓜熟蒂落。"[1]在中原地区，晋制在三国西晋时期就已经代替了汉制，但是河西地区位居偏远的大西北，在文化上有相对滞后性，至前凉中期才出现晋制的萌芽。在中原地区，身份极高的贵族之墓，才能用单室砖墓，但是黄家湾滩墓群中并没有身份极高的贵族，也一样使用单室砖墓，反映了边远地区封建礼制的束缚比较弱。从随葬器物上来看，数量骤增，并且器形变大，还新出现了敛口罐、垂幛纹罐、杯，反映这一时期社会稳定，经济发展，随之对随葬品的要求也提高了；也是这一时期中原大量士庶流入，带来了中原的丧葬文化，并且中原汉族传统文化因素不断加强的体现。另外，陶器的数量和种类逐渐减少，而木器的数量和种类逐渐增多，有代替陶器的趋势。作为明器而言，木器保存时间相对较长，还有重要的一点是木器作为明器，成本比较低，这与张骏"力操改节"，实行薄葬有很大的关系。

## 第三节　张掖地区的萨满教文化试析

张掖地区位于狭长的河西走廊的中北部，其独特的地理位置和天然的自然条件成为历代农耕民族和游牧民族竞相争夺的地方，因而，各种文化在这里交流汇合，在宗教信仰上表现比较突出。

张掖地区有本地土生土长的宗教信仰——平天仙姑信仰，当然，大部分的宗教还是外来的。有学者认为，在东汉晚期至前凉早期这段时间，该地区"存在的外来宗教主要有儒家思想、道教、佛教、祆教、摩尼教等"[2]。实际上存在的宗教可能不止这些，从这一地区考古发掘的资料来看，萨满教也曾经存在过。"萨满教文化，是原始自然宗教主宰与支配下的原始人类文化遗存与文化结晶，是北方原始人群在原始信仰的维系下，不断同强大的自然界进行谋求生存空间和种的繁衍的生命抗争中，所显示的智慧并创造、发扬、传袭下来的精神与物质经验成果的文化总合。"[3]萨满教是世界性的宗教，在张掖地区的一些出土器物以及墓葬形制上都有体现。天圆地方的观念已经深入人心，其渊源在某些意义上就是来源于萨满教。

汉代对于长生不老的执着经过几番战争依旧香火不断。魏晋南北朝时期仍然存留着对永生的渴望，从出土器物和墓葬内墓主人的朝向、墓葬形制以及墓室壁画中便可见一二。

### 一　在出土器物中的表现

在临泽黄家湾滩墓群中保存完好的3座完整墓葬中，一共有7具完整的棺木（M1两具、M9两具、M23三具），其中4具棺木的前挡板上都有五个墨点连接而成的五星图案（见彩版二一，3）。

［1］俞伟超：《汉代诸侯王与列侯墓葬的形制分析——兼论"周制"、"汉制"与"晋制"的三阶段性》，《先秦两汉考古学论集》，文物出版社，1985年，第124页。

［2］张力仁：《文化交流与空间整合——河西走廊文化地理研究》，科学出版社，2006年，第1页。

［3］富育光：《萨满文化析论》，《社会科学战线》1999年第6期。

根据人骨及葬俗判断性别，这4具棺木中有3具是男性棺木。五星图案不仅在黄家湾滩墓群中有出现（图一三六），"在甘肃的高台、敦煌、酒泉等地区，已发掘的魏晋时期墓葬里的木棺葬具，在棺头挡板上多用墨绘制'五星'图形纹样。这些图像表现的内容，大都是用墨有规律地画出圆点，再用黑线将这些黑点连接起来，而每幅图的中间都画有一个十字交叉的图形，在交叉形的正中及四个末端，都画上黑圆点，形成一个独特的五星相连图形，暂且称其为"五星"图形。"[1] 这些图形中央的十字交叉"五星"图形基本相同，而在周围亚腰形榫上的星点也是用相同的手法绘制的，但墨线的连接方法却有很多的变化。这些图形规整而清晰，是魏晋时期墓葬中，木棺棺头挡板上多见的题材。在黄家湾滩墓群中，墨点虽然没有用墨线连起来，但是与连起来无异，无论是横看、竖看、斜看，都是三个星呈一条直线。"五星"图案无论是纵向连接还是横向连接，都是三个星，即三层，象征萨满教中的三界，即天堂、地面、地狱。"魏晋南北朝的萨满思想是从汉代衍生来的，三在汉代是一个仙界专属，如渤海三山，三等同于山，即萨满教中的长青天。三星亦表示天梯，通往天堂的梯子。三界由一根'中心轴'或'中心柱'联系在一起。中心轴或中心柱由于位于世界之中心，故又被称为'世界柱'、'宇宙柱'、'天柱'、'地钉'、'地脐'、'中心柱'等，萨满巫师可以通过天柱，或上天，或入地与神魔沟通。正如清人徐珂所辑《清稗类钞》

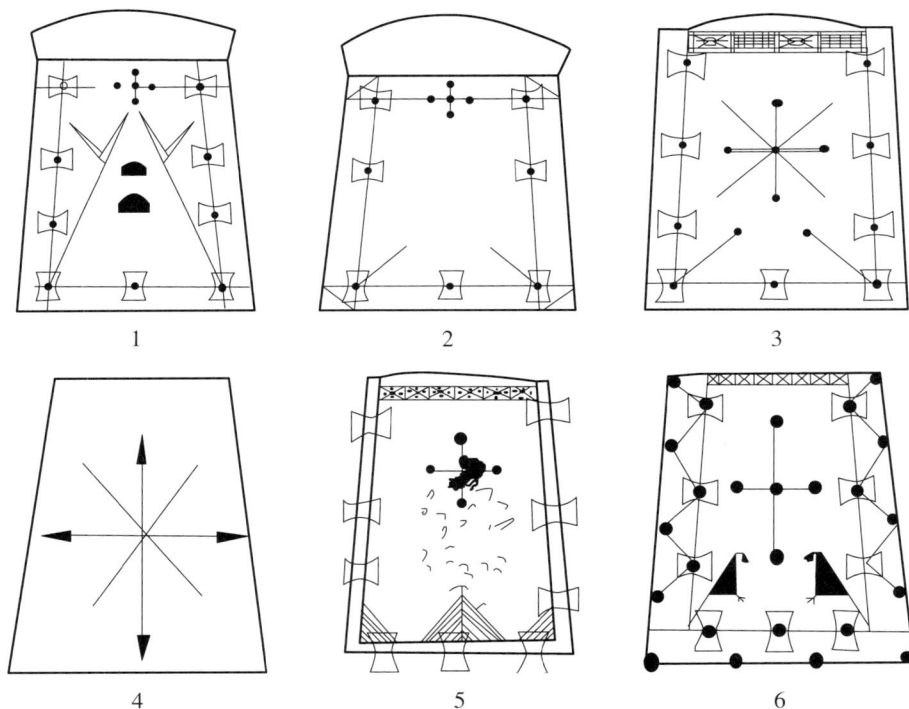

图一三六　甘肃河西魏晋墓棺头挡板的五星图案

1、2.敦煌佛爷庙湾出土　3.嘉峪关新城出土　4、5.高台骆驼城南出土　6.高台南华出土

[1]赵吴成：《河西晋墓木棺上的"五星"图形浅析》，《考古与文物》2006年第5期。

所云：'萨满教又立三界，上界曰巴尔兰由尔查，即天堂也，中界曰额尔土土伊都，即地面也；下界曰叶尔羌珠几牙几，即地狱也。上界为诸神所居，下界为恶魔所居，中界尝为净地，今则人类繁殖于此'。"[1] 五星图案在棺木的前挡板上频繁出现，实际上表达的是一种美好的愿望，是生人希望死者能升入天堂，而每三颗星代表天梯，也代表三界，三个星相连成的一根线代表中心柱，希望死者能乘着天梯到达天堂。黄家湾滩墓葬中出土的带五星的棺木多为男性棺木，体现了父系至上的观念。"祖先崇拜在父系氏族、部落内部是族体信仰的支柱，它在氏族制度中起主要作用。氏族组织供奉共同的祖先神，拥有自己的公共墓地。人死了无论距离多远，都要把尸体运回来葬在这个墓地。如果距离太远，道路又不好走，可以暂时葬在死亡地，但以后一定想办法把遗骨拣回来葬于此墓地，叫叶落归根。生同祖，死同墓，父系血缘维系着活的氏族组织，也划分着人的灵魂归宿。"[2]

萨满教的升天思想在随葬品中也有体现，出土的随葬品如耳杯、粮仓等大部分是明器，虽然没有实用价值，但却有着明确的文化意义——象征仙境的宴饮生活，因为终日宴饮乃是仙人们的生活方式。对于普通百姓来讲，仙人的生活是可望而不可即的，生前无法满足这个愿望，只好寄希望于死后的生活。熏炉既是道教文化的代表器物之一，又是萨满教世界山的象征器物。"熏炉是专门用于象征世界山和仙山的器物。熏炉又称'博山炉'，《艺文类聚·卷七十·服饰部·香炉》录西汉刘向作《博山炉铭》一首：'嘉此王气，崭岩若山。上贯太华，承以铜盘，中有兰绮。朱火青烟。'关于博山炉最早出现于文献记载的可能是《西京杂记》：'作九层博山香炉。镂为奇禽怪兽，穷诸灵异皆自然运动。'也有五层者。尽管博山炉在汉代就出现了，但'博山炉'这一明确称呼汉代尚语焉不详，直到唐代才出现。李白《杨叛儿》：'博山炉中沉香火。双烟一气凌紫霞。'《唐书·志第九·音乐二》：'歌云：'暂出白门前，杨柳可藏乌。欢作沉水香，侬作博山炉。'据赵希鹄《洞天清录集·古钟鼎彝器辨》载：'惟博山炉，乃汉太子宫所用者，香炉制造始于此'。"[3] 熏炉在汉代墓葬中比较多见，由于文化的传承性，汉代之后也一直沿用，在黄家湾滩 M69、M83、M84 中就有熏炉出土，这几件器物从形制上看，可分为上中下三部分，与汉代的熏炉类似，有的学者认为熏炉所表现的上中下三部分代表的是萨满教中的三界[4]。萨满教遗存的器物不仅仅是熏炉，在随葬器物一些特定的位置钻孔的现象亦与此有关。比如 M1：12 罐体下腹部钻有一孔，M9：18、M45：10、M52：1、M65：1、M67：1 等均在罐体肩部钻有一孔。不仅在黄家湾滩出土器物上有这种现象，在甘肃其他地区墓葬的出土器物中也有这种现象。如甘肃高台地埂坡晋墓中，M7：2 在罐体肩部钻有一圆孔，M5：8 在罐底部有一圆孔，M1：21 灶的灶

［1］转引自富育光、孟慧英：《满族萨满教研究》，北京大学出版社，1991 年，第 179 页。
［2］孟慧英：《萨满教的二元神论》，《满族研究》1999 年第 2 期。
［3］汤惠生、林小娟：《汉代的器用与仙道》，《艺术与科学》（卷十），清华大学出版社，2010 年。
［4］汤惠生、林小娟：《汉代的器用与仙道》，《艺术与科学》（卷十），清华大学出版社，2010 年。

门上部有一个圆形孔[1]。这些孔都有一共同点，那就是全为烧制后人为钻出来的，并没有真正的实用功能，仅仅是一种精神的寄托。汤惠生先生在《考古三峡》中已对环锯钻孔做过论述"仪式说最为常见，其解释就是将头脑中的魔鬼驱逐出去，或死后利于灵魂出窍以便再生"[2]。就如凯尔特人在头骨上钻孔一样，根据骨缝愈合的情况看，这些孔都是生前所为，其并非仅仅是为了美观，而更重要的是为了通过这个孔达到通天的目的。在头上钻孔的一般是被认为有特异功能的萨满巫师。钻孔现象在世界各地都有，并且从史前开始一直延续到现在，在北欧和中国的西藏地区，直到现在都有萨满巫师的存在。

## 二　在墓葬中的表现

"萨满教中，太阳被说成是萨满身上的铜镜，万物之魂是光体，是太阳或掌持宇宙光的神灵送来的，生命和生力都离不开光；应阳光之育，万物畜生，大千生机不竭；受太阳之光辉，万物滋长。连虫鱼可变为人首鱼的河湖沼海之神。在葬俗中，人们将魂气集中的头部朝向太阳，意在魂气互感，在热量的交流中生生不息。"[3]

人们对于死后世界的想象与希冀，不仅仅表现在随葬品中，在墓葬本体形制中亦有表达。黄家湾滩墓群中墓主人头向和墓道的方向基本一致，大部分是头向东方，即太阳升起的地方，这也是与萨满教中"向太阳"不谋而合。墓顶是墓室的最高处，墓主人的灵魂也是通过墓顶升天的，M84 是带斜坡墓道的单室洞室墓，墓室顶整体呈穹隆状，顶部正中形成一个较深的藻井，形似一柱形洞，在黄家湾滩墓群中仅此一例，该墓群曾遭到过数次破坏，大部分墓葬已被破坏殆尽，不排除在被毁坏的墓葬里还有类似的墓顶结构。而顶部具有类似特征的墓葬不仅出现在黄家湾滩墓群中，在甘肃其他地区的墓葬中亦有发现。"敦煌地区的晋墓，可能普遍为砾岩洞室墓形式，砖结构的墓室尚未发现。有的在墓门外有砖砌的照墙。墓室顶主要是覆斗形。敦煌莫高窟魏窟及后代的覆斗形窟顶和藻井，在建筑形式上，明显的有着渊源关系。"[4]在甘肃玉门官庄发掘的魏晋墓葬中亦有穹隆式的墓顶，并且有藻井，藻井边长 0.34、深 0.12 米。墓室东端南壁和北壁下各开一龛，平面呈圆角长方形[5]。这种覆斗形的墓顶在顶部修成梯状，并且顶部中央是一个圆形的孔，在萨满教的象征意象中意味着乘天梯通天，黄家湾滩 M84 这种特殊的墓顶结构应亦具此意。

另外，据法国藏学家石泰安云，吐蕃赞普的王陵建造在被认为是赞普世系起源的地方，人们有时称之为"山"。这些山与天际相接，或视为天。在藏族人的观念中，山是连接天地的天梯、攀天光绳或彩虹。吐蕃赞普都是天上的神灵，他们入主人间时，就是沿着这些天梯下凡的。所以

［1］甘肃省文物考古研究所、高台县博物馆：《甘肃高台地埂坡晋墓发掘简报》，《文物》2008 年第 9 期。
［2］汤惠生：《考古三峡》，广西师范大学出版社，2005 年，第 134~137 页。
［3］孟慧英：《萨满教的灵魂观念》，《青海社会科学》1999 年第 4 期。
［4］敦煌文物研究所考古组：《敦煌晋墓》，《考古》1974 年第 3 期。
［5］甘肃省文物考古所：《甘肃玉门官庄魏晋墓葬发掘简报》，《考古与文物》2005 年第 6 期。

庙宇宫殿（典型如布达拉宫者）和吐蕃赞普的王陵都是建在山麓，即通往天上的自然梯子中。这些圣山被认为是"当地的神仙""天柱"（gnam-gyi ka-ba）"地钉"或"地脐（Sa-yi phur-bu）。有些王陵或庙宇前立有石柱，以象征"天柱"和"地脐"[1]。"萨满把宇宙分为三个世界：天上、人间和地下。天上居住着神灵，地上居住着凡人，地下居住着魔鬼。三个世界由一根'中心柱'所连结，三个世界之间的沟通也正是通过这个'中心柱'来实现。不过在许多萨满教神话中常常被关涉的，实际上是天堂和地狱两个世界。"[2]在酒泉嘉峪关魏晋壁画墓中，壁画的内容很丰富，但凡是墓室壁画，不外画天、地、人间这三个层次。墓葬是人死后长期居留的场所，也是人们某些生前的愿望无法实现所寄寓之地。尤其对于中下层的百姓，他们生前的愿望寄希望于死后，比如神仙般的生活、升天等。在他们看来，只有到天堂里才能享受到神仙般的生活，所以把死后的居所尽可能建造成能满足升天的愿望。"法国人类学家杜尔干在他的《宗教生活的基本形态》中说道：客体本身、对自然现象的观察本身或所谓自观，并不能产生宗教信仰，而对周围世界的那种纯属谬误的阐释，如不依托于某种现实，则无法持久。萨满教的宗教活动就是作用于虚幻的信仰对象的一种现实的、社会化的力量形式。"[3]

## 三 在墓室壁画中的表现

在墓室壁画中很多也是分三层的，这三层分别代表了天堂、人间和地狱，并且这三层之间有明显的界限。

黄家湾滩墓葬中没有发现壁画墓，因大部分墓葬遭到了毁灭性破坏，无法还原当时的墓葬形制，故不能确定是否有壁画墓。但是同时在河西走廊的酒泉丁家闸发现有壁画墓，五号墓的墓室壁画内容上层是天堂，中间是人间的生活，下层是地狱。"从墓顶至墓底砖壁上饰有一层薄薄的草泥，泥上又加有一层土黄色的泥仗，上面绘有壁画。后室为长方形券顶。整个墓室中，前室顶部为饰有荷花藻井的图案，四周壁画的内容主要可分为天上、人间和地下三个层面，天上的景致基本上继承了汉代普遍出现的吉利祥瑞的图案和神话中广泛存在的故事，如亘古不变的太阳与太阴，形象多变的龙首与庆云，神性十足的东王公与西王母，以及镇定自若的三足乌、奇特诡异的九尾狐、腾云驾雾的羽人、神异祥瑞的白鹿、神鸟、汤王纵鸟、山林百兽等祥瑞图案和神话故事。人世间的生活万象则是丰富多彩和充满鲜活灵动的画面。如墓主人生前的宴饮享乐、仆从侍役的朴实本分、歌舞乐伎的精彩表演、百工杂技的生动活泼，以及车马的运行、眷属的出行等，都被真切的记录了下来。不仅日常生活的画面，最值得一提的、也是最有价值的，则是普通劳动者的生产和生活场面，也被真实的记录了下来。如农耕、耙磨、扬场、放牧、园林、采桑、逗鸟、饲鸡、

---

[1] 参见汤惠生：《神话中之昆仑山考述——昆仑山神话与萨满教宇宙观》，《中国社会科学》1996 年第 5 期。
[2] 汤惠生：《萨满教二元对立思维及其文化观念》，《东南文化》1996 年第 4 期。
[3] 孟慧英：《萨满教的自然神与自然神话》，《社会科学战线》1999 年第 4 期。

坞壁、运输等，以及椎牛。宰猪等各种庖炊场面。地下的图案则比较单一，主要绘有龋属等形象。"[1]
在这组壁画中，画面本身就是三层宇宙观的体现；出现的藻井在形制上与覆斗状的墓顶相似，亦是通天思想的象征。

　　"宗教是人类信仰的重要组成部分，它和超自然和超人的神灵和力量有关，表现了人类对无法预见和无法控制的自然力及命运的敬畏。宗教超越了人类日常的物质世界，但是所有超自然和超人的信仰都是由人类自己所创造的。"[2]当然在这一时期张掖地区也有如上文提及的其他宗教信仰，比如儒家思想、佛教、道教以及本地土生土长的平天仙姑信仰等等，但是"萨满教是世界性的文化现象"[3]，尤其是作为丝绸之路枢纽的河西走廊地区萨满教的影响更是显著，而且诸多的宗教都有可能受到萨满教的影响。东汉晚期至前凉张骏时期，中原战乱不断，但是对于偏安一隅的河西地区来讲，局势相对稳定，百姓安居乐业，对于精神文化的追求相对强烈。

# 第四节　　黄家湾滩墓群出土的四神穿璧纹封门砖

　　四神纹即朱雀、玄武、青龙、白虎，这种纹样及其组合在西汉早期就十分流行。在出土的铜镜以及画像砖、瓦当上都很常见。大泉五十则是新莽时期居摄二年（公元 7 年）开始铸造的一种流通货币。不过在出土的考古资料中，四神纹与大泉五十钱币纹的组合却十分罕见，临泽黄家湾滩墓群 M84、M86 中出土的四神穿璧纹砖即是大泉五十钱币纹与四神纹组合的画像砖。该纹饰中间为大泉五十钱币纹，外包小正方形，最外侧是大正方形。在大正方形内，四边分布着朱雀、玄武、青龙、白虎四神，四神图案被正方形的对角线和钱币的组合纹饰隔开。这种四神纹与钱币纹饰组合的出现，是有当时特殊的历史原因的。

## 一　四神纹与汉代的方仙思想

　　四神或称四灵即青龙、白虎、朱雀、玄武，春秋时期即已出现，在汉代尤为兴盛。四神纹有单独出现的，也有和其他纹样组合使用的。"汉代称青龙、白虎、朱雀、玄武为四神。四神在古代原本是指方向的星辰之名，即天象的二十八宿。这是古人用作观察日月五星运行坐标的 28 组恒星。由于这些星群环列于日、月、五星（东方岁星，南方荧惑星，西方太白星，北方辰星，中央镇星）的四方，很像日、月、五星栖息的场所，所以称作二十八宿。古人又把二十八宿按照东南西北四个方位平均分作四组，分别称为东宫、南宫、西宫和北宫。每宫七宿。各宫又分别将其所属七宿联缀想象为一种动物形象，它们分别是东宫苍龙、南宫朱雀、西宫白虎、北宫玄武（龟

[1] 林少雄：《古冢丹青——河西走廊魏晋墓葬画》，甘肃教育出版社，1999 年，第 8~10 页。
[2] 陈淳：《考古学理论》，复旦大学出版社，2004 年，第 155 页。
[3] 徐昌翰：《论萨满文化现象——"萨满教"非教刍议》，《学习与探索》1987 年第 2 期。

蛇），合而称之为四象、四灵、四神。"[1]孔安国《尚书传》里记载："四方皆有七宿，可成一形，东方成龙形，西方成虎形，皆南首北尾；南方成鸟形，北方成龟形，皆西首而东尾。"《礼记·曲礼上》中记载："行前朱鸟（雀）而后玄武，左青龙而右白虎。""四神纹在西汉出现的比较多。汉代的统治阶级信仰神仙方仙思想，认为人死后灵魂会进入天堂或地狱；也崇信道教和巫术，宿命论支配着他们的精神世界，四神或称四灵便成为了人们眼中的保护神。四神代表东西南北四个方位，青龙代表东方，白虎代表西方，玄武代表北方，朱雀代表南方。"[2]曹植《神龟赋》"嘉四灵之建德，各潜位乎一方，苍龙虬于东岳，白虎啸于西岗，玄武集于寒门，朱雀栖于南方"就是对四神的描写。这四种动物，唯玄武较为奇异，《席上腐谈》记载："玄武即乌龟之异名，龟水族也，水属北，其色黑，故曰玄。龟有甲能捍御，故曰武。"《抱朴子》中描述老子（太上老君）形象时称，"左有十二青龙，右有二十六白虎，前有二十四朱雀，后有七十二玄武"。《云笈七签》卷二十五《北极七元紫庭秘诀》："左有青龙名孟章，右有白虎名监兵，前有朱雀名陵光，后有玄武名执明，建节持幢，负背钟鼓，在吾前后左右，周匝数千万重。"汉代的方仙思想比较浓重，尤其是遇到当时不能解释的自然现象及物理现象时，便会诉诸神灵，四神或称四灵作为精神信仰的载体从春秋开始盛行，汉代尤为盛，魏晋时期一直沿用。

## 二　四神纹与王莽政权的关系

四神纹以及四神纹与其他纹样的组合自西汉就开始流行并且一直沿用，尤其是王莽前后，四神纹及其组合频繁出现在铜镜、花纹砖以及瓦当中。这既与王莽篡权的政治宣传有着非常密切的联系，又为王莽篡汉提供精神上的保障。在道教中，四神是保护神，《三辅黄图》中记载："苍龙、白虎、朱雀、玄武，天之四灵，以正四方。"四神纹组合的纹样有不少种，如四神纹与羽人组合、四神纹与云纹组合、四神纹与"T""L""V"纹组合等在考古资料中常有发现，但是类似河西的四神纹与大泉五十钱币纹样组合在全国却很罕见。在考古资料中，最早的完备四灵形象，是西安国棉五厂汉墓 M6 中出土的一件铜温酒炉。该炉口椭方，一侧有曲形叶状手柄，四面镂刻四灵纹，其中玄武为一龟的俯视图，时代是西汉早期，下限时间也只能到武帝前期[3]。江苏邗江姚庄 101 号西汉墓出土的漆六博局，通体髹褐漆，局中心、边框及足等部分均朱绘几何纹和火焰云气纹，间饰羽人及麒麟、青龙、白虎、朱雀等[4]。1974 年在石家庄市郊区瓮村东砖厂出土一面东汉尚方四神博局纹铜镜[5]。洛阳五女冢新莽时期墓葬中出土过 2 件博局四神镜，圆钮，柿蒂纹钮座，座外方框，框外四角有四乳丁。主纹为规矩纹，间饰青龙、白虎、朱雀、玄武四神，空间填卷云纹，

[1] 萧巍：《浅谈敦煌晋墓出土的四神砖》，《丝绸之路》1999 年第 5 期。

[2] 李前：《大通上孙家寨出土规矩四神镜琐谈》，《青海社会科学》1996 年第 6 期。

[3] 呼林贵、孙铁山、李恭：《西安东郊国棉五厂汉墓发掘简报》，《文博》1991 年第 4 期。

[4] 扬州博物馆：《江苏邗江姚庄 101 号西汉墓》，《文物》1988 年第 2 期。

[5] 张巍：《东汉尚方四神博局纹铜镜》，《文物春秋》2000 年第 1 期。

近缘处饰锯齿纹、铭文各一周[1]。江苏邗江姚庄 101 号西汉墓出土 2 枚规矩四神纹铜镜，形制相同，圆钮，柿蒂纹钮座，中区饰"T""L"符号和四神、云纹，外区饰波折纹等。这面规矩四神镜为新莽前后所流行[2]。在甘肃庆阳曾出土规矩纹镜 1 枚，圆钮，柿蒂纹钮座，座处两重方框。框外主体纹饰由四神（青龙、白虎、朱雀、玄武）及羽人禽兽组成，其间饰四个小乳丁，在外围一圈带齿纹，素边。直径 12、边宽 1.4 厘米[3]。

在汉代人们总是习惯将一些奇异事物的出现与政治联系起来，比如每一个皇帝在出生的时候都会有一些离奇的天象出现。这也成为历代帝王诞生、继位甚至篡权极其有效的宣传工具[4]。在王莽篡权的整个过程中，符命、祥瑞就起到了推波助澜的作用。在王莽的暗示下，上报的符瑞不断出现，都打着申述天命的旗号。王莽当皇帝之后言"帝王受命，必有德祥之符瑞"。以四神来表示天象，是远古人类认识世界的思维方式，也是萨满信仰观念下的产物。

甘肃河西地区出土的考古资料中，除黄家湾滩墓群中 M84、M86 出土的四神穿璧纹封门砖外（见彩版七八，2；彩版八三，1），在临泽县博物馆中还有一块花纹砖，与黄家湾滩墓群出土的花纹砖相同，相传也是采集于该墓群一带。在甘肃酒泉市崔家南湾晋墓群 1973 年试掘 3 座，也出土了四神纹砖；2003 年在酒泉三坝湾发掘 10 座魏晋墓中，M10 保存比较完整，M10 墓室地面以方砖齐缝平铺。方砖边长 36、厚 0.6 厘米，并模印有图案，内容是"穿璧四灵"纹[5]。四神纹不只是出现在封门砖上，在清理的 M9 木棺棺盖的内侧也有朱雀、玄武以及云纹组成的纹样。

汉初，采取了"无为而治"的原则，到了汉武帝时，又"罢黜百家，独尊儒术"，儒家思想开始占统治地位。后来董仲舒将阴阳五行和儒家学说结合起来，终于建立了以"天人感应""君权神授"等神学目的论的唯心思想体系，从而成为汉代占统治地位的儒教神学和官方哲学。假天之盛来弥补强力统治的不足，把汉王朝中央集权的封建制度视为天授的、永恒不变的制度，是神的意志的体现。四神纹便由此而生，成为统治者极为有力的宣传工具。汉武帝建敦煌、酒泉、张掖、武威四郡以来，张掖就成为西陲的要塞。尤其是魏晋时期，内地战乱不断，很多的士庶地主、文人墨客为逃避战乱而迁居河西地区，从而带来了中原的文化。张掖地区四神纹砖的出土以及敦煌、嘉峪关魏晋墓出土的四神图像，就是中原文化在河西地区扎根的明证。"在甘肃境内，四灵到东汉晚期才出现，但受中原排斥四灵的影响，很快就发生了由东及西、越靠东越早的渐次消退过程。"[6]四神为祈求吉祥的守护神，在民间的建筑、瓦当以及铜镜上都有四神纹的装饰。我国自古以来就有灵魂信仰的习俗，生人为死者的灵魂祈求四神，为死者保平安求吉祥，所以在墓室

[1] 洛阳市第二文物队：《洛阳无女冢 267 号新莽墓发掘简报》，《文物》1996 年第 7 期。

[2] 扬州博物馆：《江苏邗江姚庄 101 号西汉墓》，《文物》1988 年第 2 期。

[3] 张卉英：《甘肃甘谷县发现三方汉代画像砖》，《考古》1994 年第 2 期。

[4] 程万里：《汉代铜镜中的四神纹饰研究》，《美术观察》2008 年第 2 期。

[5] 甘肃省文物考古研究所：《甘肃酒泉三坝湾魏晋墓葬发掘简报》，《考古与文物》2005 年第 5 期。

[6] 倪润安：《论两汉四灵的源流》，《中原文物》1999 年第 1 期。

中或封门砖中出现四神的图像。

# 第五节　黄家湾滩墓群出土的墨

墨的产生与人类书写和记录的行为紧密相连，有的学者认为墨的出现可以早到新石器时代。"早在距今 7000 年左右的新石器时代，人们就用墨色和朱色，在陶器上画出各种几何纹图案作为装饰。七十年代末，在陕西姜寨新石器时代遗址中，出土了一套绘画工具。其中除石砚、砚盖、磨棒、陶杯各一外，还有黑色颜料（氧化锰）数块。这种颜料取自矿物的天然形态，没有经过人的加工制作。"[1]根据简报上描述，这套美术工具摆放在死者的足下，"M84 中 7 号骨架的足下置有石砚、石磨棒、水杯各一件及赤铁矿颜料数块，为一组美工用具。似属专为个人随葬。7 号骨架生前可能是原始美术工作者。"[2]这些石墨的成分并不是现在意义上的墨，"仰韶文化彩陶上的美丽图案，是由一种矿物质绘制而成；还有姜寨遗址出土的颜料，经化验是氧化锰、三氧化二铁。这些矿物质颜料可能就是古书上常说的那种'石墨'。"[3]这种黑色颜料虽然不是明确的墨，但是已经具有了墨的功能，仰韶文化陶器上的彩绘纹样便是最好的证据。

探究墨的起源，首先要明确墨的定义。墨是我国文房四宝之一，为我国传统的书法、绘画必备之颜料。自古以来，墨有黑色、朱色两大类。人们习惯称黑色为墨，这是狭义的说法。广义的说法，墨还包括朱墨及各种彩色墨[4]。虽然元代陶宗仪在《辍耕录》中说"上古无墨，竹挺点漆而书。中古方以石墨汁，或云是延安石液。至魏晋时，始有墨丸，乃漆烟、松煤夹和为之。所以晋人多用凹心砚者，欲磨墨贮渖耳。自后有螺子墨，亦墨丸之遗制"[5]。但这是由于前人认识的局限性所致，近年来，随着考古资料的不断发现，关于墨的起源与发展轨迹已经有了一个大致的过程，对于这个过程的探究，首先要明确墨的分类。

关于墨的分类，按制作工艺来分，可以分为人工墨和天然墨。人工墨的出现晚于天然墨，早在新石器时代就出现了天然墨，天然墨包括石墨、植物墨、动物墨等。"1956 年发掘的浙江吴兴钱山漾遗址中出土的 I 型 I 式石斧中其中有一件有墨绘回纹，随手画来，线条粗率。"[6]仰韶文化彩陶上的图案是由一种矿物质绘制而成。除此之外，东晋王嘉撰写的《拾遗记》上，记有"尅树汁为墨"，"尅"为刻地意思，这可能是割刻一种树汁有颜色的树，以其汁充"墨"，这可视为"植物墨"。在古代也有以乌贼排出的墨液为墨的，《文房四谱》上就记载有"乌贼鱼腹中有墨，今

［1］潘德熙：《文房四宝——中国书具文化》，上海古籍出版社，1991 年，第 36 页。

［2］西安半坡博物馆、临潼县博物馆：《临潼姜寨遗址第四至十一次发掘纪要》，《考古与文物》1980 年第 3 期。

［3］齐徽：《中国的文房四宝》，商务印书馆，1998 年，第 47 页。

［4］齐永红、言正己、赵全：《雕塑、文房四宝》，吉林人民出版社，1998 年，第 55 页。

［5］（明）陶宗仪：《元明史料笔记丛刊——南村辍耕录》卷二十九，中华书局，1958 年，第 363 页。

［6］浙江省文物管理委员会：《吴兴钱山漾遗址第一、二次发掘报告》，《考古学报》1960 年第 2 期。

作好墨用之"，这可视为"动物墨"。植物墨、动物墨以及上面说到的矿物墨，都属于天然墨，天然墨是人们早期使用的墨料，我们这里仅探讨石墨。

## 一 石墨

一般认为墨、砚二物与文字始于黄帝时代。《通鉴外记》记述：黄帝"染五彩为文章，以表贵贱"。《鱼龙河图》说"黄帝遂画蚩尤形象，以威天下"。画像可能是用墨，因《砚谱》中有"黄帝得玉一钮，治为墨海"之说。据考证，"墨海"就是砚，因用墨而治砚，合乎情理。大多数学者认为最早的石墨是新石器时代临潼姜寨遗址出土的黑色颜料氧化锰，但是根据考古资料，在旧石器时代晚期的山西峙峪文化中就有石墨出土："在山西峙峪旧石器时代遗址中出土了一件装饰品，这件标本发现时已残缺，保留的部分约为原物的一半。原料为石墨，由一面钻孔。光滑的一面和边缘都经磨制，磨擦痕迹很清楚；另一面粗糙，由于石墨片理发育，推测是自然剥落了一层。周口店山顶洞曾发现过一件扁平的、两面钻孔的小砾石装饰品。这两件标本在用途上应该是相同的。"[1] 这件石墨虽然可能不是作为书写之用，但是至少可以说明石墨在旧石器晚期就已经被制作利用了。新石器时代姜寨遗址出土的一套绘画工具中不仅出土有石墨，而且尚有石墨绘制的花纹图案，证明此时的石墨已成为绘画工具[2]。

《韩非子》中记述：夏禹坐祭器，"墨染其外，朱画其内"，这是战国时期关于夏朝之前用墨情况的一个文献记载。商代人用墨情况，已为殷墟出土的陶器、甲骨文上墨写的字迹所证实。卜骨、卜龟上大都是用墨写的，在商代，墨的使用已经很普遍。但是商代的墨可能还是天然墨中的石墨。商代后期，王室占卜的甲骨上也保存许多墨笔书写的文字，也可能是采用天然石墨。《礼记》上记载"史定墨"，郑玄注："墨，兆圻也。"古代称占卜为兆，圻是烧骨裂纹。合起来是说古代用甲骨占卜，是先以墨书写在龟甲或牛胛骨上，再进行锲刻，继以火烧灼，观其裂璺，以定凶吉。先以墨书写的龟甲，也就是所说的"墨龟"。河南省安阳市小屯村殷墟出土过许多甲骨，从对甲骨上一些残留墨料的化验得知，其中红色的是朱砂，黑色的是碳素单质，碳素也是现代墨的基本原料[3]。从以上文献以及一些出土的物件上色迹来看，早在3000多年前的商代，巫觋们就用墨及朱砂等来书写文字了。此外，1932年殷墟出土过一片约一寸见方的写有墨书"祀"字的陶片[4]。

## 二 人工墨

人工墨分为松烟墨和油烟墨。墨从原料划分，主要有松烟墨和油烟墨两大类。黄家湾滩墓群

---

［1］贾兰坡、盖培、尤玉柱：《山西峙峪旧石器时代遗址发掘报告》，《考古学报》1972年第1期。

［2］齐永红、言正己、赵全编著：《雕塑 文房四宝》，吉林人民出版社，1998年，第55页。

［3］齐徽：《中国的文房四宝》，商务印书馆，1998年，第48页。

［4］张伯元、印汉云、蔡国声：《文房四宝》，上海文化出版社，2001年，第38页。

出土墨不属于油烟墨，故这里只讨论松烟墨。

松烟墨，一般经过"采松、造窑、发火、取煤、和制、入灰、出灰、磨试"八道工序制成，其色黑，但往往缺乏光泽，胶质也轻，只宜写字。松烟的传统产区主要有：汉代终南山，晋代九江、庐山，唐代易州、潞州、上党，后唐宣州、黄山、黟州、兖州、徂徕山等。松树的年代越久越好，烧取的烟才能色泽肥腻，性质沉重。一般所见到早期的松烟墨比晚期的松烟墨质料精细、捣杵得法，晚期的松烟研磨时常遇到砂粒，以致毁伤砚石[1]。《尚书》是最早记载有关墨的历史文献，在其《舜典》篇中写道"象以典型""五刑有服"。蔡沈注："象，如天之垂象以示人；而典者，常也，示人以常刑。所谓墨、劓、荆、宫、大辟，五刑之正也。"《伊训》篇中载："臣下不匡，其刑墨。"蔡沈注："墨，墨刑也。"臣下不能匡正其君，则以墨刑加之。所谓墨刑，就是在人的面额上刺刻，然后以墨刷染，由于墨迹终不掉，可以永远羞辱犯人。《说命》篇中说："惟木从绳则正。"《礼记》说："绳墨诚陈，不可欺以曲直。"表明墨色已用到了木工生产中的墨线了。《仪礼》中还记有"史定墨……杨火以作龟，致其墨"，讲的是古代巫术中占卜的一种方法，即先用墨画符在龟甲上，然后经烧灼，再看它的卜文，以定吉凶。明代杨慎所著《丹铅总录》记载："古者漆书之后，皆用石墨也，《大戴礼》所谓石墨相著，则黑是也。"另，明代李时珍在《本草纲目》中记："黑石脂，一名石墨，一名石涅。（李时珍注）此乃石脂之墨者，亦可为墨，南人谓之画眉石。"《庄子·田子方》记载："宋元军将画图，众史皆至，受揖而立，舐笔和墨，在外者半。""1954年在长沙杨家湾楚墓中，发现有一个残箧筐中置满了黑色方块泥，这可能就是战国时实用的墨。"[2]据文献记载，墨最初用于刑罚，在西周时期出现；战国时期人工墨使用已经很常见并且得到了一定的发展，但是这一时期的人工墨没有形状，呈粉末状，使用时加以调和，是人工墨的雏形。汉代许慎在《说文解字》上说"墨书墨也，从土从黑"，说明早期墨是粉状的。随着制作与使用上的变化，墨形也有所改变。"秦墨和汉墨已有丸状、螺状，需用砚石压磨，但有的汉墓中又有两头细、中间略粗、'握子'形状的墨出土。其表面尚有以手传攥的痕迹。这种墨可执握研磨，便于使用。这说明已经开始出现直接研磨的墨。"[3]

墨发展到秦代，已经出现了块状墨，这都是有出土的考古资料证明的。1975年年底至1976年春，在湖北云梦睡虎地中既出土有带墨字的木牍，又出土有墨块。在睡虎地M4中，出土有木牍2件，其中M4：11保存完好，长23.1、宽3.4、厚0.3厘米；两面均有墨书文字，字迹尚清晰可识，共二百余字。另一件（M4：6）保存较差，下段残块，残长17.3、宽2.6、厚0.3厘米；两边也均有墨书文字，正面尚较清晰，背面近下部因被墨染黑，文字已看不见，有一百余字。墨1块（M4：12），圆柱状，黑色纯黑，圆径2.1、残高1.2厘米。石砚1件（M4：10），为不太规

---

[1] 朱思红、李举纲：《中国古代文房四宝真伪鉴别》，安徽科学技术出版社，2000年，第11页。

[2] 王绍曾、罗青主编，刘绍刚著：《中国古代文房四宝》，山东教育出版社，1990年，第30页。

[3] 齐儆：《中国的文房四宝》，商务印书馆，1998年，第53页。

则的菱形鹅卵石加工而成，长 6.8~7、宽 5.3~6、高 2 厘米。附研墨石一件，也是鹅卵石加工而成，高 2.2 厘米[1]。砚面与砚墨石面均有使用痕迹与墨迹。在简报中已经有明确的描述，墨呈圆柱状，并且有石砚和墨石成套出土，说明墨发展到秦代已经有了形制，并且是用研磨的。

汉代是墨的一个重要发展期，在制作工艺上有很大的进步。东汉时，纸的发明、毛笔的改进，以及书画艺术的发展，促使墨的质量和形制都有了很大的改进，其中最明显的是墨模的发明，墨模使墨的式样趋于规整。汉代末年为我国制墨业的一个重要的转折期，出现了许多墨产地和制墨名匠。在墨产地中，最著名的是隃糜地区（今陕西省千阳县一带），元代伊世珍所撰的《琅环记》中说："汉人有墨，名隃墨。"宋代晁贯之《墨经》说："汉贵扶风隃糜终南山之松。"终南山又称南山，古代常指秦岭山脉。《诗经》上说："秩秩斯干，幽幽南山，如竹苞矣，如松茂矣。"可见这一带自古就生长茂密的松林。由于树龄古老，枝条中油脂含量高，极适于烧烟制墨，因此当时隃糜地区一带成为名墨产区是很自然的。除隃糜地区产墨外，延州（今陕西省延安市）等地区都产墨。在汉代，隃糜地区制作精良的墨已经不仅做书写之用了，也作为赏赐品。《汉官仪》中有"尚书令、仆、丞、郎，月赐隃糜大墨一枚，小墨一枚"，《文房四谱》上也说："皇太子初拜，给香墨四丸。"汉代虽然在制墨工艺上有很大进步，但是生产规模仍然不大，天然墨（主要是石墨）仍然占主导地位。《文房四谱》上记载："陆士龙与兄曰：一日上三台，得曹公藏石墨数十万斤，……今送二螺。"北魏地理学家郦道元在《水经注》中记载："邺都铜雀台曰冰井台，高八尺，有屋一百四十间，上有冰室数井，井深十五丈，藏冰及石墨焉，石墨可书。"《东宫旧事》记载："皇太子初拜，给香墨四丸。"以上记载说明当时用来书写的石墨还在被大量储存与使用。从陆云送其兄陆机石墨为"二螺"看，当时"螺"是墨的一种单位名称。汉代的实物墨在考古发掘中也多次出现。1956 年在河南陕县刘家渠汉墓中出土了 5 块墨，其中 3 块保存较好。作圆柱形，用手捏制而成。墨的一端或两端曾研磨使用。出土位置多被扰乱。8：60，在三号棺中头侧上方书刀旁；102：9，和石板、"础形器"、铜镜同出，径 1.5~2.4、残高 1.5~3.3 厘米；37：45，径 1.5、残高 3 厘米；8：60，径 2.3、高 1.8 厘米[2]。1957 年在一座汉墓中，曾出土有墨，"……成馒首形……手捏制作……"[3]1973 年在山西浑源毕村西汉墓中发现一个墨丸，"砚及墨丸出土于 M1 两棺之间的木匣内。木匣已朽蚀，残痕上裹有丝织物，厚度不明。内置长方形与圆形石板砚，均为青灰色页岩加工磨制。长方形石板犹满存磨痕。墨丸出土于砚的右后方，略呈半圆锥体。"[4]"1978 年 9 月在山东临沂金雀山西汉墓葬中，还出土了若干芝麻粒大小的墨丸。"[5]1975 年在湖北省江陵市的一座汉墓中，也发现有五块碎墨。出土的笔、墨、砚、牍和

[1]湖北孝感地区第二期亦工亦农文物考古训练班：《湖北云梦睡虎地十一座秦墓发掘简报》，《文物》1976 年第 6 期。

[2]黄河水库考古工作队：《河南陕县刘家渠汉墓》，《考古学报》1965 年第 1 期。

[3]齐儆：《中国的文房四宝》，商务印书馆，1998 年，第 53 页。

[4]山西省文物工作委员会、雁北行政公署文化局、大同市博物馆：《山西浑源毕村西汉木椁墓》，《文物》1986 年第 6 期。

[5]朱思红、李举纲：《中国古代文房四宝真伪鉴别》，安徽科学技术出版社，2000 年，第 38 页。

削刀等，同置于一竹笥内。墨发现时为五个碎块，色纯黑，其中一块较完整，形如瓜子，长 1.5、宽 1.1、厚 0.4 厘米[1]。2001 年在河南巩义市新华小区汉墓中发现有墨球、砚以及砚墨石。石板砚 1 件（M1∶59），长方形，青黄色页岩，板材由两面切割而成，正面黑色，中间有长期濡笔留下的墨痕，长 13.6、宽 6.7、厚 0.8 厘米。研墨石 1 件（M1∶58），方形，青黄色页岩，单面切割制成，正面黑色，有墨的残迹，边长 3.2、厚 0.4 厘米。墨球 1 件（M1∶63），圆锥形，用木料雕刻成松果状，磨光，然后烧制成炭，顶部略残，底径 4、高 4.5 厘米[2]。汉代，陕西终南山古松茂盛，又接近当时的政治、文化中心长安，因此终南山之松便成了当时"隃麋墨"的原料，这是最早至明的松烟墨。根据文献记载，在西周就开始出现松烟墨，但是考古资料显示，汉代才出土真正的松烟墨。尤其是东汉模制墨的出现，使墨有了形制。

三国时，胶已用于制墨。在造墨工艺史上，"以胶和墨"有重大意义，这样就可以把墨制成较大的块体，使用时不用借助于研杵，只需持着在砚台上研磨。陕西长安的韦诞（仲将）总结前人制墨的经验，终于制出了被人们评为"一点如漆"的好墨。这时的墨形为圆形、螺形，后又有"挺形"（即直长形），两者统称为"握子"。韦诞的合墨法是古代制墨方法与技术的理论总结，在《齐民要术》上有详细的记载："好醇烟，捣讫，以细绢筛于缸内，筛去草莽若细沙、尘埃。此物至轻微，不宜露筛，喜失飞去，不可不慎。墨烟一斤，以好胶五两浸梣皮汁中。梣，江南樊鸡木皮也，其皮入水绿色，解胶，又益黑色。可以下鸡子白，去黄五颗，更以真朱砂一两，麝香一两，别治细筛，都合调。下铁臼中，宁刚不宜泽，捣三万杵，杵多益善。合墨不得过二月、九月，温时败臭，寒则难干潼溶，见风自解碎，重不得过三二两。墨之大诀如此。宁小不大。"由此可知，墨发展到三国，已经有了圆形、螺形等形制并且墨的质量也有很大进步。《潜确类书》记载"古墨法"，为"烟细胶新，杵熟蒸匀，色不染手，光可射人"的十六字[3]，很明显是继承和发展了韦诞的经验。《晁氏墨经》曰："古用松烟、石墨二种，石墨自晋以后无闻，松烟之制尚矣。"这是说晋代以前的用墨情况。

晋代，制墨业发展起来，石墨渐渐淡出书法家的视野，使用人工墨尤其是松烟墨成了这一时期的主流。以墨相赠、以墨随葬在当时已经非常广泛。《文房四谱》上记载："陶侃献晋帝……墨二十丸，皆极精妙。"这一时期考古出土的墨也比较常见，而且质量显然要高于出土的汉代墨。搜诸考古资料，晋代出土的墨比较多，而且墨的质量有所提高。在洛阳华山路西晋墓中出土砚板 2 件，形制基本相同，长方形薄板形，表面模制光滑[4]。在山东临沂王羲之故居扩建

［1］纪南城凤凰山一六八号汉墓发掘整理组：《湖北江陵凤凰山一六八号汉墓发掘简报》，《文物》1975 年第 9 期。

［2］郑州市文物考古研究所、巩义市文物保护管理所：《河南巩义市新华小区汉墓发掘简报》，《华夏考古》2001 年第 4 期。

［3］转引自张伯元、印汉云、蔡国声：《文房四宝》，上海文化出版社，2001 年，第 46 页。

［4］洛阳市第二文物工作队：《洛阳华山路西晋墓发掘简报》，《文物》2006 年第 12 期。

工程中发掘的两座大型晋墓中出土砚 1 件，黄胎，无釉，带盖，子母口，浅盘，砚面上凸[1]。在河南巩义站街晋墓出土砚板 2 件。形制基本相同，均为长方形薄板状，表面磨制光滑[2]。在南京仙鹤观东晋墓中出土了 2 件墨，均残碎。M2：108 置漆盒中，墨质坚硬细腻，残长 3.8 厘米。M2：81，圆柱形，碎为 4 块，最大一块长 5、宽 2.1 厘米[3]。在南昌火车站发掘的东晋墓葬群中出土了墨块 1 件，黑色，扁圆条状，两端切平。一面阳刻长方框，框内隶体直书"雷寿" 2 字，框外有曲线纹。长 5.5、宽 4.1、厚 2 厘米[4]。1958 年在南京老虎山发掘的晋墓中，2 号、3 号墓中均有墨出土，经检验，2 号墓中出土石墨成分更高，3 号墓中出土的墨更接近人工墨，但是墨已经破碎[5]。1970 年在南京象山发掘的西晋墓中，5 号墓中出土黑墨一包，出在砚台西侧，已碎成小块和粉末[6]。

## 三　黄家湾滩墓群出土的墨的价值

黄家湾滩 M69 中出土的墨整体呈螺形，底面平，后端侧面平齐，由后往前及两侧渐薄，表面呈瓜棱状。表面黑腻如漆滑润，手感轻而坚致。体黑质轻，有瓜棱纹，手制。

螺在汉代可能是墨的一种单位名称，与廷相仿。从汉代开始，人工墨尤其是松烟墨进入了高速发展，尤其是东汉末年。墨模的使用，使墨有了形制，但是大部分都是丸状的，因此，墨被称为墨丸。晋代随着书画艺术的发展也发展起来，石墨逐渐消失，人工墨尤其是松烟墨的使用比较普遍。考古发掘也出土了不少墨，墨的形制大多以丸形为主，仍旧称为墨丸。如 1973 年在山西浑源毕村西汉墓中出土的就是丸状墨；1978 年 9 月在山东临沂金雀山西汉墓中出土的也是丸状墨。通过前面墨在各个历史时期的发展以及各个时期出土的实物墨可以看出，丸状墨多出现在汉代，汉代之后便有圆柱状、边缘条状、块状等其他形制的墨出现。这与三国时期，"以胶和墨"的出现有着极大的关系。"以胶和墨"的出现使墨的可塑性增大了，便出现了不同形制的墨，螺形墨也是其中的一种，螺形墨可能是沿袭墨丸的遗制。螺形墨从汉代出现，到三国时期依然存在，但是在汉代，"螺"是作为墨的单位名称出现的，而非墨的形制，并且"螺"一直是作为一种单位名称的。陆云送其兄陆机石墨为"二螺"，这里的"螺"是墨的单位名称。

螺作为墨的形制在唐代文献中有记载，唐代段公路所著《北户录》记载"南朝以墨为螺"，所以称为"螺"，可能是由于墨为螺状。但是始终没有考古发掘出土资料证明螺形墨的存在，黄家湾滩 M69 出土的这枚螺形墨年代在东汉晚期到西晋初期，为这一时期墨的螺形形制提供了可信

［1］山东省文物考古研究所、临沂市文化局：《山东临沂洗砚池晋墓》，《文物》2005 年第 7 期。

［2］郑州市文物考古研究所、巩义市文物保护管理所：《河南巩义站街晋墓》，《文物》2004 年第 11 期。

［3］南京市博物馆：《江苏南京仙鹤观东晋墓》，《文物》2001 年第 3 期。

［4］江西省文物考古研究所、南昌市博物馆：《南昌火车站东晋墓葬群发掘简报》，《文物》2001 年第 2 期。

［5］南京市文物保管委员会：《南京老虎山晋墓》，《考古》1959 年第 6 期。

［6］南京市博物馆：《南京象山 5 号、6 号、7 号墓清理简报》，《文物》1972 年第 11 期。

的实物证据。

汉代到魏晋是墨的重要发展期，尤其是魏晋时期书画业的兴盛，促进了墨的发展。晋代分为西晋和东晋，西晋都城在洛阳，东晋都城在建康，也就是现在的南京，西晋和东晋的划分是时间早晚的顺序。西晋灭亡后，晋室东渡，在建康建立东晋。通过考古资料可以看出，在晋代墓葬中，西晋墓葬多在以河南为主的北方地区，在这些西晋墓中出土砚比较多，但是很少出土墨，尤其是整块的墨；东晋墓多在以南京为主的南方地区，并且东晋墓中出土砚和墨都比较多，砚和墨成组出现的情况也比较普遍，而且有整块的墨出土。临泽黄家湾滩墓群中出土的这块螺形墨为西晋时期墨的研究提供了实物资料。

## 第六节　黄家湾滩新出西晋简册的释读

黄家湾滩 M23 中发现保存较为完好的木质简牍一批，该批简共计 27 枚，计 900 余字（见彩版三六至四四），发现时被放置于 M23 Ⅲ 号棺墓主头右侧，根据其上残留的编绳痕迹判断其原本应系以细麻绳连缀的成册简牍。这批简牍出土时已经散乱，经初步排序、标点与释读后，我们大体判断这是一份西晋晚期张掖郡临泽县地方政府对一起争讼田产的民事纠纷案件的审理记录。

### 一　文本校读

M23：31-1：

十二月四日，故郡吏孙香对："薄祐九岁丧父母，为祖母见养。年十七，祖丧亡，香单弱，嘱从兄发、金龙具（俱）偶居城西旧坞，

"薄祐"，为当时习语，或写作"薄佑"，意指缺少神明的佑助，犹不幸。东汉张奂《诫兄子书》："汝曹薄祐，早失贤父。"[1]《后汉书·和熹邓皇后纪》："薄祐不天，早离大忧。"《后汉书·清河孝王庆传》："既以薄祐，早离顾复，属遭大忧，悲怀感伤。"《后汉书·蔡琰传》："嗟薄佑兮遭世患，宗族殄兮门户单。"

"见养"，加以抚养，多出现于文言文被动句式，《华阳国志·李宓传》："李宓，字令伯，犍为武阳人也。……父早亡，母何更行，见养祖母。"《晋书·载记·刘曜传》："刘曜，字永明，元海之族子也。少孤，见养于元海。"三国魏邯郸淳《赠吴处玄诗》："见养贤侯，于今四祀。"[2]

"坞"，或如下文 6311 简所称"坞舍"，是汉末魏晋时期广泛存在的具有较强防御功能的住宅建筑形式。《后汉书·顺帝纪》："九月，令扶风、汉阳筑陇道坞三百所，置屯兵。"《后汉书·董卓传》："又筑坞于郿，高厚七丈，号曰'万岁坞'。"《后汉书·酷吏列传》："清

---

[1]（唐）欧阳询撰，汪绍楹校：《艺文类聚》卷 23《人部七·鉴诫》，上海古籍出版社，1982 年，第 422 页。

[2] 逯钦立：《先秦汉魏晋南北朝诗》，中华书局，1993 年，第 409 页。

河大姓赵纲遂于县界起坞壁，缮甲兵，为在所害。"其建筑形制于河西地区出土魏晋时期文物中多有体现，如甘肃酒泉西沟村魏晋墓 M7 前室西壁第二层第五块画像砖上即绘有一密闭的高墙深院建筑，建筑物的顶部筑有垛墩，墙上并题有"坞舍"二字[1]，《魏书·释老志》中称"敦煌地接西域，道俗交得其旧式，村坞相属，多有寺塔"。

M23：31-2：

> 以坞西田借发、金龙耩佃，发、金龙自有旧坞在城北，金龙中自还居城北，发住未去，发有旧田坞卖与同县民苏腾（？），今因名香所

此句"佃"前一字类"耩"，唯简文中左半部作"禾"旁，案《集韵》："耩，耕也，或从禾。"其音义应同"耩"，讲音，耕种义。唐长孺先生主编《吐鲁番出土文书》（67TAM364：15）所录"高昌卜善祐夏田券"等文书中亦有从"禾"从"并"的类似字形，并直接在释文中以括号旁注为"耕"，可能是从该著中类似文书互文角度得出此解[2]。

M23：31-3：

> 借田，祖母存时与买，无遗令及讬子姪券书以田与发之文。祖父母存时为香父及叔季分异，各有券书，发父兄弟分得城北田

"遗令"，临终前的告诫，嘱咐。《吕氏春秋·顺民》："先君有遗令，曰：'无攻越，越，猛虎也'。"《后汉书·崔瑗传》："寔奉遗令，遂留葬洛阳。"《后汉书·赵岐传》："赵岐有重疾，卧蓐七年，自虑奄忽，乃为遗令敕兄子曰：'大丈夫生世，遁无箕山之操，仕无伊、吕之勋，天不我与，复何言哉'！"《三国志·魏书·武帝纪》："遗令曰：'天下尚未安定，未得遵古也，葬毕，皆除服'。"

"讬"，同"托"，托付，付与。《说文》："讬，寄也。"《史记·越王勾践世家》："乃使子胥于齐，闻其讬子于鲍氏，王乃大怒。"《汉书·游侠传》："吕公以故旧穷老讬身于我，义所当奉。"

"姪"，兄弟之子女，《颜氏家训·风操篇》："兄弟之子已孤，与他人言，对孤者前，呼为兄子弟子，颇为不忍，北土人多呼为姪。"

"券书"，两汉魏晋时法律已有要求，分析家产，须留存书面记录即"券书"，并报官府备案，张家山汉简《二年律令》：（简334~336）"民欲先令相分田宅、奴婢、财物，乡部啬夫身听其令，皆参辨券书之辄上，如户籍有争者，以券书从事，毋券书，勿听，所分田宅，不为户，得有之，至八月书户，留难先令，弗为券书，罚金一两"[3]（其中的"先令"，类同于简文中的"遗令"，其实例可参看江苏仪征胥浦一零一号汉墓出土的《先令券书》[4]）。孙香之所以在诉辞开头便强

---

［1］马建华、赵吴成：《甘肃酒泉西沟村魏晋墓发掘报告》，《文物》1996 年第 7 期。

［2］唐长孺：《吐鲁番出土文书》（壹），文物出版社，1992 年，第 387 页。

［3］张家山二四七号汉墓竹简整理小组：《张家山汉墓竹简：二四七号墓》，文物出版社，2001 年，第 178 页。

［4］陈平：《仪征胥浦 101 号西汉墓〈先令券书〉初考》，《文物》1987 年第 1 期。

调提出孙发的"无券书"与自己的"有券书"，可能也正缘于此。

"叔季"，弟弟们。《白虎通义·姓名》："长幼兄弟，号曰伯仲叔季也。嫡长称伯。庶长称孟。其次称仲、叔、季。"《说文》："季，少称也。"段注："叔季皆谓少者，而季又少于叔。"唐元稹《唐故河阴留后河南元君墓志铭》："没之日，三子不侍，无一言之念，知叔季之可以教姪也。"[1]宋曾巩《蔡京起居郎制》："而尔之叔季，并直同升，其于荣遇，世罕及者。"[2]

M23：31-4：

坞二处。今自凭儿子强盛，侮香单弱，辞诬祖母，欲见侵夺，乞共发、金龙对共校尽，若不如辞，占具装二具入官，对具。

"占具装二具入官"，占，自报数目，申报，《墨子·号令》："度食不足，令民各自占家五种石斗数……匿不占，占不悉，令吏卒訾得，皆断。"《史记·平准书》："虽无市籍，各以其物自占，率缗钱二千而一算。"《悬泉汉简》：（Ⅱ0114③：54）"当占缗钱，匿不自占，【占】不以实，罚及家长戍边一岁。"[3]从文意判断，在当时案件的审理过程中，为保证陈述内容的真实有效性，往往由当事人口头承诺一定数量的财物作为标的，如果陈述不实，则将之没入官府作为惩罚。这一做法在已知存世文献中似乎存留相关记载不多，其详情如何，尚有赖学界进一步研究探索。

"共发、金龙对"此处"共"作介词，类"跟""和"，《洛阳伽蓝记·永宁寺》："荣即共穆结异姓兄弟，穆年大，荣兄事之。"

"对具"，根据简牍上下文判断，应是当时案件审理过程中当事人进行自我陈述后表"陈述完结"义的固定格式。《疏勒河流域出土汉简》中有：（简213）"弃市乐见决事与霸德安汉不所坐不同即上书对具□"[4]。《居延汉简》：（简311.19）"□以行塞令吏卒射折伤兵不以时出付折伤簿叩头死罪对具此"[5]。《吐鲁番出土文书》中所录（72TAM233：15/1）"相辞为共工乘芰与杜庄毯事"文末以"辞具"作结，应亦与之相类[6]。

M23：31-5：

十二月六日，老民孙发对：被召当与从庶弟香了所居坞田。亡父同产兄弟三人，庶叔三人共同居同籍，皆未分异，荒毁之中，俱皆亡没，唯祖母

"庶弟"，庶出之弟。《史记·吴王濞列传》："（高帝）庶弟元王王楚四十余城。"《三国志·蜀书·二主妃子传》："刘永字公寿，先主子，后主庶弟也。刘理字奉孝，亦后主庶弟也，

---

[1]（清）董浩：《全唐文》，中华书局，1983年，第6660页。

[2]陈杏珍、晁继周点校：《曾巩集》卷22《制诰》，中华书局，1984年，第357页。

[3]胡平生、张德芳：《敦煌悬泉汉简释粹》，上海古籍出版社，2001年，第11页。

[4]林梅村、李均明：《疏勒河流域出土汉简》，文物出版社，1984年，第45页。

[5]谢桂华：《居延汉简释文合校》，文物出版社，1987年，第508页。

[6]国家文物局古文献研究室等编：《吐鲁番出土文书》（第一册），文物出版社，1981年，第208页。

与永异母。"《旧五代史·周书·太祖纪三》："能，晋相维翰之庶弟也。"

"荒毁"，荒乱破毁。《魏书·李安世传》"三长既立，始返旧墟，庐井荒毁，桑榆改植。"《通典·食货二》："宋文帝元嘉七年，刘义欣为荆河刺史，镇寿阳，今寿春郡也。于时土境荒毁，百姓离散。"《宋书·礼志》："宋太祖在位长久，有意封禅。……其后索虏南寇，六州荒毁，其意乃息。"

"同产"，同母所出的兄弟，《后汉书·明帝纪》注："同母兄弟也。"《后汉书·班超传》："帝大怒，腰斩始，同产皆弃市。"

M23：31-6：

> 存在，为发等分异，弟金龙继从伯得城北坞田，发当与香

"从伯"，父亲的堂兄。《晋书·王羲之传》："（王羲之）尤善隶书，为古今之冠……深为从伯敦、导所器重。"明叶盛《水东日记》："从伯元方，见任从政郎，前严州桐庐县丞。[1]"

M23：31-7：

> 共中分城西坞田，祖母以香年小，乍（？）胜（？）田，二分，以发所得田分少，割金龙田六十亩益发，坞与香中分，临（？）薰坞各别开门，居山作坝塘，种桑榆杏棕，

"杏"后一字简文中为"棕"，同"奈"，一种果树，《字汇》："俗奈字。"

M23：31-8：

> 今皆茂盛，注列黄籍，从来卅余年。今香横见诬言，云发借田寄居，欲死诬生，造作无端。事可推校，若不如对，占人马具装入官。

"黄籍"，三国两晋南北朝时期普通民户的户籍，黄籍的形式，《太平御览》卷六○六《文部·札》引《晋令》："郡国诸户口黄籍，籍皆用一尺二寸札，已在官役者载名。"[2]在黄籍上要登记每个民户成员的名字性别、年龄和他们在家庭中的地位。家庭成员的死、逃、服役、患病等情况，在户籍上都必须注明。

"从来"，从当时至现在，1940年山西大同出土延兴二年东宫莫堤申洪墓志所附之石刻买地券，其文云："买地廿顷，官绢百疋，从来廿一年。"[3]

"推校"，推择考校。《隋书·食货志》："人间课输，虽有定分，年常征纳，平分秋色注恒多，长吏肆情，文帐出没，复无定簿，难以推校。"《唐六典·师三公尚书都省》："其天下诸州，则本司推校以授勾官，勾官审之，连署封印，附计帐使纳于都省。"《宋书·州郡志》："名号骤易，境土屡分，或一郡一县割成四五，四五之中亦有离合，千回百改，寻求推校，未易精悉。"

M23：31-9：

---

[1]（明）叶盛：《水东日记》卷8《郑氏先世回定仪状》，中华书局，1980年，第217页。

[2]（宋）李昉等撰：《太平御览》卷606《文部·札》，中华书局，1960年影印版，第2726页。

[3]鲁西奇：《甘肃灵台、陕西长武所出北魏地券考释》，《中国经济史研究》2010年第4期。

对具。到，立下重自了，里令分割。

M23：31-10：

十二月七日，民孙金龙对：被召当了庶从弟香所争田，更遭荒破，父母亡没。唯有祖母存在，分异，以金龙继养亡从伯后，得城北田，祖

"荒破"略同上文"荒毁"，荒乱破坏。

M23：31-11：

母割金龙田六十亩益发，分居以来卅余年。今香、发诤，非金龙所知。有从叔丞可问，若不如对，占人马具装入官，对具。

"诤"，通"争"，讼争。《孝经》："天子有诤臣七人。"《长沙东牌楼吴简》中有（J71001）《监临湘李永例督盗贼段何言实核大男李建与精张诤田自相和从书》[1]。

M23：31-12：

建兴元年十二月壬寅朔十一日壬子，临泽令髦移孙司马：民孙香、孙发、孙金龙兄弟共诤田财，诣官纷云，以司马为证，写

"诣官"，到官。《风俗通》："沛中有富豪，……因呼族人为遗令云：'悉以财属女，但以一剑与男，年十五以付之。'儿后大，姊不肯与剑，男乃诣官诉之。"《晋书·五行志》："后婿闻知，诣官争之，所在不能决。"《新唐书·卓行传》："阳城字亢宗，定州北平人。……闾里有争讼，不诣官而诣城决之。"汉简中亦有此用法，如《居延新简》：（E.P.T31：6）"武成隧长庆诣官受布六月癸未……"[2]《额济纳汉简》：（2000ES7SF1：613）"省卒赵宣伐财用檄到召□□诣官毋后司马都吏。"[3]

M23：31-13：

辞在右，司马是宗长，足当知尽，移达，具列香兄弟部分券书，会月十五日，须得断决，如律令。

"移"，两汉魏晋行政文书的一种，一般在平级机关间使用。《广韵·支韵》："移，官曹公府不相临教，则为移书，笺表之类也。"《后汉书·光武帝纪》："于是置僚属，作文移，从事司察，一如旧章。""书移达"，移文到达。类似习语有"移书到""写移书到""书到"等。如《居延汉简》：（简7.7A）"移书到，光以籍阅具卒兵，兵即不应籍，更实定。"[4]《悬泉汉简》：（Ⅴ92DXT1812②：120）"九月甲戌，效谷守长光、丞立，谓遮要、县泉置，写移书到，趣移车师戊己校尉以下乘传，传到会月三日，如丞相史府书律令。"[5]；（Ⅰ0210①：54）"狱

［1］王素：《长沙东牌楼汉简选释》，《文物》2005年第12期。

［2］甘肃省文物考古研究所等编：《居延新简：甲渠侯官与第四隧》，文物出版社，1990年，第83页。

［3］孙家洲：《额济纳汉简释文校本》，文物出版社，2007年，第31页。

［4］谢桂华：《居延汉简释文合校》，文物出版社，1987年，第11页。

［5］张德芳：《从悬泉汉简看两汉西域屯田及其意义》，《敦煌研究》2001年第3期。

所遝逮一牒：河平四年四月癸未朔甲辰，效谷长增谓悬泉啬夫、吏，书到，捕此牒人，毋令泄露，先阅知，得遣吏送。"

"会月十五日"，以本月十五日为指定期会日，"会某某日"，亦是两汉魏晋公文习语，如《居延新简》中有：（E.P.T6：59）"趣作治，会月十三日，课有意毋状者如律令。"[1]《居延汉简》中有：（简139.36，142.33）"……写移书到，趣作治，已成言，会月十五日，诣言府如律令……"[2]

"如律令"，按律令规定办，为汉代公文习语，《汉书·朱博传》："檄到，令丞就职，游檄王卿力有余，如律令。"《悬泉汉简》：（Ⅱ0216②：244）"三月戊戌，效谷守长建丞，谓悬泉置啬夫，写移书到，如律令。"[3]常见例还有"如诏书律令""如府书律令""如大守府书律令"等，《楼兰尼雅出土文书》：（简679）"西域长史营写鸿胪书到如书罗捕言会十一月廿日如诏书律令。"[4]《悬泉汉简》：（Ⅰ90DXT0116②：52）"三月丁丑，效谷守长江、守丞光谓遮要悬泉置啬夫，吏写移，书到，如府书律令，掾广、啬夫辅。"[5]《居延新简》：（EPT51：190A）"五月丙寅居延都尉德库守丞常乐兼行丞事谓甲渠塞候＝写移书到如大守府书律令／掾定守卒史奉亲。"[6]

M23：31-14：

> 建兴元年十二月壬寅十五日丙辰，户民孙丞敢言之，临泽迁移壬子书：民孙香、孙发讼田，丞是宗长，足知尽。香、发早各

M23：31-14至M23：31-16首尾"敢言之"为当时下级致上级文书的固定格式，敢，冒昧、惶恐，王国维："敢言之者，下白上之辞。"（《观堂集林·敦煌汉简跋五》），如张家山汉简《奏谳书》：（简68）"八年四月甲辰朔乙巳，南郡守强敢言之，上奏七牒，谒以闻，种县论，敢言之。"李学勤先生认为此做法是为限定文书主体防赘改而采用[7]。

M23：31-15：

> 自有田分。香父兄弟三人孙蒙、孙弘、孙翘，皆已亡没。今为平决，使香自继其父蒙，祖母存时命发息为弘后，无券，香所不知。

"息"，亲生子女，《史记·赵世家》："老臣贱息舒祺最少，不肖。"《三国志·魏书·诸夏侯曹传》裴注引《魏略》："时霸从妹年十三四，在本郡，出行樵采，为张飞所得。飞知其良家女，

［1］谢桂华：《居延汉简释文合校》，文物出版社，1987年，第40页。
［2］谢桂华：《居延汉简释文合校》，文物出版社，1987年，第231页。
［3］胡平生、张德芳：《敦煌悬泉汉简释粹》，上海古籍出版社，2001年，第69页。
［4］林梅村：《楼兰尼雅出土文书》，文物出版社，1985年，第86页。
［5］张德芳：《从悬泉汉简看两汉西域屯田及其意义》，《敦煌研究》2001年第3期。
［6］甘肃省文物考古研究所等：《居延新简：甲渠侯官与第四隧》，文物出版社，1990年，第187页。
［7］李学勤：《初读里耶秦简》，《文物》2003年第1期。

遂以为妻，产息女，为刘禅皇后。"唐张籍《董公诗》："汝息为我子，汝亲为我翁。"[1]《旧五代史·汉书·苏逢吉传》："有庶兄自外至，不白逢吉，便见诸子，逢吉怒，且惧他日凌弱其子息，乃密白高祖，诬以他事杖杀之。"

M23：31-16：

　　翘独无嗣，今割香、发田各卅亩及坞舍分，命亲属一人以为翘祠（嗣），平决已了，请曹理遣，敢言之。

M23：31-17：

　　户曹掾史王匡、董惠白：民孙香、孙发、孙金龙共诤田坞，相

"户曹掾史"，当为临泽县户曹任事官员，《后汉书·百官志》："县万户以上为令，不满为长。侯国为相。皆秦制也。丞各一人。尉大县二人，小县一人。本注曰：丞署文书。典知仓狱。尉主盗贼。各署诸曹掾史。"《晋书·职官志》："县大者置令，小者置长。有主簿、录事史、主记室史、门下书佐、干、游徼、议生、循行功曹史、小史、廷掾、功曹史、小史书佐干、户曹掾史干、法曹门干、金仓贼曹掾史、兵曹史、吏曹史、狱小史、狱门亭长、都亭长、贼捕掾等员。""长吏自系书言府，贼曹掾史自白请至姑幕。"《汉书·尹赏传》："乃部户曹掾史，与乡吏、亭长、里正、父老、伍人，杂举长安中轻薄少年恶子。"

"户曹掾史王匡、董惠白"，其中的"白"是当时公私文书开头所用习语，如四川凉山州昭觉县好谷乡1983年发现的东汉石表上所抄录公文的开头即为："领方右户曹史张湛白：……"[2]《吐鲁番出土文书》中此格式使用更多，如：（75TKM91：40）"兵曹掾赵茗，史翟富白：……。"[3]

M23：31-18：

　　诬冒，求问从叔丞，移丞列正。今丞移报：香、发早自有田

"移报"，移文报告。《北史·杨侃传》："承业乃云：'录事可造移报'。移曰：'彼之纂兵，想别有意，何为妄构白捺？他人有心，予忖度之，勿谓秦无人也。'遂得移，谓已觉，便散兵。"《宋史·程琳传》："夏人方围庆阳。琳曰：'彼若贪此，可缓庆州之难矣。'具礼币赐予之数移报之，果喜。"《资治通鉴·唐纪》："据应募之数，移报本道。"

M23：31-19：

　　分。香父兄弟三人，孙蒙、孙翘、孙弘皆亡没。今为平决，

M23：31-20：

　　使香自继其父蒙。祖母存时命发息为弘后，无券

[1]《全唐诗》卷383《张籍》，上海古籍出版社，1986年，第953页。

[2]凉山彝族自治州博物馆、昭觉县文管所：《四川凉山州昭觉县好谷乡发现的东汉石表》，《四川文物》2007年第5期。

[3]唐长孺：《吐鲁番出土文书》（壹），文物出版社，1992年，第73页。

M23：31-21：

    书，香不知。翘无嗣，今割香、发田各卅亩及坞舍分，命亲

M23：31-22：

    属一人为翘继。香、发占对如丞所断，为了。香、发兄弟

    "占对"，应对，对答。《后汉书·徐防传》："防体貌矜严，占对可观，显宗异之。"《梁书·傅岐传》："岐美容止，博涉能占对。"《三国志·张温传》："徵到延见，文辞占对，观者倾竦，权改容加礼。"

M23：31-23：

    不和，还相诬言，不从分理，诣官纷云，兴长讼，诉求官法。

    "分理"，处分安排。《晋书·律历志》："是校方员弃规矩，考轻重背权衡，课长短废尺寸，论是非违分理。"《皇明制书》："洪武二十一年三月十九日，户部奉'圣旨'：自古人君代天理物，建立有司，分理庶务，以安生民。"[1]

M23：31-24：

    请事诺：罚香、发鞭杖各百五十，适行事一月。听如丞，

    "请事诺"，请批准如下处理。吐鲁番出土文书中多有"事诺奉行""事诺班示""事诺注簿"等语，如：（75TKM91：42a）"兵曹掾、史杜华白：谨条次往白芳守□名在右，事诺班示，催遣奉行。校曹主簿彭"[2]。学者唐长孺、马雍、王素等认为这一公文习语源于当时上级官员审阅文书后，如无异议，需画"诺"字签押以示同意的做法[3]。《说文》："诺，应也。"《后汉书·党锢传》："汝南太守范孟博，南阳宗资主画诺。"

    "适"，当，《汉书·贾谊传》："以为是当然耳。"师古注曰："适，当也，谓事理当然。""适行事一用听如丞"意即该如何处理皆依孙丞的意见办。

M23：31-25：

    移使香、发入出田卅亩及坞舍分与继者，又金龙未相

M23：31-26：

    争，田为香所认，前已罚卅，差不坐。谨启如前……

M23：31-27：

    教诺：田钱十□，但五十鞭断□□。如□□□□不出□□□钱十□□

    "教诺"，当为当时公文习语，前揭昭觉县东汉石表亦有"主簿司马追省府君教诺"语。意

[1]（明）张卤：《皇明制书》卷9《教民榜文》，续修四库全书编纂委员会：《续修四库全书》《史部·政书类》，上海古籍出版社，2001年，第352页。

[2] 唐长孺：《吐鲁番出土文书》（壹），文物出版社，1992年，第72页。

[3] 可参见：唐长孺：《从吐鲁番出土文书中所见的高昌郡县行政制度》，《文物》1978年第6期；王素：《吐鲁番出土张氏高昌时期文物三题》，《文物》1993年第5期。

为上级的批示、命令。

## 二　文本讨论

### 1. 关于这份简册的书写时间

简册中提到的这份文书的书写时间共包括五处："十二月四日""十二月六日""十二月七日""建兴元年十二月壬寅初十一日壬子"及"建兴元年十二月壬寅十五日丙午"。历史上使用"建兴"作为年号的政权先后有蜀汉后主刘禅、东吴废帝孙亮、成汉武帝李雄、西晋愍帝司马邺、前凉、后燕世祖慕容垂、渤海国宣王大仁秀，时间相对集中。但其中蜀汉成汉占据蜀中，东吴偏安江东，后燕只据河北，渤海国宣王大仁秀远处东北，其地望均与河西无涉，而前凉从建兴五年（公元 317 年）方始沿用建兴年号。因此，这份简牍文书的写成时间应该是在西晋愍帝司马邺建兴元年（公元 313 年）十二月间。而通过查阅陈垣先生愍帝建兴元年十二月朔日干支正是壬寅，由此我们可以确认，这一简牍文书的书写时间应该正是在西晋愍帝司马邺的建兴元年（公元 313 年）的十二月间[1]。另外，根据李均明等先生的意见，简牍日期格式的繁化，在日干支前加日序，基本都是东汉以后简牍才会出现的情况，这也从一个侧面证明这批简牍写成时间的大体范围[2]。

### 2. 关于这份简册的性质与内容

通读这份简册，我们大致可以判断，这是一份西晋愍帝建兴元年十二月间张掖郡临泽县地方政府对一起"兄弟争田"民事案件的审理记录，或谓之"爰书"。其中既包含原告、被告、证人的陈述笔录，也包括临泽县县令、户曹掾史等官员对案件的处理意见，其性质与《居延新简》中的《建武三年十二月侯粟君所责寇恩事》颇为类似。

简文大意为：

建兴元年十二月四日，前郡吏孙香诉称："我不幸九岁父母去世，祖母抚养了我，十七岁那年祖母去世，我弱小无依靠，当时和从兄孙发、孙金龙一起居住在城西旧坞中。我将坞西的田地借给孙发、孙金龙耕种，孙发、孙金龙本来在城北有旧坞，孙金龙后来回到城北居住，孙发仍住在城西坞中没有离开，孙发将自己（城北的？）旧田坞卖给了同县居民苏腾，现在称我借给他耕种的城西田地，是祖母在世时为他购买，但祖母并没有遗嘱或是给子侄的券书称将城西田地分给孙发。祖母在世时替我父亲和他的弟弟们分家，都有券书存在，孙发的父亲分得城北田坞两处，现在孙发凭着子女强盛，欺侮我势力单薄无依靠，以言辞诬改祖母的意旨，想侵夺我的田地，我请求和孙发孙金龙对质，一起核清事实，如果事实和我上述陈述不一致，我愿意以一套马具和铠甲入官作为惩罚，陈述完毕。"

建兴元年十二月六日，老民孙发应诉称："我要与从庶弟孙香了结居住使用的坞田问题。

---

[1] 陈垣：《二十史朔闰表》，中华书局，1962 年，第 53 页。

[2] 李均明：《秦汉简牍文书分类辑解》，文物出版社，2009 年，第 129 页。

我父亲共有亲兄弟三人，三个人共同居住，共列户籍，都没有分家。世道荒乱之中，都去世了，只有祖母在世，给我们分家。弟弟金龙过继给从伯得到城北的坞田，我应该和孙香一起分割城西的坞田。因为孙香年纪小，刚刚胜任田间的劳作，平均分配的话，我分得的田地相对显得少了，祖母因此分割了金龙的田地六十亩给我。我与孙香中分临薰坞，各自别开门户，靠着山筑坝挖塘，种下桑榆杏楝，恰逢当时民众繁盛，我们和其他居民一起被列入黄籍，至今已经四十多年了。现在孙香凭空诬陷我，说我是借得他的田地寄居于此，这是假借死者的名义诬陷生者，无端生事，这件事情的真实情况，可以推究考校查清，如果事实和我上述陈述不一致，我愿意以一套马具和铠甲入官作为惩罚，陈述完毕。"

建兴元年十二月七日，居民孙金龙应诉称："我要了结庶从弟孙香所争田地的问题，连续遭到荒乱破毁，父母都去世了，只有祖母存在，替我们分家，因为我继养上从伯，得到城北得田地，祖母分割我的田地六十亩给孙发，分家以来已经四十多年，现在孙香、孙发争田，我不清楚内情，详情可以询问我们的从叔孙丞，如果事实和我上述陈述不一致，我愿意以一套马具和铠甲入官作为惩罚，陈述完毕。"

建兴元年十二月十一日，临泽令髦移文书给孙司马：居民孙香、孙发、孙金龙兄弟共诤田地财产，来到官府各自陈述，以司马为证写下诉辞，诉辞见文右，司马你是他们的宗长，应当知道这一事件的详情，移文到达后，详细开列孙香兄弟剖分田产的券书，到本月十五日，本案必须按律令得到判决。

建兴元年十二月十五日户民孙丞惶恐上言，应对临泽令十一日下发的文书："户民孙香、孙发讼田，我是宗长，理应知道事件详情。孙香、孙发本来各自有田地，孙香父亲兄弟三人孙蒙、孙弘、孙翘，都已去世。现在我作仲裁人，让孙香自继其父孙蒙，祖母在世时让孙发的子女作为孙弘的后人，这件事没有券书，这是孙香不知道的。唯独孙翘没有子嗣，现在划割香、发田各四十亩和坞舍给选择出的亲属一人作为孙翘的后人。仲裁人签字画押，请官府处理安排，惶恐上言。"

临泽县户曹掾史王匡、董惠写报：居民孙香、孙发、孙金龙共争田坞，互相诬冒，没有询问他们的从叔孙丞，移文要求孙丞陈述事实，现在孙丞移文来报："孙香、孙发原先各自有田地，孙香父亲兄弟三人孙蒙、孙翘、孙弘都已去世，现在我作仲裁人，让孙香自继其父孙蒙，祖母在世时让孙发的子女作为孙弘的后人，这件事没有券书，这是孙香不知道的，唯独孙翘没有子嗣，现在划割香、发田各四十亩和坞舍给选择出的亲属一人作为孙翘的后人。"孙香、孙发陈述内容和孙丞的评判一致，签字画押，孙香、孙发兄弟不和，回去后又相互诬言，不服从官府和宗长的处分安排，到官府言语纷纷，打起长久的官司，请求用官法来判决。现在请上级允许我们对此事作如下处理：罚孙香、孙发受鞭杖各一百五十下，其余的事都依照孙丞的意见办，移文使孙香、孙发每人出田地四十亩及坞舍分给孙翘的继嗣，另外，金龙没有参与争讼，田地为孙香所认，已经罚了孙香田地四十亩。

（以下漫漶，不可解。）

## 三　小结

这份简牍文书字数共计九百余，篇幅较长，几乎是完整地记录了西晋晚期一次民事经济纠纷案件的审理过程，对于两汉魏晋南北朝时期的经济史研究，具有无可替代的史料价值。

首先，有关西晋土地制度，尤其是最为重要的占田制度，存世与出土文献历来较少，高敏先生曾以"奇缺"形容之[1]。目前可供利用的反映西晋田制的典籍文献主要集中见于《晋书·食货志》与《通典·食货典》中，其余散见资料寥寥。出土文献方面，目前尚有以地券为主的若干此时期地下资料可资利用，唯地券虽脱胎于人间土地买卖契约，却亦与人间契约有不小差别，去除其迷信化与道教化成分后，在多大程度上能够反映当时土地制度的真实面貌，颇为可疑。而这份"临泽讼田简"的发现，使我们获得了一份了解西晋田制具体形式与施行情况的可靠资料。我们可以从更为细节和个案的角度对西晋占田制度进行研究与探讨。就目前来看，有关占田制度，这份简册至少已反映出以下几方面信息：

第一，西晋民间的占田，并非仅始于占田令颁布，而是早已有之。上文已经分析过，简册应该写成于愍帝建兴元年即公元313年，依简6305"从来四十余年"反推，则孙香、孙发兄弟分田应是公元273年前的事，其所分割田地更是其父祖多年前即行占有。而西晋占田令的颁布已是太康元年即公元280年以后的事情，占田令的颁布只能视作对自秦汉以来前代占田事实的确认。

第二，占田制并非国家授田，更类似于"限田"。简文中所争议的田产，明确记载是继承于其父祖，从兄弟分产至建兴元年争讼发生，占田令发布横亘其间，文中却始终未提及有任何国家授田事件的发生，如有相关授田举措，这起以田产为主要争议对象的争讼官司怎么会遗漏这样显著的一件利害相关的事实？相较而言，检视简文中出现的田亩数目，尤其是罚田八十亩为孙翘立嗣的举动，均未超出西晋占田令中一户百亩的规定，两相对比，较之认为占田是授田，可能其是"限田"之说会更让人信服。

第三，占田制下的田地，并非国有公田，而是私有田地。简文中香、发兄弟争议田产，先后经过了继承、分割、买卖、转让等诸种处置，这些过程或有券书，获官方承认和保护，或由宗族做出决定，官方予以认可，充分证明了当时田地的私有已是公开和明确的事实。

其次，简文中的若干记载，对西晋时期社会环境与相关历史事实有生动反映。

"自三国后期开始，到永嘉之乱之前，这一时期是中国人口高速增长时期。"[2]尤其是占田令颁布后的太康元年至太康三年，全国户口数从二百四十五万猛增至三百七十万[3]。推算一下

---

[1] 高敏：《魏晋南北朝社会经济史探讨》，人民出版社，1987年，第104页。
[2] 高敏：《魏晋南北朝经济史》，上海人民出版社，1996年，第91页。
[3] 《三国志》卷22《魏书·陈群传》裴松之注引《晋太康二年地记》。

时间，简文中的"会皆民盛"，反映的应该正是这一历史现象。典籍中的抽象记载，在此获得了民间视角的体验和证实。其后的"论列黄籍"，或者正是西晋民众向官方申报占田数并登入黄籍的历史记载？至少，依据这一记载，我们可以改变以往只见西晋有黄籍之名而不见其施行实践记录的印象。

对当时的家庭与居住制度，简文中也有很多相关体现。简文中几次提到"坞""坞田""坞舍"，但又显然不是典籍中记载的那种"多者不过四五千家，少者千家五百家"<sup>[1]</sup>的大型聚族而居的防御性坞堡，究竟两者根本不属同一类型，还是由于当时河西社会形势尚且安定，当地坞堡尚处于较早期阶段，并未发展成如后期那般庞大？这需要根据今后更多的考古资料进一步探究。

而从简文反映的宗族关系来看，其时宗长对宗族成员具有一定的控制权，如裁判宗族内的民事纠纷、指定宗族成员继子等，且这一权利的行使也得到了地方政府的赞同和支持，但宗族成员对族长的裁决也并未如后来般绝对服从，孙香、孙发兄弟在族长作出裁定后，就再兴诉讼，希望得到官府的最终裁判。

最后，简文反映出的一个饶有趣味的细节是当时的"占物入官"制度，公权力在行使过程中，要求执行对象做出保证，如有违约，"占人马具装入官"，以一定数量的标的物入官作为惩罚，而这种标的物又是比较特殊的武备，这应与"永嘉之乱"以来，张轨在凉州为"尊晋攘夷""保宁宇内"而采取保障军备的措施有关。

## 第七节　结语

临泽黄家湾滩墓群的发掘，为研究张掖地区历史文化增添了一份重要的资料。墓群年代从东汉晚期到前凉中期，时间跨度大，而且经历了西晋这一特殊的历史时期。墓群在历史上经受过几次破坏，很多墓被破坏严重，此次发掘中仅三座墓葬未遭盗扰，墓葬形制及随葬器物组合完整，并且都有确切的纪年材料出土，在时间上序列性强，使我们得以较全面地从时空框架中去观察认识张掖地区东汉晚期到前凉中期的墓葬文化内涵。

东汉晚期，社会矛盾达到高峰，黄巾军起义引起了全国大动乱，为了镇压黄巾军又导致地方豪强割据，这使经济遭到空前破坏。西晋初年的占田课田制，虽然使经济得到了一定的发展，但很快八王之乱爆发，中原狼烟四起，少数民族也趁机作乱，本来一直未从衰落中彻底恢复的社会经济更加凋敝，河西地区偏居一隅，相对安定，但也受到一定的影响。M23出土的田产争讼记录文书（M23:31），内容翔实，反映了当时社会生活的诸多信息，殊为珍贵。历史上，河西地区一直是少数民族的聚居地，羌、戎、月氏、乌孙、塞种、匈奴等少数民族都曾活跃在这一地区，但是这一地区自纳入西汉版图以来，主体民族是汉族，中原地区的文化影响一直得以延续并不断

[1] 转引自高敏：《北魏"宗主督护"制始行时间试探》，《广州大学学报》2002年第1期。

发展。此次发掘的这批墓葬从形制和随葬器物组合来看，是明显的汉文化墓葬，从墓葬规格看，大多数属于一般的士庶地主和下层平民。作为社会的底层，他们对社会局势的变化最敏感，受影响也最直接。因此，该墓群各个时期墓葬文化内涵的变化既是对汉晋以来河西地区以中原文化影响为主的客观反映，同时也反映出张掖地区在汉晋时期社会整体稳定，人民安居乐业的真实状况。

## 附表　墓葬登记表

（长度单位：米）

| 墓号 | 形制 | 方向 | 墓道（长×宽-深[1]） | 甬道（长×宽+高） | 墓室（长×宽+高） | 人骨 | 性别 | 葬式 | 葬具 | 随葬器物及数量 | 备注 |
|---|---|---|---|---|---|---|---|---|---|---|---|
| M1 | 洞室墓 | 160° | 8.6×（1~1.1）-6.2 | 0.64×1.2+（1~1.6） | 前室：1.3×2.46+1.96　后室：3×2.5+1.76 | 2 | 男女各1 | 均仰身直肢 | 均为木棺 | 陶盘口罐5，侈口罐8，灶1套，碟2，仓1，井1，盆1，盏1；木衣物疏1，木墓券2，墨绘梳形木片2组，木手握1组，木片1，木枕1；铜镜1，铜钗1组，铜饰片1，铜钱2组 | 有盗洞，但未被盗掘到底 |
| M2 | 洞室墓 | 180° | 10.4×1-4.2 | 0.6×1+1.2 | 单室：3×2.7+2.06 | 不详 | 不详 | 不详 | 不详 | 无 | 墓葬遭到严重破坏 |
| M3 | 洞室墓 | 109° | 8.25×（1.3~1.37）-4.4 | 0.4（残）×0.85+1.15 | 单室：3.5×2+1.5 | 不详 | 不详 | 不详 | 不详 | 无 | 墓葬遭到严重破坏 |
| M4 | 洞室墓 | 170° | 7.5×1.15+3.55 | 无 | 单室：3×1.6+1.5 | 不详 | 不详 | 不详 | 不详 | 陶盘口罐1，灯1，盏1 | 墓葬遭到严重破坏 |
| M5 | 洞室墓 | 174° | 6.25×1.1-4.6 | 0.4（残）×0.75+1 | 单室：3.2×1.75+1.5 | 不详 | 不详 | 不详 | 不详 | 无 | 墓葬遭到严重破坏 |
| M6 | 洞室墓 | 160° | 6.25×1.2-4.8 | 0.65×1.25+1.4 | 单室：4×2.5+1.8 | 不详 | 不详 | 不详 | 不详 | 陶盘1，仓1，盆1，熏炉1，盏1 | 墓葬遭到严重破坏 |
| M7 | 洞室墓 | 105° | 11.7×1.2-5 | 0.45（残）×1.7+1.4 | 单室：3.6×2.45+1.8 | 不详 | 不详 | 不详 | 不详 | 无 | 墓葬遭到严重破坏 |
| M8 | 洞室墓 | 97° | 6.6×1.25-5 | 0.6×0.8+1.2 | 单室：3×2.5+1.65 | 不详 | 不详 | 不详 | 不详 | 无 | 墓葬遭到严重破坏 |
| M9 | 洞室墓 | 55° | 9.1×1.2-5.1 | 0.45×1.1+0.9 | 单室：3.9×2+1.8 | 2 | 男女各1 | 均仰身直肢 | 均为木棺 | 陶侈口罐7，罐1，钵4，井1，盆2，盏1；泥井1；木人俑1，木马1，木牛2，木车1，木耳杯1，木勺1，木手握2组，木镇2，墨绘梳形木片2件(组)，木衣物疏1；苇席1 | 有盗洞，但未被盗掘到底 |

[1]　"长、宽"指墓道开口的长、宽尺寸，"深"指墓道底部距地表尺寸。

续附表

| 墓号 | 形制 | 方向 | 墓道（长 × 宽 – 深） | 甬道（长 × 宽 + 高） | 墓室（长 × 宽 + 高） | 人骨 | 性别 | 葬式 | 葬具 | 随葬器物及数量 | 备注 |
|---|---|---|---|---|---|---|---|---|---|---|---|
| M10 | 洞室墓 | 63° | 12 × 0.9–5.2 | 破坏 | 单室：3.5 × 2 +1.63 | 不详 | 不详 | 不详 | 不详 | 无 | 墓葬遭到严重破坏 |
| M11 | 洞室墓 | 52° | 12.5 × 0.9–5.7 | 0.35（残）× 0.9 +1.5 | 单室：3.75 × 1.63 +1.75 | 不详 | 不详 | 不详 | 不详 | 无 | 墓葬遭到严重破坏 |
| M12 | 洞室墓 | 67° | 8.3 × 0.95–3.7 | 无 | 单室：3.5 × 2 +1.5 | 不详 | 不详 | 不详 | 不详 | 无 | 墓葬遭到严重破坏 |
| M13 | 洞室墓 | 62° | 4.2 × 1.1–3.25 | 0.35（残）× 1.1 +1.25 | 单室：3 × 1.6 +1.25 | 不详 | 不详 | 不详 | 不详 | 无 | 墓葬遭到严重破坏 |
| M14 | 洞室墓 | 69° | 7.5 × 0.9–3.5 | 无 | 单室：3 × 1.5 +1.5 | 不详 | 不详 | 不详 | 不详 | 无 | 墓葬遭到严重破坏 |
| M15 | 洞室墓 | 61° | 9.1 × 1.2–4.6 | 0.45 × 1.4 +1.6 | 单室：3.5 × 2 +2.05 | 不详 | 不详 | 不详 | 不详 | 无 | 墓葬遭到严重破坏 |
| M16 | 洞室墓 | 56° | 9.05 × 0.8–4.5 | 0.45 × 1.28 +1.3 | 单室：3.5 × 2.1 +1.55 | 不详 | 不详 | 不详 | 不详 | 无 | 墓葬遭到严重破坏 |
| M17 | 洞室墓 | 79° | 9 × 1–3 | 0.35（残）× 1 +1.1 | 单室：2.75 × 1.5 +1.8 | 不详 | 不详 | 不详 | 不详 | 无 | 墓葬遭到严重破坏 |
| M18 | 洞室墓 | 79° | 9 × 0.9–2.7 | 0.3（残）× 0.9 +0.9 | 单室：3 × 1.5 +1.4 | 不详 | 不详 | 不详 | 不详 | 无 | 墓葬遭到严重破坏 |
| M19 | 洞室墓 | 87° | 12 × 0.95–7.5 | 0.4（残）× 0.8 +0.9 | 单室：4.65 × 2.4 +1.9 | 不详 | 不详 | 不详 | 不详 | 无 | 墓葬遭到严重破坏 |
| M20 | 洞室墓 | 55° | 10 × 0.85–3.75 | 无 | 单室：3.5 × 1.8 +1.65 | 不详 | 不详 | 不详 | 不详 | 无 | 墓葬遭到严重破坏 |
| M21 | 洞室墓 | 73° | 8.1 × 1.35–3.7 | 无 | 单室：3.1 × 2.9 +2 | 不详 | 不详 | 不详 | 不详 | 无 | 墓葬遭到严重破坏 |
| M22 | 洞室墓 | 55° | 8.35 × 1–3.1 | 无 | 单室：3.5 ×（1.6~1.8）+1.9 | 不详 | 不详 | 不详 | 不详 | 无 | 墓葬遭到严重破坏 |

**续附表**

| 墓号 | 形制 | 方向 | 墓道（长×宽-深） | 甬道（长×宽+高） | 墓室（长×宽+高） | 人骨 | 性别 | 葬式 | 葬具 | 随葬器物及数量 | 备注 |
|------|------|------|------|------|------|------|------|------|------|------|------|
| M23 | 洞室墓 | 85° | 12×1.2-5.5 | 0.3×1+1.1 | 前室：2.5×2.4+1.8 后室：3.3×1.9+1.7 | 3 | 男1、女2 | 均为仰身直肢 | 均为木棺 | 陶侈口罐8，钵2；木人俑3，木马2，木牛车1，木耳杯1，木盘1，木勺1，木簪1，木枕1，木器（绳扣？）1，墨绘梳形木片2组，木墓券1，木衣物疏2，木名刺1组，木简1组；铜镜1，铜钗3，铜饰件1，铜钱2组 | 有盗洞，但未被盗掘到底 |
| M24 | 洞室墓 | 58° | 4.4×1.2-5.5 | 0.6×1.2+1.15 | 单室：3.1×2.1+1.5 | 不详 | 不详 | 不详 | 不详 | 无 | 墓葬遭到严重破坏 |
| M25 | 洞室墓 | 130° | 5×1.2-4.6 | 0.4×0.9+1 | 单室：2.9×1.8+1.2 | 不详 | 不详 | 不详 | 不详 | 陶仓（残）1 | 墓葬遭到严重破坏 |
| M26 | 洞室墓 | 153° | 8.7×1.1-4.6 | 0.5×0.8+1.3 | 单室：2.65×2+1.8 | 不详 | 不详 | 不详 | 不详 | 无 | 墓葬遭到严重破坏 |
| M27 | 洞室墓 | 175° | 10.95×1.05-4.5 | 无 | 单室：3×1.9+1.45 | 不详 | 不详 | 不详 | 不详 | 无 | 墓葬遭到严重破坏 |
| M28 | 洞室墓 | 142° | 12×1.2-6.3 | 0.5×1.4+1.6 | 单室：3.75×2.1+1.9 | 不详 | 不详 | 不详 | 不详 | 无 | 墓葬遭到严重破坏 |
| M29 | 洞室墓 | 170° | 10.15×0.8-4 | 0.35×0.75+0.82 | 单室：3.1×1.5+1.2 | 不详 | 不详 | 不详 | 不详 | 无 | 墓葬遭到严重破坏 |
| M30 | 洞室墓 | 155° | 12.7×0.9+5.3 | 无 | 单室：3×1.6+2 | 不详 | 不详 | 不详 | 不详 | 无 | 墓葬遭到严重破坏 |
| M31 | 洞室墓 | 150° | 12.5×0.75-3.5 | 无 | 单室：3×1.6+1.25 | 不详 | 不详 | 不详 | 不详 | 无 | 墓葬遭到严重破坏 |
| M32 | 洞室墓 | 170° | 6×0.8-2.6 | 0.4×1+1.4 | 单室：3.1×1.8+1.6 | 不详 | 不详 | 不详 | 不详 | 无 | 墓葬遭到严重破坏 |
| M33 | 洞室墓 | 170° | 5.65×0.8-2.5 | 无 | 单室：3×1.7+1.7 | 不详 | 不详 | 不详 | 不详 | 无 | 墓葬遭到严重破坏 |

**续附表**

| 墓号 | 形制 | 方向 | 墓道（长×宽－深） | 甬道（长×宽＋高） | 墓室（长×宽＋高） | 人骨 | 性别 | 葬式 | 葬具 | 随葬器物及数量 | 备注 |
|---|---|---|---|---|---|---|---|---|---|---|---|
| M34 | 洞室墓 | 170° | 9.5×0.75－3.3 | 0.55×0.8＋1.5 | 单室：3.35×1.55＋1.5 | 不详 | 不详 | 不详 | 不详 | 陶盘口罐（残）1 | 墓葬遭到严重破坏 |
| M35 | 洞室墓 | 165° | 11.5×1.1－4.5 | 无 | 单室：3.8×2＋1.3 | 不详 | 不详 | 不详 | 不详 | 无 | 墓葬遭到严重破坏 |
| M36 | 洞室墓 | 170° | 8×0.8－2.5 | 无 | 单室：3×1.6＋1.5 | 不详 | 不详 | 不详 | 不详 | 无 | 墓葬遭到严重破坏 |
| M37 | 洞室墓 | 172° | 8×0.8－3 | 无 | 单室：2.5×1.6＋1.45 | 不详 | 不详 | 不详 | 不详 | 无 | 墓葬遭到严重破坏 |
| M38 | 洞室墓 | 173° | 8×0.8－3 | 无 | 单室：3×1.6＋1.5 | 不详 | 不详 | 不详 | 不详 | 无 | 墓葬遭到严重破坏 |
| M39 | 洞室墓 | 80° | 10.5×0.8－5 | 无 | 单室：3×1.5＋1.7 | 不详 | 不详 | 不详 | 不详 | 无 | 墓葬遭到严重破坏 |
| M40 | 洞室墓 | 170° | 10.6×0.8－2.8 | 无 | 单室：2.5×1.6＋1.4 | 不详 | 不详 | 不详 | 不详 | 无 | 墓葬遭到严重破坏 |
| M41 | 洞室墓 | 170° | 10.8×0.9－3.8 | 0.5×0.9＋1.2 | 单室：3.9×2＋1.6 | 不详 | 不详 | 不详 | 不详 | 陶侈口罐1 | 墓葬遭到严重破坏 |
| M42 | 洞室墓 | 163° | 8.6×1.1－5.5 | 0.3×0.8＋1.35 | 单室：3.75×1.75＋1.5 | 不详 | 不详 | 不详 | 不详 | 无 | 墓葬遭到严重破坏 |
| M43 | 洞室墓 | 180° | 13.1×0.9－7 | 0.5×0.9＋1.3 | 单室：2.9×2＋1.5 | 不详 | 不详 | 不详 | 不详 | 无 | 墓葬遭到严重破坏 |
| M44 | 洞室墓 | 175° | 9.3×1.2－5 | 0.4×1＋1.4 | 单室：3.55×2.3＋1.7 | 不详 | 不详 | 不详 | 不详 | 无 | 墓葬遭到严重破坏 |
| M45 | 洞室墓 | 180° | 6.6×1.1－3.8 | 0.4×0.9＋1.2 | 单室：3×2＋1.8 | 不详 | 不详 | 不详 | 不详 | 陶盘口罐1，灶1，釜1，小盆1，钵1，碟2，井2，耳杯1 | 墓葬遭到严重破坏 |
| M46 | 洞室墓 | 75° | 12.7×0.8－5 | 0.3×0.8＋1.2 | 单室：3×1.5＋（1.2~1.5） | 不详 | 不详 | 不详 | 不详 | 陶灶1，仓1 | 墓葬遭到严重破坏 |
| M47 | 洞室墓 | 70° | 12.5×0.8－6.6 | 0.3×0.8＋1.25 | 单室：4×1.75＋1.7 | 不详 | 不详 | 不详 | 不详 | 无 | 墓葬遭到严重破坏 |

续附表

| 墓号 | 形制 | 方向 | 墓道（长×宽-深） | 甬道（长×宽+高） | 墓室（长×宽+高） | 人骨 | 性别 | 葬式 | 葬具 | 随葬器物及数量 | 备注 |
|------|------|------|------|------|------|------|------|------|------|------|------|
| M48 | 洞室墓 | 70° | 12.3×0.8-6.5 | 0.5×0.8+1.3 | 单室：3.8×1.6+1.65 | 不详 | 不详 | 不详 | 不详 | 无 | 墓葬遭到严重破坏 |
| M49 | 洞室墓 | 170° | 12.7×1-5 | 0.3×0.9+0.9 | 单室：2.5×2+1.7 | 不详 | 不详 | 不详 | 不详 | 无 | 墓葬遭到严重破坏 |
| M50 | 洞室墓 | 160° | 12.75×0.8-5 | 0.3×0.8+1.3 | 单室：3×1.9+1.5 | 不详 | 不详 | 不详 | 不详 | 无 | 墓葬遭到严重破坏 |
| M51 | 洞室墓 | 176° | 12×0.9-4.5 | 0.3×0.9+1.2 | 单室：4×1.9+1.5 | 不详 | 不详 | 不详 | 不详 | 无 | 墓葬遭到严重破坏 |
| M52 | 洞室墓 | 165° | 0.8（残）×0.55-3.9 | 无 | 单室：2.35×1.45+1.25（残） | 不详 | 不详 | | 不详 | 陶侈口罐2，罐1，仓1，盏1；铜镜1，铜簪1，弩机1 | 墓葬遭到严重破坏 |
| M53 | 洞室墓 | 0° | 3.5×1.1-2.4 | 0.4×0.9+1.1 | 单室：2.9×1.6+1.4 | 不详 | 不详 | 不详 | 不详 | 无 | 墓葬遭到严重破坏 |
| M54 | 洞室墓 | 180° | 11.15×0.8-4.5 | 0.3×0.8+0.9 | 单室：3.9×1.9+1.65 | 不详 | 不详 | 不详 | 不详 | 无 | 墓葬遭到严重破坏 |
| M55 | 洞室墓 | 200° | 6.5×1.1-3.6 | 0.5×0.8+1.2 | 单室：3.6×1.9+1.85 | 不详 | 不详 | 不详 | 不详 | 无 | 墓葬遭到严重破坏 |
| M56 | 洞室墓 | 60° | 8.2×1.25-3.6 | 0.6×0.85+1.2 | 单室：3.8×2+1.8 | 不详 | 不详 | 不详 | 不详 | 陶侈口罐1 | 墓葬遭到严重破坏 |
| M57 | 洞室墓 | 67° | 8.9×0.8-3 | 0.6×0.9+1.65 | 单室：3.7×1.5+1.7 | 1 | 不详 | 不详 | 不详 | 无 | 墓葬遭到严重破坏 |
| M58 | 洞室墓 | 60° | 8.7×0.9-3.7 | 0.3×0.85+0.75 | 单室：3.7×1.5+1.5 | 不详 | 不详 | 不详 | 不详 | 无 | 墓葬遭到严重破坏 |
| M59 | 洞室墓 | 60° | 8.7×1.2-4.7 | 0.35×0.9+1.2 | 单室：3.75×2+1.7 | 不详 | 不详 | 不详 | 不详 | 无 | 墓葬遭到严重破坏 |
| M60 | 洞室墓 | 334° | 8×1.1-4.75 | 0.4×0.8+1.2 | 单室：3.85×1.95+1.8 | 不详 | 不详 | 不详 | 不详 | 无 | 墓葬遭到严重破坏 |
| M61 | 洞室墓 | 61° | 9.2×1.1-6 | 0.4×0.9+1.2 | 单室：3.9×1.8+1.75 | 不详 | 不详 | 不详 | 不详 | 无 | 墓葬遭到严重破坏 |

续附表

| 墓号 | 形制 | 方向 | 墓道（长×宽-深） | 甬道（长×宽+高） | 墓室（长×宽+高） | 人骨 | 性别 | 葬式 | 葬具 | 随葬器物及数量 | 备注 |
|---|---|---|---|---|---|---|---|---|---|---|---|
| M62 | 洞室墓 | 53° | 8×1-3.7 | 无 | 单室：3×2+1.7 | 不详 | 不详 | 不详 | 不详 | 无 | 墓葬遭到严重破坏 |
| M63 | 洞室墓 | 65° | 12.1×1.1-5 | 无 | 单室：3.5×1.6+1.6 | 不详 | 不详 | 不详 | 不详 | 无 | 墓葬遭到严重破坏 |
| M64 | 洞室墓 | 150° | 7×0.85-2.9 | 无 | 单室：3×1.3+1.4 | 不详 | 不详 | 不详 | 不详 | 无 | 墓葬遭到严重破坏 |
| M65 | 洞室墓 | 157° | 7×0.85-3.35 | 无 | 单室：3×1.4+1.6 | 不详 | 不详 | 不详 | 不详 | 陶双耳罐 | 墓葬遭到严重破坏 |
| M66 | 洞室墓 | 163° | 7×0.85-3 | 无 | 单室：2.5×1.3+1.3 | 不详 | 不详 | 不详 | 不详 | 无 | 墓葬遭到严重破坏 |
| M67 | 洞室墓 | 168° | 7.5×0.95-3.2 | 无 | 单室：3.2×1.4+1.5 | 不详 | 不详 | 不详 | 不详 | 陶侈口罐1 | 墓葬遭到严重破坏 |
| M68 | 洞室墓 | 162° | 6.9×0.95-3.35 | 无 | 单室：3×1.1+1.6 | 不详 | 不详 | 不详 | 不详 | 无 | 墓葬遭到严重破坏 |
| M69 | 砖室墓 | 70° | 7.3×0.7-3.7 | 0.42×0.7+0.45（残） | 前室：0.66×1.6+0.45（残）后室：2.54×1.2+0.35（残） | 2 | 男女各1 | 均仰身直肢 | 木棺 | 陶壶3，盘口罐7，侈口罐2，小口折肩罐2，罐1，灶1套，灯1，钵2，仓1，耳杯1组，盘1，盆1，熏炉1，盏1；木人俑2，木牛车1，木刀1，木衣物疏1，墨绘人形木片2件（组），墨绘梳形木片1组，木枕1，木手握1组，木板1；铜镜2，铜环1组，铜钗1，铜钱2件（组）；石墨1 | 墓葬遭到破坏，单室随葬器物组合相对较完整。人骨架较完整 |
| M70 | 洞室墓 | 71° | 7×0.85-3.25 | 无 | 单室：2.3×1.7+1.35 | 不详 | 不详 | 不详 | 不详 | 无 | 墓葬遭到严重破坏 |
| M71 | 洞室墓 | 85° | 7×0.9-2.3 | 无 | 单室：3×1.6+1.3 | 不详 | 不详 | 不详 | 不详 | 无 | 墓葬遭到严重破坏 |

续附表

| 墓号 | 形制 | 方向 | 墓道（长 × 宽 – 深） | 甬道（长 × 宽 + 高） | 墓室（长 × 宽 + 高） | 人骨 | 性别 | 葬式 | 葬具 | 随葬器物及数量 | 备注 |
|---|---|---|---|---|---|---|---|---|---|---|---|
| M72 | 洞室墓 | 75° | 6 × 0.8–2.6 | 无 | 单室：2.6 × 1.5 +1.35 | 不详 | 不详 | 不详 | 不详 | 无 | 墓葬遭到严重破坏 |
| M73 | 洞室墓 | 83° | 7 × 0.9–3.25 | 无 | 单室：3.4 × 1.8 +1.45 | 不详 | 不详 | 不详 | 不详 | 无 | 墓葬遭到严重破坏 |
| M74 | 洞室墓 | 86° | 8.8 × 0.8–3 | 0.3 × 0.9–1.1 | 单室：2.75 × 1.9 +1.5 | 不详 | 不详 | 不详 | 不详 | 无 | 墓葬遭到严重破坏 |
| M75 | 洞室墓 | 86° | 8.5 × 0.9–3 | 无 | 单室：3 × 1.8 +1.5 | 不详 | 不详 | 不详 | 不详 | 无 | 墓葬遭到严重破坏 |
| M76 | 洞室墓 | 87° | 5.85 × 0.9–2.75 | 无 | 单室：3.55 × 1.9 +1.35 | 不详 | 不详 | 不详 | 不详 | 无 | 墓葬遭到严重破坏 |
| M77 | 洞室墓 | 80° | 7 × 0.95–2.8 | 无 | 单室：2.35 × 1.25 +1.55 | 不详 | 不详 | 不详 | 不详 | 无 | 墓葬遭到严重破坏 |
| M78 | 洞室墓 | 75° | 8.6 × 1–3.8 | 无 | 单室：3.3 × 1.9 +0.55（残） | 不详 | 不详 | 不详 | 不详 | 墨绘人形木片 1，墨绘梳形木片 1 组；铜钱 1 组 | 墓葬遭到严重破坏 |
| M79 | 洞室墓 | 86° | 8.5 × 0.9–4.5 | 无 | 破坏严重，不详 | 不详 | 不详 | 不详 | 不详 | 陶盘口罐 3，灶 1 套，盘 3，仓 1；墨绘人形木片 1 组，墨绘梳形木片 1 组，木手握 1 组，木车毂 1 组 | 墓葬遭到严重破坏 |
| M80 | 洞室墓 | 80° | 10.5 × 1–5.1 | 无 | 单室：3 × 2 +1.65 | 不详 | 不详 | 不详 | 不详 | 无 | 墓葬遭到严重破坏 |
| M81 | 砖室墓 | 75° | 7.2 × 1.2–2.55 | 无 | 单室：3.2 × 1.9（残）+0.48（残高） | 不详 | 不详 | 不详 | 不详 | 铜顶针 1 | 墓葬遭到严重破坏 |
| M82 | 洞室墓 | 265° | 7.3 × 1–4 | 无 | 单室：2.8 × 1.7 +1.6 | 不详 | 不详 | 不详 | 不详 | 无 | 墓葬遭到严重破坏 |

**续附表**

| 墓号 | 形制 | 方向 | 墓道（长×宽−深） | 甬道（长×宽+高） | 墓室（长×宽+高） | 人骨 | 性别 | 葬式 | 葬具 | 随葬器物及数量 | 备注 |
|---|---|---|---|---|---|---|---|---|---|---|---|
| M83 | 洞室墓 | 62° | 7.5×0.9−3.4 | 无 | 单室：3.1×1.1+1.1 | 2 | 男女各1 | 均仰身直肢 | 不详 | 陶壶3，盘口罐4，侈口罐2，小口折肩罐1，罐1，灶1套，灯1，钵1，碟1，仓1，井1，盘1，耳杯1组，盆1，熏炉1；木马1，木牛1，残木车舆侧板1 | 墓葬遭到破坏 |
| M84 | 洞室墓 | 60° | 8.24×0.75−3.8 | | 单室：2.75×（0.8~1.28）+2.88 | 1 | 女1 | 仰身直肢 | 木棺 | 陶鼎2，灶1套，灯1，碟1，盘1，耳杯1组，盆1，熏炉1；钺形木器1；铜削1 | 墓葬遭到破坏 |
| M85 | 洞室墓 | 130° | 9×1−4.2 | 无 | 单室：4×2+1.55 | 不详 | 不详 | 不详 | 不详 | 陶甄1，小盆1，仓盖1，井1，盏1 | 墓葬遭到严重破坏 |
| M86 | 洞室墓 | 115° | 8.7×1−3.1 | 无 | 单室：4×（2.3~2.5）+1.7 | 不详 | 不详 | 不详 | 不详 | 陶盘口罐1，侈口罐1，甄1，盆1；铜环1组，弩机1，铜钱1组 | 墓葬遭到严重破坏 |
| M87 | 洞室墓 | 140° | 6×0.9−3.65 | 无 | 单室：3×3+2.1 | 不详 | 不详 | 不详 | 不详 | 无 | 墓葬遭到严重破坏 |
| M88 | 洞室墓 | 65° | 8×1−3.9 | 0.75×0.9+1 | 前室：1.3×1.8+1.8 后室：2.5×2+1.3 | 不详 | 不详 | 不详 | 不详 | 陶壶座（残）1，盘口罐2，灯1，钵1，盘2，井1，耳杯1 | 墓葬遭到严重破坏 |
| M89 | 洞室墓 | 65° | 9.7×0.95−4.5 | 0.7×0.9+1.35（残高） | 前室：1.75×2.4+2.3 后室：2.85×2.1+1.5 | 不详 | 不详 | 不详 | 不详 | 陶灶1，仓1 | 墓葬遭到严重破坏 |
| M90 | 洞室墓 | 163° | 9×1−5 | 无 | 单室：3.5×2+2 | 不详 | 不详 | 不详 | 不详 | 无 | 墓葬遭到严重破坏 |

# 后　记

　　本次考古发掘领队为王辉、汤惠生，参加发掘的工作人员有叶康宁、杨国誉、马海真、宋清、杨瑞、杨智毅、任岁芳。杨瑞和任岁芳承担现场绘图，宋清摄影。发掘过程中得到了张掖市文化局、临泽县博物馆和中铁十四局相关领导大力支持和协助，在此表示衷心的感谢！

　　该批墓葬资料的整理及报告撰写最初由时任甘肃省文物考古研究所所长的王辉研究员和南京师范大学汤惠生教授主持。汤惠生教授及其研究生杨国誉、马海真等承担了墓葬资料的初期整理和研究工作，其中杨国誉对 M23 出土木简进行了释读，并发表了《"田产争讼爰书"所展示的汉晋经济研究新视角——甘肃临泽县新出西晋简册释读与初探》（《中国经济史研究》2012 年第 1期）一文，马海真于 2012 年根据这批资料以《临泽县黄家湾滩墓群发掘与分期研究》为题完成了她的硕士研究生毕业论文。2014 年年底汤惠生教授提交了除 M65 以外的 23 座有出土器物墓葬的报告初稿，但不包括一些木器资料（如木简、衣物疏等）。王辉所长在统稿时发现存在部分墓葬资料缺失、文字和线图方面的谬误、器物照不合规范以及墓葬分期研究中的一些问题，并交由刘兵兵负责补充和校改。根据王辉所长的要求，刘兵兵对提交的 23 座墓葬的文字及线图、照片等基础资料进行了逐一校改，并与参与整理这批资料的马海真（现就职于山东省滨州市博物馆）联系，由她提供了一些木器——特别是木牍（衣物疏、墓券、名刺）的照片及部分释文。至此，这 23 座墓葬资料基本齐全，但其中涉及补充其他墓葬资料及校改中发现一些器物数量记录不清、尺寸图文不符等问题，还需要对发掘原始记录以及相对应的实物进行逐一核对。但这批墓葬出土器物中陶器、铜器暂存在临泽县博物馆，一部分木器存放在甘肃省文物考古研究所，木简、墓券等已划拨新成立的甘肃简牍博物馆（原甘肃省文物考古研究所简牍研究中心）。整理核对这批墓葬资料期间，甘肃省文物考古研究所与新成立的甘肃简牍博物馆正进行人员分流调整及文物和档案资料的划拨交接工作，临泽县博物馆则在开展新、旧馆交替及文物的整体搬迁等工作，提取文物档案资料及逐一核对实物存在实际困难。2015 年 4 月之后，刘兵兵先后参加了阳关遗址考古调查、洮河流域考古调查、张家川马家塬战国墓地的年度考古发掘及相关资料的整理工作，期间陆续完成了黄家湾滩墓葬形制、器物类型、简牍文字的补充释读和核校及墓葬分期研究等工作，但对照实物进行图文核校、器物拍照等工作因各种原因基本无进展，报告出版工作一度搁置。

　　2018 年年底，在甘肃省文物局的督促下，甘肃省文物考古研究所统计了近二十年来基建考古和主动性考古发掘项目积压的简报、报告，经陈国科所长逐项研究分析，确认各项简报、报告责任人，并列入出版计划表，《临泽黄家湾滩汉晋墓发掘报告》在列。当时确定由陈国科组织实施该报告的总体出版工作，制定出版计划和报告体例，并负责审核；刘兵兵负责报告具体内容的补充撰写、统稿等工作。2019 年 5 月，甘肃省文物考古研究所在清查文物库房及文物档案资料时，发现了由南京师范大学移交的关于该墓群发掘的全部 90 座墓葬的纸质文档资料，同年 8 月，马海真提供了之前 23 座墓葬的发掘记录电子文档及部分墓葬发掘的现场照片、器物照片等。按照报告出版计划和要求，陈国科组织人员对该批墓葬资料进行了重新梳理，其中刘兵兵、张奋强根据发掘记录，对之前的 23 座墓葬及出土随葬品部分内容进行了补充，并完成了其余 67 座墓葬报告资料的撰写，补充增加了墓葬登记表。康禹潇、赵亚君根据出版要求，对墓葬及出土器物等全部线图重新进行了描绘。2021 年 8 月，刘兵兵负责完成各处存放文物的实物核对与图文核校工作，并委托陕西十月文物保护有限公司刘龙飞、左超对约 120 件陶器、铜器文物进行了拍摄。在后期进行报告校改期间，临泽县博物馆南振亚馆长负责补拍了约 40 件器物的照片并整理编辑了相关器物的信息。

　　该墓群的发掘及报告的整理工作由甘肃省文物考古研究所和南京师范大学共同完成，为集体合作研究的成果，为循名责实，各章编写情况如下：第一章第一、二节由汤惠生、马海真完成，第三节由刘兵兵完成；第二章由刘兵兵、马海真、张奋强、汤惠生共同完成；第三、四章由刘兵兵完成，第五章第六节《黄家湾滩新出西晋简册的释读》由杨国誉执笔，其余由马海真、汤惠生执笔。最后由刘兵兵统稿、校改，陈国科审核。本书字数合计约 49 万字，其中刘兵兵、马海真各完成约 19.5 万字，汤惠生、张奋强各完成约 4 万字，杨国誉完成约 2 万字。英文提要由中国人民大学历史学院考古文博系博士生邱四平翻译。

　　需要特别说明的是，在临泽县博物馆进行器物核对及拍照期间，得到了该馆前馆长杨夫年及资料管理部陈小峰主任、文物库房管理张金玲女士的帮助，在此表示衷心的感谢！此外，报告中部分衣物疏、墓券文字的释读，得到了甘肃省文物考古研究所张俊民研究员的帮助，沙琛乔亦参与了临泽县博物馆存放陶器、铜器文物的拍照和照片资料整理工作，一并感谢！文物出版社编辑专业而细致的工作，使报告避免了许多纰漏和不足，特此致谢。

# Abstract

The Huangjiawantan cemetery locates at the Gobi Desert area among the Xizhai and Gonghe Villages of Shahe Town and Huangjiawan Village of Nijiaying Town of Linze County, Zhangye City, Gansu Province. It covers an area of approximately 0.6 million m², stretching about 3000m from east to west, and about 200m from north to south. It is a Historical and Cultural Site Protected at the County Level. From June to August 2010, in order to cooperate with the construction of the Lanzhou-Xinjiang high-speed railway, one of the key projects of the Western Development, the Gansu Provincial Institute of Cultural Relics and Archaeology and Nanjing Normal University conducted a rescue excavation of the Huangjiawantan cemetery, and unearthed 90 tombs and 216 pieces (groups) of various burial objects. The tombs are dating mainly from the late Eastern Han Dynasty to the middle Former Liang period.

Tombs in the cemetery are often sealed with tumuli, which mound-shaped or rectangular tumulus places above the tomb chamber, and long ridge tumulus covers the tomb passage. Most tombs are clan burials, organized in groups of two to five ones, distributed side by side in neatly rows or obliquely dislocated rows, with basically the same direction. Most tombs have been looted and severely damaged, and looted holes are frequently observed in the tumuli. The shapes of the tomb chambers are relatively simple. Most tombs are catacombs with a sloped passage directly dug underground, and very few are brick chamber tombs. Most tombs have only one chamber, and some have two chambers. The shapes and sets of some burial objects from the tomb complex are similar to the tombs during the same period in other areas of the Hexi Corridor and even the Central Plains. Thus, the tombs could be confirmed that they are the Han Culture tombs. However, those wooden artifacts including human and animal figurines, tomb inscriptions, buried clothing lists, *mingci* (a bamboo/wooden slip similar like a name card), black-ink painted comb- or human-shaped wooden chips, coffin panel paintings, drilled pottery, and stamped bricks excavated from the tombs are different from those in other regions, demonstrating distinct local characteristics. Those burial objects are also relevant to the funerary rites and customs which are closely related to Taoism and Shamanism, as important resources for researching the development and spread of religious cultures in Zhangye area and even the Hexi Corridor region. In addition, a set of official trial records written in 27 wooden slips and more than 900 black characters are unearthed from M23. These records document a farmland dispute between brothers happened in the twelfth lunar month of the First Year of Jianxi (313CE). It provides a crucial document on studying the land systems of the Western Jin Dynasty, the legal practice that someone would be confiscated the objectives once swore if she/he breaks the oath of telling truth in litigation, the clan relations and family residential patterns in the Hexi Corridor region during that period.

1. 墓门

2. 后室双棺

3. Ⅰ号棺

4. Ⅰ号棺盖板内侧伏羲女娲图

M1形制及葬具

1. M1：2

2. M1：9

3. M1：11

4. M1：13

5. M1：14

6. M1：1

M1出土陶罐

1. M1：5

2. M1：6

3. M1：3

4. M1：3朱书字体

5. M1：7

6. M1：8

**M1出土陶罐**

1. 罐（M1：10）

4. 灶（带釜、甑及小盆）（M1：4）

2. 罐（M1：12）

5. 灶（M1：4-1）

3. 罐（M1：12）上的穿孔

6. 甑（M1：4-2）

M1出土陶器

1. 小盆（M1：4-4）

2. 仓（M1：15）

3. 碟（M1：19）

4. 碟（M1：18）

5. 井（M1：22）

6. 盆（M1：21）

7. 盏（M1：20）

**M1出土陶器**

1. M1：23正面

2. M1：23背面

M1出土木衣物疏

1. 正面局部

2. 正面局部

3. 正面局部

M1出土木衣物疏（M1：23）

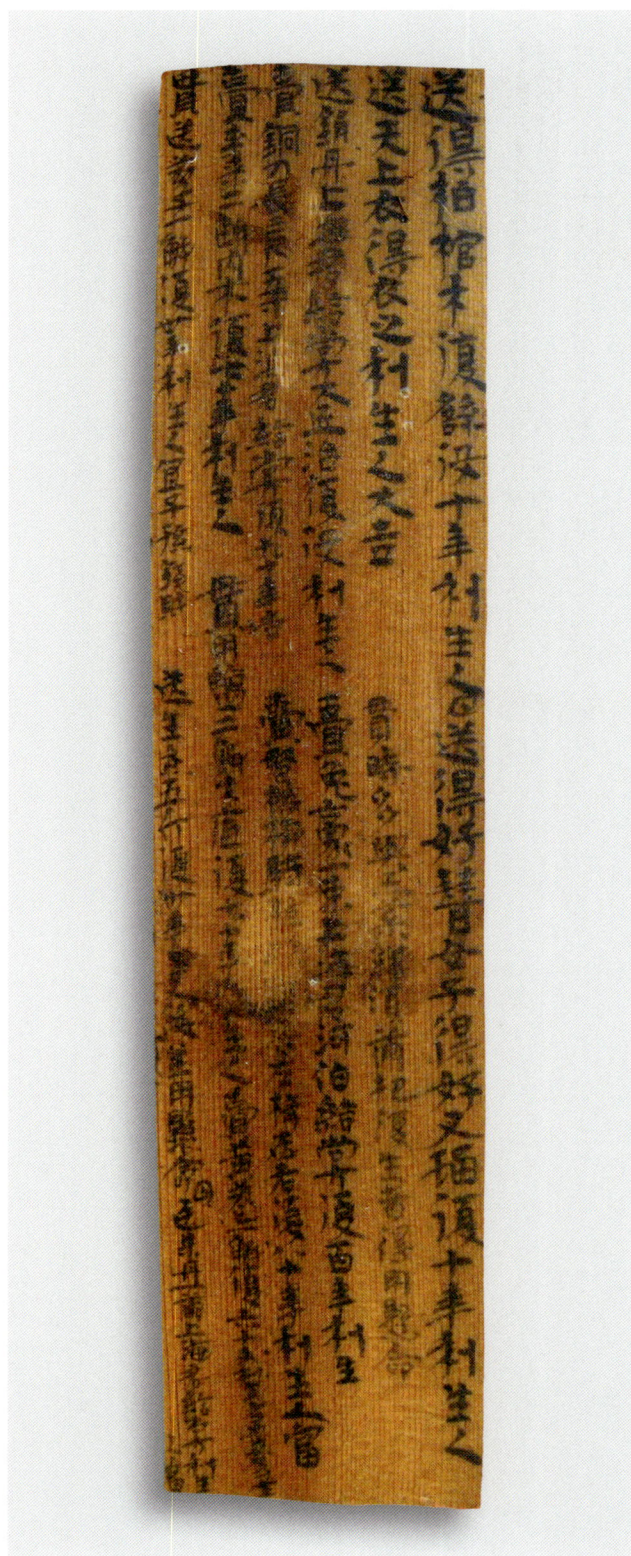

1. M1：17

2. M1：31

M1出土木墓券

1. 墨绘梳形木片（M1：24）

2. 墨绘梳形木片（M1：33）

3. 木手握（M1：29）

4. 木枕（M1：32）

M1出土木器

1. 铜镜（M1：25）

2. 铜镜（M1：25）

3. 铜钱（M1：26）

4. 铜钱（M1：34）

5. 铜钗（M1：27）

M1出土铜器

1. M4地表封土堆

2. 陶灯（M4：2）

3. 陶仓（M6：1）

4. 陶盆（M6：4）

5. 陶熏炉（M6：5）

M4、M6及出土器物

1. M7地表封土堆

2. M9封门

3. M9墓室

M7、M9

1. 棺与随葬品

2. 发掘清理

3. 陶器组合

M9及出土器物

1. M9：1

2. M9：5

3. M9：7

4. M9：12

5. M9：13

M9出土陶罐

1. 罐（M9：17）

2. 罐（M9：18）

3. 钵（M9：9）

4. 钵（M9：9）内底的模印花纹

5. 钵（M9：11）

6. 钵（M9：16-2）

M9出土陶器

1. 陶盆（M9：6）

2. 陶盆（M9：10）

3. 陶盏（M9：19）

4. 陶井（M9：24）

5. 泥井（M9：20）

M9出土器物

1. 木人俑（M9∶4）

2. 木牛（M9∶8）

3. 木牛（M9∶14）

4. 木马（M9∶3）

M9出土木器

M9出土木车（M9：15）

1. 墨绘梳形木片（M9：26）

2. 木镇（M9：21）

3. 木镇（M9：23）

4. 木手握（M9：29）

5. 木手握（M9：31）

6. 木勺（M9：22）

M9出土木器

M9出土木衣物疏（M9：27）

1. 封门

2. 前室与后室

3. Ⅰ号棺前挡板

M23

1. 棺木及随葬器物出土情况

2. Ⅲ号棺内人骨与棺内彩绘

3. Ⅰ号棺内人骨

4. Ⅰ号棺内器物出土情况

**M23棺内人骨、彩绘及器物出土情况**

1. Ⅰ号棺内器物出土情况

2. Ⅲ号棺内木简与衣物疏出土情况

M23器物出土情况

1. M23：1

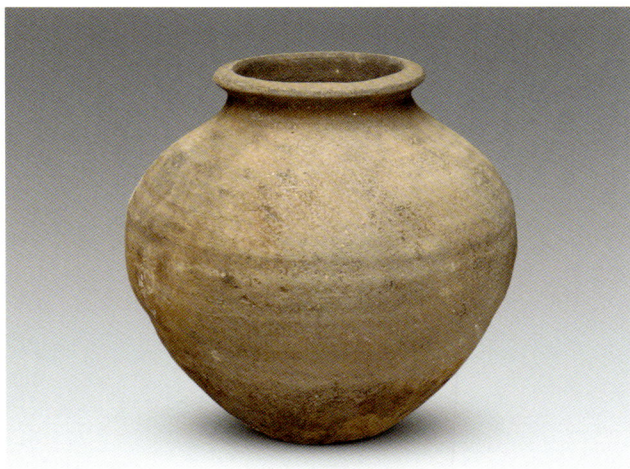

2. M23：2

3. M23：3

4. M23：4

5. M23：5

M23出土陶罐

1. 罐（M23：12）

2. 罐（M23：17）

3. 罐（M23：18）

4. 钵（M23：10）

5. 钵（M23：21）

M23出土陶器

1. M23：11正面

2. M23：11背面

3. M23：14正面

4. M23：14背面

M23出土木人俑

1. 木人俑（M23：15）正面

2. 木人俑（M23：15）背面

3. 木马（M23：13）

M23出土木器

M23出土木马（M23：6）

M23出土木牛车（M23：16）

1. 木耳杯（M23：7）

2. 木盘（M23：8）

3. 木勺（M23：9）

4. 木簪（M23：23）

5. 木器（绳扣？）（M23：27）

6. 木枕（M23：29）

7. 木枕（M23：29）

M23出土木器

1. 墨绘梳形木片（M23：34）

2. 墨绘梳形木片（M23：36）

M23出土木器

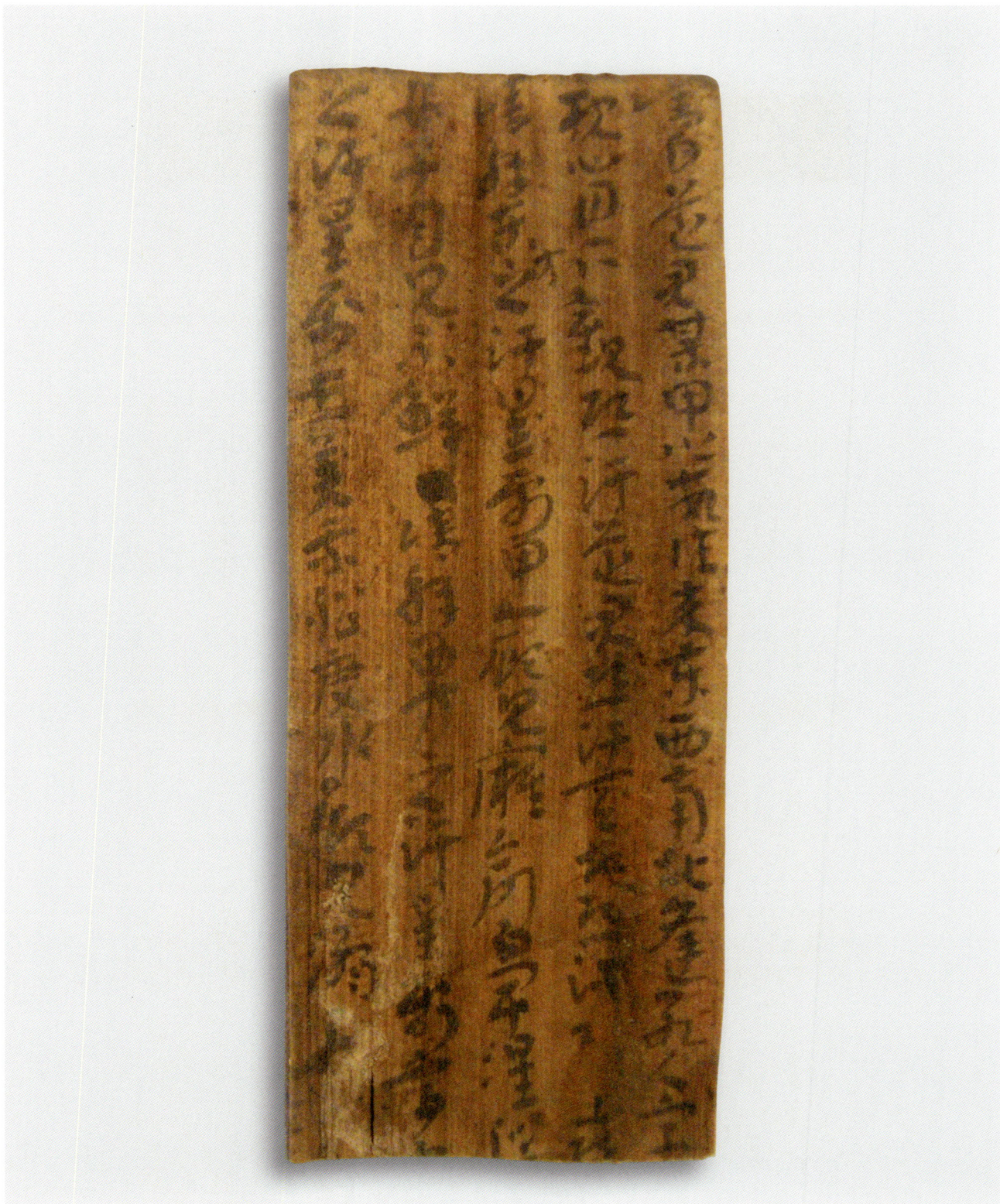

M23出土木墓券（M23：20）

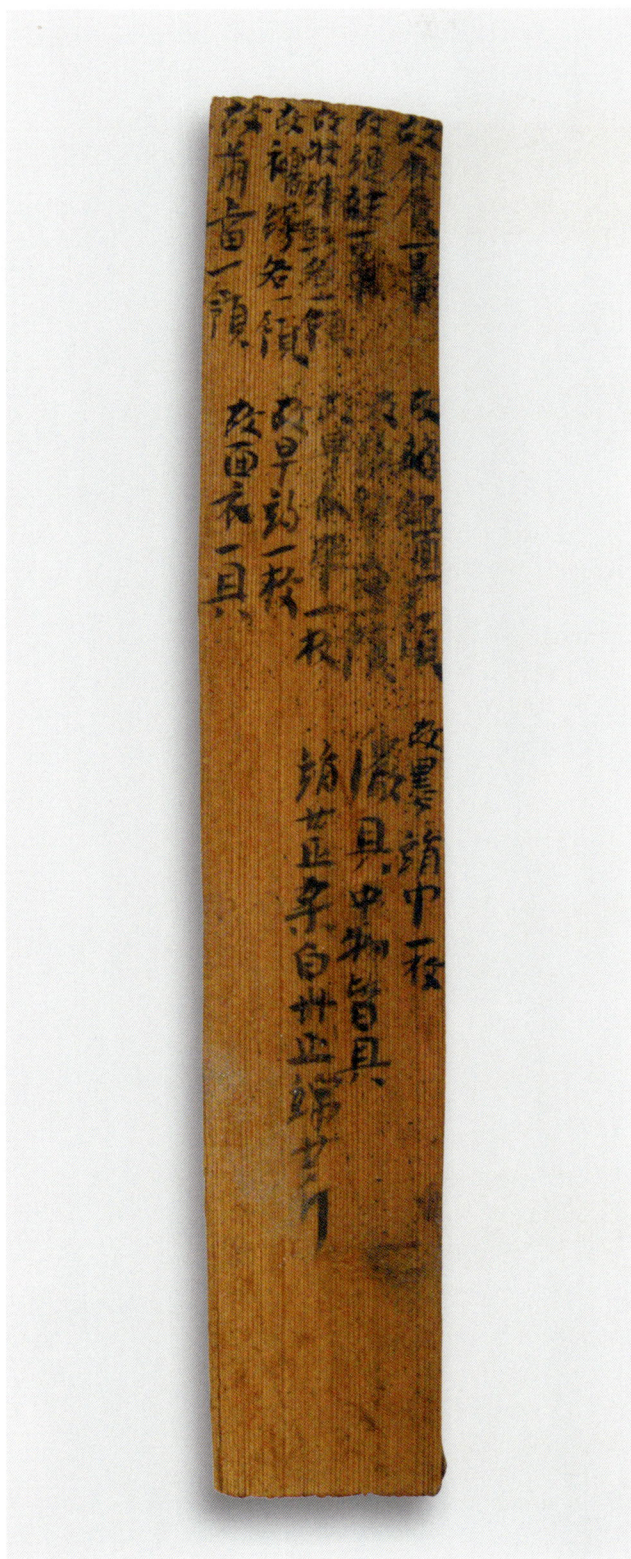

1. 衣物疏

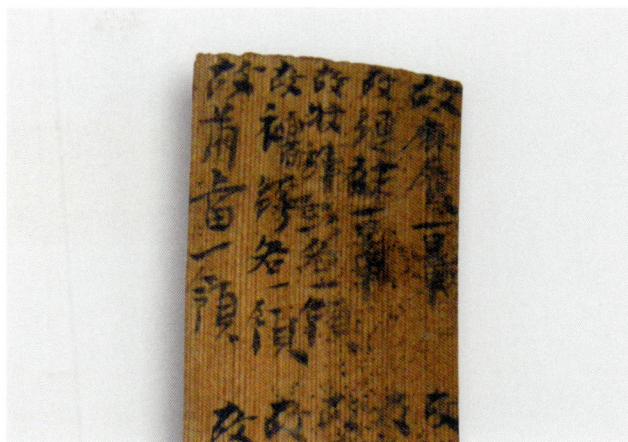

2. 衣物疏局部

3. 衣物疏局部

M23出土木衣物疏（M23：25）

1. 衣物疏

2. 衣物疏局部

M23出土木衣物疏（M23∶30）

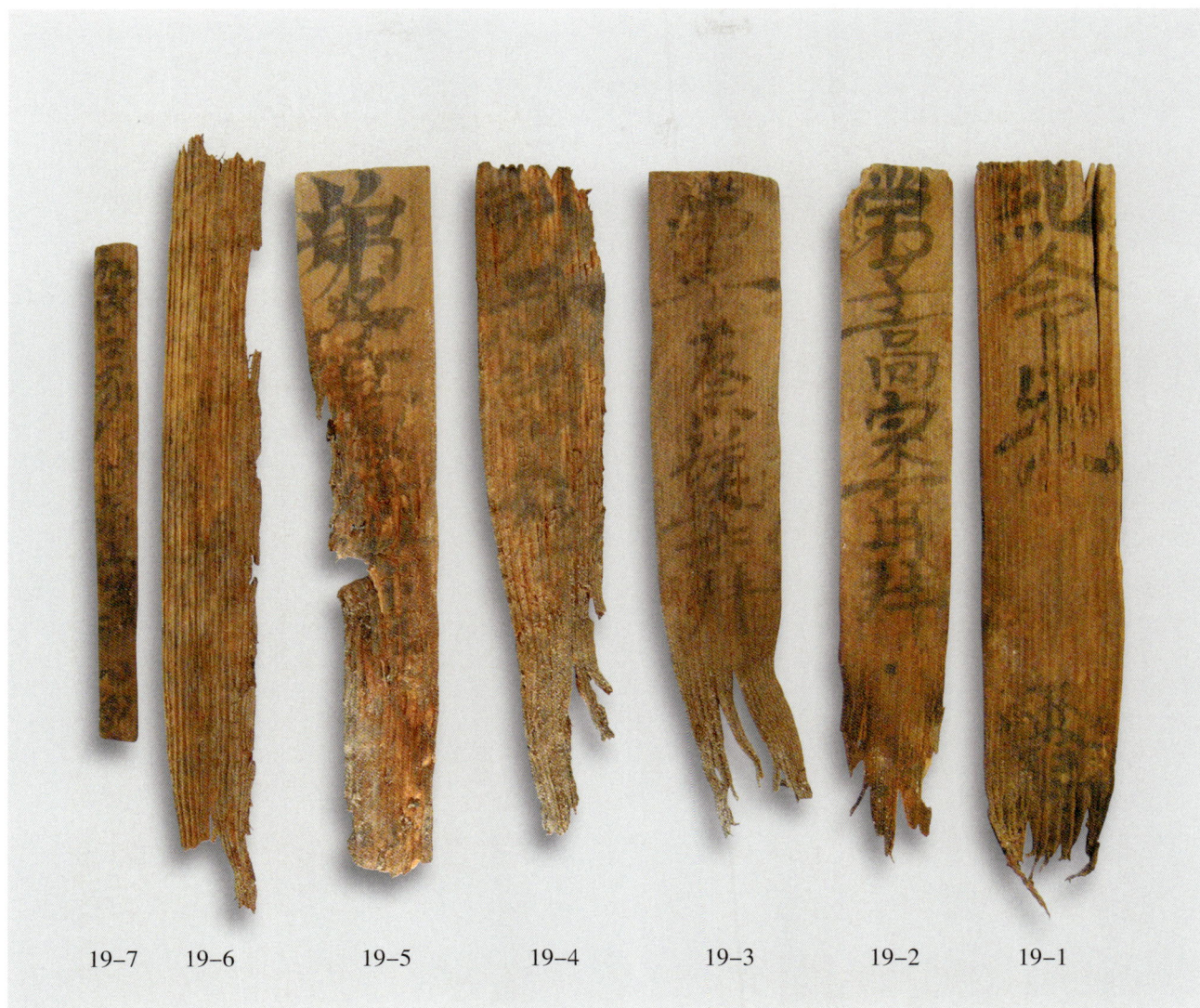

19-7　19-6　　19-5　　19-4　　19-3　　19-2　　19-1

M23出土木名刺（M23：19）

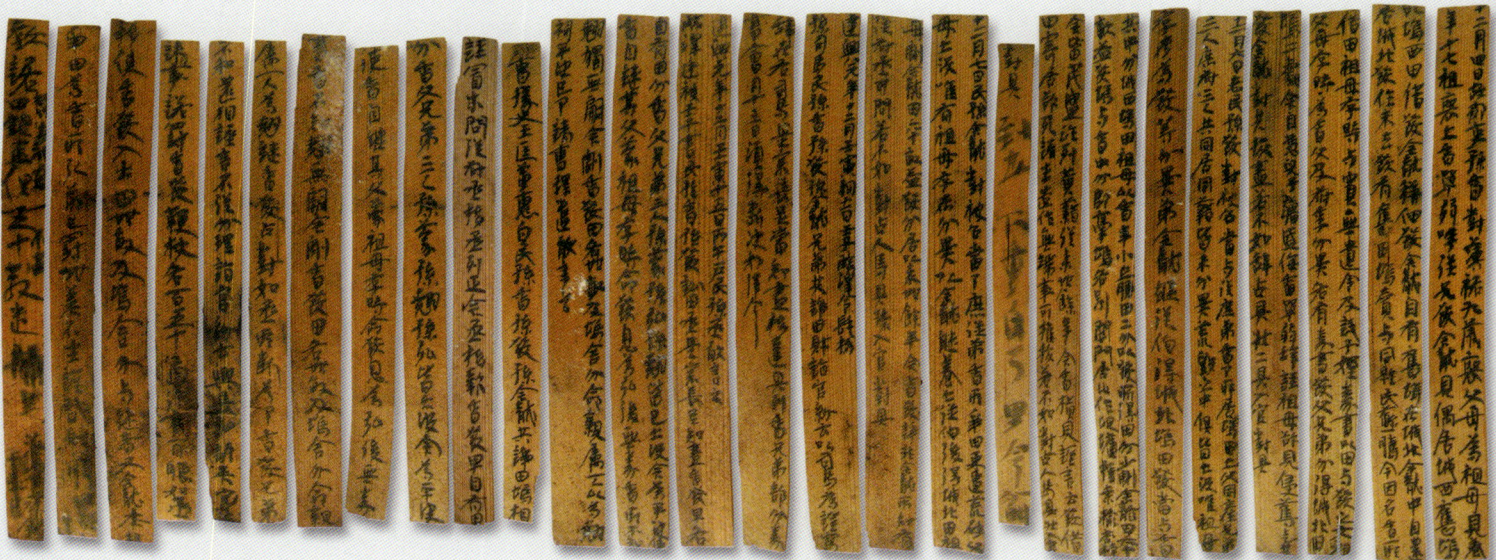

M23出土木简（M23：31）

31-3　　31-2　　31-1

M23出土木简（M23：31）

31-6　　　　　　　　31-5　　　　　　　　31-4

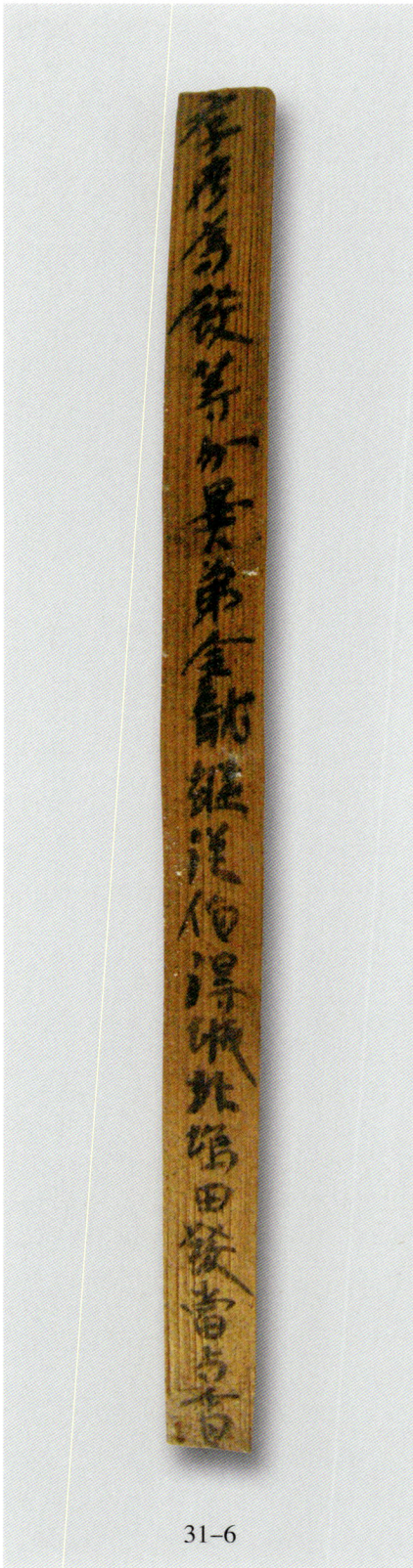

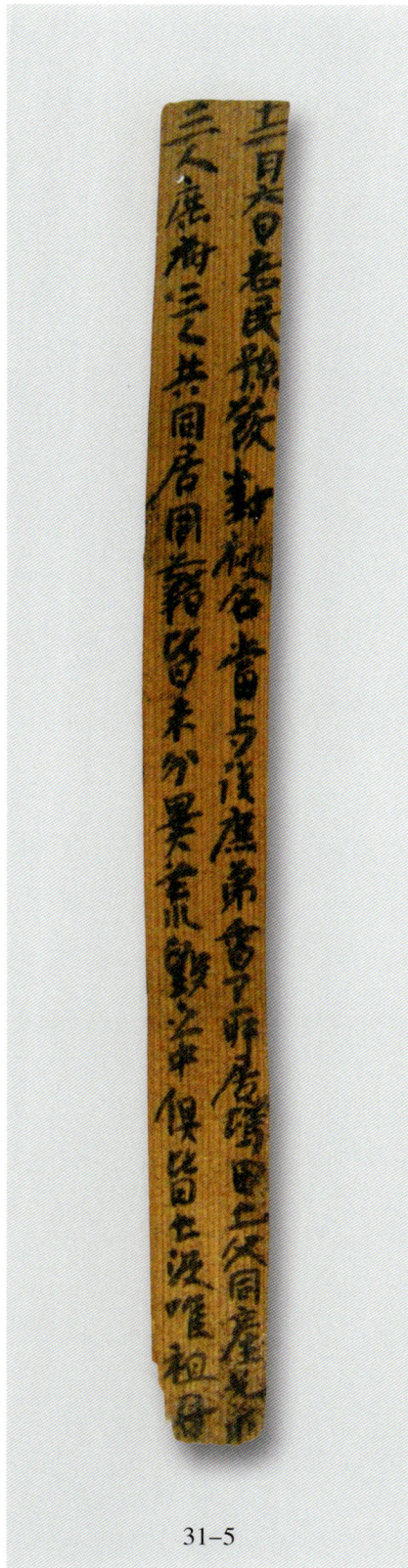

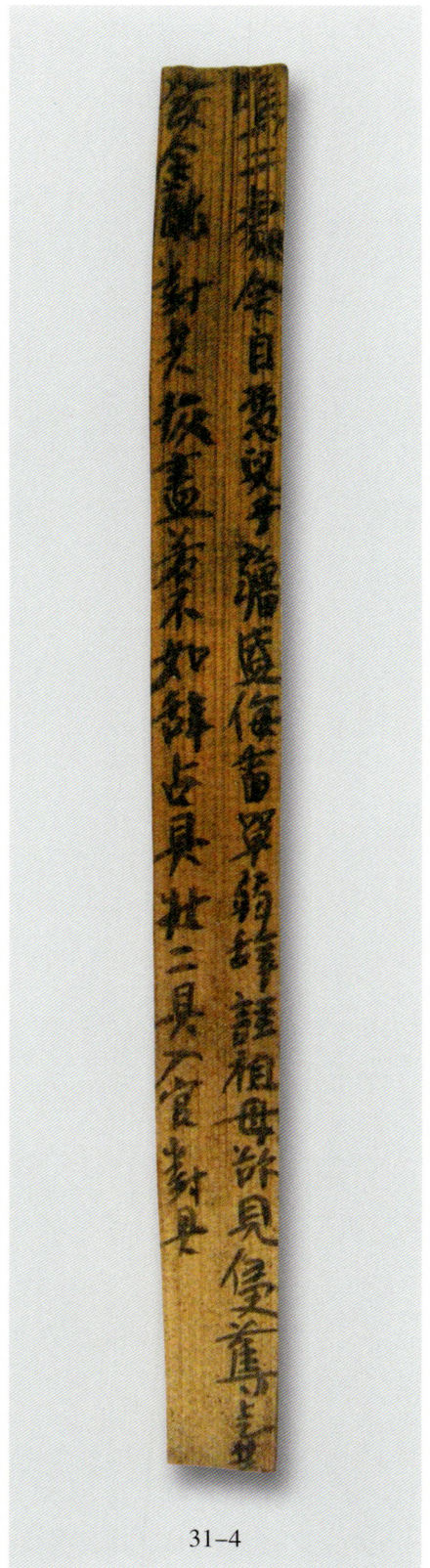

M23出土木简（M23：31）

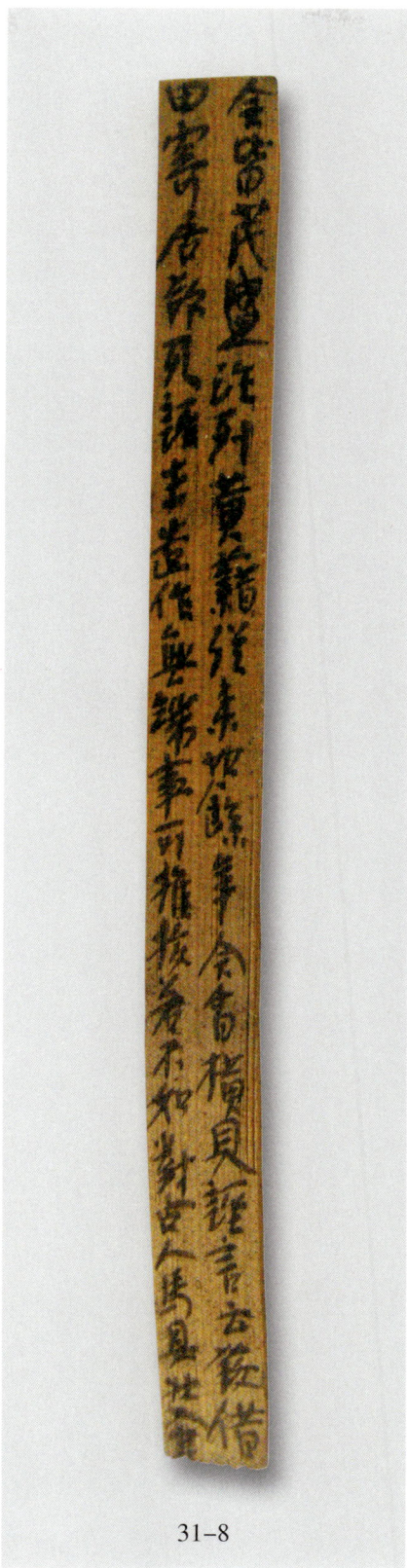

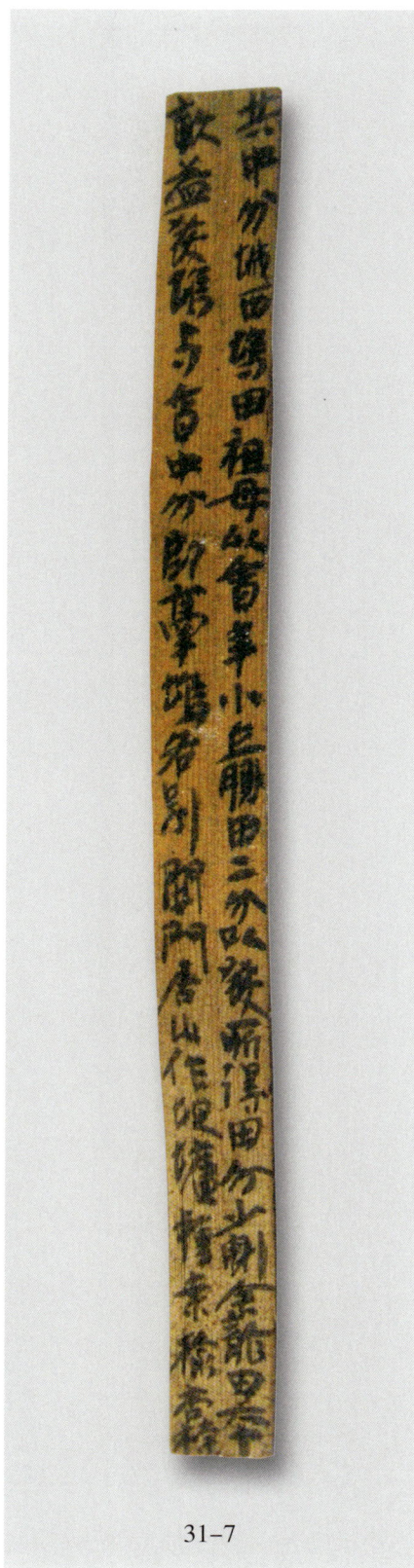

31-9

31-8

31-7

M23出土木简（M23：31）

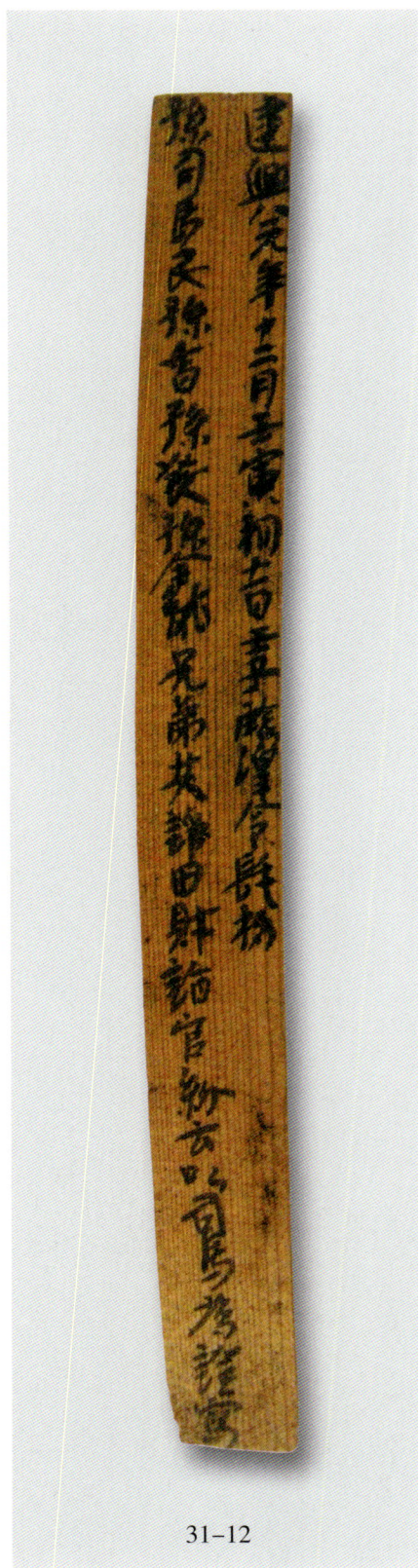

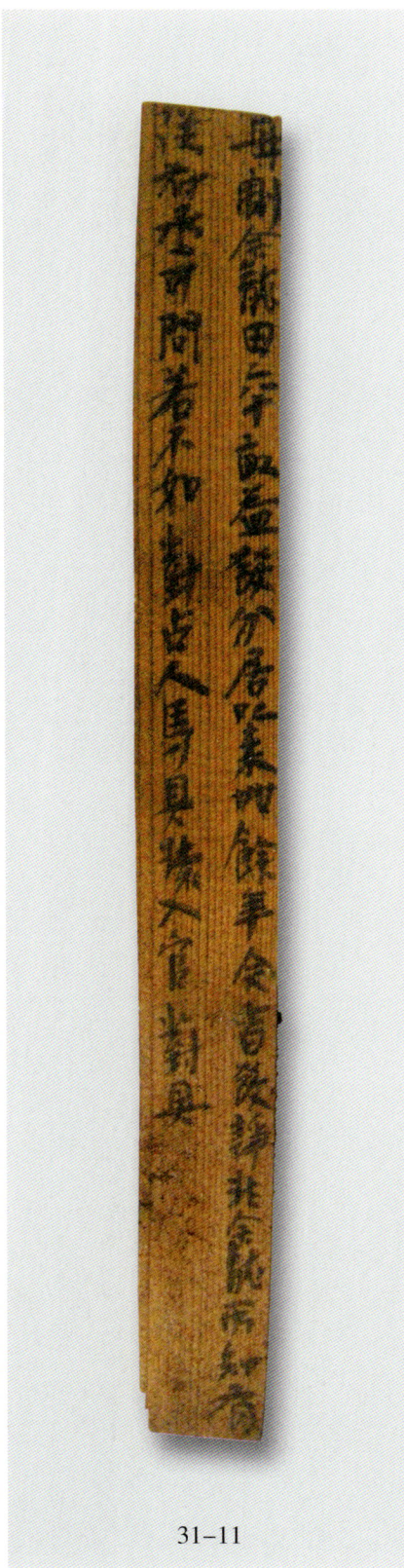

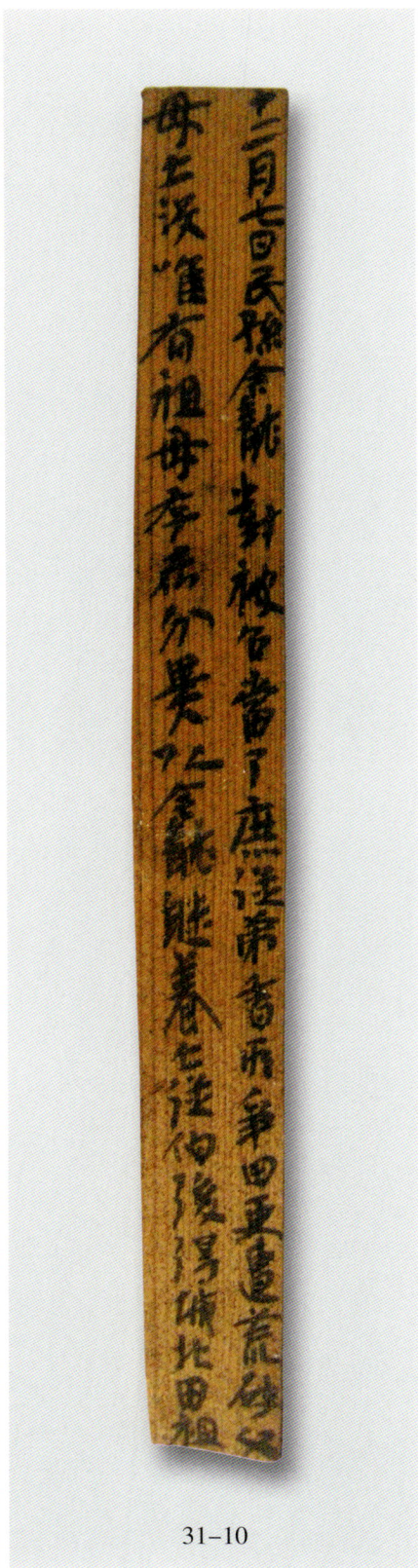

31-12

31-11

31-10

M23出土木简（M23：31）

31-15　　　　　　31-14　　　　　　31-13

M23出土木简（M23：31）

31-19　31-18　31-17　31-16

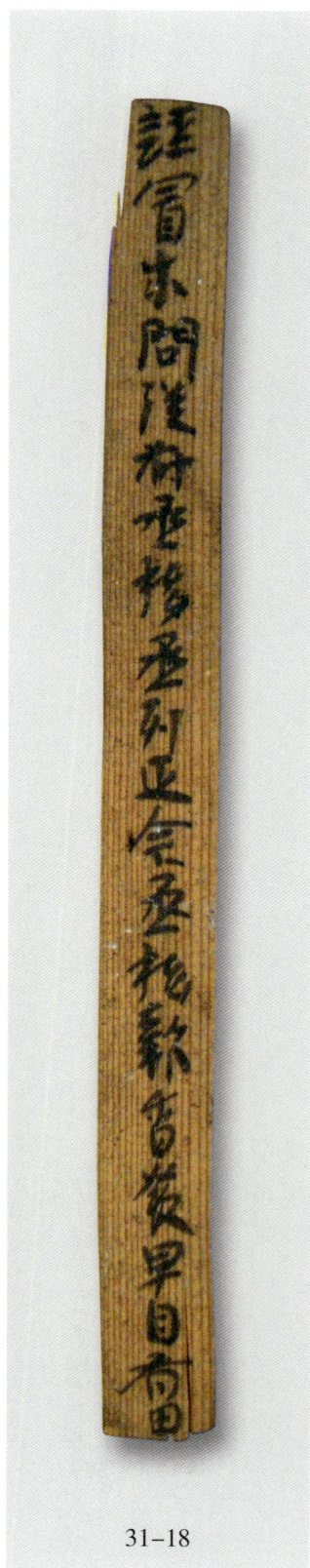

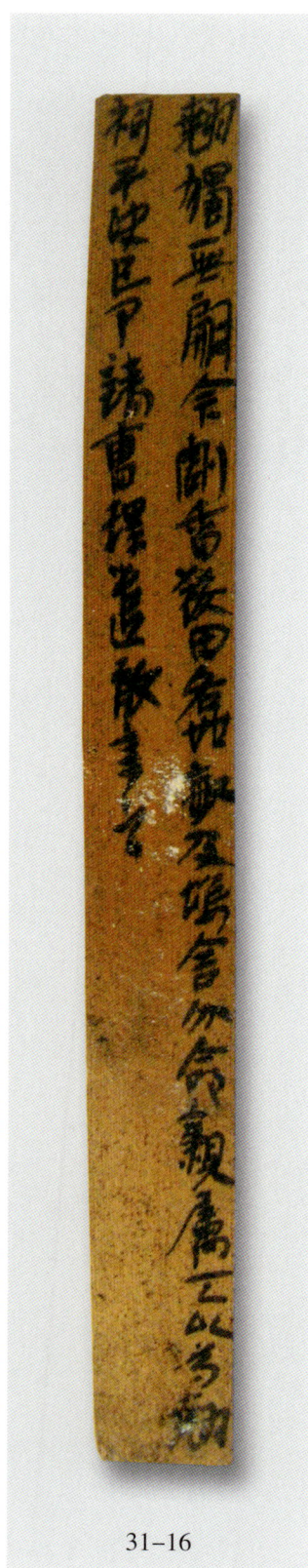

M23出土木简（M23：31）

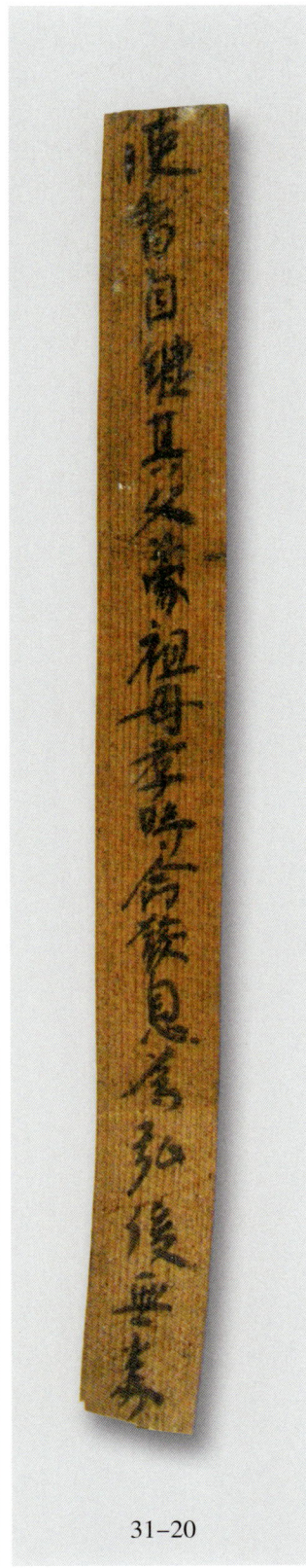

31-23　31-22　31-21　31-20

M23出土木简（M23：31）

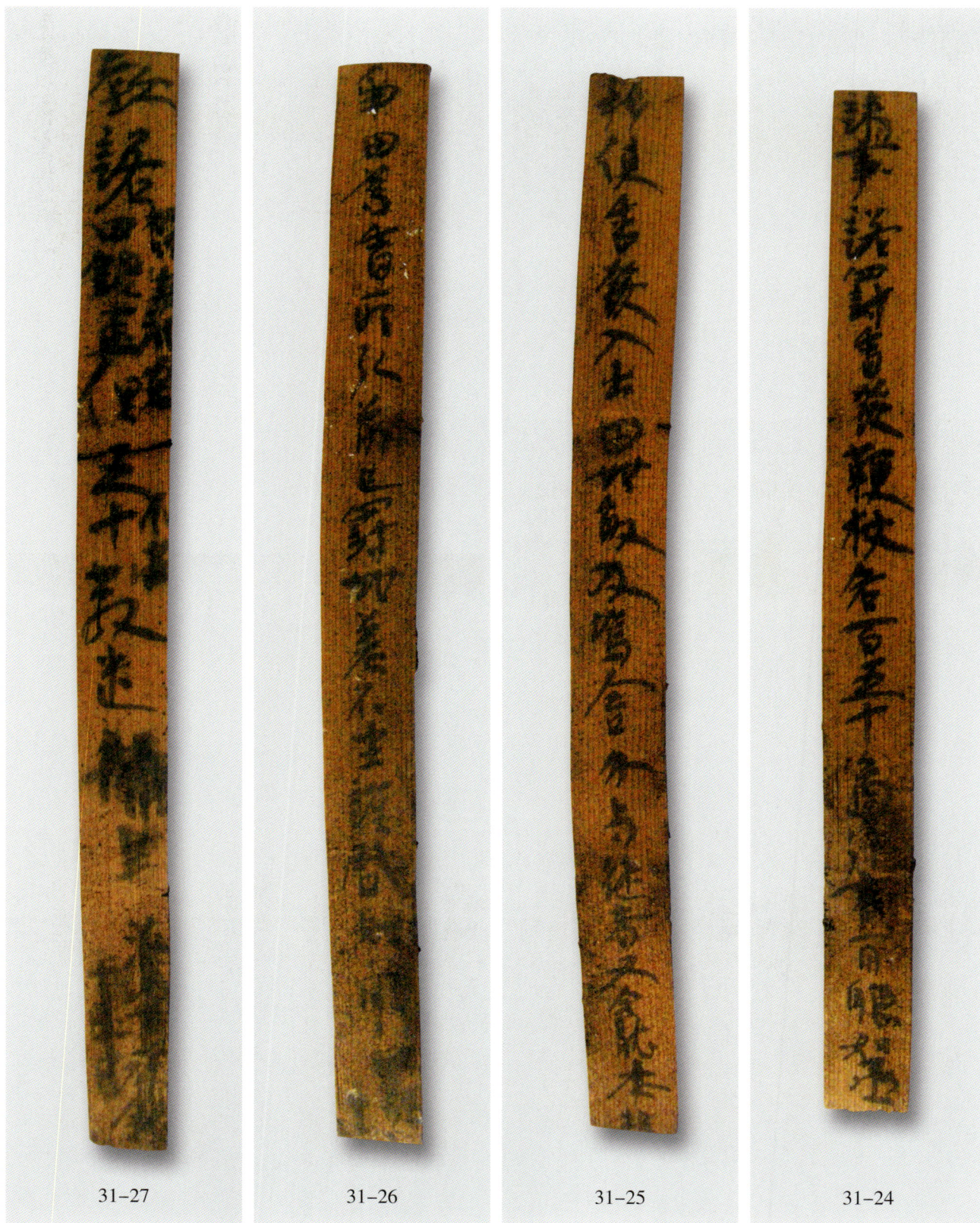

1. 铜镜（M23：22）

2. 铜镜（M23：22）

3. 铜钗（M23：26）

4. 铜钗（M23：28）

5. 铜钗（M23：32）

6. 铜钱（M23：24）

7. 铜钱（M23：33）

M23出土铜器

1. M40

2. M53

M40、M53地表封土堆

1. 灶（M45∶5）

2. 釜（M45∶4）

3. 小盆（M45∶3）

4. 碟（M45∶8）

5. 碟（M45∶1）

6. 井（M45∶2）

M45出土陶器

1. 陶灶（M46：1）

2. 陶灶（M46：1）

3. 陶仓（M46：2）

4. 陶仓（M46：2）

5. 铜钱（M48：1）正面

6. 铜钱（M48：1）背面

M46、M48出土器物

1. 陶罐（M52：1）

2. 陶罐（M52：2）

3. 陶罐（M52：3）

4. 陶盏（M52：5）

5. 铜簪（M52：7）

M52出土器物

M52出土铜镜（M52：6）

1. 铜弩机（M52：8）

2. 铜弩机（M52：8）

3. 陶罐（M56：1）

4. 陶罐（M67：1）

M52、M56、M67出土器物

1. 罐

2. 罐

3. 罐上的钻孔

M65出土陶罐（M65：1）

M69

M69出土器物

1. 陶壶（M69：9）

2. 陶壶（M69：10）

3. 釉陶壶（M69：16）

4. 陶罐（M69：2）

M69出土器物

1. M69：3

2. M69：5

3. M69：8

4. M69：18

5. M69：20

6. M69：45

M69出土陶罐

1. 罐（M69：4）

3. 罐（M69：17）

2. 罐（M69：11）

4. 灯（M69：24）

5. 灶（带甑）（M69：1）

M69出土陶器

1. 钵（M69：6）

2. 钵（M69：44）

3. 仓（M69：21）

4. 井（M69：7）

5. 盆（M69：19）

6. 盏（M69：15）

M69出土陶器

1. 陶盘（M69∶13）及耳杯（M69∶12）

2. 陶盘（M69∶13）

M69出土陶器

1. 陶熏炉（M69：25）

2. 陶熏炉（M69：25）

3. 木牛（M69：38）

M69出土器物

1. 木人俑（M69∶41）

2. 木人俑（M69∶42）

3. 木刀（M69∶39）

M69出土木器

1. 衣物疏（M69：27）　　　　2. 墨绘人形木片（M69：28）

M69出土木器

1. 墨绘人形木片（M69：37）

2. 木手握（M69：40）

M69出土木器

1. 墨绘梳形木片（M69：29）

2. 木板（M69：26）

3. 木枕（M69：36）

M69出土木器

1. M69：30

2. M69：34

M69出土铜镜

1. 铜环（M69：32）

3. 铜钱（M69：35-1～35-3）（左一右）

2. 铜钗（M69：33）

4. 铜钱（M69：31）

5. 石墨（M69：43）

M69出土器物

2. 墨绘梳形木片（M78：2）

1. 墨绘人形木片（M78：1）

3. 铜钱（M78：3-1～3-3）（左一右）

M78出土器物

M79：10

M79出土墨绘人形木片

1. 墨绘梳形木片（M79：9）

2. 木手握（M79：11）

3. 木车毂（M79：12）

4. 木车毂（M79：12）

5. 铜顶针（M81：1）

**M79、M81出土器物**

1. M83

2. 陶器组合

M83及出土陶器

1. 壶（M83：12）

2. 壶（M83：15）

3. 罐（M83：2）

4. 罐（M83：6）

M83出土陶器

1. M83：9

2. M83：18

3. M83：3

4. M83：4

5. M83：5

6. M83：11

M83出土陶罐

1. 灶（M83：1-3）、甑（M83：1-1）、小盆（M83：1-2）组合

3. 灯（M83：14）

2. 灶（M83：1-3）

4. 碟（M83：7）

5. 钵（M83：10）

M83出土陶器

1. 仓（M83：21）

2. 仓（M83：21）

3. 熏炉（M83：19）

4. 熏炉（M83：19）

M83出土陶器

1. 盘（M83：16）及耳杯（M83：17）组合

2. 盘（M83：16）

3. 盆（M83：8）

4. 井（M83：20）

M83出土陶器

M83：23

M83出土木马

1. 木牛（M83：22）

2. 木车舆侧板（M83：24）

3. 木车舆侧板（M83：24）

M83出土木器

1. M84

2. M84四神穿壁纹方砖

M84

1. 陶器组合

2. 熏炉（M84：3）

3. 熏炉（M84：3）

M84出土陶器

1. 鼎（M84：4）

2. 鼎（M84：7）

3. 灶（带釜、甑、小盆）（M84：10）

4. 灶（M84：10-1）

5. 釜（M84：10-2）

6. 小盆（M84：10-3）

7. 甑（M84：10-4）

M84出土陶器

1. 陶灯（M84：2）

2. 陶碟（M84：6）

3. 陶盘（M84：8）

4. 陶盘（M84：8）及耳杯（M84：9）

5. 陶盆（M84：5）

6. 铜削（M84：11）

M84出土器物

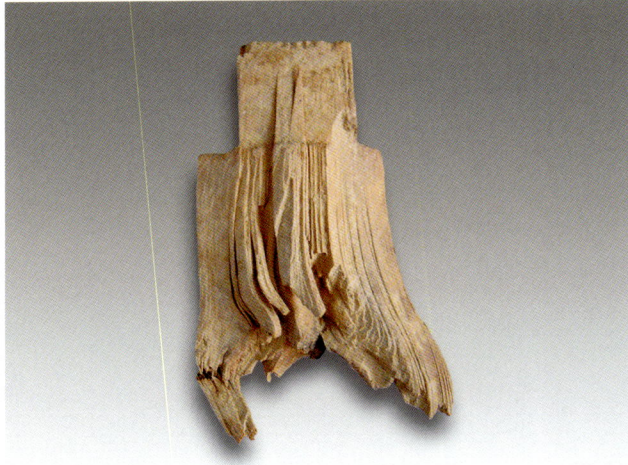

1. 钺形木器（M84：1）

2. 钺形木器（M84：1）

3. 陶井（M85：1）

4. 陶井（M85：1）

5. 陶井（M85：1）

6. 陶仓盖（M85：5）

M84、M85出土器物

1. M86四神穿璧纹方砖

2. 陶甑（M86：4）

3. 陶盆（M86：3）

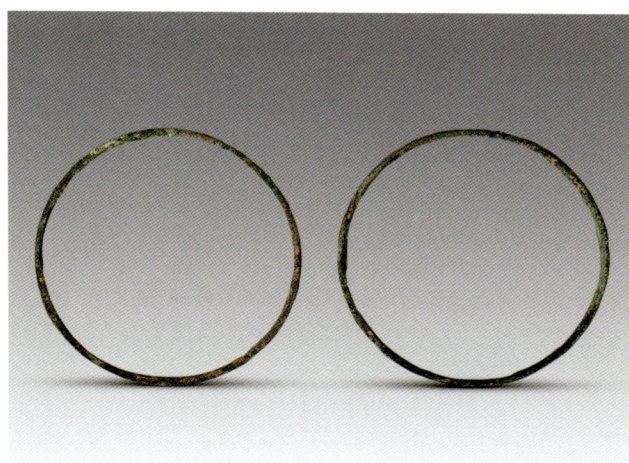

4. 铜环（M86：5）

5. 铜钱（M86：6）正面

6. 铜钱（M86：6）背面

M86墓砖及出土器物

1. 铜弩机（M86：7）

2. 铜弩机（M86：7）

3. 陶罐（M88：1）

4. 陶井（M88：4）

5. 陶灯（M88：5）

6. 陶灶（M89：1）

**M86、M88、M89出土器物**